E   N   S   I   N   O

IMPRENSA DA UNIVERSIDADE DE COIMBRA
COIMBRA UNIVERSITY PRESS

EDIÇÃO
Imprensa da Universidade de Coimbra
Email: imprensa@uc.pt
URL: http//www.uc.pt/imprensa_uc
Vendas online: http://livrariadaimprensa.uc.pt

COORDENAÇÃO EDITORIAL
Imprensa da Universidade de Coimbra

CONCEÇÃO GRÁFICA
António Barros

INFOGRAFIA
Mickael Silva

PRINT BY
CreateSpace

ISBN
978-989-26-1389-5

ISBN DIGITAL
978-989-26-1390-1

DOI
https://doi.org/10.14195/978-989-26-1390-1

DEPÓSITO LEGAL
428307/17

1ª EDIÇÃO 2013
2ª EDIÇÃO 2014
3ª EDIÇÃO 2017

© JUNHO 2017, IMPRENSA DA UNIVERSIDADE DE COIMBRA

JOÃO AMADO
(COORDENAÇÃO)

IMPRENSA DA
UNIVERSIDADE
DE COIMBRA
COIMBRA
UNIVERSITY
PRESS

MANUAL DE INVESTIGAÇÃO QUALITATIVA EM EDUCAÇÃO

3ª EDIÇÃO

Committee for the Biannual Book in
Spanish or Portuguese ICQI Award.
Universidad Autónoma Metropolitana – Xochimilco
Calzada del Hueso 1100 Colonia Villa Quietud
Coyoacán, Ciudad de México.
Phone (52) 55 5483 7244
Email conich@correo.xoc.uam.mx

April 13, 2016

PROFESOR JOÃO AMADO
UNIVERSIDADE DE COIMBRA
PRESENT

Dear João,

It is our pleasure to inform you that *Manual de Investigação Qualitativa em Educação*, published by la Imprensa da Universidade de Coimbra was selected to receive the **Biannual Book in Spanish or Portuguese ICQI Award 2016**, since it represents the best book in Spanish or Portuguese contribution to Qualitative Inquiry.

The Committee identified in *Investigação Qualitativa em Educação* the following virtues. First, the innovative writing in which the book was written: the support for the book design and each chapter contents is in your teaching and research experience, from this base, different QI teaching and research experts contributed with each book chapter working in a dialogic way. Second, the clarity in which you approached complex contents, critically choosing and presenting authors, schools, and streams of thought making of the book a constant provocation to reflection for students and qualitative researchers. Third, the book was conceived and designed from the urgent necessity to make of each educator a qualitative researcher; many social scientists will want to read *Investigação Qualitativa em Educação* and share it with students and colleagues. Finally, the epistemological reflection included, makes of this book much more than a handbook, constituting a necessary work for Iberoamerican Qualitative Inquiry.

This award is a colleague's recognition within an expanding Qualitative Inquiry Community where each of us does different things in different ways, sharing common purposes. We hope this award will help the authors to impulse QI of high quality in Iberoamerica.

The award will be presented to you during ICQI16 Assembly the 21st of May, 2016, in Urbana, Illinois, US. We welcome **Manual de Investigação Qualitativa em Educação** which, no doubt, will contribute to improve Iberoamerican Qualitative Inquiry. Congratulations to each chapter writing dialogant and to you for publishing the BEST BOOK IN SPANISH OR PORTUGUESE CONTRIBUTION TO QUALITATIVE INQUIRY 2016.

With kind regards,

On behalf of the BIANNUAL BOOK IN SPANISH OR PORTUGUESE ICQI AWARD 2016

María del Consuelo Chapela Mendoza
Chair for the Award Committee

SUMÁRIO

Introdução 13

**Iª Parte - FUNDAMENTOS DA INVESTIGAÇÃO QUALITATIVA
EM EDUCAÇÃO** 19

I – 1. A INVESTIGAÇÃO EM EDUCAÇÃO E SEUS PARADIGMAS 21
João Amado

    I– 1.1. A educação como objeto de investigação 21

        I – 1.1.1. Um ponto de partida: o conceito de Educação 21

        I – 1.1.2. Ciência e Ciências da Educação 28

    I – 1.2. Perspetivas da modernidade: dois paradigmas em confronto 34

        I – 1.2.1. Paradigma hipotético-dedutivo
                e investigação em educação 35

        I – 1.2.2. A investigação fenomenológico-interpretativa
                e a educação 42

    I – 1.3. O paradigma sócio-crítico e a pós-modernidade 52

        I – 1.3.1. A postura "crítica" e o
                papel da ideologia nas ciências sociais 53

        I – 1.3.2. – Novos e múltiplos "olhares":
                os paradigmas da pós-modernidade 58

    I – 1.4. A racionalidade complexa 62

Síntese 72

I – 2. QUADROS ANALÍTICOS DA INVESTIGAÇÃO QUALITATIVA EM EDUCAÇÃO 75
João Amado, Nilma Cusoé & Piedade Vaz-Rebelo

I – 2.1. - Da filosofia hermenêutica às ciências sociais e humanas 76
I – 2.2. - A fenomenologia social de Alfred Schütz (1899-1959) 83
I – 2.3. - O interacionismo simbólico 86
I – 2.4. - A etnometodologia e a análise conversacional 91
I – 2.5. - A pragmática da comunicação 98
I – 2.6. - A teoria das representações sociais 101
Síntese 107
Bibliografia da Introdução e Iª Parte 109

**IIª PARTE – ESTRATÉGIAS GERAIS DE INVESTIGAÇÃO:
NATUREZA E FUNDAMENTOS** 119

II – 1. ESTUDO DE CASO NA INVESTIGAÇÃO EM EDUCAÇÃO 123
João Amado & Isabel Freire
   II – 1.1. Características do estudo de caso 124
   II – 1.2. A escolha de casos relevantes
            e modalidades do seu estudo. 128
   II – 1.3. Naturalismo e complexidade no estudo de caso 136
   II – 1.4. Acesso ao campo, recolha e análise de dados 137
   II – 1.5. Representatividade e generalização do estudo de caso 140
   II – 1.6. Interpretação, teorização e escrita 142
Síntese 144

II – 2. OS ESTUDOS ETNOGRÁFICOS EM CONTEXTOS EDUCATIVOS 147
João Amado & Luciano Campos da Silva
   II – 2.1. A "etnografia" como estratégia de investigação 147
   II – 2.2. A cultura escolar e a etnografia 149
   II – 2.3. O método: a observação participante 152
   II – 2.4. A validação e a teorização em etnografia 164
Síntese 170

II – 3. ESTUDOS (AUTO)BIOGRÁFICOS – HISTÓRIAS DE VIDA 171
João Amado & Sónia Ferreira

II – 3.1. A natureza dos dados (auto)biográficos 173
II – 3.2. A diversidade dos métodos biográficos 176
II – 3.3. Histórias de vida e entrevista biográfica 176
II – 3.4. Análise da entrevista biográfica 179
II – 3.5. Uma linha de investigação: as vidas de Professores 181
II – 3.6 Histórias de vida de crianças e adolescentes 183
II – 3.7. As autoetnografias -- as novas etnografias 184
II – 3.8. Vantagens e limites das abordagens biográficas 186
Síntese 186

II – 4. A INVESTIGAÇÃO-AÇÃO E SUAS MODALIDADES 189
João Amado & Ana Paula Cardoso
II – 4.1. Modalidades de investigação-ação 192
II – 4.2. Fases da investigação-ação 194
II – 4.3. Características da investigação-ação 196
II – 4.4. A validação da investigação-ação 197
Síntese 199
Bibliografia da IIª Parte 200

IIIª PARTE – TÉCNICAS DE RECOLHA DE DADOS 207

III – 1. A ENTREVISTA NA INVESTIGAÇÃO EM EDUCAÇÃO 209
João Amado & Sónia Ferreira
III – 1.1. Classificação da entrevista quanto à estrutura 210
III – 1.2. Classificação das entrevistas quanto às suas funções 212
III – 1.3. A entrevista de investigação semidiretiva 213
    III – 1.3.1. Preparação da entrevista
    de investigação semidiretiva 215
    III –1.3.2. Condução da entrevista
    de investigação semidiretiva 222
    III –1.4. Outras modalidades de entrevista 225
    III –1.4.1. A entrevista de grupo 226
    III –1.4.2. Estudos com grupos de referência – grupo focal 227

III – 2. INTRODUÇÃO A OUTRAS TÉCNICAS DE RECOLHA DE DADOS 235

III –2.1. Pensar em voz alta, autoscopia e estimulação da recordação 237
João Amado & Margarida Veiga Simão

III – 2.2. A técnica dos incidentes críticos 247
João Amado & Albertina L. Oliveira

III – 2.3. Análise de narrativas – 'estórias' ou episódios 253
João Amado & Albertina L. Oliveira

III – 2.4. A técnica Delphi 265
Albertina L. Oliveira

III – 2.5. Questionários abertos e "composições" 273
João Amado

III – 2.6. Documentos pessoais (e não pessoais) 277
João Amado & Sónia Ferreira

    III – 2.6.1. Os Diários como instrumentos de investigação 280

    III – 2.6.2. O Portefólio como instrumento de investigação 288

    III – 2.6.3. A Epistolografia 289

Bibliografia da IIIª Parte 292

IVª Parte – PROCEDIMENTOS DE ANÁLISE DE DADOS 301

IV – 1. A TÉCNICA DA ANÁLISE DE CONTEÚDO 303
João Amado, António Pedro Costa & Nilma Crusoé

    IV – 1.1. História da técnica e definição do conceito 304

    IV – 1.2. Análise de conteúdo e desenho de investigação 307

    IV – 1.3. As fases do processo de análise de conteúdo 310

    IV – 1.4. O processo de categorização 315

        IV – 1.4.1. Fase preliminar à categorização 315

        IV – 1.4.2. Os procedimentos de recorte,
codificação e reagrupamento 320

        IV – 1.4.3. A classificação e construção do sistema de categorias 333

        IV – 1.4.4. Regras da categorização e validação interna do sistema 337

    IV – 1.5. Apresentação e interpretação dos dados da análise 342

Síntese 350

Bibliografia da IVª Parte 352

**Vª Parte - PROBLEMÁTICAS DA VALIDAÇÃO,
APRESENTAÇÃO DOS DADOS E TEORIZAÇÃO** 355

V – 1. A VALIDAÇÃO DA INVESTIGAÇÃO QUALITATIVA 359
João Amado & Cristina C. Vieira

    V – 1.1. Paradigma fenomenológico-interpretativo
        e validação ecológica ou naturalista 360

        V – 1.1.1. O valor de verdade –
            validade interna *versus* credibilidade 362

        V – 1.1.2. A aplicabilidade –
            generalização *versus* transferibilidade 366

        V – 1.1.3. A consistência – fiabilidade *versus* confiança 368

        V – 1.1.4. A neutralidade – objetividade *versus* confirmabilidade 369

    V – 1.2. A validação nos paradigmas sócio-crítico e pós-modernos 371

V – 2. APRESENTAÇÃO DOS DADOS: INTERPRETAÇÃO E TEORIZAÇÃO 379
João Amado & Cristina C. Vieira

    V – 2.1. O "Artesanato Intelectual" - A apresentação dos dados 379

        V – 2.1.1. – A escrita tradicional na apresentação dos dados 380

        V – 2.1.2. – A escrita pós-moderna 392

    V – 2.2. Interpretação e Teorização 396

    V – 2.3. Salvaguarda das questões éticas na investigação
        e no relatório científico 406

Bibliografia da Vª Parte 414

PALAVRAS FINAIS 421

NOTAS BIOGRÁFICAS DOS AUTORES 425

ÍNDICE DE FIGURAS, QUADROS E ESQUEMAS

Esquema nº. 1 -Triângulo ilustrativo dos processos educativos 24
Esquema nº. 2 - Comparação de paradigmas 62

Quadro n°.1 - Modelo de um guião de entrevista 218

Quadro n°.2 - Ficha de registo de incidentes críticos 251

Quadro n°.3 - As componentes da análise narrativa, de acordo com o modelo estrutural 258

Quadro n°.4 - Modelo de questionário aberto 275

Quadro n°.5 - Distribuição da amostra por ano de escolaridade e sexo 276

Quadro n°. 6 - Exemplo de matriz para análise de diários 285

Quadro n°. 7 - Exemplo de recorte vertical de uma entrevista 324

Quadro n°. 8 - Reagrupamento e comparação horizontal de unidades de registo 326

Quadro n°. 9 - Exemplo de um mapa concetual 328

Quadro n°. 10 - Exemplo de matriz 331

Quadro n°. 11 - Comparação de dois textos com base nos mesmos dados 345

Quadro n°.12 - Exemplo da descrição de uma metodologia de trabalho 346

Quadro n°.13 - Exemplo da descrição de uma metodologia de trabalho que combina categorias *à priori* e *à posteriori* 347

Quadro n°.14 - Exemplo de texto de apresentação de dados 348

Quadro n°.15 - Critérios de credibilidade do conhecimento científico segundo diferentes paradigmas 360

Figura n°.1 - Exemplo de matriz gerada no *software* webQDA 333

Figura n°.2 - Padrão de referência para a análise de conteúdo (adaptada de Krippendorff, 1990:40) 403

INTRODUÇÃO

O presente manual inscreve-se no quadro de uma pedagogia que considera a iniciação à investigação como um elemento fundamental do processo de ensino/aprendizagem, determinante para a motivação dos alunos e, ao mesmo tempo, garantia da renovação do saber e da descoberta de respostas para os desafios e interrogações do futuro.

A nossa esperança é, pois, a de que estudantes e investigadores possam vir a colher, neste trabalho, um conjunto de orientações que lhes permitam alcançar os seus objetivos, conscientes das opções epistemológicas que fazem e do potencial dos métodos e técnicas a utilizar e, ao mesmo tempo, com a competência e o espírito de rigor exigível por níveis de formação superior.

Nesse sentido, podemos apontar como intenção primeira desta obra, suscitar no leitor uma compreensão efetiva da natureza, objetivos, métodos e resultados da investigação qualitativa, mediante informação suficiente, rigorosa, atualizada e crítica. Estamos certos de que, para alcançar esse objetivo, não podemos deixar de colocar o leitor, ainda que de modo breve e introdutório, perante os fundamentos epistemológicos que subjazem a uma opção pela investigação qualitativa, nem podemos mantê-lo alheio às discussões e alternativas oferecidas pela prática das ciências sociais e humanas desde o século XIX aos nossos dias, num processo infindável e que continuará a exigir a reflexão e o empenho de todos os investigadores. Esse enquadramento teórico, tantas vezes negligenciado nos currículos universitários, é fundamental, por um lado, para apetrechar o investigador iniciante de conceitos e estratégias de interrogação do real, que o colocarão numa plataforma heurística distante do senso comum; e, por outro lado, para a criação, por parte daquele, de uma atitude de compreensão e de abertura à diferença de interpretações e de perspetivas que caracterizam diversas correntes.

E uma vez que a nossa proposta se dirige, muito em especial, à investigação do fenómeno educativo, quisemos partir, também, de uma visão complexa desse mesmo fenómeno, de forma a permitir que os leitores deste manual entendam que é essa complexidade que suporta os múltiplos, e aparentemente desencontrados, itinerários de investigação, os quais, na nossa proposta, em vez de opostos, deverão ser entendidos como complementares, em nome de uma melhor compreensão do processo educativo nas suas diversas facetas e tendo, como horizonte, o seu aperfeiçoamento constante e contínuo.

À preocupação anterior acrescentámos uma outra que foi a de deixar bem vincada a ideia de que, sejam quais forem as decisões e opções na elaboração de um plano da investigação qualitativa, a pessoa do investigador, independentemente das estratégias e das técnicas que eleja para o seu plano de investigação, permanecerá sempre em torno do mundo subjetivo do ou dos participantes da sua pesquisa – numa tentativa de entender o significado que eles dão às suas próprias ações, o sentido que dão às suas vidas ou a aspetos circunscritos dela, as interpretações que fazem das situações em que estão ou estiveram envolvidos, etc., etc. Ora, essa singularidade da investigação qualitativa incidirá fortemente nos domínios das competências pessoais e técnicas do investigador, com exigências no plano atitudinal (saber ouvir, respeitar a palavra e o silêncio, humildade e honestidade, etc.) e no plano ético (confidencialidade, cumprimento do contratado, etc.). Aliás, estas exigências situam-se na linha de uma característica muito própria da investigação qualitativa, traduzida no facto de que a 'pessoa do investigador' se torna no principal 'instrumento' deste tipo de investigação.

Enfim, apostámos na construção de um texto que ajude os seus leitores a empenharem-se num processo investigativo de natureza qualitativa, através do desenho de um plano de investigação adequado ao problema formulado (em termos de estratégia geral, de técnicas de recolha e de análise de dados), e que patenteie preocupação pela validação da mesma e pelos aspetos éticos em jogo.

Tendo por base este enquadramento e propósitos, o manual encontra-se dividido em cinco partes estruturantes, a saber:

- *1ª Parte: Fundamentos da investigação qualitativa em educação* - Apesar da vertente 'prática' de grande parte do texto, julgamos, como já o fizemos ver linhas acima, que a prioridade deve ser dada aos fundamentos epistemológicos e núcleo teórico da investigação qualitativa, para que, como diz Herzog (2008) "a aprendizagem dos métodos qualitativos não se converta num procedimento simplista" (s/p), mas se traduza numa atitude reflexiva dos futuros investigadores, acompanhada por uma forte confiança no *porquê* e no *como* de todo o processo. Com os capítulos: 'A investigação em educação e os seus paradigmas' e "Quadros analíticos da investigação qualitativa em educação", procura-se introduzir o leitor, de forma sucinta, aos debates teóricos que, a partir das mais diversas raízes (filosóficas, sociológicas, psicológicas, antropológicas e linguísticas), convergiram em diversos pontos relativamente consensuais, dentro de uma ampla diversidade de tradições de investigação.
- *2.ª Parte - Estratégias gerais de investigação: natureza e fundamentos* - Nesta parte procura-se dar resposta à necessidade de oferecer ao leitor uma visão ampla da variedade de estratégias possíveis e respetivas possibilidades e limites, no campo da investigação qualitativa. Sendo quase uma tarefa impossível falar de todas elas, restringimo-nos às seguintes: *os estudos de caso, a investigação etnográfica, os estudos (auto)biográficos* e *a investigação-ação*. E, porque sabemos que esta visão será tanto mais eficaz e útil quanto mais for acompanhada por exemplos concretos de investigações publicadas e avalizadas pela comunidade científica, procurámos, em todos os capítulos, invocar exemplos pertinentes cuja leitura se torne também num desafio para o futuro investigador.
- *3.ª Parte - Técnicas de recolha de dados* - Julgamos vantajosa uma informação sobre a diversidade metodológica disponível para a colheita de dados no âmbito de uma estratégia geral, para quem pretenda iniciar-se na pesquisa científica. Desse modo, embora

iniciemos esta parte do manual com o tema da *entrevista na investigação em educação*, avançaremos depois para outras modalidades de entrevista, como a *entrevista de grupo*, os *estudos com grupos de referência – grupo focal*, e para outras técnicas em que a entrevista de algum modo está presente: *pensar em voz alta, autoscopia; estimulação da recordação; técnica dos incidentes críticos; técnica Delphi; análise de narrativas – 'estórias'; questionários abertos e 'composições'; documentos pessoais (diários, portefólios e epistolografia)*.

- *4.ª Parte - Procedimentos de análise de dados* - Privilegiamos neste espaço a *'Técnica de Análise de Conteúdo'* por ser flexível e adaptável às estratégias e técnicas de recolha de dados anteriormente desenvolvidas, no quadro de uma tradição de pendor tendencialmente sociológico, e por apostar claramente na possibilidade de fazer inferências interpretativas a partir dos conteúdos expressos, uma vez desmembrados em 'categorias', tendo em conta as 'condições de produção' (circunstâncias sociais, conjunturais e pessoais) desses mesmos conteúdos, e com vista à explicação e compreensão dos mesmos. Trata-se, por outro lado, de uma técnica central, básica mas metódica e exigente, ao dispor das mais diversas orientações analíticas e interpretativas (análise fenomenológica, *grounded theory*, etc.), cuja diferenciação depende sobretudo daquilo que se procura em especial, ou, ainda, dos conteúdos que são privilegiados na análise, entre muitos outros disponíveis no acervo dos dados.

- *5.ª Parte - Problemáticas da validação, apresentação dos dados e teorização* - O grande objetivo desta quinta e última parte é que o leitor compreenda que, para além da aplicação das técnicas, fazer ciência, no quadro da investigação qualitativa, implica uma postura de constante 'vigilância epistemológica'. É essa a razão de ser do capítulo *'A validação da investigação qualitativa'*, no qual, para além da discussão dos conceitos em causa, nos debruçamos sobre as estratégias que podem conferir 'valor de verdade', 'aplicabilidade', 'consistência de método' e 'neutralidade do investigador' a este tipo de investigação. Mas a essas problemáticas acrescentaremos, ainda, algumas orientações sobre os *processos de apresentação, interpretação e discussão dos dados*, que acompanham igual variedade de modalidades de exposição e de escrita final dos resultados. Finalmente há, ainda, espaço para se prestar um pouco mais de atenção a um tema que atravessou muitos dos capítulos anteriores – *o das normas éticas e deontológicas da investigação e da escrita*: o respeito pelos participantes que se disponibilizam como fonte de dados, os cuidados a ter para manter o seu anonimato e evitar usos indevidos das suas informações, a fidelidade e rigor no registo de situações e na transcrição dos seus discursos, a disponibilização para coautorias, aplicação socialmente benéfica do conhecimento produzido, postura crítica face a situações que coloquem em causa valores universalmente aceites (paz, justiça, liberdade, igualdade e solidariedade).

Enfim, diremos que o grande objetivo de todo este percurso oferecido ao leitor é o de suscitar, tal como já o dissemos noutra parte (Amado, 2010) uma consciência profunda de que "a investigação qualitativa consiste numa pesquisa sistemática, sustentada em princípios teóricos (multiparadigmáticos) e em atitudes éticas, realizada por indivíduos informados (teorética, metodológica e tecnicamente) e treinados para o efeito; pesquisa que tem como objetivo obter junto dos sujeitos a investigar (amostras não estatísticas, casos individuais e casos múltiplos) a informação e a compreensão (o *sentido*) de certos comportamentos, emoções, modos de ser, de estar e de pensar (modos de viver e de construir a vida); trata-se de uma compreensão que se deve alcançar tendo em conta os contextos humanos (institucionais, sociais e culturais) em que aqueles fenómenos de atribuição de sentido se verificam e tornam únicos (perspetiva naturalista, ecológica); quando for oportuno, a curto ou a médio prazo, direta ou indiretamente, mediante a aplicação desse conhecimento ou, até, mediante o processo da sua construção, a investigação qualitativa visa contribuir para o melhoramento das situações e para a resolução dos problemas existentes no contexto" (p. 139).

Resta-nos nesta introdução fazer uma breve referência ao processo de escrita deste manual e ao modo como nela se envolveram os diversos coautores. Estamos diante, com efeito, de um trabalho coletivo que tomou como ponto de partida parte de um relatório de disciplina por mim apresentado em provas de agregação (Amado, 2009). 'Desagreguei' os diferentes capítulos e convidei vários/as colegas, reconhecidamente por dentro das diferentes temáticas em causa, a reescreverem os textos de modo a publicarmos em parceria. Deste desafio, agarrado com interesse e entusiamo de todos, surgiu a presente obra que, pela estratégia utilizada na sua produção, procurou afirmar-se como uma proposta coerente (o que se pretendeu garantir com o texto inicial), sem, contudo, deixar de oferecer uma diversidade de pontos de vista (trazida pelos contributos dos diversos coautores). A todos eles tenho de agradecer o interesse e o entusiamo que dedicaram ao projeto, mas devo fazê-lo de um modo diferenciado, às colegas Albertina L. Oliveira e Cristina C. Vieira, professoras da Faculdade de Psicologia e de Ciências da Educação da Universidade de Coimbra, pelo apoio que me deram na fase de coordenação e de preparação final do texto com vista à sua publicação.

João Amado
Coimbra, fevereiro de 2013

Iª PARTE
FUNDAMENTOS DA INVESTIGAÇÃO QUALITATIVA EM EDUCAÇÃO

Nesta primeira parte procuramos concretizar a nossa perspetiva de que só uma fundamentação teórica confere os instrumentos necessários para a interrogação do real e adequada escolha das metodologias de investigação, e para que se ultrapasse a mera visão do senso comum sobre os fenómenos. Nesse sentido, o texto será dividido em dois grandes capítulos.

No primeiro debruçamo-nos sobre a *investigação em educação e seus paradigmas*. Depois de uma breve tentativa de formulação de um conceito de educação, enquanto *ponto de partida e de chegada* da reflexão e da investigação científica neste domínio, passamos à caracterização dos diversos paradigmas que sustentam esta investigação. No quadro do que consideramos a modernidade, damos destaque aos paradigmas hipotético-dedutivo e ao fenomenológico-interpretativo. Seguidamente caracterizaremos o *paradigma sócio-crítico* e os que se situam no que é designado por *pós-modernidade*. Finalmente, abrimos caminho a uma breve reflexão sobre *a racionalidade complexa*.

No segundo capítulo, sobre os *quadros analíticos da investigação qualitativa em educação*, a nossa preocupação é a de alertar o leitor para a existência de referenciais teóricos que são indispensáveis para que a formulação dos problemas de investigação possa ser feita a um nível distinto do nível de senso comum. Assim, depois de uma breve alusão ao movimento hermenêutico situado na fronteira entre a Filosofia e as ciências sociais, faremos uma brevíssima introdução à *fenomenologia social de Alfred Schütz*, ao *interacionismo simbólico*, à *etnometodologia* e *análise conversacional*, à *pragmática da comunicação* e à *teoria das representações sociais*, por considerarmos todos esses 'movimentos' como clássicos e importantes referenciais teóricos, que, como tal, têm vindo a suportar muita da investigação realizada no quadro dos paradigmas da investigação qualitativa.

Temos perfeita consciência de algum artifício e arbitrariedade na construção da 'sequência' dos diferentes paradigmas, para não falar da escolha limitada dos referenciais teóricos; contudo, procuraremos dar alguma justificação para essas escolhas na construção do próprio texto. Acrescentamos que se trata de um domínio fascinante, não só pelo caráter polémico que dele sempre transparece, como pelo facto de, apesar da carga teórica e abstrata dos argumentos e contra-argumentos presentes neste universo de ideias, continuarmos a ouvir o apelo do 'mundo da vida' para que façamos algo de 'válido' no sentido de o tornar 'melhor'!

João Amado
Universidade de Coimbra

I – 1. A INVESTIGAÇÃO EM EDUCAÇÃO E SEUS PARADIGMAS

Neste primeiro capítulo propomo-nos sublinhar o caráter específico da investigação em educação[1], apesar de a mesma investigação comungar de muitos dos fundamentos epistemológicos comuns às ciências sociais. Mostraremos que essa especificidade se deve à natureza do próprio objeto sobre que se debruça – a educação e a atividade educativa. Torna-se fundamental que toda a investigação em educação, mormente a realizada pelas diferentes disciplinas constitutivas da família das ciências da educação, tenha presente, em qualquer das fases do processo investigativo, a especificidade deste objeto, já que ela define, também, a especificidade dos objetivos dessa mesma investigação, bem como de todas as decisões de caráter metodológico que nesse mesmo processo se hão de vir a tomar.

I - 1.1. A educação como objeto de investigação

I - 1.1.1. Um ponto de partida: o conceito de educação

Investigar em educação não é o mesmo que investigar numa outra área qualquer do social, devido à especificidade do fenómeno educativo, devido

---

[1] Optamos por esta designação por ser a que melhor abrange os fatores e as problemáticas que se colocam *à produção de conhecimento* no campo educativo. Distinguimo-la, por essa mesma abrangência, de outras designações, comuns mas com alguma ambiguidade, tais como *investigação educativa* e *investigação educacional* (cf. Estrela, 2007a). Por outro lado, reforçamos a ideia de que o nosso objetivo, aqui, ao falarmos de investigação, é o de informar e iniciar qualquer investigador principiante na produção de conhecimento sistemático, rigoroso, mas aberto à contraprova, polémico e revisível, nos domínios que à educação dizem respeito.

ao que os educadores fazem e se propõem como objetivos e, devido ainda, ao que os mesmos precisam de saber e que é, certamente, diferente do que necessitam outras áreas da atividade humana. Para entendermos esta asserção, afigura-se fundamental iniciarmos o nosso estudo pelo esforço de entender o que é *educação* e qual a natureza do ato educativo.

Que não é fácil definir o conceito de educação, já desde há muito o sabemos. As razões para essa dificuldade são intermináveis, desde logo pela polissemia que o conceito adquiriu, e pelo seu caráter antinómico – caráter que se deduz do confronto dos mais variados sentidos que ele apresenta (cf. Cabanas, 2002). Além disso, trata-se de um conceito intimamente relacionado com outro, mais fundamental e central, mas ainda mais problemático, que é o conceito de *ser humano*, uma vez que é este *ser humano* o sujeito da educação, o sujeito a educar.

Podemos admitir que, a propósito do que é o *ser humano*, há um certo consenso que leva a aceitar que "o específico do homem é a sua dimensão moral" (Simões, 2007:45), uma dimensão que assenta na conceção do ser humano como um ser livre, não programado, autónomo, cooperante e responsável pelo seu destino enquanto indivíduo e enquanto espécie, enquanto pessoa e membro de uma comunidade, enquanto ser vivo e participante de um contexto biofísico e cósmico.

Sem dúvida que é à educação que compete trabalhar pela realização desta dimensão moral, libertando o homem de determinismos, de pressões, de tiranias. Justifica-se deste modo a nossa reafirmação de que 'educativos' são aqueles processos e práticas (de caráter objetivo e/ou subjetivo), "mediante os quais o educando se transforma – a criança e o jovem em adulto, o adulto num ser mais completo e melhor – em ordem a um desenvolvimento que se pretenda integral" (Boavida e Amado, 2008:155; Amado e Boavida, 2005) e, portanto, com vista ao aperfeiçoamento de cada ser humano nos mais diversos aspetos (espiritual, moral, cognitivo, social, cultural, vocacional, artístico, físico...).

Dir-se-á, então, que "o especificamente educacional é também de natureza moral – o aperfeiçoamento moral do humano" (Simões, 2007:45), em ordem à conciliação dos valores da liberdade e da autodeterminação com uma ética da responsabilidade, capaz de levar o indivíduo (todos os indivíduos) a responder pelos seus atos e a empenhar-se, de forma preocupada, pelos outros e pelo universo dos seres e das coisas a que está (e se deve sentir) intimamente ligado.

A ideia de que à educação é inerente esta tensão em busca de alcançar o aperfeiçoamento moral está presente em muitos autores. Para Simões (2007:47), por exemplo, "a educação moral é a educação *tout court*. Efetivamente, ela implica sempre referência a valores, a um 'melhor' possível". Ideia semelhante é defendida por Cabanas (2002:58) para quem "seja o que for que se entenda por educação, trata-se sempre de uma condução em direção a um processo de libertação (sobretudo de falta de liberdade interior), até se conseguir ser o próprio e tendo em vista a coexistência responsável com os demais e a perceção do que, na ordem histórica, temos em comum".

A definição de Brezinka (2007), ainda que esteja de acordo com as anteriores, acrescenta que a educação é uma capacidade de prevenir o erro e o mal: "trata-se de ações pelas quais as pessoas tentam melhorar de um modo duradouro, em algum aspeto, o conjunto das disposições psíquicas de outras pessoas, ou manter os seus elementos considerados valiosos, ou evitar que surjam nelas disposições tidas por más. Em poucas palavras, estamos diante de tentativas sociais que visam influir noutros indivíduos com o propósito de que se tornem melhores" (p. 145).

Há, em todas estas definições, a ideia de educação como uma caminhada de aperfeiçoamento que os membros de uma comunidade humana realizam com a ajuda e o apoio de outros membros; o aperfeiçoamento e enriquecimento não são, desse modo, somente individuais mas coletivos, devendo produzir mudanças desejáveis *da* sociedade e *na* cultura – muito especialmente na concretização dos direitos humanos e das liberdades fundamentais, bem como na intensificação de valores essenciais para a convivência, como a compreensão, a tolerância e a amizade entre cidadãos e cidadãs, povos e civilizações.

As práticas e processos educativos constituem, com as realidades sociais e culturais a que se ligam, um triângulo em cujo centro, pela dinâmica interativa dos seus lados, se desenvolve um indivíduo com uma personalidade própria, se prolonga o processo de hominização e de humanização (pela atualização e desenvolvimento do património cultural) e se processa uma integração socializadora (alimenta-se o dinamismo social). O esquema nº1 pretende representar esta conceção:[2]

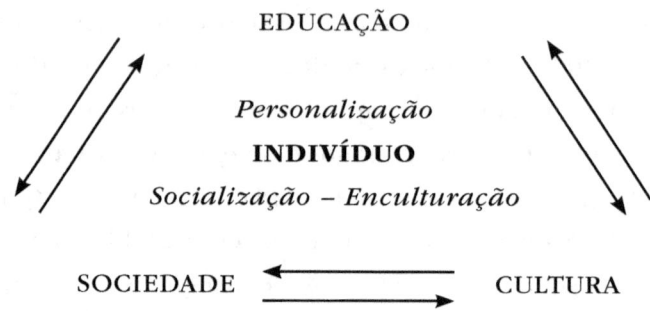

Esquema nº. 1- *Triângulo ilustrativo dos processos educativos*

Noutros termos, a educação promove intencionalmente o desenvolvimento individual, social e cultural, na medida em que oferece a cada ser humano um património comum (espiritual, material e de competências várias), que vale a pena ser transmitido e, ao mesmo tempo, o prepara para exercer sobre esse património tradicional uma constante adaptação, renovação e enriquecimento. Por outro lado, ela é uma dinâmica da qual resulta a socialização, ao mesmo tempo que, numa causalidade circular, resulta igualmente desta mesma socialização (do tipo de relação que se mantém com os outros: familiares, pares, mestres e outros adultos; e do tipo de 'oportunidades' históricas, culturais, económicas, entre outras, que dão acesso ao património cultural).

Estamos perante, portanto, uma realidade originária, constitutiva do sujeito e da sociedade. Com efeito, "em todas as formas de civilização que a história regista [dizia o filósofo Delfim Santos], por mais rudimentares que elas sejam, o primado, clara ou não claramente expresso, pertence à educação" (Santos, 1973:442).

Ora, se observarmos não só os efeitos dos processos e das práticas educativas, mas ainda a sua natureza intrínseca, podemos verificar que

---

[2] Reformula-se aqui o esquema apresentado em Boavida e Amado (2008: 160).

existe uma espécie de denominador comum que atravessa todos esses processos e práticas – é esse denominador comum que consideramos o *especificamente educativo* (Amado e Boavida, 2005): *pressupostos* (por exemplo: a existência de capacidades especificamente humanas tais como a educabilidade, a perfetibilidade e a plasticidade; a ideia de que a educação deve servir o livre desenvolvimento da pessoa), *condições* (de ordem espiritual, cultural, social e material), *intenções* (em que dominam, ou devem dominar, as ideias de aperfeiçoamento e de qualificação), *atos e ações* (de caráter formal, tais como as práticas e métodos pedagógicos; ou de caráter informal, por vezes subtis e ocultos), *relação educativa* (entre educador e educando com vista ao desenvolvimento deste, mas com influências em ambos os sentidos; deve ser diretiva ou não diretiva?), e, finalmente, a *avaliação* (como 'cálculo' explícito ou implícito dos resultados obtidos; deve ser autoavaliação ou heteroavaliação?).

Perguntar pelo especificamente educativo é procurar o que podemos considerar como o mínimo comum indispensável a qualquer situação dita educativa. Dito de outro modo, procurar o especificamente educativo das ações e processos, permite-nos "compreender em que consiste tornar-se e desenvolver-se alguém como pessoa tendo em conta o esforço educacional, pondo entre parêntesis os contextos e as situações em que isso sempre se verifica" (Boavida e Amado, 2008:164).

Uma das consequências da aceitação desta hipótese de trabalho reside no facto de permitir identificar com mais clareza o que é e o que não é o ato e a ação educativos, conferindo-lhes uma natureza que os distingue dos outros atos e ações que não consideramos educativos.

Outra consequência é a de permitir reconhecer a grande complexidade da ação educativa, exigindo que seja perspetivada em diversos planos: *filosófico*, *científico* e *praxeológico*.

No plano *filosófico* colocam-se questões acerca do sentido do humano, da vida e dos valores que toda a educação pressupõe e em que supostamente assenta. Esta reflexão alimenta ou deve alimentar as intenções e as práticas, "e faz-se com base em conceitos da antropologia filosófica, ética, estética, etc., mas também em ideias próprias das ciências políticas e da antropologia cultural, e ainda a partir da realidade concreta em que o educativo se insere" (Boavida e Amado, 2008:313). De algum modo, é ao plano filosófico (da ética, da antropologia filosófica e da política) que cabe pensar, analisar e propor as grandes metas e objetivos que poderão orientar a caminhada do (auto)aperfeiçoamento inerente ao processo educativo. Digamos, porém, que não se trata de um plano reservado a iluminados ou iniciados; cada um de nós, a seu modo, está nele implicado, até porque vivemos num tempo em que «estamos todos sendo convocados a fazer algumas escolhas decisivas sobre como será o futuro da humanidade, de todos nós" (Caldart, 2004:17).

No plano *científico*, as questões colocam-se na busca de um melhor conhecimento (assente no estudo empírico – experimentação, observação, inquirição – realizado segundo 'regimes de verdade' e critérios de cientificidade aceites pela comunidade científica) dos sujeitos envolvidos no processo educativo (do sujeito a educar e de quem educa) e de uma descrição, explicação e compreensão das práticas e das circunstâncias (as mais próximas e as mais remotas) em que tais práticas se verificam, "o que também significa que é a este nível que se faz a análise crítica dos pressupostos, das condições, das intenções e do resultado das práticas" (Boavida e Amado, 2008:313). Admite-se que no campo educativo há fenómenos de diferente origem e natureza, mas interdependentes e constituindo um campo global da ação humana; a convocação de enquadramentos disciplinares distintos, para compreender esses fenómenos diversos, contribui para a construção e acumulação de um saber interdisciplinar e transdisciplinar no domínio da educação.

No plano *praxeológico,* as questões são relativas às decisões a tomar no terreno pelo educador e pelo decisor político sendo, até certo ponto, imediatas. Estamos frente a decisões da prática educativa quotidiana; enfim, o que se considera como elemento da ação do educador: o que ele faz, o que pode fazer, o que quereria fazer, o que devia fazer, o que ele não pode fazer (Bru, 2002). Tudo tem a ver com o planeamento e a preparação do seu trabalho, e com 'o campo de possibilidades' atuais, mas pessoal, social e historicamente determinadas. Insere-se neste plano a investigação realizada pelos 'práticos' sobre as suas práticas, mas que, enquanto não for pautada pelos 'cânones científicos' – atentos ao modo como se produz e à avaliação desse conhecimento – não pode incluir-se no domínio anterior (Estrela, 2007a).

A ter em conta estes três planos, deparamo-nos com esferas diferentes, nem sempre imediatamente compatíveis devido aos objetivos, aos processos usados, ao tempo e ao ritmo disponível para gerir prioridades, decisões e conclusões, no interior de cada um deles. Apesar das dificuldades, parece que não há (nem deve haver) entre estes planos uma compartimentação estanque e insuperável; pelo contrário, é possível e fundamental uma interseção, interação e alimentação recíproca entre eles, conferindo a cada um igual dignidade.

Espera-se pois, desta relação recíproca, um crescendo na abordagem filosófica (que sendo ética e política, visa aprofundar *o que é* e *deve ser* o ser humano) e atingir o alcance mais amplo na explicação e compreensão científicas dos factos e das práticas educativas; espera-se uma ação/ /prática educativa cada vez mais alimentada pelo contributo da reflexão filosófica e da investigação empírica, instigadoras de novas práticas e de novas problemáticas, mas sem prejuízo de uma relação caracterizada pela 'afetividade individualizadora', pelo 'cuidado' personalizado, pelo esforço de criar condições de autonomização. Espera-se, igualmente, e apesar da complexidade do processo, ultrapassar conflitos entre os diversos planos, mormente, na articulação entre a teoria e a prática. A educação constitui-se como um campo onde as dimensões ética, política, científica, experiencial, emocional e afetiva terão, forçosamente, que se articular de um ponto de vista prático para a realização plena de cada um, de cada *pessoa*, e do universo dos seres humanos; terão de se articular, igualmente, de um ponto de vista teórico – na necessária construção de uma Teoria da educação – de modo a obter-se a sua inteligibilidade e a aprofundar- -se a intencionalidade e a coerência das orientações a tomar em qualquer uma das dimensões referidas[3]. Na continuação do capítulo é da dimensão científica que passamos a falar sem, contudo, deixarmos de ter em conta a complementaridade e a interdependência de todas as outras dimensões.

---

[3] Claro que esta visão em torno da necessidade de uma teoria não é consensual, como teremos oportunidade de falar adiante. Remetemos desde já o leitor para o texto de Maria Teresa Estrela (2007b).

I – 1.1.2. Ciência e Ciências da educação

Sendo assim, o que é estudar cientificamente o fenómeno educativo? É colocar sob escrutínio, com base em critérios e metodologias científicas, o que em educação pertencer ou vier a pertencer ao plano científico. O que levanta, forçosamente, novas questões:

- O que é que em educação se pode tornar objeto de reflexão e de análise científica?
- De que cientificidade se trata, ou, dito de outro modo, de que conceção de ciência necessitamos ao abordar os fenómenos educativos?
- Que estatuto têm e como se definem as ciências da educação?

Para lhes darmos resposta teremos de voltar à definição do conceito de educação e aos planos em que a educação é suscetível de ser focada. Um dos aspetos que sobressai daquela definição é a complexidade do fenómeno educativo. Logo à partida falamos de processos e de práticas de caráter objetivo e subjetivo; depois falamos de transformação e desenvolvimento de sujeitos humanos (crianças e adultos), da sociedade e da cultura, apontando para uma caminhada de aperfeiçoamento cujas metas são ideais, quiçá utópicas...

Neste contexto, o que é investigar em educação e que funções podem desempenhar as ciências da educação? A investigação em educação é a realizada pelos mais diversos setores científicos, com ou sem preocupações de caráter pedagógico. Consideramos, no entanto, que na designação de ciências da educação se reúne o conjunto das disciplinas que tomam os fenómenos educativos como seu objeto central, quer perspetivando-os dominantemente no sentido da ação/intervenção (Metodologias de Ensino, Avaliação Educacional, Teoria e Prática do Currículo, Formação de Adultos, etc.), quer fazendo prevalecer a preocupação por explicar e/ou compreender os fenómenos, tendo em conta os indivíduos (Psicologia da educação) ou os contextos sociais e culturais em que os processos se verificam e desenvolvem (História da educação, Sociologia da educação, Antropologia da educação, Economia da educação, Políticas Educativas, Educação Comparada, etc.).

Na continuidade de uma perspetiva que já defendemos em trabalhos anteriores (Amado e Boavida, 2005; Boavida e Amado, 2006; 2008), e que elaborámos tendo em conta o processo e os resultados (teorias, enunciados, descrições e explicações) da investigação que no domínio da educação se vai fazendo, e os esforços da sua definição, da responsabilidade de diversos autores (Avazini, 1995; Mialaret, 1999; Charlot, 1995), aos quais poderíamos acrescentar muitos outros, temos de considerar, "que o grande objetivo desta família de ciências que abarcamos na designação geral de ciências da educação é descrever, explicar, levantar novos problemas teórico-práticos, compreender os processos internos e os condicionamentos de qualquer prática educativa ou formativa, quer atendendo a níveis de interação como os que se verificam no frente a frente entre educador e educando, quer atendendo aos níveis mais amplos, como os de gestão e administração organizacional ou de administração política e económica do sistema educativo. Às ciências da educação compete, ainda, analisar a evolução, tanto presente como passada, das referidas práticas educativas e formativas, bem como contribuir para a elaboração de um conjunto de saberes e de técnicas que suportem cientificamente as decisões, aos mais diversos níveis, destinadas a melhorar os condicionalismos, os processos e os efeitos daquelas práticas, contrapondo-se às 'receitas' geralmente sem base, do senso comum, e tomando uma atitude crítica contra os obstáculos de qualquer ordem que impeçam aquelas melhorias. Para alcançar estes objetivos, a teoria e a prática constituem o cerne das ciências da educação" (Boavida e Amado, 2008:197).

As ciências da educação podem considerar-se, pois, uma 'família de ciências' às quais compete, utilizando os meios e os métodos de que as ciências humanas hoje dispõem, procurar 'explicar' e 'compreender' a complexidade e multireferencialidade dos fenómenos educativos, e, ao mesmo tempo, construir de forma progressiva, inter e transdisciplinarmente, um património de saberes ao dispor das práticas. É evidente que nem toda a investigação educacional se pode assimilar às ciências da educação, mas apenas a que se submete ao rigor metodológico assente nas diferentes propostas paradigmáticas (Estrela, 2007a). Uma 'família de ciências' pressupõe, ainda, uma 'comunidade de investigadores' unidos, pelo menos, por um objeto comum que, no caso da educação, além de *objeto* é, também, um *objetivo* – o aperfeiçoamento do ser humano. Investigar em educação e no quadro das ciências da educação implica, pois, um compromisso ético com a transformação e o melhoramento dos indivíduos, das instituições e da sociedade em geral.

Não vamos desenvolver aqui os objetivos de cada uma das ciências da educação (que devem concorrer para aquele objetivo comum), nem expor um possível quadro da sua organização e classificação em sub-temas (cf. Boavida e Amado, 2008). Acrescentaremos apenas que todas elas, em conjunto e individualmente (disciplinar e interdisciplinarmente), procuram contribuir para a explicação e para a compreensão dos fenómenos educativos, ao mesmo tempo que, através do conhecimento que constroem, concorrem para o aperfeiçoamento da teoria e das práticas. Na trajetória deste capítulo haverá lugar somente para uma breve reflexão sobre os *conceitos de ciência* e de *paradigma científico,* de modo a entendermos de que 'cientificidade' se trata quando falamos de 'Ciência' e de 'Ciências da Educação'.

No século XIX, na continuidade das grandes transformações na cultura e no conhecimento científico iniciadas no Renascimento, admitiu-se que fazer ciência do humano só seria possível se uma tal ciência se limitasse àquilo que do humano era suscetível de ser investigado segundo os métodos das ciências naturais. Muitos acreditaram firmemente que isso seria possível e, nessa conformidade, a Ciência era tida, então, como um conhecimento sistemático das leis da natureza e do comportamento humano, validado empiricamente através da experimentação e/ou da generalização estatística.

Para lá dos limites impostos por estes critérios, só haveria lugar para a não-ciência (teologia, filosofia metafísica, senso comum), incapaz de oferecer algo de prático e de eficaz para o progresso humano. Cedo, porém, se percebeu que o mundo humano era muito mais do que aquilo que se podia conter dentro dos apertados critérios de análise do paradigma positivista, hipotético-dedutivo; e se percebeu, igualmente, que o próprio fenómeno educativo, entre muitos fenómenos humanos, não cabia nesses critérios, a não ser por um processo simplificador, incapaz de traduzir a realidade na sua totalidade.

Estamos, assim, diante de dois paradigmas em oposição[4]. Segundo Bogdan e Biklen (1994), e remetendo já para o campo da investigação em educação: "um paradigma consiste num conjunto de asserções, conceitos ou proposições logicamente relacionados e que orientam o pensamento e a investigação. (...) Seja ou não explícita, toda a investigação se baseia numa orientação teórica. Os bons investigadores estão conscientes dos seus fundamentos teóricos, servindo-se deles para recolher e analisar os dados" (p. 52).

A esta definição falta, no entanto, acrescentar a dimensão coletiva de um paradigma, que já estava presente na definição avançada por Kuhn (1989; 2009). Com efeito, há a assinalar que a investigação se faz no interior de comunidades que partilham o mesmo discurso destinado a manter e desenvolver idênticos padrões de pesquisa, orientando os investigadores no modo como devem questionar a realidade a estudar, como formular hipóteses, como procurar métodos adequados ao objeto e ao objetivo da investigação, estabelecendo a que 'regimes de verdade' e critérios de cientificidade se devem submeter (Bridges, 2006; Shulman, 1989; Popkewitz, 1984), e orientando no modo como cada membro da comunidade científica pode reconhecer, valorizar e integrar na sua própria investigação o conjunto da investigação dos pares e vice-versa. Sendo assim, um paradigma é uma espécie de tradição que permite que um grupo de investigadores chegue a acordo acerca da natureza do universo a estudar, da validade das questões a colocar e da legitimidade das técnicas a empregar na investigação (Jacob, 1987).

---

[4] Deve-se a Thomas Kuhn, na obra A *Estrutura das Revoluções Científicas* (2009), com primeira edição em 1962, o sublinhar da importância dos paradigmas na investigação científica. Os paradigmas são algo que os membros das comunidades científicas 'compartilham'; "um paradigma governa, em primeira instância, não uma matéria de estudo, mas antes um grupo de profissionais" (Kuhn, 2009:242). Talvez fosse preferível falar de 'programas de investigação' (Lakatos, 1999; Shulman, 1989), devido à ambiguidade do termo paradigma assinalada pelo próprio Kuhn (1989). Segundo Shulman (1989:10), o conceito de 'programa' é mais operacional para "descobrir os géneros de indagação que se encontram no estudo de um fenómeno", e, também, porque remete mais para o tipo de questionamento que é feito na investigação. Outra alternativa é a de falar em 'escolas de pensamento', porque como diz Meksenas (2008: 66), "os iniciados em métodos distintos pensam de modo diverso os fenómenos, fatos, objetos e interações que integram a realidade. Tais escolas são sistemas de pensamento. Cada escola articula-se por um conjunto de pressupostos contidos em uma teoria, acessados por um método do conhecimento e aceitos por uma comunidade de cientistas com base na capacidade de persuasão dos seus líderes e acerca das possibilidades contidas no modelo teórico em questão".

É no quadro dos diversos paradigmas de investigação que se encontra, portanto, uma fundamentação filosófica (conceções de realidade, pessoa, sociedade, cultura, sujeito, objeto, ação, etc.) e, sobretudo, uma fundamentação epistemológica (assente em determinados conceitos de verdade e de ciência), que justifiquem as escolhas ao nível das teorias, das estratégias metodológicas e das técnicas a empregar numa investigação.

Temos, de um lado, o *paradigma hipotético-dedutivo* ou *nomotético*[5], e do outro, um paradigma que, devido às múltiplas influências teóricas que estão na sua base (filosóficas, sociológicas, antropológicas, etc.), acaba por receber uma grande variedade de designações[6], preferindo nós as de paradigma *fenomenológico-interpretativo* ou *idiográfico*.

Perante estes dois paradigmas estamos, pois, frente a 'regimes de verdade' e critérios de cientificidade diferentes, com tudo o que isso mesmo acarreta (conceito de ciência, métodos adequados ao objeto e ao objetivo da investigação, procedimentos interpretativos e, ainda, o modo como cada membro da comunidade científica pode reconhecer, valorizar e integrar, na sua própria investigação, o conjunto da investigação dos pares e vice-versa).

Na esteira de diversa literatura (Denzin e Lincoln, 2003; Cohen et al., 2006), as grandes diferenças entre estas duas orientações investigativas devem ser vistas em torno de três principais aspetos:

- conceções acerca da natureza da realidade (ontologia),
- conceções acerca da natureza humana (antropologia),
- conceções acerca da natureza do conhecimento, sua produção e comunicação (epistemologia).

Voltaremos a estes aspetos no ponto seguinte. Antes disso colocamos de novo o problema da própria ciência: *o que é ciência?*

Admitamos (tendo em conta todo o debate realizado, pelo menos desde os finais do século XIX, em torno da possibilidade, construção e

---

[5] Este paradigma aparece também na literatura designado por: positivista, racionalista, empírico-racionalista, condutivista, laboratorial, experimental, etc.

[6] É designado por paradigma fenomenológico, interpretativo, hermenêutico, naturalista, normativo-naturalista, construtivista, etc.

especificidade das ciências humanas) que ciência é um esforço racional e metódico de compreensão penetrante da realidade, no que ela tem de mais profundo e menos aparente. Esforço que apresenta, como primeiro objetivo (mas não o único), construir teorias que permitam, antes de tudo, obter a referida compreensão, isto é, a *explicação* através do estabelecimento empiricamente comprovado de relações de causalidade, ou, a *interpretação* dos factos humanos tomando como base o *sentido* que os sujeitos conferem às circunstâncias e aos atos que de algum modo vivenciam. As teorias são, ainda, instrumentos para, através dos conceitos e vocabulário que elas oferecem, se questionar a realidade colocando novos problemas e sujeitando-se, por isso mesmo, a constantes confrontações e a revisões quando a realidade questionada não se mostra consequente com elas (Amado, 2011).

Esta definição aponta, portanto, para uma conceção aberta de ciência, admitindo alguma diversidade de teorias científicas (no tipo de provas e de exigências a que se submetem), diversidade que depende, sobretudo, da natureza (subjetiva ou não) da realidade estudada; fomenta a complementaridade das grandes orientações tradicionais do fazer-ciência: *explicar* (paradigma hipotético-dedutivo) ou *interpretar* (paradigmas fenomenológicos e hermenêuticos); assinala, ainda, o papel instrumental das teorias enquanto fontes (concetuais e metodológicas) de questionamento da realidade. É uma conceção adequada à compreensão científica dos fenómenos humanos caracterizáveis pela presença de determinismos externos e objetivos, e por toda uma esfera subjetiva onde impera o "sentido", a "interpretação" e a "decisão pessoal" que os sujeitos dão à vida e às circunstâncias que a rodeiam. Fenómenos humanos marcados por uma enorme complexidade interna e externa, o que é patente no caso do fenómeno educativo que, sendo ao mesmo tempo individual, quotidiano e concreto, é, também, global, contínuo, ideal! (Amado, 2011).

Um olhar de síntese sobre os dois tópicos anteriores leva-nos a concluir que as ciências da educação encontram o seu núcleo aglutinador e chave da sua identidade na construção e partilha de um conceito de educação, mobilizador de reflexão, investigação e práticas destinadas à realização progressiva desse mesmo conceito. O esforço de racionalização do fenómeno educativo torna-se indispensável para o podermos colocar como central, ponto de partida e de chegada, Alfa e Ómega da investigação em educação e próprio das ciências da educação – conferindo desse modo, o caráter específico, identitário, a esta investigação e a estas ciências; conferindo-lhes, ainda, a sua alta dignidade e até a sua radicalidade relativamente às 'outras' ciências (Amado e Boavida, 2005).

Seguidamente, avançaremos na caracterização e no confronto dos diversos paradigmas, destacando o seu lugar na investigação em educação.

I - 1.2. Perspetivas da modernidade: dois paradigmas em confronto

Uma das características fundamentais da epistemologia da modernidade é a da sua conceção de 'verdade' como representação, reflexo ou algo que, na mente dos sujeitos, 'corresponde' ao mundo que lhe é externo. Trata-se, portanto, de uma elaboração do sujeito pensante, cuja correspondência com a realidade exterior a este sujeito pode ser fundada e comprovada empiricamente pela experiência ou por outros métodos com força de validação e prova. Por outras palavras, o conhecimento funda-se em dados certos "a partir dos quais é possível derivar logicamente conclusões que podem ser rigorosamente testadas" (Hammersley, 2008:42). Consideramos como pioneiros desta epistemologia, ainda que em trajetórias bem diversas, por um lado, o racionalismo cartesiano (*O Discurso do Método* e *As Meditações* de Descartes), e, por outro, o empirismo de John Locke (*Ensaios sobre o Conhecimento Humano*). A *razão*, no primeiro caso, e a *experiência*, no segundo, surgem como os esteios, os fundamentos (fundacionalismo), que asseguram que o conhecimento reflete uma realidade exterior ao sujeito pensante e que, no fim de uma caminhada metodicamente realizada, 'a verdade' se torna acessível. Sabemos ainda como, na primeira metade do século XIX, muito especialmente pela influência da obra de Augusto Comte (1789-1857), e na continuidade da corrente empirista, o método experimental ganhou um caráter exclusivo, único, em relação à explicação científica, 'causal', dos fenómenos. Afirmava-se, desse modo, a visão positivista da ciência e do saber, que se tornou hegemónica daí em diante, mas não sem a oposição de todos quantos, também desde o século XIX (Dilthey, 1833-1911), consideravam que a especificidade e a complexidade dos fenómenos humanos não se pode abranger por mera explicação causal, mas exige uma compreensão mais ampla que integre a cultura e a história da sociedade, a linguagem, os fins individual e coletivamente assumidos, etc.[7]

Desse modo, neste capítulo daremos atenção a dois paradigmas de investigação, que apesar de radicalmente diferentes nas conceções de ser humano, de sociedade e de ciência, mantêm em comum uma ideia de verdade como representação do 'mundo' (ainda que por tal entendam coisas diferentes); mantêm, ainda, em comum a preocupação e o exercício esforçado de verificar a 'validade' do conhecimento que na sua base se produz[8].

I – 1.2.1. Paradigma hipotético-dedutivo e investigação em educação

Na perspetiva do paradigma hipotético-dedutivo, o objetivo central do conhecimento é o de estabelecer relações causais entre as *variáveis* subjacentes *a* um determinado fenómeno e esse mesmo fenómeno. O que implica uma investigação que, partindo da teoria[9], começa por formular hipóteses e, seguidamente, avança pelo teste experimental e (ou) estatístico dessas hipóteses prévias (teoria para testar), procurando evidências empíricas que as corroborem ou infirmem. Trata-se, pois, de uma abordagem dedutiva (*top-down approach*) em que o que se pretende é submeter à prova uma determinada teoria (contexto da prova).

Vejamos, pois, como se caracterizam os três aspetos centrais, acima referidos, diferenciadores do paradigma hipotético-dedutivo:

---

[7] Para maiores desenvolvimentos consulte Boavida e Amado (2008), 1ª e 2ª partes.

[8] As questões de validação do conhecimento na perspetiva dos diversos paradigmas terão o seu desenvolvimento próprio no capítulo V – 1. *A validação da investigação qualitativa*.

[9] "Uma explanação acerca do modo como funcionam ou se desenrolam determinados aspetos do mundo, baseada em conceitos chave, princípios e noutras hipóteses" (Lodico et al., 2006:5).

- *Ontologia* – A realidade social e humana é vista, à semelhança do mundo físico, como uma realidade exterior à consciência dos indivíduos, dependente de variáveis externas, e, como tal, objetiva, descritível, baseada em padrões gerais e previsível.
- *Antropologia* – O sujeito humano é determinado nos seus comportamentos (ações e decisões) por elementos e forças que são exteriores e anteriores à sua consciência (circunstâncias contextuais e ambientais, determinismos físicos e biológicos, etc.), e que impõem mecânica e previsivelmente uma dada resposta. O homem é um produto do ambiente, cientificamente caracterizável pelo que é comum e genérico aos sujeitos submetidos às mesmas situações; o diverso, o particular, o único e o específico, nada contam.
- *Epistemologia* – O que se pode conhecer de um mundo assim concebido, enquanto 'coisa', é saber *o que* está por detrás da sua constituição (a causa ou causas), *como* se divide e *como* funciona; tudo isto se alcança através do método experimental e pelo inquérito dirigido a amostras estatisticamente significativas. Portanto, os métodos e a natureza do conhecimento exigem que a análise da realidade social se faça, tal como acontece nas ciências exatas, começando pela formulação do problema, pelo isolamento de variáveis entre si e do seu contexto, pela formulação de hipóteses e conjetura de regularidades, e tudo isso seguido de experimentação, formulação de leis generalizáveis (na base das quais se tornam possíveis as previsões, ainda que admitindo um certo grau de probabilidades) e construção ou reconstrução da teoria. Quando esta investigação é feita com base em inquéritos, procura saber através deles se as experiências e as perspetivas das pessoas se enquadram num conjunto pré-determinado de categorias expressas no formulário estruturado e estandardizado. A natureza da relação investigador-objeto é, ou procura ser, uma relação de independência evitando tanto quanto possível a interação entre ambos, para que se obtenha a imprescindível objetividade.

- *Que lugar para investigação hipotético-dedutiva em educação?*

Esta investigação permitirá que se definam tendências ou leis gerais e que, eventualmente, se estabeleçam relações prováveis de causalidade entre fenómenos. Em educação, como em outros campos da vida social, há, certamente, muitos domínios e muitas questões que justificam e legitimam desenhos experimentais ou quase-experimentais de investigação. A procura da objetividade própria deste paradigma passa, em primeiro lugar, pela escolha do fenómeno adequado e pelo tipo de interrogações que sobre ele se fizerem (operatórias); depois, passa pela utilização de apropriadas metodologias (verificação experimental ou quase-experimental de hipóteses, isolamento e controlo de variáveis, grupos de controlo, amostragens aleatórias, análise estatística de dados, etc.). Campbell e Stanley (1966, cit. por Phillips e Burbules, 2000:13) consideram-se "empenhados na experimentação; enquanto meio único de resolução de litígios sobre as práticas educacionais, como a única maneira de verificar melhorias educacionais e, ainda, única maneira de estabelecer uma tradição cumulativa em que as melhorias podem ser introduzidas sem o perigo de uma rejeição fatal da velha sabedoria em favor de novidades menores".

Mas deve ter-se em conta que a investigação em ciências da educação, realizada na base do paradigma hipotético-dedutivo, teve e continua a ter uma estreita ligação e inspiração nas correntes dominantes das mais diversas sub-disciplinas da Psicologia; adota, com efeito, não só o seu modo de formular os problemas e as hipóteses explicativas, como os seus métodos quantitativos e a vocação generalizadora. Uma das vantagens dos métodos quantitativos é a de medir as reações de um grande número de pessoas a um limitado conjunto de questões expressas nos formulários estandardizados dos questionários (testes, escalas de atitudes, etc.), o que facilita a comparação e agregação dos dados, a análise estatística e a replicação dos estudos por pessoas ou equipas estranhas entre si.

Reconhece-se, contudo, que a investigação baseada no paradigma hipotético dedutivo exige cuidados específicos e apresenta um conjunto de limites consideráveis. Assim, deve admitir-se que a própria 'razão científica' não deixa de estar dependente de múltiplos condicionalismos (sociais, políticos, culturais, ideológicos, pessoais e instrumentais) que exigem precaução, dúvidas e aceitação de um certo relativismo (para uns mais moderado e para outros menos). Sabemos (depois de Popper e outros epistemólogos) quanto as conceções e teorias dos investigadores estarão sempre presentes influenciando processos e perceções (Popper, 2003).

Nesta linha é importante aceitar os próprios limites dos instrumentos utilizados; não há dúvida de que tanto o equipamento laboratorial como as perguntas de um questionário podem estar influenciados "pela cosmovisão de quem os constrói" (Rey, 2002, cit. por Nunes e Ribeiro, 2008:249), apesar dos esforços que possam vir a ser feitos para alcançar as condições de objetividade e de neutralidade na sua construção.

Sabe-se, ainda, como o conhecimento baseado em análises estatísticas "corresponde a um comportamento médio que mil contingências próprias ao indivíduo e às circunstâncias matizam, ou até infirmam" (De Landsheere, 1986:39). É importante, por isso mesmo, que não seja esquecida a complexidade de fatores que determinam os fenómenos humanos, mormente os que se prendem com a educação, oferecendo oportunidade a múltiplas exceções à regra geral ou lei.

Na sequência do que acabamos de dizer, afirme-se que uma das principais fraquezas deste paradigma é o facto de, esforçando-se embora por estabelecer relações constantes entre variáveis, ignorar como essas mesmas variáveis são definidas pelos atores ou protagonistas da situação e dependentes, portanto, de uma subjetividade que se mantém ignorada. Deste modo, as investigações realizadas nesta linha são criticáveis, no entender de Hamel (1992), por "reificarem a realidade social (…), serem reducionistas e mecanicistas, [e por] passarem ao lado da dinâmica efetiva dos processos sociais, da criatividade dos atores e do papel das significações, do sentido na estruturação do mundo social" (p. 216), oferecendo, como já se disse, um conhecimento verdadeiramente empobrecido.

Há, ainda, que ter em conta a conceção de educação em geral subjacente a este tipo de investigação – de quem a faz, de quem a promove ou de quem a utiliza. Em muitos casos, trata-se de uma conceção de cariz predominantemente tecnicista (habitualmente associada a uma visão politicamente conservadora, neoliberal), cujo acento destaca as facetas cognitiva, lógica e linguística do ensino (Dunkin, 1986), centrando-se na transmissão (tanto quanto possível 'eficaz') de conhecimentos e na sua mera aquisição (por vezes memorialística e pouco duradoura) por parte do educando, em detrimento das 'facetas emocional, social e organizacional' daquele mesmo ensino; a individualidade (história de vida, projetos, emoções, sentimentos) do aprendiz é, assim, ignorada nestes estudos. Não há dúvida de que "a metodologia é, de certa forma, determinada pelas visões do mundo que o pesquisador tem em um dado momento da sua vida profissional" (Haguette, 2001, cit. por Nunes e Ribeiro, 2008:250).

Enfim, caberiam aqui todas as outras críticas que, do ângulo de determinadas correntes da filosofia ou das ciências humanas, se têm vindo a apontar a uma visão 'geometrizante' e longe da 'vida', de que sempre enfermou a investigação positivista do humano. Como diz Ferrarotti (2007), "a investigação social, conduzida com métodos estritamente quantitativos, ainda hoje em posição dominante entre os que possuem uma cultura sociológica, deve muito do seu êxito a razões de natureza extracientífica. Coincide e corresponde ao estilo de pensamento e à mentalidade tecnocrata dominante na gestão da empresa industrial e financeira; oferece resultados ilusoriamente certos, expressos na restritiva coerência formal dos aparatos numéricos" (p. 25).

Vale a pena, de modo complementar a todas as facetas enumeradas em torno dos limites deste paradigma, citar ainda um breve excerto de Ana Benavente (Benavente, 2011), em torno do modo como a luta política e ideológica no campo educativo distorce e confina os saberes ditos 'científicos' em proveito de políticas conservadoras: "Considero que sabemos menos do que pensamos sobre Educação e Formação em Portugal. A primeira razão desse desconhecimento prende-se com o que se quer saber. Que se pergunta aos números? Como são recolhidos e tratados? E que números procuramos? Porquê e para quê? A produção estatística tem sempre um quadro de referência ideológico sobre a instituição escolar. Porque é que eu quero saber se há diferenças de vencimento entre quem tem o 9º ano ou uma licenciatura e não me pergunto sobre a sua participação democrática? Não há estatísticas inocentes. A segunda razão, pela qual sabemos pouco sobre Educação e Formação, é porque as estatísticas são parcelares e são, muitas vezes, descontínuas. Acresce que a centração em dados quantitativos, ignorando as dinâmicas, diversidades e contradições da realidade, nos encerra num conhecimento empobrecido" (p. 2).

Em síntese, é necessário que se mantenha uma postura de grande prudência, de modo a que as explicações causais sejam tidas como provisórias e meras 'hipóteses' de explicação, que se aplicam somente em certas condições e que não podem ser generalizadas com fundamento num raciocínio indutivo (Popper, 2003; Pring, 2000)[10].

É necessário, ainda, admitir que por de trás dos paradigmas investigativos (tanto em ciências da educação como em qualquer ciência) não estão apenas conceções diferenciadas de ciência e uma atividade de pesquisa assente somente na lógica e na experiência científica, indiferente a outros interesses e valores, mas estão, igualmente, valores sócio-culturais e políticos (Kuhn, 2009) e, consequentemente, diferentes visões do que é o ser humano e do que é e deve ser a Educação (Bertrand e Valois, 1994).

Se tivesse cabimento fazer aqui uma incursão histórica sobre a investigação com base neste paradigma, teríamos de salientar dois períodos principais. O primeiro, nos inícios do século XX, que procurou fazer da pedagogia uma psicologia aplicada, com Binet (1857-1911), Claparède (1873-1940), Buyse, (1889-1974), Alves dos Santos (1866-1924), Faria de Vasconcelos (1880-1939) e muitos outros.

O segundo período estendeu-se do pós-guerra aos anos 70. Em grande medida, a investigação educativa desta época procurava fundamentar-se na lógica do paradigma positivista, o que, segundo Nóvoa (1991:27), traduzia uma preocupação de 'legitimação académica' dos diversos grupos de especialistas em ciências da educação. São dessa época, por exemplo, muitos estudos (Flanders, 1977; Bloom, 1972; Bennet, 1976; Kounin, 1977; Gage, 1963; cf. Crahay e Lafontaine, 1986) centrados sobre a relação entre características e competências docentes, estilos e métodos de ensino, gestão organizativa e comunicacional da aula realizada pelo professor (o *"processo"*) e o comportamento/desempenho dos alunos (o *"produto"*).

---

[10] Confira-se a problemática epistemológica do raciocínio indutivo em Boavida e Amado (2008: 66 e seguintes).

Estes estudos, que com certas matizes se têm mantido até aos nossos dias, baseando-se numa conceção behaviorista da pessoa humana e da educação, e enquadráveis no modelo *processo-produto*, fundamentam a necessidade de estratégias eficazes de *management* e de planificação do uso de espaços, tempos, comunicação, rotinas e regras – fatores, todos eles, fortemente correlacionados (em termos gerais e descontextualizados) com o desempenho e resultados dos alunos. A eficácia do ensino é fruto da conexão estreita entre comportamento docente e aquisições do aluno (Bidarra, 1996); por outro lado, o respeito pelas regras do método 'experimental' ou 'quase-experimental', usado nestes estudos, surge como uma espécie de garantia da neutralidade e isenção do investigador (Estrela, 2007a).

Diga-se que um dos seus resultados foi o de trazer para o domínio da investigação e da reflexão a *dimensão técnica* da ação do professor. Desse modo, é legítimo considerar que "depois destes estudos ninguém pode negar a importância de uma boa preparação da aula, da gestão dos tempos para que se verifique uma boa aprendizagem, de uma correta gestão e administração do espaço, de uma exposição com os requisitos mínimos, de um adequado questionamento dos alunos, e de uma boa 'habilidade' para conseguir envolver toda a turma nas atividades" (Amado, 2001b:25). Outra consequência importante foi, precisamente, a de colocarem a prática de ensino e a sala de aula como objeto de investigação, recorrendo a 'métodos claramente definidos', produtores de dados estatisticamente analisáveis, e aplicáveis por grande número de investigadores (Bidarra, 1996).

Contudo, tanto a propósito dos métodos como dos estilos de ensino há que ter em conta que muitos aspetos importantes do comportamento do professor e do aluno na sala de aula não podem ser quantificados (como as variáveis cognitivas, afetivas e emocionais), nem as relações (e as interações) na aula se resumem aos comportamentos visíveis do professor e ao comportamento académico do aluno – de modo que a validade das conclusões destes estudos é sempre discutível, limitada e fortemente descontextualizada.

Importa, ainda, que a dimensão técnica e a dimensão científica do ensino não se sobreponham, mas se equilibrem com as dimensões humana e 'artística', inerentes a essa mesma atividade, tendo-se sempre presente que cada caso tem a sua especificidade. Como diz Erickson

(1989:231), "as conclusões extraídas da investigação do processo-produto podem sugerir, em termos gerais, *que fazer* para melhorar o rendimento dos alunos; porém, estas recomendações gerais não subministram, nem ao investigador nem ao praticante, nenhuma informação acerca de *como fazer* o que se recomenda".

I – 1.2.2. A investigação fenomenológico-interpretativa e a educação

O paradigma fenomenológico-interpretativo coloca-se em relação ao anterior numa posição diametralmente oposta. A explicitação dos pontos centrais deste paradigma, em grande parte confundido com a investigação qualitativa, será o nosso ponto de partida para uma reflexão sobre os paradigmas não positivistas na investigação em ciências humanas e sociais e, muito especialmente, em ciências da educação.

O termo 'qualitativo', como afirmam Denzin e Lincoln (2003:13), "implica uma ênfase na qualidade das entidades estudadas e nos processos e significações que não são examináveis experimentalmente nem mensuráveis, em termos de quantidade, crescimento, intensidade ou frequência".

Ainda segundo os mesmos autores, "os investigadores qualitativos realçam a natureza socialmente construída da realidade, a íntima relação entre o investigador e o que é estudado, e os constrangimentos situacionais que dão forma à investigação [...]. Procuram respostas a questões em torno de como a experiência social é criada e lhe é conferido um sentido" (*ibid.*). Trata-se de uma posição também identificada como *social-construtivista*.

Portanto, central nesta investigação é a compreensão das intenções e significações – crenças, opiniões, perceções, representações, perspetivas, conceções[11], etc. – que os seres humanos colocam nas suas próprias

---

[11] Julgamos importante que o uso destes termos se faça tendo por base uma correta e completa compreensão do seu significado, pelo que o investigador não deve poupar um esforço nesse esclarecimento. Por exemplo, será correto dizer-se que estudamos as 'perceções' quando o que buscamos é o significado (contextualizado) que os sujeitos atribuem a determinada realidade, ação ou vivência? Fica aqui, em nota, um pequeno contributo para motivar o leitor a entender e definir, previamente, os conceitos que emprega:
Crença: convicção de um sujeito sobre algo, baseada no testemunho ou na intuição pessoal.

ações, em relação com os outros e com os contextos *em que* e *com que* interagem. Procura-se *o que*, na realidade, faz sentido *e como* faz sentido para os sujeitos investigados. Dito de outro modo, procuram-se os fenómenos tal como são percebidos e manifestados pela linguagem; e, ao mesmo tempo, reconhece-se que essa significação é contextual, isto é, constrói-se e estabelece-se em relação a outros significantes. Está implícita, igualmente, a ideia de que a ação e a realidade humanas se constituem em fenómenos tão complexos que a sua simplificação em variáveis manipuláveis, como o pretende a investigação hipotético-dedutiva, não seria suficiente nem adequada para a sua abordagem.

Em oposição a esse desmembramento da realidade em variáveis manipuláveis 'laboratorialmente', a investigação qualitativa assenta numa visão holística da realidade (ou problema) a investigar, sem a isolar do contexto 'natural' (histórico, socioeconómico e cultural) em que se desenvolve e procurando atingir a sua 'compreensão' através de processos inferenciais e indutivos (construindo hipóteses durante e depois da análise dos dados). Pode dizer-se que este é o aspeto central e nuclear da investigação qualitativa, que aqui encontra a sua unidade, para além da diversidade de objetos e de objetivos (investigação das experiências de vida, dinâmicas subjetivas da sociedade e da cultura, linguagem e comunicação), estratégias e de métodos usados, como teremos oportunidade de verificar[12].

Opinião: uma crença subjetiva mas que se considera como carecendo de confirmação objetiva.
Perceção: processo psicológico através do qual formamos representações do mundo exterior.
Representação: "ato pelo qual um objeto do pensamento se torna presente no espírito, ou o próprio objeto enquanto se torna assim presente" (Thines e Lempereur, 1984:803). Como também diz Gil (2000:12), na entrada 'Representar' da Enciclopédia Einaudi, "em todas as formas de representação uma coisa se encontra num lugar de outra, representar significa ser o outro de um outro que a representação, num mesmo movimento convoca e revoca".
Perspetiva: segundo Becker, as perspetivas constituem "um conjunto de ideias e de ações coordenadas, que uma pessoa utiliza para resolver um problema numa situação determinada" (Coulon, 1993:76). E, ainda segundo o mesmo autor (1993:79,86), um conjunto de perspetivas partilhadas por um determinado grupo constitui a cultura desse grupo.
Conceção: Tomemos a definição de Zabalza (1994:39), ao referir-se às conceções dos professores: conceção é "aquilo que um professor, num dado momento, dá por assente e que orienta a sua ação, explícita ou explicitamente". Pode dizer-se que as conceções constituem uma estrutura mental geral (que abrange em boa medida todos os conceitos anteriores) e que proporciona uma compreensão coerente dos fenómenos quotidianos

[12] Denzin e Lincoln (2003), a este mesmo propósito, afirmam que "a pesquisa qualitativa é, em si mesma, um campo de investigação. Ela atravessa disciplinas, campos e temas. Em

Dissemos na alínea anterior que o paradigma fenomenológico-interpretativo se coloca em relação ao paradigma hipotético-dedutivo numa posição diametralmente oposta, considerando diversos aspetos; é o que passamos a explicitar recorrendo às mesmas alíneas do tópico anterior.

- *Ontologia* – Os fenómenos sociais são considerados como resultados de um sistema complicado de interações dos sujeitos humanos entre si (em sociedade) e com o mundo natural. Com efeito, "no mundo humano, os objetos, as situações, as ações e as atitudes valem mais pelos contextos, pelas interações que lhe dão sentido e validade, pelos significados culturalmente elaborados que possuem, do que por si mesmos, isto é, enquanto meros estímulos" (Boavida e Amado, 2008:157). Diremos, então, que a "realidade só é realidade porque é social" (Meksenas, 2005) e, portanto, construída *pela* e *na* consciência dos sujeitos em interação; temos, assim, uma realidade social 'produto' das opções, da liberdade, das intenções e valores dos sujeitos, e, ao mesmo tempo, 'produtora' dessas mesmas opções, intenções e valores.
- Deste modo, o investigador deve procurar compreender as realidades complexas e múltiplas a partir das perspetivas dos participantes (Lodico et al., 2006), mas deve compreender também que ele mesmo, enquanto sujeito investigador é (pela sua biografia, pelas suas características pessoais, pelas suas crenças e posição social, etc., bem como pelas suas opções científicas e políticas) um construtor do mundo por ele mesmo estudado[13]. O que aproxima ontologia e

---

torno do termo pesquisa qualitativa, encontra-se uma família interligada e complexa de termos, conceitos e suposições" (p. 3).

[13] Cf. Sousa (2000:38-53), onde a autora de *O Professor como Pessoa* reflete sobre os diferentes aspetos da sua implicação, enquanto investigadora, no objeto da sua investigação. "Investigadora em Ciências da Educação, reconheço-me, antes de mais nada, como alguém com uma história (ou estórias) que me ligam ao fenómeno da formação de professores na Madeira. Vejo-me como uma pessoa que vem da prática da formação de professores, insatisfeita com o modo como ela se desenrola generalizadamente e que, por isso mesmo, deseja fazer algo, deseja teorizá-la em torno da dimensão pessoal. Vejo-me finalmente como uma pessoa que vive na Madeira, sem ser madeirense. Será que esta situação me poderá dar a 'boa distância' necessária face ao objeto de estudo? Quem sou eu, então?"

epistemologia, e tem, sem dúvida, implicações epistemológicas muito sérias – como pode o investigador distanciar-se destas significações e deste mundo de que ele próprio é construtor? No extremo, estas considerações podem levar a um *relativismo* de difícil e problemática ultrapassagem.

- *Antropologia* – Cada ser humano é "o resultado da 'presença' e da ação de todos os outros seres humanos (enquanto está 'imerso' na sociedade e na cultura)" (Boavida e Amado, 2008:157). Mas é, simultaneamente, um livre decisor dos seus destinos, independentemente de condicionalismos externos, e um criador de significados que se tornam parte da própria realidade social e cultural – e aí, o ser humano é, ao mesmo tempo um produto e um produtor de cultura.
- *Epistemologia* – A investigação de realidades sociais centra-se no modo como elas são interpretadas, entendidas, experienciadas e produzidas pelos próprios atores com o objetivo de passar do registo descritivo de condutas, gestos, expressões, afirmações, etc., à sua *compreensão e interpretação* no contexto em que tudo isso se *verifica*. Esta abordagem interessa-se, sobretudo, pelos *'significados'* que os 'atores' atribuem às ações em que se empenham. A atribuição de significado é intersubjetiva, na medida em que os dois sujeitos (o investigador e o investigado) partilham, numa espécie de 'sociabilidade originária'[14], as significações sócio-culturalmente construídas e encerradas na linguagem por eles usada. Os métodos utilizados são flexíveis e adaptáveis aos contextos sociais (para além da riqueza de pormenores descritivos relativamente a pessoas, locais e conversas, pormenores que, uma vez observados, sugerem perguntas e hipóteses a formular durante o próprio processo de pesquisa), de modo a permitirem uma investigação que tenha em conta os contextos em que os fenómenos se verificam e a complexidade de fatores que lhes dão origem.

---

[14] Ver em Lyotard (2008:96) esta questão da "sociabilidade originária enquanto terreno de todo o saber antropológico", tratada de um ponto de vista da fenomenologia e do existencialismo.

- Assim, o principal interesse do investigador interpretativo é a possibilidade de particularizar, mais do que de generalizar; a representatividade das conclusões, longe de ser estatística é social e teórica assente em critérios de compreensão e de pertinência. "Os fatores universais descobrem-se quando se manifestam em forma concreta e específica, não em abstração e generalidade" (Erickson, 1989:223). Trata-se de uma aproximação *emic* ou *idiográfica* (contextualizada na vida quotidiana), de casos únicos ou de um número restrito de casos, estando arredada a preocupação pelas generalizações. Como diz Guba (1989:150), "as diferenças são pelo menos tão importantes como as semelhanças para compreender o que sucede".

Note-se, porém, que a combinação destes pressupostos e a sua interpretação não é unânime, gerando-se, num devir histórico que merece alguma atenção, correntes diversas dentro da investigação qualitativa. É o que procuraremos fazer de seguida.

Se podemos considerar que os anos 70/80 do século XX marcam o apogeu da perspetiva positivista (behaviorista) na investigação em educação, podemos afirmar também que se inicia nessa data e até aos nossos dias, internacionalmente, a sua coexistência com a investigação de caráter fenomenológico-interpretativo que, à época, é representada pela obra de autores de grande e continuada influência.

Esta história começa nos Estados Unidos a partir dos anos 70, procurando responder a todo um conjunto de novos problemas sociais e educativos que então se colocavam. Segundo Casanova e Berliner (1997), a eleição de Kennedy, as lutas pelos direitos civis das minorias étnicas, a guerra do Vietname, constituem os traços principais da contextualização política e social das novas exigências na investigação em educação. Também as lutas anticoloniais e a afirmação política de povos não europeus tiveram "como consequência que muitos dos pressupostos das ciências sociais foram postos em causa com o argumento de que refletiam os preconceitos políticos de uma era que ou chegara ao fim, ou estava, pelo menos em vias de terminar" (Comissão Gulbenkian, 2002:569).

Outra contextualização histórico-social importante, desta feita na Europa, foi a revolta estudantil em França, em maio de 1968, que se alastrou a outros grupos sociais e que adquiriu repercussões em todo o mundo. O apoio de inteletuais como Sartre (1905-1980) foi decisivo. As repercussões fizeram-se sentir no domínio da investigação, surgindo grande número de publicações na área das ciências sociais que antes não tinham público; além das minorias étnicas e dos povos colonizados, são agora os jovens e as mulheres, com as suas problemáticas específicas, que merecem a atenção dos pesquisadores. Os métodos de estudo tradicionais, quantitativos, não se mostravam capazes de responder aos novos temas e problemas.

Além destas novas orientações são, ainda, célebres as posições assumidas por Cronbach (1974) e Campbell (1974), ambos prestigiadas autoridades no quadro da investigação estatística, que no encontro anual da *American Psychological Association*, reagiram contra a ênfase positivista tradicional dos métodos quantitativos e alertaram para a importância crítica de métodos alternativos de pesquisa (cf. De Landsheere, 1986:43). De facto, estes novos métodos estão na base da pesquisa de autores que virão a consagrar-se na história da investigação em educação. Invoquem-se, como exemplo, as obras dos americanos Jackson (1968) e Ogbu (1974), e dos ingleses Hargreaves (1972), Hammersley (1976), Woods (1979), Delamont (1984), inspiradas, em boa medida, no trabalho realizado pela Escola de Chicago na primeira metade do século XX. A conferência anual da *British Sociological Association*, em 1970, define (para o Reino Unido e talvez para a Europa), o início da nova problemática, centrada especialmente em torno das interações professor-aluno, nos planos da comunicação e da afetividade.

Todas as propostas que se diferenciam (e/ou se opõem) do positivismo, convergem, portanto, num maior interesse pelas razões intrínsecas dos comportamentos (Estrela, 1999), pelo *sentido* (*meaning*) que os atores, professores e alunos conferem às situações e comportamentos na aula, e prestam menos interesse aos comportamentos observáveis, externa e objetivamente. Surgem, então, novas correntes, diferentes entre si em muitos aspetos de cariz filosófico e metodológico, mas em grande parte coincidentes na ideia de que 'o ponto de vista dos atores' é fundamental para a compreensão dos fenómenos sociais, e na ideia de que os observadores em ciências humanas e sociais devem tomar parte nas situações observadas, de forma a apreenderem os seus significados. Sendo assim, "o sujeito observador e o objeto observado passaram a situar-se no mesmo território, único processo de compreensão de um real complexo e irreversível" (Estrela, 1999:5).

Se seguirmos a periodização elaborada por Denzin e Lincoln (2003; 2006), para a evolução da investigação qualitativa nos Estados Unidos, podemos considerar que, a partir dos anos 50, surgem várias fases importantes que caracterizaremos oportunamente ao longo do texto, a começar aqui pelas que imediatamente se seguem a um primeiro período, o 'tradicional'[15]:

- O *período modernista ou idade de ouro* (1950-1970). Este segundo período está associado a todo um conjunto de argumentos pós-positivistas, dando origem ao aparecimento de muitas obras que refletem os aspetos metodológicos suscetíveis de traduzir rigor e sistematização nas análises (por exemplo o método da *grounded theory*, de Glaser e Strauss, 1967), ainda que baseadas em perspetivas diferentes: hermenêuticas, estruturalistas, semióticas, fenomenológicas, etnometodológicas, etc., e em grande parte inspiradas no trabalho realizado pela Escola de Chicago[16]. Há, portanto, preocupação por formalizar os métodos qualitativos, procurando procedimentos que lhe emprestem uma validade equivalente à dos métodos quantitativos (Denzin e Lincoln, 2003; 2007). Os investigadores, estudando as culturas enquanto "modos de vida", traduziam as suas análises (realizadas com

---

[15] Há, com efeito, todo um conjunto de desenvolvimentos da investigação qualitativa que os autores associam à herança positivista; é essa a marca do 'período tradicional'. Consideram que este período se estende de cerca de 1900 à Segunda Guerra Mundial. O que a investigação, neste período, procura oferecer é interpretações válidas, replicáveis e objetivas, o que supostamente se pode alcançar se se estudar o 'outro' como um estranho, um estrangeiro. A preocupação é captar através da observação e de todo o tipo de documentação, as suas formas de vida, quotidianas e caóticas, e subordiná-las às regras gerais da ciência antropológica. Este era o objetivo dos pais da antropologia clássica como Malinowsky (1997) – uma antropologia que hoje é fortemente associada, por muitos dos seus críticos, a um passado colonial (Denzin e Lincoln, 2003:20-21). Freebody (2003:57) recorda que as linhas orientadoras desta investigação eram as de uma abordagem multidisciplinar, realizada tanto quanto possível com uma 'disposição neutral', por parte dos investigadores, acompanhada por uma imersão no contexto como observador participante e por uma exigência de fidelidade às 'histórias' do grupo observado.

[16] Voltaremos a uma breve introdução sobre algumas destas correntes no capítulo seguinte.

métodos que procuravam ser o menos obstrutivos possível) num conjunto de categorias, conceitos e imagens que deveriam ser, até certo ponto, um reflexo da realidade empírica. De algum modo, o ideal positivista parece manter-se. Na investigação educativa são de realçar, para este período, as obras de Georg e Louise Spindler (Spindler e Spindler, 1982) e de Wolcott (1967), entre outros. Estudaram-se o desvio e o controlo em sala de aula e na sociedade e 'valorizaram-se', de algum modo, os *'outsiders'*[17] e os *vilões,* dando-lhes voz (Denzin e Lincoln, 2003).

- *Período da indiferenciação de géneros (blurred genres).* O terceiro período situa-se entre 1970 e 1986, e está aberto à complementaridade de paradigmas, de estratégias (estudos de caso, etnografias, biografias, etc.) e de métodos. As teorias que suportavam estas investigações implicavam uma nova visão da 'cultura' (não tanto como 'modo de vida', mas como 'universo de significações') e podiam ir do interacionismo ao construtivismo, passando pela fenomenologia e pela etnometodologia. As obras de Clifford Geertz (*The Interpretation of Cultures*, 1973[18], e *Local Knowledge: Further Essays in Interpretative Anthropology*, 1983[19]), sublinhando que a investigação antropológica é, essencialmente, *uma interpretação de interpretações,* são consideradas por Denzin e Lincoln (2003:24) como os marcos mais visíveis deste período. Surgem, ainda, por esta altura novas abordagens, como o pós-estruturalismo de Barthes (2007), o neo-marxismo de Althusser (1976), o desconstrucionismo de Derrida (1994). Em educação, é o período dos adeptos de investigação naturalista, pospositivista e construcionista, como Erickson (1989) e Guba (1989). Erickson (1989) considera que nesta fase a investigação, mormente a etnográfica, procura ser 'empírica sem ser positivista', ao mesmo tempo que oferece uma análise 'objetiva' das significações 'subjetivas'.

Com o enfoque interpretativo dado por estes autores e pelas correntes em que se inserem, na investigação dos fenómenos sociais e educativos:

---

[17] *Outsiders* é, precisamente, o título de uma das obras mais conhecidas de H. Becker (1985), um dos teóricos importantes desta época.

[18] Referiremos a edição brasileira de 1989.

[19] Referiremos a edição francesa de 1986.

- passa a olhar-se mais para o processo do que para os produtos;
- recupera-se a dimensão histórica dos fenómenos;
- a investigação adquire um caráter multidisciplinar;
- e da preocupação pela objetividade e pela exterioridade passa-se a ter em conta a subjetividade e a interioridade dos sujeitos envolvidos no processo.

Nesta conformidade, torna-se importante considerar, por exemplo, o professor, com as suas emoções, pensamentos, decisões, crenças, dilemas, do mesmo modo que se destacam, no que diz respeito ao aluno, os processos cognitivos, as 'estratégias de sobrevivência', as interpretações dos factos, o conhecimento pedagógico produzido no seu próprio *ofício de aluno*, etc. Todos estes fenómenos passam a ser considerados como mediadores do ensino e da aprendizagem e é através do seu estudo que se poderão vir a confirmar ou infirmar conclusões e teorias construídas segundo os pressupostos do paradigma hipotético dedutivo e em escalas macrossociológicas (Estrela, 2007a)[20].

Sublinham-se, então, aspetos como a natureza contextual e evolutiva das relações e das interações, o controlo de comportamentos e de saberes exercido pelo professor, a correlação de poderes (negociações) de professores e alunos, as estratégias usadas por cada um dos lados a fim de alcançarem objetivos que não serão simplesmente os de ensinar e de aprender (as estratégias desviantes e conformistas dos alunos e as características subjetivas dos que optam por uma ou outra daquelas estratégias), o papel das representações e das expetativas recíprocas enquanto variáveis mediadoras do que acontece na escola e dele resulta realmente e, ainda, num plano mais vasto, os efeitos do clima (*ethos*) da escola e da turma nos comportamentos (cf. Amado, 2001b). Em França, numa perspetiva

---

[20] Na investigação do ensino, nos anos 70/80, ainda muito centrada sobre os processos cognitivos, surgem os modelos mediacionais desdobráveis no 'paradigma do pensamento do professor' e no 'paradigma do pensamento do aluno', e os modelos sistémico-ecológicos; os primeiros, muito centrados na importância das cognições de professores e alunos, e os segundos propondo uma visão mais holística e sistémica dos atos de ensinar e de aprender (cf. Amado, 2001; Bidarra, 1996; Gimeno Sacristan e Perez Gómez, 1995; 1989). cf. cap. III – 2.1.

psicossociológica, Gilly (1980) desenvolve o estudo do papel mediador das representações recíprocas de alunos e professores. Um importante campo de investigação que ao longo dos tempos tem sofrido grande evolução e transformação, com base na mudança de paradigmas, diz respeito ao domínio da avaliação das aprendizagens; vale a pena acompanhar toda essa história para exemplificar a influência dos paradigmas (cf. Queiroz, 2010; Barreira, 2001; Fernandes, 1998)

Os problemas a investigar passam a ser formulados de modo radicalmente diferente da formulação exigida na investigação hipotético-dedutiva. A sua formulação vai no sentido de explorar as interpretações, os sentidos da ação, os sentimentos dos sujeitos e não as variáveis (causas) que possam estar na base de seus comportamentos e atitudes[21]. E as metodologias desenham-se com base em estratégias, como: estudos de caso e abordagem clínica, estudos etnográficos, estudos biográficos (histórias de vida, diários e outros documentos pessoais) e investigação-ação.

Há, na absolutização do paradigma fenomenológico-interpretativo, alguns perigos como, por exemplo, reduzir a investigação "e o real sobre o qual ela se debruça ao discurso que os próprios sujeitos produzem sobre esse mesmo real" (Estrela, 1995:97). Ou, ainda, o perigo muitas vezes observado, como refere Estrela, de a investigação se limitar ao plano 'da descrição do discurso produzido pelos sujeitos', pondo-se de parte a exigência da necessária ultrapassagem do conhecimento comum, "pela elaboração de *constructos* de ordem progressivamente mais elaborada" (*ibid.*). O investigador cai nestes 'erros' quando esquece que o material recolhido (fruto das interpretações dos sujeitos investigados) há de vir a ser interpretado (com base em teorias prévias, ou em hipóteses progressivas, emergentes, a construir durante o processo de recolha e de análise) pelo próprio analista.

---

[21] Seria importante darmos aqui diversos exemplos contrastantes de problemáticas formuladas, de modo a serem exploradas por um ou outro dos paradigmas. Damos apenas dois exemplos, que se colocam em áreas bem diferentes no quadro das problemáticas educativas e formativas: "como é entendida e explicada por alunos e professores, num determinado contexto escolar, a indisciplina?" (Diferente de perguntar: "quais os fatores explicativos da indisciplina em determinado contexto escolar?". Outro exemplo: "quais as decisões que determinado indivíduo foi tomando ao longo da sua vida (pessoal ou profissional) que podem explicar, do seu ponto de vista, um envelhecimento bem-sucedido?" (Diferente de perguntar: "quais os fatores que contribuem para um envelhecimento bem sucedido").

I – 1.3. O paradigma sócio-crítico e a pós-modernidade

O paradigma fenomenológico-interpretativo desimpediu o caminho, a partir de meados dos anos 80 do século XX, a novas perspetivas na investigação qualitativa. Abriram-se, com efeito, de modo progressivo, as portas a uma grande variedade de fundamentações teóricas, como referimos; mas também se abriram, como não podia deixar de ser, as portas a novos paradigmas, de que há a salientar o sócio-crítico e os pós-modernos – estes últimos a partir dos anos 90 até aos nossos dias[22]. Não se pode dizer, portanto, que a investigação qualitativa "possui uma teoria ou um paradigma distintamente próprio" (Denzin e Lincoln, 2003:9). A mudança de paradigmas não deve considerar-se uma situação estranha; consiste num processo natural na história das ciências (cf. Kuhn, 1989; 2009), na medida em que outros problemas se lhe vão colocando e os referenciais teóricos e práticos existentes deixam de dar a resposta, considerada pertinente e necessária, às exigências de 'um mundo histórico inconstante'. Colocam-se, nesta sequência, novas questões relativamente à validade dos métodos usados, às formas de apresentar os resultados e, até, aos critérios para julgar a qualidade dos mesmos[23].

Retomando a periodização de Denzin e Lincoln (2003:29), podemos falar de um quarto período, o da *crise de representação* (1986-1990). Trata-se, portanto, de um período em que é posto em causa o conceito de 'verdade' como representação ou reflexo do mundo – de um mundo externo aos sujeitos, como o defendem os positivistas (fundacionalistas, objetivistas, realistas) – para passar a ser percebida, essencialmente, como uma construção reflexiva, interpretativa, dos sujeitos em contextos sociais e culturais circunscritos, em que o sexo, a etnia e a classe social são determinantes. O grande critério da verdade deixa de ser o da 'correspondência', para ser o da 'utilidade' que os conceitos têm ou podem ter para organizarmos e unificarmos a nossa experiência (Calabró, 1997; Efinger

---

[22] Confiram-se, a este propósito, entre outros: Estrela (2007a), Knoblauch, Flick e Maeder, (2005), Denzin e Lincoln (2003).

[23] As questões relativas à validação da investigação qualitativa serão abordadas a partir do capítulo V-1.

et al., 2004). Nessa medida, critica-se a investigação realizada na base dos dois paradigmas anteriormente descritos, como sendo análises produzidas sob um ponto de vista liberal, historicamente descontextualizadas[24], e ao serviço das políticas dominantes nas sociedades que as produzem, preocupando-se apenas com o conhecimento técnico ou hermenêutico e esquecendo o critério da aplicação do conhecimento, no sentido da mudança do que está errado na sociedade (Cohen et al., 2006:28).

I – 1.3.1. A postura 'crítica' e o papel da ideologia nas ciências sociais

O ponto de partida para esta nova conceção do que são e do que devem ser as ciências sociais consistiu no retorno à obra e pensamento de Karl Marx, muito especialmente a um texto da sua juventude, *Teses sobre Feuerbach,* publicado em 1840 (Marx, 1971). Este retorno ficou a dever-se a um conjunto de filósofos da primeira metade do século XX, coletivamente designados como *Escola de Frankfurt,* em que se destacam: Georg Lukács (1885-1971), Herbert Marcuse (1898-1979), Theodor Adorno (1903-1969), Max Horkheimer (1895-1973) e Jurgen Habermas (1929).

Uma das teses mais significativas e emblemáticas defendidas por Marx no referido texto é a de que "até agora, os filósofos limitaram-se a interpretar o mundo de maneiras diferentes; o que importa, porém, é transformá-lo" (Marx, 1971:168). Defende no mesmo conjunto de teses que é a 'atividade prática', ou, por outras palavras, a ação sobre o mundo ('praxis', 'produção', ou 'trabalho'), que está na base da transformação física do mundo e, consequentemente, do modo como pensamos. Mas as formas de pensar, as ideias, são diferentes e dividem-se em função do próprio lugar que ocupamos em relação aos meios de produção. Os pensamentos tidos como 'universais' até aqui defendidos pelos filósofos, afinal, mais não são do que formas de pensar próprias da classe social dos que detêm

---

[24] O que constitui uma "'ideologia profissional' que faz do cientista uma figura identificada com normas de universalidade, imparcialidade e neutralidade como se fossem emanações da 'Razão' – mãe da 'Verdade' e acima da 'História', uma figura 'sem vínculos nem raízes', na expressão de K. Mannheim" (Esteves, 1986:161).

o poder e a posse sobre os meios de produção. É necessário que a classe trabalhadora se una e através da luta revolucionária não só se construam condições de vida dignas, mas também se descubra, por esse meio, um pensamento útil, emancipador e desalienado.

Retomando o 'essencial'[25] do pensamento marxista, os 'neo-marxistas', teóricos críticos, relativizam os métodos habitualmente utilizados pelos investigadores sociais, defendendo, ao mesmo tempo, uma investigação politicamente comprometida com as mudanças sociais positivas e necessárias. Como escreve Landmann (1977:13), "a Escola de Frankfurt estabelece uma distinção entre dois tipos de razão. Uma é esclarecedora e emancipadora. Avalia as condições humanas, baseada nas ideias da Revolução Francesa – justiça, paz e felicidade. A outra, sua oposta, é a 'razão instrumental'. Apenas fornece, sem reflexão, meios efetivos para qualquer fim aceite. [...] Apenas reproduz as condições estruturais existentes e serve a dominação, não a emancipação". Deste ponto de vista, a sociologia empírica, ao procurar ser axiologicamente neutra em face dos factos sociais (reificação), acaba por não fugir a uma certa perspetiva positivista e serve interesses contrários aos da autonomia da humanidade, reproduzindo as relações de poder e subordinação existentes. Retomando a citação anterior, do ponto de vista 'crítico', "os factos sociais devem ser considerados no contexto da 'totalidade societal' [...]. Devem investigar-se as interconexões recíprocas dos fenómenos sociais e observá-las numa conexão com as leis históricas do movimento da sociedade" (*ibid.*).

Nesta visão (reduzida aqui ao traço mais saliente e comum), o conhecimento, portanto, deve servir para desmascarar as ideologias e a situação de opressão e dominação que se vive no tempo presente e numa sociedade assente em conflitos de interesses e de poder. Sintetizando a posição central da Escola de Frankfurt, afirma Tar (1977:151): "a ideia de uma verdade científica não se deve separar de uma sociedade verdadeira. A procura e anseio por uma vida verdadeira é a tarefa de uma

---

[25] Hoje há muitas correntes que se reclamam tributárias do pensamento marxista e o que se pode considerar como 'essencial' desse pensamento, varia de corrente para corrente.

Teoria dialética da Sociedade". A realidade social é, pois, configurada pelos valores políticos, culturais, étnicos, de género, etc. Os autores, apostados numa renovação dos construtos marxistas para a compreensão/transformação do nosso tempo, como McLaren (2007:119), procuram demonstrar como as questões do racismo, do sexismo e da exclusão não podem ser compreendidas sem o seu enquadramento no contexto da 'luta de classes' e, portanto, sem uma crítica e um combate feroz contra o capitalismo e contra a exploração que ele provoca, incluindo o entorpecimento da razão, na 'classe trabalhadora mundial'.

Por outro lado, a investigação, mormente em ciências humanas, será sempre mediada pelos valores do investigador e do investigado, em interação e intercomunicação; o objetivo da investigação é a transformação da sociedade, de modo a alcançar-se a verdadeira autonomia da humanidade – portanto, orientada por interesses[26] éticos, políticos, emancipatórios (que não deixam de assumir a necessidade de 'prever', a que responderá a ciência e a técnica, e a necessidade de entender e de interpretar, a que responderá a hermenêutica[27]). Os critérios de avaliação da qualidade de uma investigação[28] resumem-se a três principais (Guba e Lincoln, 1994):

- contextualização histórica da situação estudada (consideração de antecedentes socioeconómicos, culturais, de género);
- grau em que o estudo incide na 'erosão da ignorância' (desmascaramento dos preconceitos);
- grau em que proporciona um estímulo para a ação, isto é, para a transformação da estrutura existente.

---

[26] Viriam a propósito as ideias de Habermas sobre a relação entre 'conhecimento e interesse' (Habermas, 1982).

[27] A hermenêutica é a teoria ou filosofia de interpretação. De algum modo radica em Kant, no seu esforço por explicar todo o processo e o modo como o sujeito nele está ativamente implicado (cf. Boavida e Amado, 2008: 33). Trata-se de uma palavra que deriva do grego 'hermeneia', e está relacionada com Hermes, o intérprete da linguagem dos Deuses. Veremos no capítulo seguinte como a hermenêutica está na base de várias correntes fundamentadoras das ciências sociais.

[28] Desenvolveremos este aspeto no capítulo V-1.2.

A eliminação das injustiças sociais, uma prática política por excelência, tem, portanto, e neste prisma, uma dimensão epistemológica: é ela que confere a validade essencial ao conhecimento. Como diz Popkewitz (1990:48), "a lógica não implica apenas uma organização formal e critérios internos de averiguação da verdade, mas também formas particulares de raciocínio geradoras de ceticismo em relação às instituições sociais e uma conceção da realidade que vincula as ideias, pensamento e linguagem às condições sociais e históricas".

No campo da educação e na sequência do trabalho de diversos autores (Giroux, 1986; Apple, 1989; McLaren, 1992; Carr, 1996), a investigação não pode, sob pena de se perder a sua própria especificidade, "contentar-se com explicar as interpretações dos profissionais, mas deve estar também preparada criticamente para as avaliar e indicar explicações alternativas que, em certo sentido, sejam melhores" (Boavida e Amado, 2008:223).

Na investigação crítica, segundo Carspecken (1996:17), "estamos todos preocupados com as desigualdades sociais e dirigimos o nosso trabalho para uma mudança social positiva. [...] Usamos a nossa investigação, de facto, mais para refinar a teoria social do que para descrever meramente a vida social". E ainda, "os críticos consideram a sociedade contemporânea como injusta, desigual, ao mesmo tempo subtil e abertamente opressiva para muita gente: não gostamos disso e queremos mudá-lo" *(ibid.)*.

Para os teóricos críticos, portanto, a importância do poder na sociedade e a função da escola na definição da realidade social, são fundamentais. Criticam a disposição dos educadores em ser cúmplices na reprodução de um sistema social desigual, e impulsionam os investigadores do âmbito da educação não só a serem conscientes das lutas de poder na sociedade mas, ainda, a participar nessa luta em nome da justiça social e da paz entre povos e nações. No dizer de Freire (1997:110), um dos expoentes desta linha[29], "a Educação é uma forma de intervenção no mundo", cabendo a ela o trabalho de consciencização e politização dos oprimidos, pelo que a investigação neste domínio não pode deixar de ter um caráter

---

[29] McLaren (2007:113) considera que autores como Paulo Freire e John Dewey estão na génese da pedagogia crítica.

político. Para os teóricos críticos, a objetividade não é necessariamente uma componente desejável da investigação; esta tem como finalidade última a transformação social e a autonomia dos sujeitos.

A crítica frequente dos opositores a esta orientação metodológica e epistemológica é a de que os valores e a ideologia do investigador determinam e condicionam as suas descobertas. Os investigadores críticos respondem que os seus valores não determinam os factos que estão ou virão a ser investigados, mas que são apenas a razão e o elemento motivador para fazer a investigação, bem como uma orientação para a futura utilização/aplicação das descobertas que venham a ser feitas (Carspecken, 1996:6); para eles, ainda, a neutralidade na investigação não passa de ilusória e um instrumento ideológico. Carspecken (1996) elabora, nesse sentido, uma listagem dos principais pressupostos, valores e intenções que estão na base da perspetiva crítica:

- ser esta investigação empregue no 'criticismo' cultural e social;
- certos grupos numa sociedade são privilegiados em relação a outros;
- esta investigação faz-se contra todas as formas de desigualdade;
- a opressão que caracteriza as sociedades contemporâneas é mais fortemente reproduzida se os subordinados aceitarem o seu estatuto como natural e inevitável; isto é, a investigação deve servir para descobrir as subtilezas da opressão;
- a opressão possui muitas faces e todas elas devem ser estudadas e desafiadas;
- as principais práticas de investigação são geralmente, ainda que de forma involuntária, parte da opressão; "muito do que passou como ciência objetiva, de facto, não é de todo neutra, mas subtilmente preconceituosa em favor dos grupos privilegiados" (*ibid.*, 7). Um exemplo está no emprego dos testes para demonstrar a menoridade da inteligência das mulheres e dos grupos étnicos minoritários e hoje, ainda, rotular de hiperativo, comportamentalmente perturbado, com *deficit* de atenção, especial, etc., etc., pode ser um meio de nos mantermos na mesma tradição. Conclui-se, então, que todo o conhecimento é social e ideologicamente construído.

Claro que as objeções contrapostas pelos opositores a esta perspetiva 'crítica' não esmorecem. E a mais forte é a de que a admissão da impossibilidade de evitar e contornar o obstáculo ideológico leva a cair num relativismo e num ceticismo que não será apenas epistemológico, mas, ainda, político e ético.

I – 1.3.2. Novos e múltiplos 'olhares': os paradigmas da pós-modernidade

Voltando à periodização de Denzin e Lincoln (2003), pode falar-se de um quinto período, *o pós-moderno e das novas etnografias* (década de 90)[30]. Neste período reconhece-se que qualquer "olhar é sempre filtrado através das lentes da linguagem, género, classe social, raça e etnicidade. Não há uma observação objetiva, apenas observações situadas socialmente nos mundos de e entre o observador e o observado" (Denzin e Lincoln, 2003:31). As ciências sociais e as humanidades, na perspetiva deste movimento, "tornam-se lugares para conversações críticas acerca da democracia, raça, género, classe, nações-estados, globalização, liberdade e comunidade" (Denzin e Lincoln, 2003:3), associando a investigação qualitativa aos debates sobre as necessidades e promessas de uma sociedade livre e democrática. O criticismo da 'teoria crítica' anteriormente apresentada mantém-se aqui, ainda que expondo-se a referenciais teóricos diferentes dos do neomarxismo e alargando o seu leque.

Inclui-se nesta linha a 'investigação feminista'; partindo da ideia de que o conhecimento deriva da 'posição negociada' (a *identidade* construída com

---

[30] Para além dos cinco períodos que resumimos no corpo do texto os autores falam ainda do sexto e do sétimo períodos. O sexto é o período pós-experimental, e o sétimo é o do futuro da investigação (Denzin e Lincoln, 2006: 32). O período pós experimental surge nos finais dos anos 90 do último século e início do século XXI, e caracteriza-se por ser o período dos textos multimédia, das etnografias ficcionais, das etnografias virtuais, etc. e que "os autores procuram vincular os seus escritos às necessidades de uma sociedade democrática livre" (*Ibid.*). O futuro da investigação qualitativa está aberto a todas as possibilidades, devendo cada investigador ter consciência, tanto quanto possível fundamentada, das suas opções, conhecendo as outras alternativas viáveis e respeitando-as. É um período de descobertas e de redescobertas, em que o diálogo dos autores é fundamental. Recordo que esta periodização se aplica sobretudo à tradição americana; são possíveis, pois, outras periodizações (cf. Chizzotti, 2003, Alves e Aquino, 2012).

base no género) que os indivíduos assumem na sociedade, esta corrente, a partir dos anos 70 do século XX, começou a denunciar a existência de enviesamentos ditos 'androcêntricos' na investigação (Cruz, 2007). A tradição identificava o saber universal com o saber masculino e patriarcal, e "o saber feminino, quando contemplado, constituía o exemplo de resultados desviantes, reforçando a assunção do senso comum: inferioridade e subordinação do sexo feminino" (Silva, Gomes, Graça e Queirós, 2005:359). A investigação feminista tem, pois, entre os seus principais objetivos, o de alertar e combater a discriminação (patente, por exemplo, na violência de género, na assimetria de poderes, etc.) contra as mulheres na sociedade, que tem tido na própria investigação social tradicional um instrumento, e, ainda, o de solidificar uma posição de simetria e igualdade de direitos das mulheres relativamente aos homens.

A investigação 'antirracista' tem, também, aqui o seu lugar, apresentando como objetivo "compreender a opressão social e de que modo ela ajuda a construir e constranger identidades (raça, género, classe, sexualidade), tanto interna como externamente, através de processos de inclusão e de exclusão" (Johal e Dei, 2008:10).

A epistemologia que está na base desta nova visão da investigação e da ciência social foi muito influenciada por autores como Derrida (1994) e Rorty (1994). De facto, para este último filósofo, a verdade não se pode constituir como uma reprodução do mundo exterior. Pelo contrário, "verdadeira é a descrição do sujeito que satisfaça as exigências morais do certo e do errado, do bom e do mau, numa dada forma de vida" (Costa, s/d). E esta redução da verdade ao que fundamenta uma 'dada forma de vida', traduz o fim das meta-narrativas (ideológicas, históricas, sociológicas e epistemológicas). Com efeito, segundo Lyotard (1924-1998), outro dos filósofos da pós modernidade, esta visão pós-modernista define-se com "a incredulidade relativamente às meta-narrativas" (cit. por Howe, 2001:202); só há histórias pequenas e locais, geradas por um pensamento 'débil'. E é ainda Lyotard que questiona: "depois das meta-narrativas onde poderá residir a legitimidade?" (1984, cit. por Lather, 2001:243).

A investigação com base nestes pressupostos está menos interessada na descoberta da 'verdade transcendente', ou, como já dissemos acima, uma verdade enquanto representação ou reflexo do mundo, e mais empenhada em dar conta das 'verdades normativas', construídas para estruturar contextos sociais e culturais determinados e de pequena escala (Hammersley, 2008; Freebody, 2003; Denzin e Lincoln, 2003). Não há uma verdade única, nem um único modo de a explanar; o verdadeiro critério da verdade é o da 'utilidade' que os conceitos têm ou podem ter na organização e unificação da nossa experiência imediata (Calabró, 1997; Efinger et al., 2004).

Segundo Estrela (2007b), trata-se de "um pragmatismo adaptável às circunstâncias, sem valores permanentes de referência e mudando com elas próprias e, portanto, sem critérios que não os que decorrem da ação do indivíduo ou de determinados grupos ou 'comunidades de fala', substituindo uma ética universalista do dever por uma ética consequencialista da ação" (p.84).

A verdade é intersubjetiva, não resultando portanto de um sujeito 'controlador' (o *cogito* de Descartes), mas de uma reunião de pontos de vista. Para os autores pós-modernos, como Gadamer (1900-2002), "as fundações do conhecimento são uma rede de acordos e convenções sobre a qual a linguagem e a tradição são construídas" (Lawn, 2007:159). Nesse sentido, 'toda a verdade é histórica', influenciada por uma grande variedade de circunstâncias (incluindo as circunstâncias que rodeiam as próprias pessoas dos investigadores), pondo-se em questão os ideais de objetividade e de neutralidade e afirmando como consequência a 'recusa' ou a 'impossibilidade' de qualquer teoria fundamentadora seja em que domínio for, mormente no da educação (Estrela, 2007b; Moraes, 2001).

Consiste, pois, num movimento (ou movimentos) caracterizado pela rejeição de privilegiar métodos e teorias, mas em que se dá preferência às narrativas, às histórias de vida, às 'novas etnografias' e 'autoetnografias'[31], feitas com base em recursos literários. Assim, "entre os investigadores pós--modernos reconhece-se a inexistência de um 'modo correto' na interpretação dos dados. É da responsabilidade do(a) investigador(a) explorar as possíveis e diferentes interpretações" (Silva, Gomes, Graça e Queirós, 2005:).

---

[31] cf. Adiante, capítulo II - 3. Estudos (auto)biográficos – histórias de vida.

Neste caso, e como diz Sanchez Blanco (1997), "o importante para o/a investigador/a não é tanto entrar 'puro' no cenário, sem categorias prévias, desnudando-se dos próprios valores, o que seria verdadeira quimera; o problema e o esforço consistiriam em tomar consciência dos valores particulares que levamos connosco enquanto investigadores/as, para além daqueles já incorporados pelos participantes como práticos no cenário a investigar. Há, assim, que aprender no processo de investigação a ser críticos com a realidade; mas também há que aceitar que a realidade seja crítica connosco. Isso significa gerar um clima em que seja possível que os participantes na investigação possam discutir com o/a investigador/a, tanto os aspetos do desenrolar da mesma, como as nossas próprias ações e os princípios em que elas se baseiam" (p. 272). Trata-se, portanto, de "'dar voz' aos próprios 'investigados', conferindo-lhes o estatuto de colaboradores e de coautores do texto final (*textualist strategies* e investigação-ação) que, deste modo, deverá expressar diferentes 'vozes'" (Eisenhart, 2001:219).

Faz-se, aliás, apelo a métodos de investigação colaborativa (*collaborative approach*). Esta última abordagem constitui "uma tradição na investigação educacional que visa utilizar o contexto da investigação para ajudar a desenvolver uma 'comunidade de mudança'. Considera-se que este desenvolvimento se consegue, principalmente, através da descoberta prática, pelos investigadores e pelos práticos em educação, num processo colaborativo, das condições materiais, teóricas e ideológicas, sob as quais a prática educativa se deve realizar" (Freebody, 2003:58).

Um dos primeiros passos desta investigação é o reconhecimento mútuo das diferentes posições institucionais dos investigadores e dos investigados, e das relativas posições de saber/poder que cada um ocupa. Estas posições acabam por exigir diferentes aspetos a ter em conta: uma forte relação e interdependência entre a teoria e a prática, a intersubjetividade como critério fundamental de validação, ênfase no processo de investigação mais do que no produto final e, múltiplas vozes na análise e no relato das descobertas (o que remete para os processos de escrita).

No capítulo sobre a validação da investigação qualitativa desenvolveremos um pouco mais os critérios de 'cientificidade' e os procedimentos de escrita defendidos no quadro destes paradigmas (cf. cap. V-1). Ainda no mesmo capítulo daremos conta de alguns posicionamentos críticos relativamente aos mesmos critérios e ao posicionamento geral em que assentam.

I – 1.4. A racionalidade complexa

> Humanidade! Moram duas almas no teu seio!
> Não ponhas de parte nenhuma delas:
> Viver com ambas é melhor!
> Ser despedaçado com incessante cuidado!
> Ser dois em um! Estar aqui, estar ali!
> Sustentar o inferior, sustentar o superior...
> Sustentar o generoso, sustentar o furtivo... Sustentar o par!
>
> (Brecht. In *Santa Joana dos Matadouros*).

Numa síntese de Burrel e Morgan (1979, cit. por Cohen et al., 2006:7), é proposto o seguinte esquema comparativo entre os paradigmas hipotético-dedutivo e fenomenológico-interpretativo, no quadro das ciências sociais:

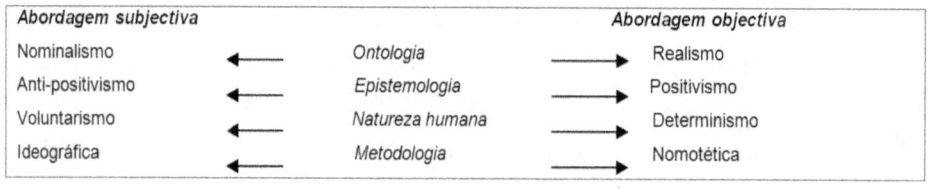

Esquema n°. 2- *Comparação de paradigmas*

Um dos aspectos críticos deste mesmo esquema é, como o assinalam Rowbottom e Aiston (2006), a extrema simplificação da realidade que dele se deduz, a propósito da existência (realismo) ou não existência dos universais (nominalismo), ou a propósito do já referido debate entre positivistas e antipositivistas. Mas a simplificação estende-se à compreensão da natureza humana; parece que se impõe, forçosamente, um dos dois pólos de uma antinomia insuperável, sem meio-termo: determinismo absoluto (dependente de fatores biológicos, sociológicos, etc.) ou voluntarismo puro (independente, portanto, de qualquer 'necessidade'). E ao afirmar esta antinomia sobre a natureza humana, não escapamos a afirmá-la de muitos fenómenos que ao humano dizem respeito, tal como a educação; choca, ela, de forma impotente, com a rigidez dos dados naturais do indivíduo ou é determinada exclusivamente por fatores socioculturais? (cf. Cabanas, 2002:226). Uma tal visão antinómica e dicotómica é hoje cada vez mais posta em causa na medida em que cresce a consciência de que o ser humano é um ser 'ligado' a *Tudo* o que existe, quer do domínio natural quer do domínio social e cultural, de tal modo que "uma pessoa pode reconhecer-se em todas as coisas, sendo, também, estas uma 'variação' dela própria" (Bertrand e Valois, 1994:201).

Outra simplificação passou a ser a radical oposição entre ciências *nomotéticas*, por um lado, e as ciências *idiográficas*, por outro. Esta visão esquece que "as ciências naturais têm evoluído no sentido de encarar o universo como algo de instável e imprevisível, concebendo-o, assim, como uma realidade ativa e não como um *automaton* submetido ao domínio dos seres humanos que de alguma forma se situam fora da natureza" (Comissão Gulbenkian, 2002:111). Por outro lado, não podemos esquecer que o progresso, enquanto objetivo procurado pelas ciências nomotéticas, "depende não apenas do avanço das ciências naturais [...], mas antes do aumento da criatividade humana, que é a expressão do eu individual neste mundo complexo" (*ibid.*,112).

A antinomia entre positivismo e antipositivismo, traduzível na oposição entre objetividade e subjetividade é, igualmente, posta em causa. De facto, depois dos contributos epistemológicos de Popper (1998; 2003), não mais podemos afirmar a existência de teorias absolutamente certas e incontestáveis; ou que a verdade do conhecimento científico se construa exclusivamente sobre uma verificação factual e com base no raciocínio indutivo. Popper transformou de tal modo o próprio conceito de ciência, que esta deixou de significar certeza absoluta para se tornar sinónimo de incerteza, na medida em que se transfigurou num saber conjetural e hipotético, que deve estar constantemente aberto à análise crítica e à permanente revisibilidade. A partir de Popper e do princípio da falsificabilidade, pode dizer-se que a objetividade se afirma através de uma espécie de 'testabilidade intersubjetiva', de modo que ela "não tem apenas dimensões lógicas e práticas, mas também tem dimensões individuais e sociais" (Stokes, 2000:13).

Além disso, o pensamento crítico e pós-moderno acentua a relatividade do pensamento (em função da linguagem, do *status* cultural e social, da cultura, etc.), tornando-se impossível o sonho de Descartes que preconizava a elaboração de um método seguro e infalível para alcançar a verdade. Como afirmam Pourtois e Desmet (1988:29), "o interesse do mundo pós-moderno é a perspetiva de uma possível, necessária e crescente interação entre o sujeito e a razão, a subjetividade e a objetividade. Não se trata, aqui, de privilegiar uma ou outra destas duas dimensões, mas de as fazer dialogar. O homem pode, certamente, constituir o objeto de um conhecimento objetivo, mas ele pode simultaneamente, ser considerado como sujeito e subjetividade".

Finalmente, os avanços tecnológicos, muito em especial as TIC e a 'virtualidade' que se lhe associa, deram origem a novas formas de existência, individual e coletiva (a inteligência artificial, o ciberespaço ou espaço virtual, a economia eletrónica e da informação, etc.); criaram sociedades interdependentes, pequenas parcelas de um mundo globalizado, complexo e incerto no seu porvir; estão na base de grandes alterações nas formas de gerar e expor o pensamento humano e de uma maior consciência da relação entre objetividade e subjetividade, entre sujeito e mundo, entre ambiente (humano, natural e virtual) e consciência.

Pense-se nas consequências destas novas realidades e novas visões, tanto no campo epistemológico, como no campo educativo. No epistemológico podemos falar da necessidade de uma nova racionalidade: *a racionalidade complexa*, capaz de dar conta das transformações, incertezas e contradições inerentes à realidade em geral e aos diferentes aspetos que dela pretendamos estudar. Verifica-se, na esteira de Kuhn (2009) e de Lakatos (1998; 1999) que "princípios, meios e práticas científicas são, pois, condicionados por contextos históricos, o que contraria a ideia de que a Ciência paira acima das contradições e das incertezas humanas. Pelo contrário, ela é o produto da razão humana, limitada, condicionada por muitos fatores e sujeita, portanto, a erro" (Boavida e Amado, 2008:134).

Hoje, quer o universo das ciências da natureza quer o das ciências humanas e sociais são impensáveis em termos simples e simplificadores – o caos, a desordem, a não linearidade dos processos e dinâmicas de qualquer realidade, o imprevisível e imponderável estão presentes em todos os fenómenos naturais e sociais. Note-se, porém, que isto não significa pôr de parte a simplificação, como via para compreender a realidade: "a simplificação é necessária, mas deve ser relativizada, isto é, eu aceito a redução consciente, que sabe que é redução, e não a redução arrogante que, ao fim e ao cabo, acredita possuir a verdade simples por trás da aparente multiplicidade e complicação das coisas" (Morin, 1996:102). A complexidade das coisas e dos fenómenos impõe-se ao pensamento científico contemporâneo, sendo ela mesma um problema: "a complexidade é uma palavra problema e não uma palavra solução" (Morin, 1995:8). Podemos dizer que ela reside "precisamente na relação entre o simples e o complexo, porque esta relação é simultaneamente antagónica e complementar" (Morin, 1996:102).

O que é, pois, pensar tendo em conta a complexidade do real? Usando os termos do próprio Morin (1995:7), podemos perguntar, ainda: "como encarar a complexidade de maneira não simplificadora?". Nos termos de Moigne (1999:190) podemos colocar a mesma questão do seguinte modo: "como se pode conceber um modelo de um fenómeno que o exprima sem o esgotar, e que dê conta das suas complexidades possíveis através de uma complexidade inteligível?". A resposta está necessariamente na utilização de uma racionalidade aberta ao próprio irracional, ou seja, à desordem, às aporias e aos paradoxos. Mas é importante que tudo isto se faça sem nunca esquecer a necessidade de uma síntese compreensiva, ainda que transitória. A complexidade do pensamento e a complexidade do real devem alimentar-se mutuamente:

$$\left\{ \begin{array}{c} \text{a complexidade do pensamento} \\ \text{a complexidade do real} \end{array} \right.$$

Partindo da crítica ao paradigma da simplificação, Morin propõe uma reorganização do conhecimento, ou melhor, uma reparadigmatização assente em "treze mandamentos" (Morin, 1994:254-255; cf. Boavida e Amado, 2008:138), de que recordamos apenas alguns, como:

- Complementaridade da racionalidade universal com a racionalidade singular ou local, o que implica admitir simultaneamente o valor do universal e do particular, ou a capacidade de contextualizar e ao mesmo tempo globalizar.
- Necessidade inelutável de fazer intervir a história e o acontecimento em todas as descrições e explicações de um sistema complexo.
- Necessidade de ligar o conhecimento das partes ao dos conjuntos ou sistemas que elas constituem.
- Princípio da causalidade complexa, comportando causalidade mútua inter-relacionada.
- Princípio da relação entre observador-concetor (dispositivos de observação/experimentação, sujeito humano situado numa cultura, numa sociedade e num momento histórico) e o objeto observado-concebido.
- Necessidade de reconhecer os limites da lógica formal; as contradições, ou aporias impostas pela observação-experimentação, são indicadores de domínios desconhecidos da realidade e não de erros.
- Complementaridade de noções antagónicas, o que implica uma maneira dialógica de pensar.

Morin (1995:106-109) reduz os treze 'mandamentos' a três macro--princípios que constituem a estrutura essencial do paradigma da complexidade e que a seguir se sintetizam:

- *Princípio dialógico* – «permite-nos manter a dualidade no seio da unidade»; concebe a realidade composta por contrários que se opõem mas também se complementam.
- *Princípio da recursão organizacional* - «Para a significação deste termo, lembro o processo do remoinho. Cada momento do remoinho é simultaneamente produzido e produtor (...). A ideia recursiva é

portanto uma ideia em rutura com a ideia linear de causa e efeito» (p. 108). Portanto, esta recursividade permite que os efeitos ou produtos de um processo se tornem produtores e causas simultaneamente.

– *Princípio hologramático* – é traduzido na expressão de Pascal: não posso conceber o todo sem conceber as partes e não posso conceber as partes sem conceber o todo.

Pensar, na perspetiva de uma racionalidade complexa, "é uma tarefa difícil que exige muita coragem" (Morin, 2007:12); apesar disso, esse modo de pensar está em marcha, nas palavras do autor citado. "É efetivo em microfísica onde parece que o mundo subatómico não obedece a nenhuma noção clara e distinta, a nenhum princípio simples que permita isolar, referenciar, definir de maneira unívoca um objeto. (...) Surgem e desenvolvem-se novas complexidades no mundo biológico, e ainda mais no mundo humano, ali mesmo onde uma sociologia arrogante trata sociedades e indivíduos como máquinas deterministas triviais" (*ibid.*, 13).

No seu livro, *Os sete saberes necessários à educação do futuro* (2000), Morin considera que "o dever principal da educação é de armar cada um para o combate vital pela lucidez" (p. 33). E a lucidez obtém-se através de uma 'reforma do pensamento', alcançável por muitos caminhos, mas de que se destaca o combate contra a 'cegueira paradigmática', que impõe uma visão unilateral na concetualização dos fenómenos e nas práticas investigativas. Esse combate implica que, no esforço de explicação e compreensão dos fenómenos, se tenha em conta:

– O contexto – "é preciso situar as informações e os dados em seu contexto para que adquiram sentido" (Morin, 2000:36). Veremos que a contextualização é fundamental nos estudos de caso e em qualquer outra estratégia de investigação qualitativa.
– O global (as relações entre o todo e as partes) – o que se traduz no princípio hologramático acima referido e de grandes consequências no próprio campo educativo e da investigação em educação. Com efeito, não mais podemos pensar nem tentar a educação de um indivíduo independentemente das 'sinergias' da comunidade em que

ele se insere, e a educação da comunidade independentemente do desenvolvimento de cada pessoa que a compõe e independentemente de um mundo mais alargado de seres humanos, comunidades e contextos de biodiversidade. A pessoa tem de ser vista como um *holon*, na medida em que o todo faz parte dele e ele faz parte do todo.
- O multidimensional – as realidades complexas são multidimensionais. Dessa forma, "o ser humano é ao mesmo tempo biológico, psíquico, social, afetivo e racional. A sociedade comporta as dimensões, histórica, económica, sociológica, religiosa" (Morin, 2000:38).
- O complexo – tendo em conta que "a complexidade é a união entre a unidade e a multiplicidade" (Morin, 2000:38), podemos considerar que esta visão não mais pode permitir as dissociações clássicas "entre Sujeito e Objeto, Alma e Corpo, Espírito e Matéria, Qualidade e Quantidade, Sentimento e Razão, Liberdade e Determinismo, Existência e Essência" (Morin, 2000:26).

Num texto anterior, Morin (1995) já afirmava tudo isto de uma forma concisa e precisa: "no limite tudo é solidário. Se tendes o sentido da complexidade tendes o sentido da solidariedade. Além disso tendes o sentido do caráter multidimensional de qualquer realidade" (p. 100).

As implicações desta nova visão na investigação em educação são muitas e variadas, quer no campo das metodologias empregues no seu estudo (e veremos como as estratégias da investigação qualitativa – os estudo de caso, a etnografia, os estudos (auto)biográficos, a investigação-ação, etc. – exigem e impõem esta racionalidade avessa à simplificação e aberta ao complexo), quer no próprio modo de conceber a educação e o ato educativo. Recordemos, a este propósito, que o campo educativo cobre os planos filosófico, científico e praxeológico; no dizer de Estrela (2002), trata-se de um campo "onde se imbricam teoria e prática, fenómenos e valores, intenções e práticas, racionalidade e afetividade, positividade e ideologia" (p. 10). É esta característica que leva Charlot (1995) a considerar que a educação constitui um campo de *grande mestiçagem epistemológica*.

A ambiguidade provocada por esta mestiçagem pode ter como saídas, ou a "fragmentação paradigmática em que as necessidades de procura de prova e de procura de sentido se confrontam antinomicamente" (Estrela, 2002:10), ou a superação dialética da ambiguidade e da antinomia "que dê conta da complexidade do real e dos níveis de inteligibilidade que essa complexidade comporta" (Estrela, 2002:10).

De facto, a partir do início do século XXI, como vimos na já invocada periodização de Denzin e Lincoln (2003; 2006), tendo em conta a "fase atual" a tendência geral é para reconhecer o valor das diferentes perspetivas no estudo dos problemas sociais e educativos e a abertura a diversas visões do mundo. Concluía-se, pois, que o investigador qualitativo nesta fase "se submete a uma dupla tensão simultaneamente. Por um lado, é atraído por uma ampla sensibilidade, interpretativa, posmoderna, feminista e crítica. Por outro lado, pode sê-lo por conceções mais positivistas, pospositivistas, humanistas e naturalistas da experiência humana e da sua análise" (Gómez et al., 1996, cit. por Lopez, 2001:134).

Trata-se, também, de uma abertura mais centrada nos problemas e na tentativa de os resolver, do que em defesas de territórios disciplinares. Segundo Casanova e Berliner (1997), na aurora do novo século "a investigação educativa parece estar mais forte, porém não necessariamente mais sã. Mais forte porque os investigadores aprenderam a começar não com um método mas com uma pergunta. E a questão pode ser respondida utilizando perspetivas múltiplas, cada uma delas proporcionando diferentes tipos de compreensão. Agora compreende-se que a questão define o método e não ao contrário" (p. 57).

A centralidade da 'pergunta' no pensamento científico contemporâneo leva-nos a pensar:

- na importância das motivações individuais e coletivas como motor da investigação,
- na importância da insatisfação com o já sabido e estabelecido,
- na importância da descoberta de novos métodos de pesquisa sem que tenha de haver forçosamente um caminho único e impessoal (Coberlini, 2001).

Nesta linha conclua-se que a centralidade da 'pergunta' no pensamento científico contemporâneo nos leva a pensar que a investigação em educação deve ser realizada com recurso às mais diversas metodologias e técnicas de recolha e de análise dos dados, numa lógica de complementaridade e de interdisciplinaridade (Morgado, 2012: 25-37; Queiroz, 2001)[32], nunca perdendo de vista que estamos diante de um objeto que:

- está condicionado por inúmeros fatores, pressupostos e finalidades no campo das ideologias e da espiritualidade,
- implica pessoas concretas, grupos sociais, instituições,
- implica relações (entre as pessoas, com o conhecimento, com a tradição) e práticas irrepetíveis e mutáveis,
- implica a constante invenção do futuro,
- caminha, por tudo o que se disse antes, na onda da utopia enquanto busca do ideal e da perfeição,
- ou, talvez mais do que isso, caminha no sentido de nos deslocar (heterotopia) do lugar em que estamos, demasiado estreito, egoísta e problemático... para um outro lugar, em que o clima se caracterize pela corresponsabilidade, pela solidariedade e pelo respeito aos Direitos Humanos.

Mas colocar a pergunta no centro da investigação é esperar que a resposta não seja simples, imediata, e cem por cento eficaz... pelo menos em educação (como, certamente, em muitas outras dimensões) as respostas serão sempre marcadas pelas incertezas inerentes à complexidade da condição humana... esse facto não pode ser motivo para rotularmos esta investigação de frágil e de inútil (Pring, 2000); pelo contrário ela coloca-se ao serviço do aperfeiçoamento daquela mesma condição humana, em cooperação com outros projetos e interesses que não meramente os científicos.

Por tudo isso, o paradigma da investigação em educação não é senão *o paradigma emergente ... o paradigma da complexidade*. Consiste numa *terceira via* frente à oposição e 'guerra de paradigmas', que se fundamenta no

---

[32] Por meio da interdisciplinaridade "pode-se ter noção da maneira pela qual outros cientistas chegaram à solução de dificuldades e abriram novos caminhos; também é possível criticar o que está sendo feito, e, finalmente, verificar se a pesquisa efetuada seria adequada ao que se está estudando" (Queiroz, 2001: 23).

reconhecimento de "que não há ciência pura; que há em suspensão, mesmo na ciência que se considera a mais pura, cultura, história, política, ética, embora não possa reduzir-se a ciência a estas noções" (Morin, 1994:261).

Só a racionalidade complexa estará apta a entender a própria complexidade do fenómeno educativo – *complexidade interna*, inerente às pessoas envolvidas com os seus trajetos, projetos, pensamentos, crenças e emoções; *e complexidade externa*, inerente às interações, às instituições, às comunidades, à globalização – porque aponta para a complementaridade de perspetivas, de paradigmas e de formas de conhecimento (ciência e senso comum), complementaridade que reconhece atingir uma parte da realidade mas nunca 'toda' a realidade, até porque ela é contextual e evolutiva. Nesta perspetiva, julgamos que uma situação social e pedagógica, um caso concreto (uma escola, um aluno, uma turma, um professor, etc.), pode ser estudado enquanto "caso", em seu contexto (estudo qualitativo), sem que, no esforço a fazer para a sua compreensão e interpretação, se deixe de recorrer também ao conhecimento que se obteve sobre tais situações ou "casos" numa perspetiva mais generalizadora e quantitativa.

Uma palavra mais e apenas sobre a complementaridade paradigmática e sobre a combinação de métodos de investigação (estratégias e técnicas) que ela implica. Pensamos que é esta combinação e integração de métodos (*estratégia mista ou multimodal – mixed methods research*) que permitirá ter em conta a complexidade da realidade a estudar e que não se reduz, de modo exclusivo, aos princípios de uma ou outra visão ontológica ou antropológica; possibilitará, ainda, expandir luz sobre determinados aspetos dessa realidade sem ignorar nem esquecer os outros aspetos, exigindo, no entanto, e cada vez mais, que a investigação se faça em equipas interdisciplinares e com abertura a uma compreensão sinérgica e holística dos fenómenos (Day et al., 2008). Muito mais do que uma atitude meramente pragmática e 'aparadigmática', como a veem diversos autores (Bryman, 2008; Gorard e Taylor, 2004), a combinação e complementaridade de métodos sustenta-se sobre a nova visão (ontológica, antropológica e epistemológica) que o paradigma da complexidade trouxe à luz do dia. Pode dizer-se, então, que a investigação qualitativa, nesta perspetiva é "um campo interdisciplinar, transdisciplinar e, em muitas ocasiões, contradisciplinar. Atravessa as humanidades, as ciências sociais e as ciências da natureza. A investigação qualitativa é muita coisa ao mesmo tempo. É multiparadigmática no seu enfoque. Os que a praticam são sensíveis ao valor do enfoque multimetódico. Estão submetidos à perspetiva naturalista e à compreensão interpretativa da experiência humana. Ao mesmo tempo, o campo é inerentemente político e construído por múltiplas posições éticas e políticas" (Gómez et al., 2003, cit. por Lopez, 2011:134).

Síntese

A evolução da investigação em educação e nas (das) ciências da educação tem sido vertiginosa e imparável desde os finais do século XIX aos nossos dias. Ao longo de todo este tempo, muita coisa mudou, não só na organização e concretização do ato educativo, mas nos modos de o compreender e de o abordar numa perspetiva científica. Na base desta última mudança, esteve, certamente, a evolução do conceito basilar de 'verdade' e, depois, dos conceitos de ciência, de método, de ética investigativa...

A nossa preocupação até aqui foi a de alertar (e até certo ponto, demonstrar) que fazer investigação no domínio das ciências humanas e, mais especificamente, no domínio das ciências da educação, não pode reduzir-se ao mero conhecimento de umas tantas estratégias e técnicas de recolha e de análise de dados, mas que, antes de mais, implica reconhecer a especificidade do humano e a especificidade do educativo – num tipo de consciencialização que obriga a invocar inevitavelmente uma reflexão filosófica (epistemológica e de compromisso ético).

Muitos e de toda a ordem têm sido os obstáculos a vencer, até porque o educativo, como vimos, toca nas mais diferentes esferas do humano: filosóficas, ideológicas, científicas e práticas. Apesar de nem sempre ser visível a eficácia deste trabalho de largas décadas, muitos aspetos positivos têm vindo a surgir de toda esta investigação com repercussões ao nível da cultura, da economia e na vida coletiva e pessoal dos cidadãos e cidadãs do mundo inteiro.

Tais repercussões podem estender-se ao domínio da investigação científica, muito especialmente no campo das ciências humanas. Sem dúvida que o educativo tem sido um campo aberto às mais diversas áreas disciplinares, ao mesmo tempo que tem estimulado muitos desenvolvimentos nessas mesmas áreas. E continua aí como uma força desafiadora, pelos muitos problemas que ainda coloca, e porque é um campo coincidente com os mais belos e nobres ideais da humanidade, os ideais de aperfeiçoamento individual e coletivo, e em que se privilegiam, como herança secular, os valores da liberdade, da igualdade e da fraternidade.

Quanto há ainda por fazer para a realização destes grandes objetivos!? Mas se o século XXI é já positivamente diferente dos anteriores, na sua concretização (e apesar das aparentes negações deste progresso), isso deve-se, certamente, à ação educativa, à democratização da escola, à subida do nível cultural que a escola promoveu...

A essa promoção não é alheia, por um lado, a investigação em educação... não é alheia, também, a evolução dos próprios processos investigativos (da investigação positivista à investigação menos convencional, qualitativa). Muito em especial porque esses processos se têm desenvolvido numa senda que permite dar destaque à 'pessoa' presente em cada agente social, consentindo, desse modo, que a voz de cada 'um', reveladora de angústias (por vezes, por causa de fome, da inexistência de abrigo, da exploração, dos maus-tratos, das injustiças, do luto, de incertezas, enfim, de todo o tipo de assimetrias sociais e de 'miséria humana' que nos nossos dias ainda se vai vivendo de forma crónica ou aguda), não se dilua no silêncio monótono, dormente e seco das estatísticas. Julgamos, por isso, que vale a pena continuar!

João Amado*, Nilma Crusoé** & Piedade Vaz-Rebelo*
Universidade de Coimbra (*) e Universidade Estadual do Sudoeste da Bahia (**)

I - 2. QUADROS ANALÍTICOS DA INVESTIGAÇÃO QUALITATIVA EM EDUCAÇÃO

O objetivo deste capítulo é fazer uma breve introdução a um conjunto de referenciais teóricos que, embora partindo de diversas tradições disciplinares, convergem em pontos essenciais, e que poderão resumir-se nas seguintes asserções:

- a pessoa humana é criadora de significados que se tornam parte da própria realidade social;
- os fenómenos sociais são considerados como resultado de um sistema complicado de interações das pessoas em sociedade;
- a investigação de realidades sociais centra-se no modo como elas são interpretadas, entendidas, experienciadas e produzidas pelos próprios atores /sujeitos.

Na continuação abordaremos apenas, e resumidamente, alguns dos tópicos fundamentais de um conjunto de propostas teóricas que, no interior deste clima antipositivista e anti-idealista, colocaram a problemática da *interação social* (e o papel preponderante dos atores ou agentes em defesa da sua *identidade*), como centro da sua pesquisa, privilegiando, para isso, estratégias investigativas próprias, muito especialmente aquelas sobre as quais nos debruçaremos nesta obra: a etnografia, o estudo de caso, os métodos biográficos e a investigação-ação.

Começaremos por um breve historial do movimento hermenêutico situado na fronteira entre a filosofia e as ciências sociais; seguidamente, faremos uma brevíssima introdução à *fenomenologia social* de Alfred Schütz, ao *interacionismo simbólico*, à *etnometodologia*, à *análise conversacional*, à *pragmática da comunicação* e à *teoria das representações sociais*, por considerarmos todos esses 'movimentos' como importantes instrumentos heurísticos e que, como tal, têm vindo a suportar muita da investigação realizada no quadro dos paradigmas da investigação qualitativa.

Temos consciência de que outros quadros seriam, ainda, de acrescentar, salientando, por exemplo, as teorias neomarxistas em que se fundamenta a investigação do paradigma crítico acima referido, ou uma introdução ao pensamento de Foucault (1926-1984). Neste último caso, trata-se de uma perspetiva analítica em que se baseia uma parte da investigação pós-moderna em educação e ciências humanas, e de uma obra que, no dizer de Gondra (2005:296), funciona hoje "como caixa de ferramenta empregada para a fabricação de reflexões sobre vários objetos". Essas como outras perspetivas, sem deixarem de ser invocadas, pela complexidade de que se revestem (e consequentemente, pelo tempo de explicitação que exigiriam), não farão parte dos conteúdos apresentados nesta secção do manual, ainda que lhe reconheçamos a falta.

I - 2.1. Da Filosofia Hermenêutica às Ciências Sociais e Humanas

Para se compreenderem de forma exaustiva os diversos rumos de uma espécie de epistemologia histórico-crítica das ciências sociais, seria necessária uma incursão pelos domínios da História da Filosofia que nos levaria ao idealismo e dedução de Descartes (1596-1650), ao empirismo de Francis Bacon (1561-1626) e seus continuadores, como John Lock (1632-1704) e David Hume (1711-1776), ao idealismo de Kant (1724-1804), e a muitos outros autores que se interessaram e empenharam no debate acerca da razão humana e dos fundamentos do conhecimento verdadeiro[33].

O que toda essa história nos diz é que o problema da relação entre filosofia e ciências humanas não é apenas uma questão de método nem de epistemologia; pelo contrário, como afirma Gadamer (1998:22), na

---

[33] Para alguns destes aspetos consulte-se a primeira parte de Boavida e Amado (2008).

linha de uma tradição fenomenológica e hermenêutica, do que se trata é de "fazer justiça a toda uma outra ideia do conhecimento e da verdade", ou, por outras palavras, é de colocar um "problema de filosofia" (*ibid.*, 21), o da relação do homem com o 'real'.

Não é nosso propósito ir tão longe. Recordemos apenas, até para fazermos a ponte com o tema do capítulo anterior, que no século XIX é o modelo positivista que impera, assegurando que a observação e a experimentação são os processos necessários e suficientes para garantir a objetividade do pensamento. Esta perspetiva, contudo, não evita as diferentes crises (intelectuais e morais) no seio da ciência que se fazem sentir ainda nos princípios do século XX – crises que dão origem às mais diversas escolas de pensamento, como reação ao idealismo e ao positivismo.

É de referência obrigatória, neste caso, a *Hermenêutica* de Dilthey (1833-1911), de que decorre a célebre distinção entre 'ciências da natureza' e 'ciências do espírito'; as primeiras, para 'explicar' (busca de relações de causalidade determinística, assente na identificação e na dinâmica de variáveis externas); as segundas, para 'compreender'. O objeto da 'compreensão' é, portanto, o mundo social e humano, a cultura, a religião, o direito, a arte, a história... a que subjaz a ação, a intenção e o sentido que cada momento histórico lhe pode conferir (cf. Boavida e Amado, 2008:86). Neste enquadramento, entende-se que a experiência vivida (*Erlebnis*) ocorre sempre no seio de uma realidade social e histórica, e a liberdade humana permite ao homem uma possibilidade de respostas e de escolhas, mesmo numa dada situação concreta, o que torna difícil a elaboração de previsões e o estabelecimento de leis com caráter universal (Vieira, 1995a).

Estão, ainda, neste caso, outras correntes do pensamento filosófico--epistémico, como o *Neo-Kantismo* da escola de Marburgo, que pretende analisar as condições sob as quais se produz o conhecimento (Hammersley, 1989); a *Fenomenologia e Antropologia* de Ernest Cassirer (1874-1945), que faz do conhecimento não "apenas o ato da compreensão científica e da definição teórica, mas a atividade espiritual em que construímos um mundo na sua estrutura original, na sua ordem, no seu ser assim" (Philonenko, 1976:186); o *Pragmatismo* anglo-saxónico, representado por autores como Charles Peirce (1839-1914), William James (1842-1910), Charles Cooley (1864-1929) e John Dewey (1859-1952), que além de considerarem, ainda, a experiência como fundamental para o conhecimento, consideram, também, *o conhecimento e o pensamento humano em geral, como fenómenos naturais* cuja função principal é a de permitir a adaptação da humanidade ao seu ambiente. Segundo estes pragmatistas, o ser humano age na vida quotidiana com base num conjunto de crenças (fenómenos subjetivos) acerca do mundo que são tomadas como certas a partir dos seus efeitos, como quem conhece as boas árvores pelos frutos; por consequência, a verdadeira ciência e filosofia surgem como processos de resolução de problemas da humanidade na sua adaptação ao mundo (Amado, 2001b; Hammersley, 1989), o que contraria uma visão transcendental do conhecimento e da verdade e dá origem a um certo relativismo epistemológico[34].

Finalmente, e tendo apenas em conta estes períodos históricos iniciais, no espírito de grande síntese, há que referir, ainda, de forma elementaríssima, a importância da *Fenomenologia* como crítica fundamental ao cientificismo. Edmund Husserl (1859-1938) procurou mostrar na sua busca em torno da *possibilidade do conhecimento* que este só será possível e verdadeiro se assentar em certezas de universalidade racional, verdades absolutas que existam em si, independentemente de quem as considere (deuses, anjos ou homens) e dos períodos históricos. Essas certezas também nada têm a ver com os 'factos naturais da consciência' (estudados pela psicologia experimental); pelo contrário, só poderiam ser alcançadas pela *fenomenologia da consciência*, "isto é, pela descrição da consciência pura e originária, ou seja a análise do que se apresenta primária e fundamentalmente anterior a toda e qualquer relação ou explicação científica" (Carvalho, 1965: XVII-L). Para se poder descrever e analisar o que é 'dado imediatamente à consciência vivente' torna-se necessário

---

[34] Hammersley (2008) considera que o relativismo destes autores se prende a uma tradição que vem já de Mersenne, contemporâneo de Descartes, e se prolonga em pensadores como Wittgenstein. Trata-se da defesa de uma epistemologia falibilista – todo o pensamento pode ser falso mesmo quando julgamos que é verdadeiro. Não consiste, portanto, no mesmo tipo de relativismo que veremos ser defendido pelas correntes de pensamento pós-moderno.

colocar os objetos[35] 'entre parêntesis' (processo que designa de *epoché*), isto é, tem de se "evitar o tipo de afirmações sobre a realidade (teses) que estão implícitas em todas as atitudes e em todas as ciências naturais" (Abbagnano, 1970, Vol. XIV, 116). Suspendendo a afirmação da realidade do mundo, "a atenção do investigador desloca-se do próprio mundo (da sua realidade) para os fenómenos que o anunciam e que o apresentam à consciência, isto é, à própria consciência e às suas estruturas essenciais" (*ibid.*, 117). Estudar a consciência é estudar o modo como os objetos se dão à consciência, ou o modo como esta se relaciona com os objetos "sem fazer da consciência uma parte do mundo ou do mundo uma parte da consciência" (*ibid.*, 120). Os objetos dão-se à consciência através de uma 'corrente de experiências vividas', ou, por outras palavras, através do 'mundo da vida', vivido subjetiva e intuitivamente, mundo das evidências pré-científicas, oposto mas ao mesmo tempo capaz de abranger o mundo 'objetivo' das ciências e que urge recuperar.

No âmbito do que acabou de ser dito, a "fenomenologia é, essencialmente, o estudo da experiência vivida ou o mundo da vida. A sua ênfase está no mundo tal como vivido por uma pessoa, não o mundo ou a realidade como algo separado da pessoa" (Laverty, 2003:4).

No caso da psicologia, ultrapassa-se a visão behaviorista, de que o sujeito responde meramente a estímulos externos. De forma oposta a esta visão, entende-se que o comportamento dos sujeitos (sujeitos vivos) é uma resposta ao significado que eles atribuem aos estímulos; a psicologia deveria captar esse sentido, tal como ele é elaborado pela consciência da pessoa humana, antes de proceder a qualquer categorização.

Com Heidegger (1889-1976), o método da fenomenologia torna-se a hermenêutica, a arte de revelar algo oculto. A 'compreensão', que se obtém pela hermenêutica, adquire um caráter ontológico fundamental; isto é, a compreensão deixa de ser uma mera faculdade humana para passar a ser o modo essencial do existir humano, o modo como dotamos as coisas de

---

[35] A noção de objeto aqui preconizada não é simples, pois poderá ser tanto "o objeto real como o ideal, tanto a coisa material como um processo, uma espécie ou uma relação matemática, tanto um ser como um dever ser" (Carvalho, 1965: XXVII-L).

sentido e de valor, tornando-se a consciência, desse modo, constituinte do mundo. Como diz Palnner (1986:135), na sua interpretação de Heidegger, a compreensão "é o poder de captar as possibilidades que cada um tem de ser, no contexto do mundo vital em que cada um de nós existe (...) é a base de toda a interpretação (...) é ontologicamente fundamental e anterior a qualquer ato de existência".

Quando a compreensão se torna explícita como interpretação, como linguagem, entra em ação um outro facto extrassubjetivo, pois "a linguagem já esconde, em si mesma, um modo elaborado de ideação, uma maneira de ser moldada" (Heidegger, 1947, cit por Palnner, 1986:139). Para Heidegger a linguagem é 'a casa do ser' e tudo o que pode ser compreendido 'é linguagem' (*ibid.*). Retomaremos este e outros conceitos, mais à frente, a propósito da fenomenologia social de Alfred Schütz.

Deveriam inserir-se aqui os desenvolvimentos e novos fundamentos realizados por filósofos como Hans Georg Gadamer (1900-2002), Richard Rorty (1931–2007), Jürgen Habermas (1929)[36], Paul Ricoeur (1913-2005), Jean-Paul Sartre (1905-1980)[37] e outros. Com efeito, em todos os casos trata-se de desenvolvimentos extremamente complexos, perseguindo problemáticas diversas, como a de esclarecer o que é em si mesmo a compreensão e a sua relação com o conhecimento historicamente situado; ou a de analisar o modo como é possível 'compreender' a experiência humana do mundo (a opinião do outro, ou o sentido do texto), tendo em

---

[36] Tendo em conta o pensamento de Habermas, diz Mèlich, que "os fenómenos sociais – e a educação, evidentemente, não é uma exceção – são, em primeiro lugar, simbólicos e significativos. Esta é uma diferença essencial em relação às ciências naturais. Mas, além disso, existe toda uma trama de estruturas microssociais que não podem explicar-se mediante métodos de corte positivista: intersubjetividade, interação, comunicação, ética" (Mèlich, 1996:34). Ora, é dessa dimensão microssocial, interacional e comunicacional que dependem a evolução e a história humanas. Trata-se de uma dimensão cuja análise compete às ciências histórico-hermenêuticas. Um dos seus objetivos é o de interpretar as expressões humanas mediadas pela linguagem; outro será o de romper com as relações de dominação que entre os homens se estabeleceram ao longo da própria história humana e o de promover a emancipação dos que social (marxismo) e individualmente (psicanálise) se encontram numa situação de subjugação. (No capítulo anterior referimos a obra de Habermas no contexto do paradigma sóciocrítico e da Escola de Frankfurt).

[37] Para Sartre, o mundo e o tempo histórico fazem parte inerente da subjetividade. O homem só é homem em situação. A partir deste autor poderíamos remontar a toda a tradição existencialista que tem em Kierkegaard (1813-1855), no século XIX, em pleno apogeu do positivismo, um dos pensadores mais representativos.

conta os 'pré-juízos' ou 'pré-conceitos' que os hábitos linguísticos, a cultura em geral, e a realidade histórica do nosso ser colocam na consciência[38]; a problemática da relação entre explicar e compreender[39]; ou, ainda, a questão da dialética do sujeito e do objeto na situação interpretativa.

Numa outra linha de rumo, mais sociológica do que filosófica (ainda que sem perda de ligação a esta), será de referir a importante obra de Max Weber (1864-1920). Este autor, na esteira de Dilthey, desenvolveu o que designou por *Sociologia Compreensiva* realçando, mais uma vez, a dicotomia entre a explicação e a compreensão. As ciências humanas possuem uma especificidade em relação às ciências da natureza, desde logo porque se debruçam sobre as 'situações sociais', situações em que as pessoas orientam as suas ações umas para as outras, resultando, dessas orientações, condutas, teias de significações e expetativas. Como diz Casal (1996:30), "o objeto e objetivo da análise das ciências sociais será, pois, para Weber, identificar, compreender e 'explicar' o sentido que os indivíduos atribuem às suas ações e descobrir os motivos pelos quais os indivíduos as executam em determinado momento histórico".

---

[38] Para Gadamer, "quem quer compreender um texto, em princípio, tem que estar disposto a deixar que ele diga alguma coisa por si. Por isso, uma consciência formada hermeneuticamente tem que se mostrar recetiva, desde o princípio, para a alteridade do texto. Mas essa recetividade não pressupõe nem neutralidade com relação à coisa nem tampouco autoanulamento, mas inclui a apropriação das próprias opiniões prévias e preconceitos, apropriação que se destaca destes" (Gadamer, 1997:405). Por outras palavras, as ciências sociais não devem suspender a subjetividade do investigador (formada pela história e tradição), o que seria de todo impossível, mas devem empenhá-la, através do diálogo entre o presente e o passado, num contínuo processo de construção de sentido (Unger, 2005). Uma das consequências desta visão é a de colocar de parte o velho e contínuo debate entre a objetividade e a subjetividade do investigador, a separação entre sujeito e objeto, o esforço por 'tornar-se nativo' na observação participante, etc.

[39] Este é um dos pontos tratados na conhecida obra de Paul Ricoeur, *Teoria da interpretação* (1996). Pondo de parte a hermenêutica romântica de Dilthey (ver acima), Ricoeur procura dar outro sentido aos termos, ao mesmo tempo que procura acabar com a dicotomia "simultaneamente epistemológica e ontológica; opõe duas metodologias e duas esferas de realidade: a natureza e o espírito" (Ricoeur, 1996:85). Segundo ele, na leitura de um texto, a compreensão, que se dirige mais para a unidade intencional do discurso, e a explicação, que visa mais a estrutura analítica do texto (o sentido da enunciação), convertem-se em dois pólos dialéticos de um único processo ao qual se dá o nome de 'interpretação'. Em seu entender, o "termo interpretação deve, pois, aplicar-se não a um caso particular de compreensão (...) mas a todo o processo que abarca a explicação e a compreensão" (*Ibid.*, 86). A interpretação é, portanto, independente da intenção subjetiva do autor do texto, é mais ou menos provável, e depende muito da criatividade e imaginação do intérprete.

A realidade, para Weber, nas suas vertentes natural, histórica e social, é tão vasta e incomensurável que qualquer conhecimento que possamos ter sobre ela é limitado e relativo, o que leva a concluir pela irredutibilidade da realidade ao saber. Além disso, existe sempre uma subordinação do objeto ao sujeito no ato cognitivo; isto é, a parte ou aspeto da realidade sobre que se debruça qualquer investigador é selecionado pela significação, interesse e valor que esse aspeto apresenta para o cientista que interroga o real, seja social, seja físico. Isto impele-o a procurar uma estratégia para resolver a problemática da objetividade do conhecimento; por isso, em termos de estratégia metodológica, Weber propõe, para a análise da realidade efetuada pelas ciências sociais, a construção do 'tipo ideal', que funciona nestas ciências como as leis funcionam nas ciências exatas, embora possa haver vários tipos ideais para o mesmo fenómeno. Retomando um desenvolvimento anterior (Boavida e Amado, 2008:88) podemos dizer que o 'tipo ideal' é uma representação da realidade que se constrói "recolhendo e analisando na realidade histórica e cultural suficientes dados, relações e acontecimentos sobre um determinado problema ou fenómeno económico, político, histórico, artístico, etc." (Casal, 1996:31). A construção do tipo ideal permite a compreensão sociológica com garantia de objetividade e cientificidade, uma espécie de "reconstrução interpretativa da realidade" (Passeron, 1991, cit. por Schnapper, 2000:19). Exemplo destes tipos ideais é o modo como Weber classifica os diversos tipos de autoridade: a 'legal', a 'tradicional' e a 'carismática'[40] e que pretende 'explicar' e dar conta das razões ou motivos (ou causas) que levam determinadas pessoas a aceitar uma relação de subordinação e de obediência a outra pessoa ou grupo.

Paralelamente torna-se fundamental invocar a evolução da Antropologia e dos seus métodos de trabalho de campo (cf. Boavida e Amado, 2008:89), em especial da observação participante, para os quais contribuíram autores como Bronislaw Malinowski (1884-1942), Franz Boas (1858-1942), Ruth Benedict (1887-1948), Margaret Mead (1901-1978) e Clifford Geertz (1926-2006), entre outros.

---

[40] Para maior desenvolvimento ver pág. 31-32 de Casal (1996) e Schnapper (2000).

Como já o dissemos, não é nossa intenção elaborar, aqui, qualquer desenvolvimento destas fontes do 'paradigma interpretativo', que, entretanto, da sociologia e da antropologia se expandiu a muitas outras áreas de estudo: educação, saúde, psicologia, história, direito... mas tão só alertar o leitor para a necessidade de se munir de um quadro analítico (os que apresentamos ou outro) como ferramenta para o seu trabalho interpretativo.

I - 2.2. A fenomenologia social de Alfred Schütz (1899-1959)

Schütz desenvolveu a filosofia de Husserl no sentido de criar uma 'fenomenologia descritiva da vida real' (ou fenomenologia social)[41]. Segundo ele, na postura da pessoa comum, face ao mundo, existe uma atitude natural, um conjunto de conhecimentos de senso comum que lhe permitem interpretar, dar sentido à sua vida e à dos outros.

A experiência comum que nos permite interpretar e compreender o que as outras pessoas nos dizem através de signos, como convencional ou 'artificialmente' representativos de algo mais – "um signo é sempre um artefacto ou um objeto-ato constituído" (Schütz, 1993:149) – funda a intersubjetividade, ou seja, 'um mundo compartilhado por todos nós'. Segundo Schütz, só podemos compreender a ação realizada por alguém quando nos colocamos, ao menos em pensamento, em situação similar à do sujeito pesquisado. Reconfigura-se aqui o conceito de *epoché* na medida em que o ser humano "não suspende a crença no mundo exterior e nos seus objetos (...) o que ele põe entre parêntesis é a dúvida de que o mundo e os seus objetos possam ser de outra maneira do que aquela que se lhe apresenta" (Schütz, 1962, cit. por Pinheiro, 2007:100). Nas palavras de Pinheiro (*ibid.*, 101), "assim se configura a primeira transição de um ideal fenomenológico que vai primeiro à consciência para nela descobrir a origem do sentido, para uma fenomenologia social, natural,

---

[41] Schütz é, também, muito influenciado pelos pragmatistas, especialmente pelo pensamento e obra de William James (cf. Pinheiro, 2007, num dos raros textos de autores portugueses sobre aquele filósofo e sociólogo).

onde o mundo é reconhecido de forma primordial e direta a partir do seu valor intrínseco".

Nesta postura, de compreensão do eu e dos outros, verificam-se certos procedimentos de *tipificação do mundo*[42] e de *caracterização* do 'outro' que se tornam instrumentos da antevisão das ações desse 'outro' e da comunicação com ele[43]. Como explica Giddens, a fenomenologia de Schütz revela que "em qualquer encontro face a face o ator traz para a relação uma bagagem de 'conhecimentos em mão', ou 'conhecimentos de senso comum' nos termos dos quais *tipifica* o outro e é capaz de calcular a provável reação dele às suas ações e de com ele sustentar uma comunicação" (Giddens, 1996:44).

Para além disso, as ações humanas só se tornam compreensíveis se encontrarmos nelas as motivações. A pesquisa deve buscar responder quais foram os 'motivos', as 'razões', a 'intencionalidade' que estiveram na base da ação de tal ou tal pessoa. Ora, segundo Schütz, os nossos atos são motivados pela ação do Outro, ou seja, quando faço algo é a reação do Outro que tenho em vista. Estamos perante 'ações' que se constituem em 'atos de trabalho', intencionais, projetados; o ser "comunica com os Outros através de atos de trabalho; organiza as diferentes perspetivas espaciais do mundo da vida quotidiana através de atos de trabalho, (...) Só o ser que trabalha (...) está plenamente interessado na vida" (Schütz, 1962, cit. por Pinheiro, 2007:107).

Assim sendo, e nos termos do próprio Schütz (1993:250), "toda a ciência social, incluindo a sociologia compreensiva, propõe-se então, como primeiro objetivo, a maior clarificação possível sobre o que pensam do mundo social aqueles que nele vivem". Poderíamos afirmar, pois, que o objetivo essencial da fenomenologia social é determinar o que significam determinadas

---

[42] Nesta tipificação do mundo, é "o homem que dota a realidade de sentido na forma como se dirige a ela, e não o próprio mundo que nos toma de assalto sem qualquer tipo de resistência da nossa parte. A parcialização do real em províncias resulta de uma necessidade primordial de categorizarmos tudo segundo égides de semelhança, pondo de parte aqueles conceitos que apresentam diferenças verdadeiramente irreconciliáveis face à nossa forma de pensar" (Pinheiro, 2007).

[43] Procedimentos que, no desenvolvimento operado pela Etnometodologia de Garfinkel, constituem os *etnométodos* (Lapassade, 1991;1994; Coulon, 1993).

experiências vividas pelas pessoas e por quem as rodeia, a partir da descrição feita por elas mesmas. Mas o seu objetivo só se alcança se agirmos segundo um método que permita um retorno à experiência passada, a par da obtenção de descrições que ofereçam base para uma análise estrutural reflexiva que retrate a essência da experiência. Como diz Schütz (1993:82), "só o já vivenciado é significativo, não o que está sendo vivenciado. Com efeito, o significado é meramente uma operação de intencionalidade que, não obstante, só se torna visível através do olhar reflexivo".

Este olhar reflexivo tanto está presente em mim como no 'outro'. É verdade que neste ato está implicada toda uma existência, uma biografia; sendo assim, parece que estaríamos impedidos de entrar na *corrente de pensamento do outro* e, deste modo, se negaria toda a possibilidade de uma sociologia compreensiva. Mas aquilo que eu posso captar dos atos dos outros, como os seus movimentos, percebo-os "não só como factos físicos mas também como um *signo* de que a outra pessoa tem certas vivências que expressa por meio desses movimentos" (Schütz, 1993:130).

Para se fazer ciência objetiva dos 'contextos subjetivos de significado' é necessário, ainda, que o discurso do investigador (um saber de 'segunda ordem') obedeça aos princípios da lógica formal – postulado *da consistência lógica* –, e seja compatível com a experiência do mundo, quer do investigador quer do sujeito investigado – postulados da adequação e da interpretação subjectiva (Schütz, 1993:263; cf. Giddens, 1996:45; cf. cap. V-2.2.).

A aplicação destes conceitos a fenómenos como, por exemplo, o do HIV pode ajudar a compreendê-los. Tomemos, de entre outros possíveis, um estudo de Oltramari (2005) precisamente sobre esta síndrome. Segundo o autor, o HIV ultrapassa a dimensão de uma doença provocada por um vírus; ele inscreve-se "em um universo específico de perceções e representações sociais que fazem com que o fenómeno seja compreendido das mais diversas maneiras, direcionando, também, suas formas de perceção sobre o risco de infeção " (p.3). Neste enquadramento, é graças à intersubjetividade que se pode, por exemplo, compreender as significações que as pessoas atribuem à doença e suas representações. Mas as pessoas representam os fenómenos em função do lugar que ocupam relativamente a ele. Por exemplo, "os grupos de heterossexuais que vivem em regime de conjugalidade percebem a síndrome, de uma forma compartilhada, como uma doença que acomete os 'outros', pessoas 'desviantes da normalidade', como homossexuais, profissionais do sexo e usuários de drogas" (p.8).

Uma das questões que merece aqui atenção é a 'intencionalidade'. A investigação tem demonstrado que os profissionais que têm capacitação específica sobre a síndrome possuem representações sociais muito próximas de pessoas leigas. "E isto acontece pois compartilham um cotidiano de valores e crenças que independem de sua condição de técnico de saúde. A AIDS, para estes técnicos, é vivenciada de uma forma não reflexiva, como um 'agora-sim', que faz com que os mesmos respondam de forma amedrontadora e moral, de uma forma análoga às pessoas que não têm conhecimento científico"[44]. E isto compreende-se devido ao facto de o pesquisador viver num mundo intersubjetivo, compartilhando sentidos com os outros.

Como explica, ainda, o autor, torna-se necessário tomar alguns cuidados exigidos pela pesquisa fenomenológica. Assim, voltando ao estudo em causa, é "necessário fazer com que o fenómeno AIDS seja compreendido a partir de uma *epoché* que possa 'suspender' os valores e crenças que estão relacionados a tal temática, inclusive para o pesquisador" (p. 8). Depois, é necessário dar tempo para que se possibilite o afastamento necessário entre o acontecimento e a investigação. Apenas depois da situação ter acontecido é que quem faz a pesquisa poderá fazer tal reflexão, detendo-se e analisando o significado do acontecimento passado, de forma a conseguir captá-lo.

I - 2.3. O interacionismo simbólico

Georges Mead (1934) é um dos autores que, no quadro da psicossociologia, mais influências recebe das heranças filosóficas referidas acima e, também, aquele que vai marcar os novos rumos da investigação, em virtude do modo como explica a 'interação simbólica' e da sua teoria do *self*.

---

[44] Mantem-se a ortografia brasileira nesta como noutras citações da mesma origem.

Quanto à primeira, diz Mead que quando duas pessoas entram em interação, cada uma delas está constantemente a interpretar os seus atos e os da outra, e a reagir em função dessa interpretação. A consequência, a partir deste novo entendimento, é que não poderá compreender-se um qualquer fenómeno social sem ter em conta a interpretação que dele fazem os atores ou intervenientes (Coulon, 1993).

Segundo a teoria do *self*, a própria personalidade (ou identidade – o *self*) é um produto desta interação com os outros, um produto social em permanente construção através da *linguagem*: "o *self* deve ser reconhecido em termos do processo social e em termos de comunicação" (Mead, 1934:49, cit. por Kendon, 1990:22). É, portanto, comunicando com os outros, utilizando as categorias de uma linguagem comum, que nós organizamos o pensamento, descobrimos quem somos, as categorias sociais a que pertencemos e os papéis que estamos destinados (em parte) a cumprir.

Segundo Blumer (1900-1987), discípulo e intérprete de Mead, o *self* não é uma estrutura da personalidade, dada à partida, mas é um processo reflexivo através do qual uma pessoa se torna em objeto para si mesma: "pode perceber-se, ter conceitos, atuar e comunicar consigo mesma" (Blumer, 1982:46). Deste modo, a ação humana, ao resultar de um processo de interação do indivíduo consigo mesmo, não se confunde com simples respostas automáticas; e, por isso, a interação com os outros vê-se igualmente "mediatizada pelo uso de símbolos, a interpretação ou a compreensão do significado das ações do próximo. No caso do comportamento humano, tal mediação equivale a intercalar um processo de interpretação entre o estímulo e a resposta ao mesmo" (Blumer, 1982:60).

A vida dos grupos é, pois, determinada por incessantes redefinições e interpretações da situação. As *interações sociais* são 'ações conjuntas' (*joint actions*) que se elaboram no tempo mediante a conjugação dos atos dos diferentes atores. A fim de se compreender uma sociedade, deve considerar-se que ela "é composta de pessoas que afrontam a diversidade de situações que as suas condições de vida lhes deparam. Para encarar estas situações planeiam *ações conjuntas,* em que cada um dos participantes há-de ordenar os seus próprios atos em conformidade com os atos alheios. Nesse sentido interpreta os atos dos demais e, por seu lado, dá-lhes indicações sobre o modo como deveriam atuar" (Blumer, 1982:53).

Dir-se-á, então, que a influência mútua entre os diferentes intervenientes numa dada situação não se faz por um processo de estímulo-resposta; entre um pólo e outro medeia o pensamento, a interpretação que cada membro do grupo elabora a partir dos dados oferecidos e recolhidos na situação criada, interpretação esta que também tem a ver com a história pessoal de cada um, com o estatuto e papel que se desempenha no interior do grupo, com o tipo de comunicação utilizada, entre outros fatores (Blumer, 1982; Marc e Picard, s/d; Lapassade, 1994). À interpretação da situação segue-se a *'definição da situação'* que é uma forma de agir de modo a conseguir-se obter do outro as respostas que se desejam dele (Blumer, 1982:48).

As teorias do *self* e da *interpretação da situação* revelam já a importância que é atribuída por estes autores ao mundo subjetivo na determinação dos comportamentos humanos, mormente na interação. Trata-se de noções que se desenvolvem e de consequências que não deixaram de ser reafirmadas por outros autores da Escola de Chicago.

O estudo das *interações* recebe um outro grande impulso com a obra de Goffman (1922-1982). Segundo este autor, a interação social é um processo de relações interpessoais em que os indivíduos, colocados frente a frente, agem em função de estimulações ou influências recíprocas; nos seus próprios termos, " a interação (ou seja a interação frente a frente) pode ser grosseiramente definida como a influência recíproca dos indivíduos sobre as ações uns dos outros numa situação de presença física imediata" (Goffman, 1993:26). Goffman propõe que se distinga a interação em si mesma e o contexto em que ela se verifica. Por *contexto* entende-se o conjunto das circunstâncias nas quais se insere a atividade interativa, circunstâncias estas constituídas por um determinado meio físico e temporal (*quadro*), mas, sobretudo, por um conjunto de estruturas sociais (*instituição*), por práticas mais ou menos padronizadas e codificadas a executar em situações definidas (*rituais*), e por um sistema simbólico que concretiza e confere ordem e sentido à interação – os códigos da comunicação verbal e não verbal (Marc e Picard, s/d:79).

Em interação social, a primeira tarefa dos atores é a *definição da situação* que comporta uma distribuição dos papéis e uma certa representação da ação. Estes elementos podem ser dados desde o início e resultar de uma determinada estrutura da vida social ou de encontros anteriores; mas podem proceder de uma *negociação* imediata e implícita nos próprios encontros, o que gera uma espécie de 'consenso temporário' sobre a definição da situação (*ibid.*, 119).

Na representação, o indivíduo submete ao juízo de um público o *papel* que deve representar e a sua interpretação. O papel é constituído por um conjunto de regras (valores, atitudes, modelos típicos, rituais) que regulam os comportamentos de cada indivíduo em relação aos outros e que determinam os comportamentos a adotar em cada circunstância particular. Cada personalidade, cada indivíduo, investe-se em cada papel que deve representar. Há papéis prestigiantes e papéis a evitar – [em *Asilus*, o louco "é explicado como indivíduo procurando escapar o mais possível à imposição de um *papel* degradante" (Herpin, 1982:80)].

Põe-se então aqui a questão do *self* – este não deve confundir-se com o *papel*. Isso permite que a apresentação do Eu possa tomar diversas formas, e "quer se trate de identificação ou de recusa de *papel*, passando por todos os graus de distanciação ao *papel*, é no decurso da representação que tudo se realiza" (*ibid.*). Neste enquadramento, 'o Eu é um efeito dramático' diz Goffman. Para que o Eu ganhe substância, é necessária a presença do público, por um lado, e a complementaridade e solidariedade dos outros atores, por outro; surge, deste modo, a noção de *equipa*: "um conjunto de pessoas cuja cooperação muito estreita é indispensável para a manutenção de uma determinada definição da situação" (Goffman, 1973:102, cit. por Marc e Picard, s/d:119)

Por outro lado, ainda, segundo Goffman (1974, 1988), existem no indivíduo dois tipos de identidade: a *identidade social virtual* e a *identidade social real*. "A identidade social *virtual* é a personalidade que imputam, a um indivíduo, aqueles com quem ele está em contacto. Esta identidade é construída a partir das informações de que dispõem os indivíduos que com eles estão em interação: a sua aparência física, a sua reputação, o seu modo de falar, de se vestir, de se apresentar..." (Herpin, 1982:85). Podemos dizer que estes atributos constituem a 'face'; na nossa sociedade, são "a discrição e a sinceridade, a modéstia nas suas pretensões, o espírito de competição e a lealdade, o controlo das palavras e dos gestos, o domínio das emoções, dos apetites e dos desejos, o sangue frio nas adversidades, etc." (Goffman, 1974:69). Por sua vez, a identidade *social real* "é a personalidade deste indivíduo, definida a partir dos atributos que efetivamente são os seus. Alguns destes atributos possuídos têm um efeito de descrédito sobre aquele que os apresenta: são os *estigmas*" (Herpin, 1982:85). 'Salvar a face' é um dos objetivos da interação, e o estigmatizado tende a resistir, utilizando várias estratégias, à conceção que os outros membros do grupo fazem dele. Se os estigmas não podem ser dissimulados (ser negro, por exemplo), "o estigmatizado procurará, por técnicas várias, impedir que o julguem unicamente por esses estigmas. Se pelo contrário, os estigmas não são imediatamente aparentes (o facto de ter estado na prisão), o indivíduo procurará, por outras táticas, fazer passar a sua identidade virtual pela sua identidade real" (Herpin, 1982:85).

Podemos dizer, pois, como síntese, que o *interacionismo simbólico* considera que as interações constituem o núcleo de todas as relações sociais e se traduzem em algo mais que está para além das regras e das etiquetas constrangedoras; o que é determinante das interações é um mundo subjetivo e intersubjetivo de fenómenos, como as impressões, as perspetivas, as representações (rótulos, tipificações, expetativas sobre os outros e sobre si próprios, crenças, avaliações, julgamentos...) e as interpretações que os 'atores' fazem dos atos, dos gestos, e das palavras que se trocam mutuamente. Terminamos estas notas com a citação de um autor – Peter Woods – que, na esteira de outros autores[45], muito fez pela compreensão da vida na escola e na aula, tendo sempre como referencial teórico a sua própria 'descoberta do interacionismo':

---

[45] Referencie-se o trabalho de Willard Waller, *The sociology of teaching*, realizado no âmbito da Escola de Chicago e publicado em 1932 (Waller, 1961). Refiram-se, também, os muitos trabalhos publicados no quadro do que habitualmente é designado por *A Nova sociologia da educação*, desenvolvida na Grã-Bretanha (cf. Queiroz e Ziolkowski, 1997).

"De acordo com esta perspetiva, a organização social é entendida como uma ordem negociada que vai emergindo à medida que as pessoas tentam resolver os problemas que encontram em situações concretas. É, então, legítimo perguntar quais são os problemas com que as pessoas se deparam, segundo o seu próprio ponto de vista? De que modo são experienciados, que significados lhe são atribuídos? Que sentimentos provocam? Por último, de que modo são resolvidos? Os interacionistas questionam o modo como as pessoas lutam pela autonomia na ausência de poder formal" (Woods, 1999:17).

I - 2. 4. A etnometodologia e a análise conversacional

Esta corrente sociológica tem o seu início nos trabalhos de Harold Garfinkel, reunidos na obra *Studies in ethnomethodology*, publicada em 1967. Este autor, por sua vez, foi muito influenciado pela fenomenologia e por alguns investigadores da Escola de Chicago.

O tema central da obra supramencionada é a atividade prática que se desenrola na vida quotidiana, "em particular o raciocínio prático, seja profissional ou profano" (Coulon, 1990:26). Como escreve Trognon, "a etnometodologia tem como objetivo estudar os raciocínios do senso comum (e as competências sobre as quais ele repousa), através dos quais os membros de uma sociedade produzem e tornam inteligível o desenrolar da ação em que estão empenhados. A partir de Garfinkel, a questão da etnometodologia é, portanto, a de compreender como é que os atores sociais realizam uma apreensão comum, partilhada e intersubjetiva, do mundo social em que vivem" (Trognon, 1994:10).

Assim se compreende que a etnometodologia seja "a investigação empírica dos métodos que os indivíduos utilizam para dar sentido e, ao mesmo tempo, desempenharem as ações de todos os dias: comunicar, tomar decisões, raciocinar" (Coulon, 1990:26), enfim, para "organizar o mundo" (Silverman, 1997:60). Trata-se, com efeito, de "um conjunto de métodos de raciocínio, tácitos, presumidos e, todavia organizados e socialmente partilhados" (Trognon, 1994:10). Esses métodos, assentes numa faculdade de interpretação das rotinas e práticas quotidianas (sobretudo as *tipificações* e as *caracterizações*, como o salientou a Fenomenologia Social), constituem os *etnométodos* (Lapassade, 1991; 1994; Coulon, 1993) e são o objeto de pesquisa da *etnometodologia*: "métodos que eu e o meu semelhante empregamos, que permitem que nos reconheçamos como vivendo no mesmo mundo" (Coulon, 1990:48).

A realidade social (como o insucesso escolar, a indisciplina, etc.) não é um dado previamente estabelecido e determinante (dependente de variáveis externas) da atividade dos atores; pelo contrário, é esta atividade dos atores, o processo, que dá origem à realidade social, permitindo falar, então, de uma construção interativa do quotidiano (Trognon, 1994). Nesse processo, o modo como os atores tomam *decisões* e a *linguagem comum* através da qual se constitui essa mesma vida social (o comportamento e a sua inteligibilidade), adquirem uma enorme importância (Have, 2008).

Os aspetos fundamentais da linguagem do quotidiano são a *indexicalidade*, a *reflexividade*, a *accountability*[46] e a *noção de membro*. Passamos a fazer uma breve reflexão em torno de cada uma destas noções.

- A *indexicalidade* refere-se ao facto de que a linguagem quotidiana não pode ser entendida independentemente das condições de uso e de enunciação – torna-se necessário ter em conta (presumindo ou tendo um conhecimento direto), a biografia, os objetivos de quem utiliza qualquer expressão, enfim, o contexto em que ela se produz e utiliza. A propósito, Wilson e Zimerman (cit. por Coulon, 1990:30) dão o exemplo daquela palavra enigmática, *rosebud*, pronunciada por Kane, no leito da morte, no filme *Citizen Kane* de Orson Welles. O filme é construído em torno da busca do significado de tal palavra, pondo em jogo o imaginário dos atores e dos espetadores; só no fim se entrevê o seu significado ao observar que a palavra estava escrita num trenó de criança de Kane que acabava de ser atirado ao lume pelos homens das mudanças. Há um conjunto de expressões na linguagem corrente, *expressões indexicais*, como 'etc.',

---

[46] Devido à difícil tradução preferimos manter no inglês; traduzível por relatabilidade, isto é, susceptibilidade de ser descrito ou tornado visível.

cujo uso faz supor um conhecimento coletivo tácito acerca do seu conteúdo, conhecimento que se constrói no interior da própria conversação.

- A *reflexibilidade* tem a ver com o facto de que a palavra, a fala, o que se diz, se constitui como a própria racionalidade daquilo que estamos a fazer naquele preciso momento; essa racionalidade faz com que a natureza dos atos da vida quotidiana seja similar aos procedimentos que utilizamos para descrevê-los, "quer dizer, quando descrevemos uma situação estamos a construí-la" (Guerrero López, 1991:15). A este propósito, Lawrence Wieder (cit. por Coulon, 1990:34) conta o caso de Pablo, retido num estabelecimento de reabilitação para drogados e que tem receio das represálias de um outro sujeito que acaba de chegar ao Centro, detido e libertado recentemente sob fiança. Tinha sido antigo colega de Pablo e este teme que aquele julgue que foi ele quem o denunciou. Esta confissão permite a Wieder entrar na pista do código implícito da comunidade dos detidos que são verdadeiras máximas de conduta: não acusar, distância e atitude de defesa em relação aos 'educadores', partilhar a droga, não deplorar os roubos mútuos, etc. Ora este código não é qualquer coisa do exterior em relação às situações (e é, por isso, muito mais que uma 'sub-cultura desviante'); ele constitui e estrutura a própria situação, "e pode tornar-se uma linguagem" (Coulon, 1990:37). É isto a reflexividade que, neste caso, no entender de Coulon (*ibid.*), não deve confundir-se com a reflexão.

- A *accountability* é a característica da linguagem que torna 'disponível, inteligível, referível e analisável' o mundo social nas próprias práticas dos atores (Coulon, 1990:42). Esta característica traduz o facto de toda a ação poder ser consciencializada e relatada (daí a importância das entrevistas). O exemplo está no caso de Agnés, descrito no capítulo quinto da obra *Studies in ethnomethodology* de Garfinkel, atrás referida: um transexual que procura na sua prática quotidiana 'os caracteres culturais da mulher normal'. Esse esforço, que ele realiza para agir consoante um padrão pré-determinado de feminilidade, realiza-o toda a gente na vida normal mas de forma inconsciente, rotinizada e oculta, no sentido de desempenhar e construir a personalidade que quer ser.

- A *noção de membro* significa o domínio de uma linguagem comum, o que faz com que não sejamos estrangeiros na nossa própria cultura

(Coulon, 1990:44). Para que haja um verdadeiro entendimento comum entre duas pessoas em interação é necessário que possuam um entendimento comum das suas trocas, entendimento que se constrói na própria interação.

A etnometodologia orienta-se, a partir dos anos 70 do século XX, segundo duas linhas fundamentais: uma que toma como seu principal objeto o que habitualmente faz parte do objeto da sociologia; outra dedica-se, essencialmente, ao estudo das conversações quotidianas (Coulon, 1990:22). Acrescentaremos apenas mais algumas notas sobre esta última dimensão, dada a importância de que ela se reveste para o estudo da comunicação em situações educativas, mormente na sala de aula.

A análise conversacional considera que a conversação "é um nível superior de interação [e] a interação mais fácil de analisar" (Trognon, 1994:12); enfim, ela é já uma forma de organização social (Schegloff, 1987, cit. por Coulon, 1993:42). É nessas conversações que entram em jogo os *etnométodos* que, para serem descobertos, *exigem uma investigação naturalista e indutiva*. Procurar-se-ão as regularidades conversacionais e os objetivos que os interatuantes pretendem alcançar com tais regularidades (Trognon, 1994). Nesta sequência, a "fim de que se possam desenrolar, as nossas conversações são organizadas, respeitam uma ordem, que não temos necessidade de explicitar durante o decorrer das nossas trocas, mas que são necessárias para tornar inteligíveis as nossas conversações" (Coulon, 1990:66). Ainda segundo Heritage (cit. por Coulon, 1990:66), as três hipóteses da análise conversacional são as seguintes:

- "a interação é estruturalmente organizada;
- as contribuições dos participantes são contextualmente organizadas: o procedimento de indexação dos enunciados a um contexto é inevitável;
- estas duas propriedades realizam-se em cada detalhe da interação, de tal modo que um detalhe não pode ser abandonado por ser considerado acidental ou não pertinente".

Uma conversa banal travada entre duas pessoas implica muitíssimo mais, para ser efetivamente compreendida, do que aquilo que realmente se diz; a sequencialidade em 'pares adjacentes', o falar cada um por sua vez, o papel das exortações, das saudações, a entoação, os silêncios, o conhecimento do contexto, e outras. É o conhecimento destas regras implícitas da interação que torna uma pessoa socialmente competente.

A sequencialidade permite ordenar a conversação e, a esse título, possui uma estrutura complexa utilizada pelos participantes para situarem as suas interações. Para a interpretação de um enunciado é necessário ter em conta o seu lugar na sequência da conversação. Com efeito, a "sequencialidade conversacional é a matriz da produção e da reprodução e, ao mesmo tempo, da inteligibilidade dos acontecimentos sociais: a Análise Conversacional" (Trognon, 1994:16).

De um ponto de vista metodológico, "uma vez que os etnometodólogos não produziram uma tecnologia original, foram obrigados a recorrer a utensílios de investigação e foram importá-los da etnografia" (Coulon, 1990:77). O trabalho de Mehan (1978) sobre a realidade escolar, inspirado na etnometodologia, mas constituindo-se no que ele designa por *etnografia constitutiva* (de preferência à micro-etnografia, na medida em que não se trata de opor micro e macro – (p. 36), é um exemplo deste recurso à etnografia. Segundo este autor "a convicção central dos estudos constitutivos sobre a escola é que 'os factos sociais objetivos', tais como a inteligência dos estudantes, os seus desempenhos escolares, os seus projetos de carreira, os seus 'padrões rotineiros de comportamento', tais como a organização da turma, constroem-se na interação entre alunos e professores, avaliadores e estudantes, diretor e professores (...) A etnografia constitutiva estuda as atividades estruturantes dos factos sociais da educação" (Mehan, 1978:36; cf. Coulon, 1990:78; Coulon, 1993:122).

Ainda segundo o mesmo autor, "somente sabendo como é que os membros constroem as suas atividades é que poderemos estar razoavelmente certos do que é que estas atividades são realmente" (Mehan, 1982, cit. por Coulon, 1990:85). Isso exige um conjunto de características peculiares à metodologia da etnografia constitutiva: a recuperabilidade dos dados (*retrievability of data*), por exemplo, através da video-gravação, um tratamento exaustivo dos dados, convergência de perspetivas dos investigadores e dos próprios atores sobre os acontecimentos, e uma análise ao nível interacional que obriga a procurar as atividades estruturantes dos factos sociais nas palavras e nos gestos dos participantes – isto é, um reconhecimento de que a interação é algo que não se reduz a uma mera explicação psicológica ou sociológica, mas é o elemento constitutivo dos próprios factos sociais enquanto realizações práticas (Mehan, 1978:37; cf. Coulon, 1990:86; 1993:123).

No terreno da educação, se se quer conhecer a verdadeira influência da escola no futuro dos alunos, esta perspetiva obriga a entrar no interior da 'caixa negra', ultrapassando, em muito, a mera preocupação pelo estudo correlacional entre *input* e *output*. Na caixa negra, quando se observa uma aula, depara-se com uma determinada organização "professores e alunos falam, leem, jogam em certos tempos e em certos lugares, mas não noutros. Por vezes a aula atua em uníssono, como quando os alunos tomam notas sobre o que o professor está a dizer; porém, noutros momentos, pequenos grupos empenham-se em diferentes atividades simultaneamente (...) O que é que faz com que esta organização social se estruture deste modo? Como é que os professores e os alunos sabem quando movimentar-se e quando falar? Como sabem que é o momento adequado de falar ou de agir de determinado modo?" (Mehan, 1978:40; cf. Coulon, 1993:134). A resposta advém da análise do modo como se estruturam socialmente os acontecimentos da aula.

Em trabalho coletivo, Mehan e colaboradores (1976, cit. por Mehan, 1978) gravaram em vídeo uma turma multiétnica, durante um ano escolar. Da análise de nove lições concluem que "é o trabalho de interação entre professores e alunos que produz a organização" (Mehan, 1978:40), podendo observar-se uma estrutura hierárquica e sequencial, composta por diferentes fases da aula e por um conjunto de sequências verbais relativamente fixas, sendo a mais habitual constituída por uma questão, seguida de uma resposta e de uma avaliação posterior. Consiste na estrutura IRF da lição[47]. Existe, além disso, um conjunto de sinais, verbais e não verbais, que marcam as mudanças temáticas e as fases da aula (*ibid.*, 46). Há, ainda, um conjunto de regras implícitas, de algum modo

---

[47] IRF – Interrogação, resposta e feedback.

imposto pelo professor, mas são os alunos e este professor que, em interação, devem descobrir na situação o significado e o funcionamento delas. O aluno tem de adquirir competência no que respeita aos conteúdos, mas também quanto à forma de os tratar e de mostrar o conhecimento deles – trata-se da chamada "competência interacional" (Mehan, 1978:49; cf. Coulon, 1990:91). Em qualquer caso, pode concluir-se que uma aula deve ser olhada como uma pequena sociedade ou comunidade.

Uma outra via de investigação é-nos oferecida pela análise sociolinguística, que considera a comunicação como uma ação compartilhada culturalmente através de uma espécie de "gramática comunitária" (Gumperz, 1988:70); o seu campo de reflexão tem como tema central o facto de que "as pessoas no mundo social necessitam de saber quando devem falar, quando não o devem, sobre o que devem falar, com quem, onde, quando e de que modo" (Hymes, 1972, cit. por Edwards e Westgate, 1994:3). A gramática comunitária constitui-se, portanto, "numa cadeia de subsistemas" (Gumperz, 1988:70) que obriga os indivíduos, ao comunicarem entre si, a fazerem um conjunto de opções e de escolhas relacionadas com a gramática, com a etiqueta e os bons costumes, com a cultura e, ainda, com o pressuposto de que os outros interpretam as situações do mesmo modo que nós. Assim, no "ato de afirmarmos algo sobre o mundo, ou de perguntarmos e respondermos a questões, localizamo-nos a nós próprios socialmente, indicamos como percebemos os outros e anunciamos, confirmamos ou mudamos o modo como a situação deve ser definida" (Edwards e Westgate, 1994:10). Procura-se, portanto, estabelecer uma relação entre os comportamentos linguísticos de uma determinada comunidade ou classe social, e as suas próprias experiências de vida (material e social, bem como as interpretações dessa mesma experiência de vida, os valores, as atitudes, etc.) – problemas a cuja análise se têm dedicado muito especialmente os etnólogos da comunicação, estudando-a indutivamente a partir de registos de caráter etnográfico (Gumperz, 1988).

Na aplicação da sociolinguística à escola, duas questões fundamentais se têm colocado no seu esforço por entender a vida na aula (Gumperz, 1988). Uma delas investiga como é que as normas sociais, que dão conteúdo às normas de vida da escola e da aula, estão incorporadas na própria estrutura de comunicação que aí se desenrola e que afetam, por essa via, o processo de aprendizagem; a outra procura entender as diferenças de comportamento linguístico, na aula, de crianças provenientes de meios sócio-culturais diversos.

I – 2.5. A pragmática da comunicação

A corrente da pragmática da comunicação humana tem a sua origem associada à Escola de Palo Alto, também designada de Colégio Invisível. Surgiu nos Estados Unidos, na década de 1940 do século XX e foi desenvolvida por autores oriundos da antropologia, como Gregory Bateson, Erving Goffman, Edward T. Hall e Ray Birdwhistell, e da psiquiatria, como Don Jackson, Paul Watzlawick e Albert Scheflen.

Em alternativa a um "modelo linear e telegráfico" da comunicação, desenvolvido por Shannon e Weaver (1949), os autores que integravam o referido grupo procuraram desenvolver um modelo da comunicação baseado numa lógica interpessoal, propondo a metáfora da orquestra da comunicação. Neste contexto, Bateson (1956, 1972) elaborou uma teoria da comunicação que pretendeu ultrapassar o modelo energético até então usado, considerando que a comunicação engloba um vasto campo de interações, comportamentos, culturas. Influenciado pela Teoria Geral dos Sistemas (Bertanlaffy, 1973), pela cibernética, pela teoria dos tipos lógicos de Russel e por todo um vasto conjunto de observações por si efetuadas, Bateson desenvolveu conceitos fundamentais como meta-comunicação, redundância, comunicação simétrica e complementar, comunicação analógica e digital, *double bind*, entre outros.

A comunicação humana pode considerar-se como envolvendo a sintaxe, a semântica e a pragmática. O estudo da influência da comunicação no comportamento constitui o domínio da pragmática da comunicação. No contexto desta abordagem, todo o comportamento é comunicação e toda a comunicação afeta o comportamento (Watzlawick, Beavin e Jackson, 2000). O objetivo da pragmática da comunicação é o estudo da relação que se estabelece entre o emissor e o recetor e a mediação desenvolvida pelo processo de comunicação, importando analisar, não apenas o efeito da comunicação no recetor, mas o efeito da reação deste no emissor. Por outras palavras, é de novo a relação entre interação e comunicação que aparece aqui claramente sublinhada.

As propriedades da comunicação humana foram formuladas nos axiomas da pragmática da comunicação elaborados por Watzlawick, Beavin e Jackson (2000), os quais constituem, simultaneamente, uma síntese e um instrumento de análise da mesma (Relvas, 2006). Os referidos autores sublinham, no entanto, a sua heterogeneidade, uma vez que foram estabelecidos a partir de situações de comunicação muito diversas, considerando que devem ser encarados mais como prolegómenos do que como obra acabada. A interligação entre comportamento e comunicação está desde logo expressa no primeiro dos axiomas da pragmática da comunicação segundo o qual "não se pode não comunicar" (Watzlawick, Beavin e Jackson, 2000:44). Ou seja, todo o comportamento é comunicação e toda a comunicação afeta o comportamento, "todo o comportamento numa situação interacional tem valor de mensagem, isto é, é comunicação" (Watzlawick, Beavin e Jackson, 2000, p. 45). E como não podemos deixar de nos comportar, também não podemos deixar de comunicar, "por muito que o indivíduo se esforce é-lhe impossível não comunicar" (Watzlawick, Beavin & Jackson, 2000: 45)". São várias as implicações deste axioma para a compreensão das situações educativas, referindo por exemplo, Zabalza (1997) que as palavras, o silêncio, a conduta normal ou a desordenada constituem em si mesmo mensagens, ou seja, aluno e professor enviam mensagens a vários níveis e por diversos canais. E uns e outros poderão não estar em sintonia...

De acordo com a teoria ecossistémica da comunicação humana desenvolvida por Bateson e sintetizada por Watzlawick, Beavin e Jackson (2000) nos axiomas da pragmática da comunicação, considera-se, também, a distinção, no processo de comunicação, entre conteúdo e relação, isto é, entre a informação e a interação, sendo esta que caracteriza a primeira. Toda a comunicação apresenta dois aspetos: o conteúdo e a relação, de tal modo que o segundo engloba o primeiro e, por conseguinte, é uma meta-comunicação. Se a informação (conteúdo) impõe um comportamento, um mesmo conteúdo pode implicar, permitir, dar origem a diferentes relações. Desta forma a dimensão relacional não é mais do que uma comunicação sobre comunicação – meta-comunicação – pois define o modo como deve ser entendida a informação. Da incompatibilidade entre conteúdo e relação poderão surgir dificuldades de interação, por isso a articulação destes níveis é vital à comunicação funcional. No ensino e na educação, este aspeto é fundamental. Provavelmente mais do que em qualquer outro contexto, as características da relação estabelecida têm um impacto profundo, tanto na boa transmissão dos conteúdos informativos como no próprio desenvolvimento pessoal dos alunos. O estabelecimento de uma boa relação entre professor e aluno é mesmo considerada uma condição prévia e necessária para que ocorram aprendizagens.

De acordo com o terceiro axioma, a natureza de uma relação depende da pontuação das sequências comunicacionais entre parceiros, enquanto o quarto remete para a distinção entre comunicação digital e analógica. Desta forma, a comunicação envolve sempre dois níveis: um racional, lógico, analítico e outro afetivo, simbólico. O uso das palavras exige o respeito pela sintaxe lógica da linguagem, o que em última análise depende de uma convenção. A linguagem analógica é menos abstrata e envolve toda a comunicação não-verbal, nomeadamente a postura, os gestos, a expressão facial, a voz, o ritmo, a sequência do discurso. A este respeito, Sprinthall e Sprinthall (2000) afirmam que, embora seja difícil imaginar, 75% a 90% do impacto de uma mensagem é transmitido não verbalmente. O conteúdo verbal real surge como menos importante do que a expressão facial, a postura ou o tom de voz. Por exemplo, na sala de aula, a forma como o professor se movimenta, fala, gesticula veicula aos alunos exatamente aquilo que sente. A importância da componente não verbal no processo educativo foi acentuada por autores como Woolfolk e Galloway (1985), importância tanto maior quanto se constata que estamos com demasiada frequência completamente alheios aos nossos próprios modos não verbais e por isso também não compreendemos o impacto que podemos ter nos outros.

Por último, o quinto axioma da pragmática da comunicação postula que as interações entre os diferentes elementos de um sistema podem ser complementares ou simétricas, conforme se fundam na diferença ou na igualdade.

São muitas as implicações da pragmática da comunicação humana para a educação, o ensino e a aprendizagem, as quais têm sido desenvolvidas por vários autores em vários estudos, e têm envolvido, quer a caracterização e o diagnóstico de situações educativas, quer a planificação, a implementação e a avaliação de estratégias, tanto a nível individual, de grupo como também institucional (por exemplo, Barreiros, 1996; Dionne e Ouellet, 1990; Évéquoz, 1987, 1987-88, 1989; Montandon e Perrenoud, 1978; Palazzoli, 1984; Pocztar, 1989; Relvas e Alarcão, 1989; Unesco, 1970).

I - 2.6. A teoria das representações sociais

O primeiro teórico a falar em representações sociais como "representações coletivas" foi Émile Durkheim, em *As regras do método sociológico* (1895[48]). Para ele, as representações sociais constituem uma combinação de ideias e de sentimentos acerca de determinadas realidades (resultantes de uma 'ideação coletiva'), que se acumulam ao longo de gerações e que têm uma expressão na linguagem dos grupos sociais. O seu estudo é renovado com a obra de Serge Moscovici (1978), *La psychanalyse, son image et son public,* portanto uma obra sobre as representações sociais da psicanálise. Para este autor, o conceito de representação social situa-se numa encruzilhada entre conceitos sociológicos e conceitos psicológicos. Mas trata-se, sem dúvida, de um fenómeno produzido e partilhado coletivamente, e que contribui para a construção social da realidade, orientando comportamentos e comunicações e permitindo interpretar os acontecimentos do quotidiano (Crusoé, 2004).

As ditas representações constituem-se num "ato de pensamento pelo qual um sujeito se refere a um objeto. Este tanto pode ser uma pessoa, uma coisa, um acontecimento material, psicológico ou social, um fenómeno natural, uma ideia ou uma teoria, etc.; tanto pode ser real como

---

[48] Utilizaremos a tradução portuguesa de 1980.

imaginário ou mítico, mas será sempre requerido. Não há representação sem objeto" (Jodelet, 1989:54). Consiste, portanto, num fenómeno de 'simbolização' (que se expressa através da palavra e do gesto), ao mesmo tempo que se trata de um fenómeno de 'interpretação', na medida em que confere significados. Com efeito, estas "significações resultam de uma atividade que faz da representação 'uma construção' e uma 'expressão' do sujeito" (Jodelet, 1989:61) que participa de uma sociedade e de uma cultura e que, por isso mesmo, ao construir e expressar o objeto o faz segundo os valores da sua cultura.

Na síntese de Jodelet (1989:52) podemos considerar as representações como "uma forma de conhecimento, socialmente elaborado e partilhado, tendo um alcance prático e concorrendo para a construção de uma realidade comum a um grupo social". Estamos, pois, diante de grelhas de leitura do mundo, comuns a um grupo, ao mesmo tempo que permitem a cada pessoa forjar as suas próprias *representações* pessoais. Elas constituem, segundo o mesmo autor, como que 'um saber de senso comum', e é legítimo o seu estudo em virtude da sua importância na vida social e do modo como permitem esclarecer os processos cognitivos, as interações sociais, enfim, "a vida mental individual e coletiva" (*ibid.*).

Neste aspeto, diga-se então que a representação "funciona como sistema sociocognitivo e como sistema contextualizado. Como sistema sociocognitivo, supõe um sujeito ativo que produz representações acerca de um determinado objeto. Tais representações, embora estejam submetidas às regras dos processos cognitivos, são determinadas inicialmente pelas condições sociais nas quais se elabora e se transmite uma representação" (Abric, 1994:14) O seu estudo permite o acesso aos indivíduos (a partir do que eles pensam sobre determinadas questões, problemas e temas), e aos grupos em que os mesmos indivíduos se inserem.

Nesse sentido, a *teoria das representações sociais*, elaborada por Moscovici, é uma teoria a abordar em termos de produto e em termos de processo, pois a representação é, ao mesmo tempo, o produto e o processo de uma atividade mental pela qual um indivíduo ou um grupo reconstituem o real, confrontando e atribuindo ao mesmo uma significação específica (Abric, 1994; Crusoé, 2004).

Tal teoria, abordada em termos de *produto*, volta-se para o conteúdo das representações, para o conhecimento de senso comum, que permite às pessoas interpretar o mundo e orientar a comunicação entre elas, na medida em que, ao entrarem em contacto com um determinado objeto, o representam e, em certo sentido, criam uma teoria que vai orientar suas ações e comportamentos.

Por sua vez, a teoria abordada em termos de *processo* consiste em saber como se constroem as representações, como se dá a incorporação do novo, do não familiar, aos universos consensuais. Nesse sentido, para Moscovici, a construção das representações envolve dois processos formadores: a *ancoragem* e a *objetivação*. De acordo com Moscovici, o processo de objetivação "faz com que se torne real um esquema conceptual, com que se dê a uma imagem uma contrapartida material" (Moscovici, 1978:110). Nesse caso, então, a objetivação consiste em dar um caráter concreto a um determinado conceito.

O processo de ancoragem envolve, para Moscovici, "a integração cognitiva do objeto representado no sistema de pensamento preexistente" (Alves-Mazzotti, 2000:60), ou seja, a sua inserção orgânica num conjunto de crenças já constituído. Nesse sentido, através da ancoragem tornamos familiar o conceito ou objeto representado.

Outro aspeto importante é o facto de a representação ser um 'saber prático', na medida em que "se refere à experiência a partir da qual se produz, aos quadros e condições nas quais é produzida e, sobretudo, ao facto de que a representação serve para agir sobre o outro" (Jodelet, 1989:61). Esta relação entre a representação e o comportamento torna-se o eixo de linhas de estudos como a de Abric (1994). Segundo este autor, os comportamentos dos sujeitos ou dos grupos não são determinados pelas características objetivas da situação, mas pela representação dessa situação.

Tal conhecimento é visto por Moscovici (1978) como um conhecimento verdadeiro, e não como um disfuncionamento do conhecimento científico. A grande questão é que esse conhecimento de senso comum, por ser um conhecimento circunscrito, se diferencia do conhecimento científico, que busca a generalização e a operacionalização. Assim, a teoria das *representações sociais* é uma proposta científica de leitura do conhecimento de senso comum e, nesse sentido, preocupa-se com o conteúdo das representações.

As representações sociais, nos planos da escola e da aula, têm vindo a ser estudadas na esteira das investigações de Rosenthal e Jacobson (1971), ou de Gilly (1989), salientando-se a teoria da *etiquetagem*, os estudos sobre a *profecia autorrealizada,* sobre a importância dos *estereótipos sociais* nas relações sociais que se estabelecem na escola (por exemplo, ao nível do recreio) e na aula (Brophy e Good, 1974).

Outros estudos têm-se debruçado sobre as representações e expetativas dos alunos, mostrando quanto elas são importantes para compreender quer a sua adesão às solicitações e constrangimentos da escola, quer a sua rejeição e revolta (Amado, 2007; 2001b; Felouzis, 1994; Carita, 1992; Freire, 1990; Marsh, Rosser e Harré, 1980).[49]

Compreende-se assim que, numa síntese proposta por Gilly (1980) – um dos autores que mais se tem empenhado no estudo das representações sociais no campo educativo (cf. Gilly, 1989) – este fenómeno constitua uma forma específica de saber: *saber social,* socialmente construído e partilhado; *saber prático,* orientador da nossa relação com os outros; *saber espontâneo,* saber comum, que conduz a categorizações demasiado redutoras.

Deste modo, e como exemplo, as representações que professores e alunos em interação constroem uns sobre os outros, e sobre o conjunto de circunstâncias em que estão envolvidos (situação, regras, etc.), surgem como variáveis importantes na determinação e na compreensão das condutas de cada um. No caso dos professores, as representações constituem 'uma verdadeira teoria ou sistema de conhecimento' (Carita, 1992) à sua disposição, orientadas por dois sistemas fundamentais de apreensão:

---

[49] As representações têm um papel ativo preparando e antecipando as futuras relações entre grupos e, até mesmo, entre indivíduos (Bidarra, 1986). É nesta vertente prática que o conceito de representação se aproxima do de 'perspetiva'; esta é, segundo Becker, "um conjunto de ideias e de acões coordenadas, que uma pessoa utiliza para resolver um problema numa situação determinada" (cit. por Coulon, 1993:76); ou, mais claramente, ainda, como a define Janesick (cit. por Zabalza, 1994:39), "uma interpretação reflexiva derivada socialmente que serve de base para as ações que o professor ou a professora constroem. A perspetiva das pessoas é uma combinação de crenças e comportamentos, continuamente modificados pela interacão social".

- o da adequação do comportamento dos alunos às regras da aula e da instituição;
- o das aprendizagens (estatuto académico do aluno).

Os estudos sobre as representações docentes em relação aos alunos têm procurado estabelecer a sua relação com diversas variáveis, tais como: sexo, idade, anos de profissão, estatuto profissional, e 'ideologia'. Carita (1992) verificou algumas diferenças, quer na perspetiva da aprendizagem, quer da conduta, entre os professores mais novos e os mais experientes. Do ponto de vista da aprendizagem, os professores mais novos valorizaram os resultados escolares (o produto da aprendizagem); por seu turno, os mais experientes preocuparam-se, essencialmente, com as competências dos alunos.

Relativamente à conduta (disciplina) dos discentes, estes professores atentariam nos aspetos que interferem com a aula, o que segundo a autora demonstraria um menor envolvimento emocional na relação pedagógica, consequência de uma maior experiência profissional. Os professores mais novos preocupar-se-iam com os aspetos relacionais, nomeadamente a relação professor-aluno. Apesar disso, ambos os grupos constroem as suas representações com base na motivação e na qualidade de trabalho dos seus alunos, ou seja, a representação do aluno pelo professor parece orientar-se tendencialmente para o fator *instrução*, privilegiado pela pedagogia tradicional (atenção, esforço, trabalho, persistência). A autora considera, ainda, que as representações resultariam do impacto das normas e valores da instituição.

Um campo importante do estudo atual é o do modo como o professor "concebe e elabora o seu ensino em função da avaliação que faz das aptidões do aluno. Só muito recentemente têm sido estudadas, junto dos professores, as ligações entre as suas representações da inteligência, da aprendizagem e do desenvolvimento, por um lado, e as suas maneiras de categorizar os alunos, bem como as implicações educativas das representações sociais" (Perret-Clermont et al., 2004:173), por outro.

Estudos voltados para a compreensão de como conceitos matemáticos são apreendidos pelos alunos têm sido desenvolvidos por Maia (2001).

Ao discutir a dimensão concreta do ensino de matemática, o autor adota este referencial teórico para analisar as representações sociais de professores sobre a matemática, encontrando como resultado que a noção de concreto, na matemática, por parte dos professores, não se refere ao saber matemático propriamente dito, mas às situações utilizadas pelo professor em sala de aula. Nesse sentido, podemos aceitar que a teoria das representações sociais se constitui numa ferramenta importante para entendermos como um conhecimento (no caso específico, a noção do concreto e do abstrato no ensino de matemática) é propagado, no meio educacional, a partir de uma dinâmica entre suas dimensões científica e social. Sabemos que durante "um certo tempo, o conhecimento popular foi silenciado na escola. Ora, toda a sociedade, segundo Moscovici está permeada por esse conhecimento que ele denominou de representação social. Será que a escola é um espaço de puro saber científico? Estamos certos que não. O professor, o aluno, como atores de uma sociedade em movimento, carregam consigo um saber que se constrói no dia-a-dia, tanto social, familiar quanto profissional. E este conhecimento eles trazem para a escola. Identificar elementos desse conhecimento e estabelecer relações com o conhecimento científico, objeto específico de 'transmissão' escolar, nos parece ser um importante passo para a compreensão de entraves e desvios que observamos no dia-a-dia escolar" (Maia, 2001:85).

Uma preocupação com questões da *prática interdisciplinar* na escola levou uma das autoras deste capítulo (Crusoé, 2003) a realizar uma pesquisa[50], com o objetivo de analisar as representações sociais dos professores e professoras sobre o termo *interdisciplinaridade*. Esse estudo trouxe à tona as diversas conceções de interdisciplinaridade destacáveis no contexto escolar, permitindo concluir que: na escola, se verifica a coexistência de diferentes representações atribuídas pelos professores ao termo interdisciplinaridade; no senso comum dos professores, acerca desta temática, subsistem elementos do discurso científico; as diferentes representações sobre a interdisciplinaridade

---

[50] No âmbito do curso de mestrado em Educação da Universidade Federal de Pernambuco/UFPE/PEBRASIL (Crusoé, 2003).

servem para justificar formas diversas de práticas pedagógicas; para exercer interdisciplinaridade não basta o conhecimento em si, mas é fundamental que haja relação entre os sujeitos da ação educativa. Foi possível, igualmente, avaliar quanto a formação profissional (quer a pedagógica, quer a que se relaciona com outras áreas do conhecimento) exerce influências na produção de suas representações sociais. Diga-se que, por um lado, se observou como a prática pedagógica é um espaço onde circulam diferentes representações de interdisciplinaridade, orientadoras dessa mesma prática; por outro lado, tomou-se consciência de que desconsiderar essas mesmas representações seria não reconhecer os sujeitos dessa mesma prática como sujeitos, social, cognitiva e afetivamente comprometidos (Crusoé, 2009).

Dos diferentes estudos acima referidos (em geral, feitos com recurso a entrevistas semiestruturadas, à associação livre de ideias e a questionários) constatamos a importância de compreender a influência e o impacto das representações, quer nas práticas educativas dos professores, quer na conduta dos alunos. Entendemos que as representações sociais permitem ao sujeito interpretar o mundo, facilitam (ou dificultam) a comunicação entre os sujeitos, e orientam as ações e os comportamentos. Elas constituem um 'saber social', 'prático' e 'espontâneo', determinante das interações (sem esquecer outros efeitos, ao nível do autoconceito e da autoestima). Acrescente-se, porém, que a interação é determinante da representação, num movimento de causalidade recíproca.

Nesse sentido, a prática escolar não está imune a um conhecimento baseado na interpretação e na comunicação entre os sujeitos. Por isso, também, consideramos que a identificação das representações que permeiam a realidade e a prática educacionais é fundamental para a análise e conhecimento dessa mesma realidade e dessas mesmas práticas.

Síntese

Apesar de filiações epistemológicas díspares, opera entre as diversas fundamentações esboçadas um conjunto de pontos comuns, a saber:

- *na filosofia* possuem uma mesma conceção do homem como criador de significados e veem na linguagem do quotidiano algo mais do que mero veiculo desses mesmo significados; e por isso procuram ver através dos olhos dos outros e segundo a sua perspetiva (*émico* versus *ético*), mas evitando o risco do psicologismo e da escravização ao senso comum (Silverman, 1997:31);
- *nos processos de análise*, partilham da mesma desconfiança em relação aos métodos quantitativos e da mesma adesão à metodologia etnográfica ou a outras estratégias que permitam captar o 'sentido' que as pessoas atribuem à sua vida e às suas práticas quotidianas; procuram pois, focar os detalhes da vida quotidiana, dando ênfase ao tempo, ao processo e aos contextos;
- *nos planos de investigação*, todas estas fundamentações implicam que tais desenhos sejam abertos e relativamente não estruturados, assentes em procedimentos interpretativos, evitando, porém a interferência de conceitos e teorias numa fase inicial (Bernstein, 1988).

É claro, também, que haverá diferenças metodológicas conforme se opte por uma ou outras destas fundamentações. Ficarão em suspenso questões como:

- até que ponto o investigador deve entrar mais ou menos oculto na recolha de dados;
- até que ponto o verbal e o não-verbal (entoação, silêncios, reformulações) devem ser documentados;
- até que ponto é apropriado questionar os participantes;
- até que ponto os dados podem ser analisados com detalhe.

Corroboramos, no entanto, a opinião de alguns autores (Woods, 1999:18) no sentido de que algumas destas correntes, muito especialmente o interacionismo simbólico, proporcionam «uma base ontológica e epistemológica suficientemente ampla para acomodar a maioria, se não todas estas abordagens que, ao longo dos anos, mostraram tanto limitações como virtudes».

Bibliografia da introdução e I ª parte

Abbagnano, N. (1970). *História da filosofia* (Vol. XIV). Lisboa. Editorial Presença.

Abric, J-C. (1994). *Pratiques sociales et représentations*. Paris: Presses Universitaires de France.

Althusser, L. (1976). *Filosofia e filosofia espontânea dos cientistas*. Lisboa: Editorial Presença.

Alves, E., & Aquino, M. (2012). A pesquisa qualitativa: Origens, desenvolvimento e utilização. *Informação & Sociedade, 22*, 79-100.

Alves-Mazzotti, A. J. (2000). Representações sociais: Desenvolvimentos atuais e aplicações à educação. In V. M. Candau (Org.), *Linguagens, espaços e tempo no ensinar e aprender*. (ENDIPE). Rio de Janeiro: DP & A.

Amado, J. (2001a). Um estudo etnográfico da indisciplina na aula. In A. Estrela & J. Ferreira (Org.), *Investigação em Educação: Métodos e Técnicas* (pp. 167-179). Lisboa: Educa.

Amado, J. (2001b). *Interação pedagógica e indisciplina na aula*. Porto: ASA Editores.

Amado, J. (2007). A voz do aluno: Um desafio e um potencial transformador. *Arquipélago – Ciências da Educação, 8*, 117-142.

Amado, J. (2009). *Introdução à Investigação Qualitativa em Educação* (Relatório de Provas de Agregação). Universidade de Coimbra (texto não publicado).

Amado, J, (2010). Ensinar e aprender a investigar – reflexões a pretexto de um programa de iniciação à pesquisa qualitativa. *Revista Portuguesa de Pedagogia*. Ano 44-1, pp. 119-142

Amado, J. (2011). Ciências da Educação – Que estatuto epistemológico? *Revista Portuguesa de Pedagogia*, Extra-Série, 45-55.

Amado, J., & Boavida, J. (2005). A educação: Alfa e Omega das Ciências da Educação. *Revista Portuguesa de Pedagogia, 39*(2), 111-128.

Apple, M. (1989). *Educação e poder*. Porto Alegre: Ed. Artes Médicas.

Avanzini, G. (1995). Des Sciences de l'Éducation. *Cahiers Binet-Simon, 645*, 5- 26.

Barreira, C. (2001). *Avaliação das aprendizagens em contexto escolar: Estudo das atitudes dos docentes face ao modelo de avaliação do ensino básico*. Tese de doutoramento. Coimbra: Universidade de Coimbra, Faculdade de Psicologia e de Ciências da Educação.

Barreiros, J. (1996). *A turma como grupo e sistema de interação: Uma abordagem sistémica da comunicação na turma*. Porto: Porto Editora.

Barthes, R. (2007). *Elementos de semiologia*. Lisboa: Edições 70.

Bateson, G. (1972). *Steps to an ecology of mind*. New York: Ballantine Books.

Bateson, G., Jackson, D.D., Haley, J. & Weakland, J.H. (1956). Towards a theory of schizophrenia, *Behavioral science*, 1(4):251-264.

Becker, H. S. (1985). *Outsiders : Études de Sociologie de la Déviance*. Paris: Ed. A.-M. Métailié.

Benavente, A. (2011). Educação, um campo de luta ideológica e política. Site do Observatório de Políticas de Educação e Formação (OP. Edu). Acedido em outubro 7, 2011, em http://www.op-edu.eu/pages/pt/inicio.php

Bennet, N. (1976). *Teaching styles and pupil progress*. London: Open Books.

Bernstein, B. (1988). *Clases, códigos y control* (I e II Vols.). Madrid: Akal.

Bertalanffy, L. Von (1973). *Théorie générale des systèmes*. Paris: Dunod.

Bertrand, Y., & Valois, P. (1994). *Paradigmas Educacionais – Escola e Sociedade*. Lisboa: Instituto Piaget.

Bidarra, G. (1996). Orientações paradigmáticas na investigação sobre o ensino e formação de professores. *Revista Portuguesa de Pedagogia, 30*(3), 133-164.

Bloom, B. S. (1972). *Apprendre pour maîtriser*. Paris: Payot.

Blumer, H. (1982). *El interacionismo simbólico: Perspetiva y metodo*. Barcelona: Hora, S.A.

Boavida, J., & Amado, J. (2006). A especificidade do educativo: Seu potencial teórico e prático. *Revista Portuguesa de Pedagogia, 40*(1), 43-61.

Boavida, J., & Amado, J. (2008). *Ciências da educação: Epistemologia, identidade e perspetivas* (2ª ed.). Coimbra: Imprensa da Universidade de Coimbra.

Bogdan, R., & Biklen, S. (1994). *Investigação qualitativa em educação*. Porto: Porto Editora.

Brezinka, W. (2007). *Educación y pedagogía en el cambio cultural*. Barcelona: PPU, SA.

Bridges, D. (2006). The disciplines and discipline of educational research. *Journal of Philosophy of Education, 40*(2), 259-272.

Brophy, J., & Good, T. (1974). *Teacher-student relationships*. New York: Holt, Rinehart and Winston, Inc.

Bru, M. (2002). Pratiques enseignants: Des recherches à conforter et à développer. *Revue Française de Pédagogie, 138,* 63-73.

Bryman, A. (2008). The end of paradigm wars?. In P. Alasuutari et al. (Eds.), *The sage handbook of social research methods* (pp.13-25). London: Sage Publications.

Cabanas, J. M. Q. (2002). *Teoria da educação: Uma interpretação antinómica*. Porto: Edições ASA.

Calabró, G. (1997).Verdadeiro/Falso. In R. Romano (Dir.) *Enciclopédia Einaudi*, Vol. 37: Conceito/ Filosofia/Filosofias (pp. 251-264). Lisboa: Imprensa Nacional/Casa da Moeda

Caldart, R. (2004). *Pedagogia do movimento sem terra*. São Paulo: Editora Expressão Popular.

Campbell, D. (1974). Evolutionary epistemology. In P. A. Schilpp (Ed.), *The philosophy of Karl R. Popper* (pp. 412-463). LaSalle, IL: Open Court.

Carita, A. (1992). *A interação professor-aluno em situação de conflito: Representações mobilizadas pelo professor*. Dissertação de Mestrado não publicada. ISPA. Lisboa.

Carr, W. (1996). *Una teoria para la educación: Hacia una investigación educativa critica*. Madrid: Morata.

Carspecken, P. F. (1996). *Critical ethnography in educational research*. London: Routledge.

Carvalho, J. (1965). Prefácio. In Husserl, E. *A filosofia como ciência de rigor*. Coimbra: Atlântida.

Casal, A. Y. (1996). *Para uma epistemologia do discurso e da prática antropológica*. Lisboa: Cosmos.

Casanova, Ú. & Berliner, D. (1997). La investigación educativa en Estados Unidos el último cuarto de siglo. *Revista de Educación, 312,* 43-80.

Charlot, B. (1995). *Les sciences de l'éducation, un enjeu, un défi*. Paris: ESF.

Chapoulie, J-M. (1985). Préface. In Becker, H. S. *Outsiders: Études de Sociologie de la Déviance* (pp. 9-.22). Paris: Ed. A.-M. Métailié.

Chizzotti, A. (2003). A pesquisa qualitativa em ciências humanas e sociais: Evolução e desafios. *Revista Portuguesa de Educação, 16* (2), 221-236.

Coberlini, M. (2001). Paradigmas e buscas. *Cadernos de Educação, 16,* 63-71.

Cohen, L., Manion, L., & Morrison, K. (2006). *Research methods in education*. London: Routledge.

Comissão Gulbenkian (2002). Para *abrir as Ciências Sociais: Relatório da C.G. sobre a reestruturação das Ciências Sociais*. Lisboa: Publicações Europa-América.

Costa, J. (s/d). *Rorty e a psicanálise*. Disponível em http://www.cfh.ufsc.br/~wfil/Rorty2.htm

Coulon, A. (1990). *L' ethno-métodologie*. Paris: PUF.

Coulon, A. (1993) *Ethnométodologie et éducation*. Paris: PUF

Crahay, M., & Lafontaine, D. (Orgs.). (1986). *L'art et la science de l'enseignement*. Bruxelles: Editions Labour.

Cronbach, L. J. (1974). *Consistency and stability of interaction effects from classroom to classroom*. Pilot Studies. Abstract disponível em http://breakthroughs.education.illinois.edu/publications/consistency-and-stability-interaction-effects-classroom-classroom-pilot-studies.

Crusoé, N. M. C. (2004). A teoria das representações sociais de Serge Moscovici e sua importância para a pesquisa em educação. *Aprender: Caderno de Filosofia e Psicologia da Educação, 2*(2), 105-114.

Crusoé, N. M. C. (2009). *Prática pedagógica interdisciplinar na escola fundamental: Os sentidos atribuídos pelas professoras*. Tese de Doutoramento não publicada. Natal: UFRN..

Cruz, L. A. (2007). *Crítica epistemológica do feminismo*. III Jornada Internacional de Políticas Públicas. Universidade Federal do Maranhão. Acedido em dezembro 11, 2012, de http://www.joinpp.ufma.br/jornadas/joinppIII/html/Trabalhos/EixoTematicoD/57ef1026f04c70177699LINDALVA%20ALVES_CRUZ.pdf.

Day, C., Sammons, P., & Gu, Q. (2008). Combining qualitative and quantitative research on teachers' lives: From integration to synergy. *Educational Researcher, 37*(6), 330-342.

De Landsheere, G. (1986). *A investigação experimental em pedagogia*. Lisboa: Publicações Dom Quixote.

Delamont, S. (1984). *Readings on interaction in the classroom*. London: Methuen.

Denzin, N. K., & Lincoln, Y. S. (2003). Discipline and practice of qualitative research. In N. K. Denzin & Y. S. Lincoln (Orgs.), *Collecting and interpreting qualitative materials* (pp.1-45). Thousand Oaks. London, Nova Deli: Sage Publications.

Denzin, N. K., & Lincoln, Y. S. (2006). A disciplina e a prática da pesquisa qualitativa. In N. K. Denzin & Y. S. Lincoln (Orgs.), *Planejamento da pesquisa qualitativa – teoria e abordagens*. (pp. 15-41). Porto Alegre: ArtMed e Bookman.

Derrida, J. (1994). *A voz e o fenómeno*. Rio de Janeiro: Jorge Zahar.

Dionne, P.; Ouellet, G. (1990). *La communication interpersonnelle et organisationnelle: l'effet Palo Alto*. Québec: Gaetan Morin Éditeur.

Dunkin, M. J. (1986). Concepts et modèles dans l'analyse des processus d'enseignement. In M. Crahay & D. Lafontaine (Orgs.), *L'art et la science de l'enseignement*. Bruxelles: Editions Labour.

Durkheim, E. (1980). *As regras do método sociológico*. Lisboa: Editorial Presença.

Edwards, A. D. & Westgate, D. P. G. (1994). *Investigating classroom talk*. London: The Falmer Press.

Efinger, J., Maldonado, N., & Mcardle, G. (2004). PhD Students' perceptions of the relationship between philosophy and research: A qualitative investigation. *The Qualitative Report, 9*(4), 731-759.

Eisenhart, M. (2001). Changing conceptions of culture and ethnographic methodology: Recent thematic shifts and their implications for research on teaching. In V. Richardson (Ed.), *Handbook of research on teaching* (pp. 209-225). Washington, DC: American Educational Research Association.

Erickson, F. (1989). Metodos cualitativos de investigacion sobre la enseñanza. In M. Wittrock (Ed.), *La Investigación de la enseñanza* (II vol., pp. 195-301). Barcelona: Paidós-MEC.

Esteves, A. J. (1986). A investigação-ação. In A. S. Silva & J. M. Pinto (Org.), *Metodologia das ciências sociais* (pp. 251-278). Porto: Ed. Afrontamento.

Estrela, A. (1984). *Teoria e prática de observação de classes*. Lisboa: INIC.

Estrela, A. (1999). *O tempo e o lugar das ciências da educação*. Porto: Porto Editora.

Estrela, M. T. (1995). Le sujet dans la recherche qualitative: Quelques notes critiques. In *Le Sujet de l'Éducation, 1,* 97-103.

Estrela, M. T. (2002). Editorial. *Investigar em Educação, 1*(1), 9-15.

Estrela, M. T. (2007a) As ciências da educação, hoje. In J. M. Sousa (org.). *Atas do IX Congresso da SPCE. Educação para o Sucesso: Políticas e Atores* (pp.15-35). Funchal: Sociedade Portuguesa de Ciências da Educação

Estrela, M. T. (2007b). Notas sobre as possibilidades de construção de uma teoria da educação. In J. Boavida & A. Dujo (Orgs.), *Teoria da educação: Contributos ibéricos* (pp. 21-44). Coimbra: Imprensa da Universidade de Coimbra.

Évéquoz, G. (1987). *Le contexte scolaire et ses Otages*. Paris: ESF.

Évéquoz, G. (1987-88). "Analyse systémique des interactions école-famille: proposition d'un cadre théorique". *Bulletin de Psychologie,* XLI, nº 384, 365-363.

Évéquoz, G. (1989). Essai de modélization systémique d'un groupe fonctionnel: l'exemple d'une classe d'école. *Psychologie Scolaire,* 65, 7-21.

Felouzis, G. (1994). *Le collège au quotidien*. Paris: PUF.

Fernandes, M. R. (1998). A mudança de paradigma na avaliação educacional. *Educação, Sociedade & Culturas, 9,* 7-32.

Ferrarotti, F. (2007). Las historias de vida como método. *Convergência, 14*(44), 15-40.

Flanders, N. (1977). *Analisis de la interaccion didactica.* Madrid: Anaya.

Freebody, P. (2003). *Qualitative research in education: Interaction and practice.* London: Sage Publications.

Freire, I. (1990). *Disciplina e indisciplina na escola: Perspetivas de alunos e professores de uma escola secundária.* Tese de Mestrado não publicada. Lisboa: Universidade de Lisboa, FPCE.

Freire, P. (1997). *Pedagogia da autonomia: Saberes necessários à prática educativa.* São Paulo: Paz e Terra.

Freire, P. (2001). *Pedagogia dos sonhos possíveis.* S. Paulo: UNESP.

Gadamer, H-G. (1997). *Verdade e método.* Petrópolis: Editorial Vozes.

Gadamer, H-G. (1998). *O problema da consciência histórica.* Lisboa: Estratégias Criativas.

Garfinkel, H. (1967). *Studies in Ethnomethodology.* Englewood Cliffs, NJ: Prentice-Hall

Gage, N. (1963). *Handbook or research on teaching.* Chicago: Rand McNally.

Geertz, C. (1986). *Savoir local, savoir global: Lieux du Savoir.* Paris: PUF.

Geertz, C. (1989). *A interpretação das Culturas.* Rio de Janeiro: LTC Editora

Giddens, A. (1996). *Novas regras do método sociológico.* Lisboa: Gradiva.

Gil, F. (2000). Representar. In R. Romano (Dir.) *Enciclopédia Einaudi*, Vol. 41: Conhecimento (pp. 11-51) Lisboa: Imprensa Nacional - Casa da Moeda

Gilly, M. (1980). *Maître-élève: Rôles institutionelles et representations*. Paris: PUF.

Gilly, M. (1989). Les représentations sociales dans le champ educatif. In D. Jodelet (Ed.), *Les représentations sociales*. Paris. PUF.

Gimeno Sacristan, J. G., & Perez Gomez, A. P. (Ed.). (1989). *La enseñanza: Su teoria y su pratica* (pp.148-165). Madrid: Akal.

Giroux, H. (1986). *Teoria crítica e resistência em educação*. Petrópolis: Ed. Vozes.

Glaser, B., & Strauss, A. (1967). *Discovery of grounded theory: Strategies for Qualitative Research*. Chicago: Aldine Publishing Co.

Goffman, E. (1974). *Les rites d'interaction*. Paris: Les Ed. de Minuit.

Goffman, E. (1988). *Estigma*. Rio de Janeiro: Editora Guanabara.

Goffman, E. (1993). *A apresentação do eu na vida de todos os dias*. Lisboa: Relógio d'Água.

Gomes, R. (1993). *Cultura de escola e identidade dos professores*. Lisboa: Educa

Gondra, J. G. (2005). Paul-Michel Foucault: Uma caixa de ferramentas para a história da educação? In L. M. Faria Filho (Org.), *Pensadores sociais e história da educação* (pp. 285-309). Belo Horizonte: Autêntica.

Gorard, S., & Taylor, C. (2004). *Combining methods in educational and social research*. Berkshire: Open University Press.

Guba, E. (1989). Criterios de credibilidad en la investigación naturalista. In Gimeno Sacristan & Perez Gomez (Eds.), *La enseñanza: Su teoria y su pratica* (pp.148-165). Madrid: Akal.

Guba, E., & Lincoln, Y. (1994). Competing paradigms in qualitative research. In N. K. Denzin & Y. Lincoln (Eds.), *Handbook of qualitative research* (pp. 105-117). California: Sage.

Guerrero López, J. F. (1991). *Introducción a la investigación etnográfica en educación especial*. Salamanca: Ediciones Amarú.

Gumperz, J. J. (1988). La sociolinguistica interaccional en el estudio de la escolarizacion. In J. Cook-Gumperz (Ed.), *La construcción social de la alfabetización* (pp. 61-83). Barcelona: Paidós-MEC.

Habermas, J. (1982). *Conhecimento e interesse*. Rio de Janeiro: Zahar Editores.

Hamel, J. (1992). La méthode de cas en sociologie et en anthropologie. *Revue de l'Institut de Sociologie, 1-4,* 215-240.

Hammersley, M. (1976). The mobilization of pupil attention. In M. Hammersley & P. Woods (Eds.). *The process of schooling* (pp. 104-115). London: Routledge.

Hammersley, M. (1989). *The dilemma of qualitative method: Herbert Blumer and the Chicago Tradition*. London: Routledge.

Hammersley, M. (2008). Assessing validity in social research. In P. Alasuutari et al. (Ed.), *The Sage handbook of social research methods* (pp. 42-53). London: Sage Publications.

Hargreaves, D. (1972). *Interpersonal relations and education*. London: Routledge and Kegan Paul.

Have, P. T. (2008). Ethnometodology. In C. Seale, G. Gobo, J. Gubrium & D. Silverman (Eds.), *Qualitative research practice* (pp. 139-152). London: Sage Publications.

Herpin, N. (1982). *A sociologia americana*. Porto: Ed. Afrontamento.

Howe, K. (2001). Qualitative educational research: The philosophical issues. In V. Richardson (Ed.), *Handbook of Research on Teaching* (4ª ed.) (pp. 201-208). Washington: American Educational Research Association.

Husserl, E. (1965). *A Filosofia como Ciência de Rigor*. Coimbra: Atlântida

Jackson, P. (1968). *Life in classrooms*. Nova York: Teachers College/Columbia University.

Jacob, E. (1987). Qualitative research traditions: A review. *Review of Educational Research, 57,* 1-50.

Jodelet, D. (1989). Représentations sociales: Un domaine en expansion. In D. Jodelet (Ed.), *Les représentations sociales* (pp. 47-78). Paris: PUF.

Johal, G. S., & Dei, G. J. (2008). *Metodologias de investigação antirracista: Questões críticas*. Mangualde: Edições Pedagogo.

Kendon, A. (1990). *Conducting interaction: Patterns of behavior in focused encounters*. Cambridge: Cambridge University Press.

Knoblauch, H., Flick, U., & Maeder, C. (2005). Qualitative methods in Europe: The variety of social research. FQS: *Forum Qualitative Social Research*, Vol. 6 (3), Art. 34. Acessível em http://www.qualitative-research.net/index.php/fqs/article/view/3/7

Kounin, J. (1977). *Discipline and group management in classrooms*. New York: Robert E. Krieger Publishing Company.

Kuhn, T. (1989). *A tensão essencial*. Lisboa: Edições 70.

Kuhn, T. (2009). *A Estrutura das revoluções científicas*. Lisboa: Guerra e Paz.

Lakatos, I. (1998). *História da ciência e suas reconstruções*. Lisboa: Edições 70.

Lakatos, I. (1999). *Falsificação e metodologia dos programas de investigação científica*. Lisboa: Edições 70.

Landmann, M. (1977). Introdução. In T. Zoltan, *A escola de Francoforte* (pp. 11-20). Lisboa: Edições 70.

Lapassade, G. (1991). *L' ethno-sociologie*. Paris: Meridiens Klincksieck.

Lapassade, G. (1994). Court traité de microsociologie. *Pratiques de Formation/ Analyses, 28,* pp. 27-60

Lather, P. (2001). Validity as an incitement to discourse: Qualitative research and the crisis of legitimation. In V. Richardson (Ed.), *Handbook of Research on Teaching* (pp.241-250). Washington, DC: American Educational Research Association.

Laverty, S. M. (2003). Hermeneutic phenomenology and phenomenology: A comparison of historical and methodological considerations. *International Journal of Qualitative Methods, 2*(3). Acedido em dezembro 3, 2012, de http: //www.ualberta.ca/~iiqm/backissues/2-3finalpdf/laverty.pdf

Lawn, C. (2007). *Compreender Gadamer*. Petrópolis: Editora Vozes.

Lodico, M., Spaulding, D., & Voeggtle, K. (2006). *Methods in educational research: From theory to practice*. San Francisco: Jossey-Bass.

Lyotard, J. F. (2008). *A fenomenologia*. Lisboa: Edições 70.

Maia, L. S. (2001). O que há de concreto no ensino de matemática? *Revista Zetetiké, 9* (15/16), 77-98

Malinowski, B. (1997). Os argonautas do pacífico ocidental. *Ethnologia, 6-8,* 17-38.

Marc, E., & Picard, D. (s/d). *A interação social*. Porto: RES.

Marsh, P., Rosser, E., & Harré, R. (1980). *The rules of disorder*. London: Routledge.

Marx, K. (1971). *Os manuscritos económico-filosóficos*. Porto: Brasília Editora.

McLaren, P. (1992). *Rituais na escola*. Petrópolis: Editorial Vozes.

McLaren, P. (2007). *Pedagogia crítica contra o império*. Mangualde: Edições Pedago.

Mead, G. (1934). *Mind, self, and society*. Chicago: University of Chicago Press

Mead, G. (1973). *Espíritu, persona e sociedad*. Barcelona: Paidós.

Mehan, H. (1978). Structuring school structure. *Harward Educational Review, 48*(1), 32-64.

Meksenas, P. (2005). A realidade e a verdade nas tramas do fazer a pesquisa social. *Revista Educação em Questão, 24*(10), 68-90.

Meksenas, P. (2008). Ideologia, intelectuais e dogmatismo na ciência. In L. Bianchetti & P. Meksenas (Orgs.), *A trama do conhecimento: Teoria, método e escrita em ciência e pesquisa* (pp. 57-72). São Paulo: Papirus Editora.

Melich, J. C. (1996). *Antropologia simbólica e ación educativa*. Paidós: Barcelona.

Mialaret, G. (1999). *As Ciências da Educação*. Lisboa: Livros e Leituras.

Moigne, J-L. (1999). *O construtivismo – Dos fundamentos* (vol. I). Lisboa: Instituto Piaget.

Montandon, C. & Perrenoud, P. (1978). *Entre parents et enseignants: un dialogue impossible?* Berne. Peter Lang.

Moraes, M. C. (2001). Recuo da teoria: Dilemas na pesquisa em educação. *Revista Portuguesa de Educação, 14*(1), 7-25.

Morgado, J. C. (2012). *O estudo de caso na investigação em educação*. Santo Tirso: De Facto Editores.

Morin, E. (1994). *Ciência com consciência*. Lisboa. Publicações Europa-América.

Morin, E. (1995). *Introdução ao pensamento complexo*. Lisboa: Publicações Europa-América.

Morin, E. (1996). *O problema epistemológico da complexidade*. Lisboa: Publicações Europa-América.

Morin, E. (2000). *Os sete saberes necessários à educação do futuro*. S. Paulo: Cortez Editora.

Morin, E. (2007). *Prefácio*. In Fortina, R. 'Compreender a Complexidade'. Lisboa: Instituto Piaget

Moscovici, S. (1978). *La psychanalyse, son image et son public*. Paris: PUF.

Nóvoa, A. (1991). As Ciências da Educação e os processos de Mudança. In Vários (Org.), *Ciências da educação e mudança* (pp. 17-67). Lisboa. SPCE.

Nunes, C. P., & Ribeiro, M. G. (2008). A epistemologia qualitativa e a produção de sentidos na formação docente. In C. P. Nunes, J. J. S. R. Santos & N. C. Crusoé (Orgs.), *Itinerários de Pesquisa* (pp. 243-261). Passo Fundo: Editora da Universidade de Passo Fundo.

Ogbu, J. (1974). *Learning in burgherside: The ethnography of education*. In G. M. Foster & V. Kemper (Ed.), Anthropologists in the city. Boston: Little Brown.

Oltramari, L. C. (2005). Contribuições da fenomenologia de Alfredo Schütz para as pesquisas sobre AIDS: Considerações epistemológicas e metodológicas. *Inter-Thesis, 2*(2), 1-14. Acedido em agosto 18, 2008, de http://www.google.pt/search?hl=pt-PT&q=Oltramari+o+HIV&btnG=Pesquisar&meta=.

Palazzoli, M. (1984). *Dans les coulisses de l'organisation*. Paris, ESF.

Palnner, R. (1986). *Hermenêutica*. Lisboa: Edições 70.

Perret-Clermont, A., & Carugati, F. (2004). Des psychologues sociaux étudient l'apprentissage. In G. Chatelanat, C. Moro & M. Saada-Robert, (Ed.), *Unité et pluralité des sciences de l'éducation: Sondages au coeur de la recherche* (pp. 159-183). Berne: Perter Lang.

Philips, D. C., & Burbules, N. C. (2000). *Postpositivism and educational research*. Boston: Rowman & Littlefield Publishers.

Philonenko, A. (1976). A escola de Marburgo. In F. Châtelet, (Ed.), *A filosofia do mundo científico e industrial: História da filosofia* (Vol. 6, pp. 169-187). Lisboa: Publicações D. Quixote.

Pinheiro, B. M. (2007). Sobre o mundo da quotidianiedade em Alfredo Schütz. In M. J. Cantista (Orgs.), *Desenvolvimentos da fenomenologia na contemporaneidade* (pp. 87--140). Porto: Campo das Letras.

Pocztar, J. (1989). *Analyse systémique de l'éducation*. Paris. ESF.

Popkewitz, T. (1984). *Paradigm and ideology in educational research: The social functions of the intellectual*. London: Falmer Press.

Popkewitz, T. (1990). Whose future? Whose past? Notes on critical theory and methodology. In E. Guba (Ed.), *The paradigm dialog* (pp. 46-66). London: Sage Publications.

Popper, K. (1998). *Los problemas fundamentales de la epistemología*. Madrid: Ed. Tecnhos.

Popper, K. (2003). *Conjeturas e refutações: O desenvolvimento do conhecimento científico*. Coimbra: Livraria Almedina.

Pourtois, J-P., & Desmet, H. (1988). *Épistémologie et instrumentation en sciences humaines*. Liege/Bruxelles: Pierre Mardaga Editeur.

Pring, R. (2000). *Philosophy of educational research*. London: Continuum.

Queiroz, D. M. (2010). *A avaliação como acompanhamento sistémico da aprendizagem: Uma experiencia de investigação-ação colaborativa no ensino fundamental*. Coimbra: Universidade de Coimbra.

Queiroz, J. M., & Ziolkowski, M., L. (1997). *L' interactionnisme symbolique*. Rennes: P.U.R.

Queiroz, M. I. (2001). Problemas na proposição de pesquisas em ciências sociais. In A. B. Lang (Org.), *Desafios da pesquisa em ciências sociais* (pp. 15-29). São Paulo: Centro de Estudos Rurais e Urbanos – NAP-CERU.

Relvas, A. (2006). *O ciclo vital da família. Perspetiva sistémica*. Porto: Editora Afrontamento.

Relvas, A. & Alarcão, M. (1989). Quando uma comunicação se torna intervenção. *Revista Portuguesa de Pedagogia*, Coimbra, Faculdade de Psicologia e Ciências da Educação, Ano XXIII, 425-437.

Ricoeur, P. (1996). *Teoria da interpretação*. Lisboa: Edições 70.

Rorty, R. (1994). *Contingência, ironia e solidariedade*. Lisboa: Presença.

Rosenthal, R., & Jacobson, L. (1971). *Pygmalion à l'école*. Paris: Casterman.

Rowbottom, D. P., & Aiston, S. J. (2006). The myth of "scientific method". *Journal of Philosophy of Education*, 40(2), 137-156.

Sacristan, J. G., & Gomez, A. P. (1995). *Comprender y transformar la enseñanza*. Madrid: Morata.

Sanchez Blanco, C. (1997). Dilemas éticos de la investigación educativa. *Revista de Educación, 312,* 271-280.

Santos, D. (1973). *Obras completas – II: Da filosofia. Do homem*. Lisboa: Fundação Calouste Gulbenkian.

Schnapper, D. (2000). *A compreensão sociológica*. Lisboa: Gradita.

Schütz, A. (1993). *La construcción significativa del mundo social*. Barcelona: Paidós.

Shannon, C. E. & Weaver, W. (1949). *The mattematical theory of communication*. Urbana: University of Illinois.

Shulman, L. (1989). Paradigmas y programas de investigación en el estudio de la enseñanza: Una perspetiva contemporanea. In M. Wittrock (Ed.), *La investigación de la enseñanza* (Vol. I, pp. 9-91). Barcelona: Paidós-MEC.

Silva, P., Gomes, P. B., Graça, A., & Queirós, P. (2005). Acerca do debate metodológico na investigação feminista. *Revista Portuguesa de Ciências do Desporto*, 5(3), 358-370.

Silverman, D. (1997). *Interpreting qualitative data*: London: Sage Publications.

Simões, A. (2007). O que é a educação? In A. C. Fonseca, M. J. Seabra-Santos & M. F. Gaspar (Eds.), *Psicologia e educação: Novos e velhos temas* (pp. 31-52). Coimbra: Edições Almedina.

Sousa, J. M. (2000). *O professor como pessoa*. Porto: Edições ASA.

Spindler, G., & Spindler, L. (1982). Roger Harker and Schonhausen: From the familiar to the strange and back again. In G. Spindler (Ed.), *Doing the ethnography of schooling - Educational anthropology in action* (pp. 20-46). New York: Holt, Rinehart & Winston.

Sprinthall, N. & Sprinthall, R. (2000). *Psicologia educacional. Uma abordagem desenvolvimentista*. Lisboa: McGraw-Hill.

Stake, R. (2007). *A arte da investigação com estudos de caso*. Lisboa: Fundação Calouste Gulbenkian).

Stokes, G. (2000). *Popper: Filosofia, política e método científico*. Lisboa: Temas e Debates.

Tar, Z. (1977). *A escola de Francoforte*. Lisboa: Edições 70.

Thines, G., & Lempereur, A (Org.) (1984). *Dicionário geral das ciências humanas*. Lisboa: Edições 70.

Trognon, A. (1994). Theories et modèles de la construction interactive. In Trognon, A., Dausendschon-Gay, Krafft & Ribone (Eds.), *La construction interactive du quotidien* (pp. 7-52). Nancy: Presses Universitaires de Nancy.

Unesco (1970). *O educador e a abordagem sistémica*. Lisboa: Estampa.

Unger, M. P. (2005). Intersubjectivity, hermeneutics, and the production of knowledge in qualitative mennonite scholarship. *International Journal of Qualitative Methods*, 4(3). Acedido em agosto 13, 2008, de http://www.ualberta.ca/~iiqm/ backissues/4_3/html/unger.htm.

Vieira, C. C. (1995a). *Investigação quantitativa e investigação qualitativa: Uma abordagem comparativa*. Provas de Aptidão Pedagógica e Capacidade Científica. Coimbra: Universidade de Coimbra, FPCE.

Vieira, C. C. (1995b). *A investigação participativa. Uma investigação com (pelas) pessoas e não sobre (com) as pessoas*. Provas de Aptidão Pedagógica e Capacidade Científica. Coimbra: Universidade de Coimbra, FPCE.

Vieira, C. (1999). A credibilidade da investigação científica de natureza qualitativa: Questões relativas à sua fidelidade e validade. *Revista Portuguesa de Pedagogia*, XXXIII(2), 89-116.

Waller, W. (1961). *The sociology of teaching*. New York: Russell and Russell.

Watzlawick, P., Beavin,J., Jackson, D. (2000). *Pragmática da comunicação humana: Um estudo dos padrões, patologias e paradoxos da interação*. S. Paulo: Cultrix.

Wolcott, H. (1967). *A kwakiutl villaje and school*. New York: Holt, Rinehart & Winston.

Woods, P. (1979). *The divided school*. London: Routledge and Kegan Paul.

Woods, P. (1999). *Investigar a arte de ensinar*. Porto: Porto Editora.

Woolfolk, A. E. & Galloway, M. (1985). Nonverbal communication and the study of teaching. *Theory Into Practice*. 24, 1, 77-84

Zabalza, M. (1994). *Diários de aula: Contributos para o estudo dos dilemas práticos dos professores*. Porto: Porto Editora.

Zabalza, M. (1997). *Planificação e desenvolvimento curricular na escola*. Lisboa: Edições Asa.

IIª PARTE
ESTRATÉGIAS GERAIS DE INVESTIGAÇÃO: NATUREZA E FUNDAMENTOS

Um vizinho encontrou Nasruddin ajoelhado procurando alguma coisa.
— *que coisa está você buscando, Mullah?*
— *Minha chave perdida.*
E puseram-se, então, os dois de joelhos, a procurar a chave; e, depois de algum tempo:

— *Onde foi que a perdeu?* – disse o vizinho.
— *Na minha casa.*
— *Mas, Santo Deus, então porque procura aqui?*
— *Porque há mais luz aqui!*

Mello, A. (1982:37)

Faremos, nos diferentes tópicos desta parte do manual, uma breve introdução a quatro grandes estratégias da investigação qualitativa: os estudos de caso, a investigação etnográfica, os estudos (auto)biográficos e a investigação-ação.

Alertamos desde já para o facto de a investigação qualitativa se caracterizar por estratégias e metodologias diversas (em grande parte devido à variedade de fundamentos); portanto, nem todos os estudos de natureza qualitativa coincidem com uma das estratégias que vamos desenvolver; não só haverá outras, como estas mesmas se combinarão de modo a dar origem a formas híbridas. Tal como afirmam Denzin e Lincoln (2003:9), "a investigação qualitativa, como um conjunto de atividades interpretativas, não privilegia qualquer prática metodológica em relação a outra". Ou, ainda, como sustentam Nunes e Ribeiro (2008:244), "o pesquisador, por meio de sua reflexão e das decisões permanentes que deve tomar, é responsável pelos rumos seguidos no processo de construção do conhecimento", não havendo, pois, uma sequência rígida de procedimentos a serem obrigatoriamente executados.

Por outro lado, há estudos de natureza exploratória, recorrendo de preferência a diversas modalidades de entrevista, a realizar sobre uma 'amostra' não estatística de sujeitos[51] (que têm em comum determinada particularidade ou experiência de vida, sendo por isso socialmente representativos) dando-se origem, assim, a uma estratégia simplificada[52], que designamos por 'descritivo-interpretativa', ficando aquém das quatro estratégias que iremos descrever. Não se tratará propriamente de estudos de caso, por lhes faltar uma verdadeira e necessária contextualização; nem se tratará de estudo biográfico, por se limitar a aspectos muito circunscritos da experiência de vida dos sujeitos entrevistados; contudo, nestes estudos descritivo-interpretativos está sempre presente a preocupação por descrever padrões e características de uma dada população ou área de interesse.

O objetivo geral nesta parte é dar a conhecer as linhas gerais das quatro estratégias referidas, nos seus fundamentos, objetivos e procedimentos, bem como acentuar a ideia de que a opção por uma ou outra se fará em função da natureza da realidade em análise e do problema ou questão

---

[51] Torna-se problemático, em investigação qualitativa, falar de 'amostra' precisamente porque o termo implica a possibilidade de 'generalizar'. Acrescentar que se trata de uma 'amostra não estatística' evidencia esse propósito de não generalizar. Contudo, pensamos que o termo só deveria ser empregue quando se trata de um número relativamente elevado de sujeitos a investigar. Em números relativamente baixos (10 ou menos), deverá evitar-se a designação de amostra e em seu lugar utilizar expressões como sujeitos ou unidades de investigação; 'casos' não são amostra. Sobre o tema da generalização confira-se adiante, alínea II -1.5, e alínea V-1.1.2.

[52] Damos aqui o sentido de 'estratégia de investigação' ao que alguns designam simplesmente por 'metodologia'; neste caso, por estratégia ou metodologia podemos entender 'a maneira de orientar a compreensão e a investigação num determinado campo científico, de modo que o conhecimento venha a partir de dados obtidos pela experiência' (Queiroz, 2001:15). Dito de outro modo, e acompanhando Esteves (1986:235), podemos definir metodologia como: "um corpo misto de conhecimentos onde se interligam, para além das técnicas próprias de uma disciplina científica ou apropriáveis por ela, elementos teóricos e metodológicos subjacentes quer àquelas quer à prática no seu conjunto de investigação disciplinar, de modo a traçar a lógica de aproximação à realidade".

que se pretende investigar. Portanto, o que pode levar a optar por uma determinada metodologia, não é uma razão de caráter meramente pragmático (como a preferência do investigador por esta ou aquela técnica ou procedimento, ou, simplesmente 'porque há mais luz cá fora!' como na 'estória' da epígrafe[53]), mas, sim, a ponderação da natureza 'objetiva' ou 'subjetiva' do objeto a investigar (critérios epistemológicos e teóricos), do acervo de dados empíricos a construir e dos propósitos heurísticos que pretendemos alcançar com a pesquisa.

Antes, pois, de avançar, o investigador tem de começar por formular o problema a estudar. Quivy e Campenhoudt (1998:34) consideram que "a pergunta de partida constitui, normalmente, um primeiro meio para pôr em prática uma das dimensões essenciais do processo científico: a rutura com os preconceitos e as noções prévias". Isto é tão importante, que Silva e Pinto (1986:11) chegam a considerar que *fazer ciência* é, em primeiro lugar, "definir racionalmente a um nível variável de generalidade, *problemas* suscetíveis de resolução, através de uma atividade de pesquisa". Mas a função mais imediata e pragmática da formulação do problema é a de explicitar o que se pretende aprender ou entender, e ajudar a estruturar as linhas mestras da estratégia a seguir.

O modo como se formula o problema é, pois, fundamental para se desenhar o caminho que se há de tomar em termos de metodologia de pesquisa. Na investigação qualitativa, a problemática centra-se na decifração do "significado dos fenómenos" para os sujeitos investigados; a descrição e a frequência destes fenómenos poderão apenas ser um caminho para se chegar àqueles 'significados', geralmente expressos em conceitos e metáforas.

Assegurada a definição do problema e avaliada a sua natureza 'ontológica' – isto é, tendo-se verificado que se trata de uma realidade caracterizada pela dimensão subjetiva, traduzida em 'significações', 'interpretações', 'representações', 'emoções', etc.[54] – chegou o momento de desenhar um projeto de investigação que passa pela seleção de uma

---

[53] Bourdieu (1975, cit. por Follari, 2008:77) utiliza uma 'estória' semelhante para explicar, igualmente, que os métodos mais seguros não são os únicos válidos.

[54] Cf. o que dissemos acima, por exemplo, no cap. I-1.2.2.

estratégia ampla e pela escolha de diversas técnicas de recolha e análise de dados que lhe darão concretização – privilegiam-se, neste sentido, processos flexíveis de recolha de dados (entrevistas, observação participante, etc.) e análises indutivas feitas sem preocupação por generalizar – mas sempre numa atitude de quem procura combinar flexibilidade com sistematicidade, rigor, pertinência e exequibilidade.

É com o objetivo de tornar mais consciente e adequada a escolha dessa estratégia que avançamos nesta parte da obra com orientações a propósito das quatro estratégias acima referidas. Começaremos pelo estudo de caso na medida em que, como veremos, esta estratégia se cruza com qualquer uma das que vamos desenvolver nos capítulos seguintes (etnografia, auto-biografia, investigação-ação); com efeito, em cada uma destas estratégias o que está prioritariamente em causa é constituído sempre por um ou mais 'casos', sejam eles indivíduos isolados, grupos, instituições, projetos e outras situações, com vista a serem estudados por si mesmo e compreendidos no seu contexto, ainda que, como diz Morgado (2012:56) "podendo posteriormente encetar comparações com outros casos e formular determinadas generalizações».

João Amado & Isabel Freire
Universidade de Coimbra – Universidade de Lisboa

II - 1. ESTUDO DE CASO NA INVESTIGAÇÃO EM EDUCAÇÃO

Os estudos de caso podem tomar múltiplas formas e finalidades. O seu uso não se circunscreve à investigação, como é o caso dos estudos de caso designados de educativos ou formativos, muito utilizados no ensino do Direito e da Economia (Blomeyer e Martin, cit. por Stake, 2007:11), na formação de professores (Marcelo e Parrilla, 1991), ou dos estudos de caso avaliativos (Gall, Gall e Borg, 2007; Stake, 2007; Stenhouse, 1994).

Os estudos de caso de investigação, o objeto do presente capítulo, podem ser de natureza quantitativa, de natureza fenomenológica e interpretativa, ou mista (os que conciliam o uso de técnicas e instrumentos próprios das abordagens qualitativas e quantitativas).

A sistematização e divulgação do método do estudo de caso tiveram origem na investigação de natureza qualitativa empreendida pelos sociólogos pioneiros da Escola de Chicago, focados na investigação de grupos ou de comunidades socialmente desfavorecidas, na sua maior parte imigrantes. Na sua origem o estudo de caso, como abordagem qualitativa do social, surge da vontade de conciliar interesses de natureza investigativa e política, como aconteceu com outros tipos de abordagens qualitativas, designadamente a etnográfica e a biográfica e, mais tarde, a investigação-ação.

Também Freud e Piaget basearam, empiricamente, as suas teorias em estudos de caso, utilizando observações naturalistas e entrevistas em profundidade.

Todavia, durante grande parte do século XX conheceu-se uma forte hegemonia do positivismo, embora com avanços e recuos assinaláveis. Concordamos com Stenhouse (1994:49) quando afirma "o estudo de caso pode ser visto como uma resposta à necessidade de retorno à verdadeira observação naturalista, ou como uma reação contra a epistemologia positivista implícita no paradigma psicoestatístico".

O estudo de caso pode consistir no estudo de um indivíduo, de um acontecimento, de uma organização, de um programa ou reforma, de mudanças ocorridas numa região, etc. São estudos que admitem uma grande multiplicidade de abordagens metodológicas, aspeto que iremos aprofundar mais adiante. Embora se reconheça como menos ortodoxo, estes estudos também assumem orientações epistemológicas diversas. Podem ser apenas uma tentativa de exploração de um determinado fenómeno (exploratórios), assumir um caráter meramente descritivo, situar-se numa perspetiva fenomenológica (interpretativos) ou, pelo contrário, buscar a explicação dos factos (explicativos; quasi-experimentais). Podem, ainda, ser estudos que visam a transformação de uma determinada realidade (de investigação-ação). Tal ecletismo e plasticidade exige, antes de mais, uma clarificação do conceito de estudo de caso, o que faremos seguidamente. No presente texto daremos especial atenção aos estudos de caso apoiados numa perspetiva naturalista e fenomenológica.

II -1.1. Características dos estudos de caso

É bastante frequente encontrar a designação de estudo de caso em trabalhos de investigação em educação (mormente em dissertações de mestrado e teses de doutoramento). Por vezes, a análise das opções metodológicas e do desenho de investigação revela que não são consentâneos com a natureza de um estudo de caso de investigação, como seria de esperar. Noutras circunstâncias observa-se o inverso, isto é, trabalhos que sendo verdadeiros estudos de caso, não se assumem como tal.

O estudo de caso é encarado por alguns críticos como investigação *soft,* destinada a investigadores principiantes, por ser considerada mais fácil que investigações de outra natureza. Chega mesmo a ser vista como investigação menor, ou indicada simplesmente para fases exploratórias de estudos experimentais ou de *survey*. Estas opiniões são, em parte, fruto do predomínio nas ciências sociais, durante muito tempo, da investigação hipotético dedutiva e de abordagem quantitativa pura, assente sobre critérios de credibilidade e de validade estritos, não aplicáveis aos estudos de caso. Também a falta de rigor científico de trabalhos que se dizem de estudo de caso tem contribuído para este descrédito.

Nos últimos anos regista-se, contudo, uma tendência de maior credibilização dos estudos de caso, fruto da afirmação crescente de outros paradigmas de investigação. Atualmente, na investigação social e na educação, em particular, estamos face a um quadro de expansão das abordagens mistas (Gall et al., 2007) e de credibilização das abordagens interpretativas e críticas, a par de uma cada vez maior integração das teorias ecológica e sistémica para a compreensão dos fenómenos sociais, o que vem também reforçar a credibilidade dos estudos de caso que, pela sua natureza holística, tendem a refletir a complexidade dos fenómenos que estudam.

Neste quadro de progressiva hegemonia de novas epistemologias e de novos paradigmas, reconhece-se o contributo dos estudos de caso para a construção do conhecimento contextualizado e valorizam-se as qualidades exigidas aos investigadores que o fazem (Morgado, 2013). Já em 1989, Yin afirmava, "atualmente, as exigências intelectuais e emocionais do investigador para o estudo de caso são, de longe, muito maiores do que para as outras estratégias de investigação" (pp. 62-63). E o autor enumerava algumas competências básicas requeridas ao investigador que se dedique ao estudo de caso, que julgamos continuar a ser relevante sublinhar:

- saber formular boas perguntas e interpretar as respostas;
- ser um bom ouvinte e não ser traído pelas suas próprias ideologias ou preconceitos;
- ser adaptável e flexível, e conseguir ver as situações inesperadas como oportunidades e não como ameaças;
- ter uma boa capacidade de 'agarrar' os aspetos que estão a ser estudados; esta capacidade reduz os dados relevantes e a informação toma proporções geríveis;
- não ser influenciado por preconceitos, incluindo os que derivam da teoria.

O que caracteriza então um estudo de caso e, de algum modo, o distingue de outros métodos ou estratégias de investigação?

Gall e colaboradores (2007:447) definem "estudo de caso de investigação como um estudo em profundidade de um ou mais exemplos de um fenómeno no seu contexto natural, que reflete a perspetiva dos participantes nele envolvidos".

Um dos aspetos que os estudos de caso têm em comum é a dedicação ao conhecimento e descrição do idiossincrático e específico como legítimo em si mesmo, logo o investigador não está preocupado com a generalização (Walker, 1993). No dizer das autoras brasileiras Ludke e André (1986:17), "quando queremos estudar algo singular, que tenha um valor em si mesmo, devemos escolher o *estudo de caso*". Nos estudos de caso de investigação, a intenção do investigador vai para além do conhecimento desse valor intrínseco do caso, visando concetualizar, comparar, construir hipóteses ou mesmo teorizar; contudo, o ponto de partida desses processos é a compreensão das particularidades do caso ou dos casos em estudo. Os seus objetivos estão associados frequentemente "à exploração e tentativa de descobrir problemáticas novas, de renovar perspetivas existentes e de sugerir hipóteses profundas" (Hamel, 1998:121).

Pretende-se, assim, "preservar e compreender o '*caso*' no seu todo e na sua unicidade, razão porque alguns autores (...) preferem a expressão estratégia à de metodologia de investigação" (Coutinho e Chaves, 2002:223). Também Stake (2007:11) sublinha a ideia de que se espera "que um estudo de caso consiga captar a complexidade de um caso único". Ao estudar um determinado fenómeno naquele contexto específico, numa perspetiva holística, o investigador esforça-se, ao mesmo tempo, por refletir a peculiaridade do caso e por transmitir uma imagem complexa, vivida e única do mesmo (Morgado, 2013; Marcelo e Parrilla, 1991).

O investigador que opta por esta estratégia de investigação, especialmente se está pouco familiarizado com a mesma ou se é um jovem investigador, defronta-se muitas vezes com uma primeira dificuldade – a definição do caso –, isto é, a demarcação clara e precisa das suas fronteiras. O caso caracteriza-se pela sua delimitação natural ou integridade fenomenológica, ou seja, a unidade de estudo na sua origem e evolução deve mostrar uma certa estabilidade interna (Marcelo e Parrilla, 1991) e deve ser reconhecida como tal pelos membros que a constituem (uma turma, uma escola, um programa, um projeto, uma comunidade, uma mudança, etc.).

A par da definição do caso e das subunidades de análise que o investigador irá privilegiar, este necessita ainda de clarificar o fenómeno que pretende estudar e de eleger o foco e as questões norteadoras da sua investigação. Qualquer fenómeno apresenta múltiplos aspetos e o investigador precisa de selecionar aquele ou aqueles sobre os quais se concentrará na recolha e análise de dados, de modo a compreender as interações entre o fenómeno em estudo com os seus contextos, como é sublinhado por autores como Yin (1989), Hamel (1998), Merriam (2002) e Stake (2007). A tomada destas decisões, apoiar-se-á naturalmente na base teórica e nas proposições de investigação de que parte, que poderão ser reequacionadas à medida que os resultados da análise de dados o venham a exigir (Gall et al., 2007). Assumir uma perspetiva holística não significa que se pretenda estudar o caso na sua totalidade. Selecionado e clarificado o objeto de estudo, este será observado e analisado na sua complexidade, de forma contextualizada e dinâmica, recorrendo a múltiplas fontes e a múltiplas técnicas de forma a captar os diferentes olhares que traduzem essa mesma complexidade. A definição de estudo de caso proposta por Yin (1989) ilustra bem estas particularidades que distinguem o estudo de caso de outras abordagens metodológicas: "o estudo de caso é uma investigação empírica que investiga um fenómeno contemporâneo dentro de um contexto de vida real, quando as fronteiras entre o fenómeno e o contexto não são claramente evidentes, e no qual são utilizadas múltiplas fontes de evidência" (p. 23).

Um outro aspeto que caracteriza os estudos de caso é, como já dissemos, o ecletismo metodológico. Embora a abordagem qualitativa e interpretativa seja fulcral neste tipo de investigação, o contraste não se faz entre qualitativo e o quantitativo, pelo contrário, o verdadeiro contraste faz-se "entre amostras e casos" (Stenhouse, 1994:52). Entenda-se aqui 'amostra' em sentido estatístico e probabilístico, que integra a ideia de representatividade de uma amostra em relação a uma população. Este aspeto não preocupa o investigador de estudo de caso, uma vez que não pretende chegar à generalização mas às particularidades do caso ou dos casos. Para estudar o caso o investigador pode ter que recorrer a técnicas quantitativas em complemento das técnicas qualitativas.

A grande orientação do estudo de caso, segundo Yin (1989:30 e ss) não é saber *o quê* e o *quanto*, mas o *como e o porquê*; verifica-se, assim, que *a forma de uma questão* que se coloca é determinante do objeto e da estratégia de estudo que deverá ser adotada.

Seja qual for a finalidade e o enquadramento epistemológico, o estudo de caso investigativo "será necessariamente sistemático, detalhado, intensivo, em profundidade e interativo" (Freire, 2001:153).

II -1.2. A escolha de 'casos' relevantes e modalidades do seu estudo

Antes de tomar decisões sobre o caso a eleger como objeto de pesquisa, o investigador tem de definir a problemática e de esclarecer o enquadramento teórico que lhe servirá de base. Estas são componentes fundamentais para o planeamento e condução de qualquer investigação. O primeiro passo na planificação de um estudo de caso é a identificação de um problema e das questões de investigação. É com base nelas que o investigador seleciona o caso ou os casos e respetivas subunidades de análise (Gall et al., 2007; Yin, 1989). Só então as reflexões que se seguem têm pertinência. Vejamos, pois: como se constrói e se confere estatuto a um caso? De outro modo, o que é um caso de estudo?

Antes de mais, a escolha do caso ou dos casos depende das finalidades do estudo, do tipo e da modalidade de estudo de caso que se pretende realizar. Neste sentido, Stake (2007) fala de dois critérios para a escolha de um *caso*:

– *O estudo intrínseco*. Nem sempre se verifica uma verdadeira escolha do/s caso/s, ou seja, o investigador é chamado a realizar um estudo sobre o caso solicitado por determinada organização ou entidade. "O caso está dado. Estamos interessados nele, não apenas porque ao estudá-lo aprendemos sobre outros casos ou sobre algum problema em geral, mas porque precisamos de aprender sobre este caso em particular. Temos um interesse intrínseco no caso" (Stake, 2007:19). Muitos autores quando se referem ao estudo de caso têm em mira apenas estes estudos intrínsecos, em que o caso é estudado pelo valor que tem em si mesmo enquanto realidade única, sem existir um interesse por uma compreensão global de uma problemática. Este tipo de estudo está geralmente ligado a estudos de caso avaliativos, quando determinados *stakeholders* encomendam a avaliação de programas, projetos ou mudanças num sistema ou nas organizações educativas, por exemplo.

– *O estudo instrumental*. Neste caso estamos perante "um problema de investigação, uma perplexidade, uma necessidade de compreensão global, e sentiremos que poderemos alcançar um conhecimento mais profundo se estudarmos um caso particular" (*ibid*, 19). Portanto, o que está em causa é um dado problema que o estudo de um determinado caso, entre outros possíveis, nos ajuda a compreender; haverá, sem dúvida, aspetos que se prendem às idiossincrasias do caso estudado; mas espera-se encontrar características e dimensões que o aproximam de outros casos que, desse modo, também se tornam mais inteligíveis. Erickson (1989:223), por exemplo, ajuda a fazer toda uma problematização dos estudos de caso deste tipo, como: "que aspetos são amplamente universais, quais são os que podem generalizar-se a outras situações similares, quais são os exclusivos do caso em questão? Isto só pode realizar-se, segundo sustentam os investigadores interpretativos, tomando em conta os detalhes do caso concreto que se estuda".

Um estudo de caso instrumental

Como exemplo desta modalidade damos o estudo de Stoer e Araújo (1992), intitulado, "*Escola e aprendizagem para o trabalho num país da (semi)periferia europeia*". Este estudo parte de um problema geral, muito amplo que é 'qual a especificidade da educação escolar em Portugal?'. E os autores acrescentam: "conscientes das múltiplas manifestações desta especificidade, o nosso objetivo é caracterizá-la e interrogá-la através de um *estudo de caso* (p. 11). Esta problemática geral desdobra-se posteriormente em outros problemas mais específicos (p. 21): "Pode a escola portuguesa, apesar da lógica (monocultural) que estrutura a sua expansão, promover uma educação escolar entre diferentes culturas? (...) será que a falta de conhecimento, por parte dos professores, da realidade social, não só da escola, mas também da forma como a escola e o sistema educativo estão inseridos no contexto das relações nacionais e mundiais, é conciliável com a concretização efetiva dos pressupostos inerentes à escola democrática?" (p. 22).

Embora com caráter excecional, julgamos possível a combinação de casos de valor intrínseco e casos instrumentais, apesar da divisão teórica dos tipos de casos, atrás proposta. Por exemplo, ao procurar avaliar os efeitos de um determinado projeto de intervenção junto de alunos de uma escola (caso de valor intrínseco) confrontando com o que ocorre numa outra escola de características sociodemográficas semelhantes, mas onde aquele projeto não tenha sido promovido (caso de valor instrumental – é o caso de Ferreira, 2009), o investigador poderá fazer uma utilização mista das estratégias indicadas na categorização bipartida dos casos de que falámos, e isso contribuirá certamente para a credibilidade da informação científica produzida.

O clássico estudo de caso único tem vindo a ser substituído em muitas investigações pelo *estudo de caso múltiplo,* ou *estudo coletivo de casos*. Esta opção é traçada em conformidade com os objetivos da investigação que, em conjugação com a teoria de base e as questões de investigação, introduzem maior complexidade e maior validade ao estudo. Segundo Yin (1989:53), esta modalidade tem implícita a ideia de *replicação*, seja *literal* ou *teórica*[55]. Cada caso tem um valor investigativo em si, mas a condução de um conjunto de estudos de caso seguindo o mesmo desenho de investigação, com uma boa coordenação entre eles, permite a sua comparabilidade e também maiores possibilidades de teorização, ou de consolidação de proposições teóricas. A partir de uma revisão de estudos de caso publicados nos EUA, Gall e colegas (2007) concluem que esta lógica de replicação não é usada com frequência, apesar do aumento dos estudos de caso múltiplos. Vejamos exemplos retirados de investigações em educação.

---

[55] De acordo com esta lógica de replicação, "dois ou mais casos são estudados porque o investigador prevê os mesmos resultados para cada caso (i.e., replicação literal), ou espera que os resultados apresentem diferenças consistentes para casos diferentes, apoiando-se em proposições teóricas (i.e., replicação teórica)" (Gall *et al.,* 2007: 457).

> **Estudos de casos múltiplos – Alguns exemplos**
>
> O estudo da ação contextualizada de um conjunto de professores num pequeno grupo de escolas, realizado por Vieira (1999), é um bom exemplo de um estudo de caso nesta modalidade, que o autor caracteriza no seu estudo *Histórias de vida e identidades* como uma investigação que "para além de antropológica pela teoria que a sustenta, etnográfica pelo método privilegiado, ecológica pela globalidade sistémica com que se olha os processos estudados, é também comparativa" (p. 37).
> O estudo realizado por Curado, Gonçalves, Góis, Vicente e Alaíz (2003), que se intitula *Resultados Diferentes, Escolas de Qualidade Diferente?*, segue esta modalidade. Foram pesquisadas seis escolas no sentido de "compreender, para cada um dos seis estabelecimentos de ensino, que associações se podiam estabelecer entre, por um lado, os resultados de aprendizagem (notas do 12º ano) e, por outro lado, o contexto exterior à escola e o contexto interno (as características organizacionais, as dinâmicas pedagógicas e a cultura de escola)" (p. 17). Cada uma destas dimensões foi subdividida em diversos tópicos que constituíram as linhas orientadoras da investigação nos diversos casos. Por exemplo, a propósito do ensino e aprendizagem, os autores consideraram os seguintes tópicos que, depois de analisados em cada um dos casos serviram de fio condutor na leitura transversal de todos eles: *planificação e articulação curricular, estratégias de sala de aula, relação pedagógica, mobilização de recursos, práticas de avaliação das aprendizagens, participação e responsabilização dos alunos no seu processo de aprendizagem* (p.18).

A escolha dos casos, que tem de ser muito criteriosa, decorre das perspetivas teóricas ou acontece de forma emergente. Nesta situação, à medida que os estudos de caso prosseguem, os resultados da análise vão sugerindo a escolha de casos contrastantes ou similares para o prosseguimento do estudo (e.g., Yin, 1989:55).

Quer o caso único quer o estudo de casos múltiplos poderão ainda ser do tipo ramificado ou holístico. A opção por um estudo de casos múltiplos ramificado, em geral, requer o uso de alguma abordagem quantitativa, designadamente o *survey*, em particular se se trata de casos de grande dimensão e complexidade. A este propósito, sublinhe-se as particularidades que o estudo de casos múltiplos requer na sequência da investigação. De acordo com o seu *design* próprio, e como dissemos anteriormente, o estudo desenvolve-se numa lógica de replicação, o que exige um primeiro momento de análise dos dados de cada caso e, só posteriormente, a análise comparativa entre os diferentes casos.

A quantidade de casos a estudar tem a ver com o tipo de estudo que se pretende fazer, o que se pretende saber, os objetivos da investigação, o que poderá ser feito tendo em conta o tempo disponível, os recursos, a facilidade maior ou menor de acesso a eles (há sempre que contar com a recusa de eventuais sujeitos-caso, sobretudo quando os temas a abordar são muito sensíveis). Na investigação a realizar no âmbito do paradigma hipotético-dedutivo, o que há a fazer é selecionar uma 'amostra' típica do universo populacional a estudar com determinados critérios de representatividade estatística, ao passo que na investigação interpretativo-fenomenológica, a preocupação é a de selecionar as unidades de investigação (e.g., instituições ou sujeitos), em função de critérios de 'compreensão' e 'pertinência'; e a representatividade destes estudos é apenas uma representatividade sociológica, casuística.

Um estudo de casos múltiplos numa lógica de replicação

Freire (2001), no estudo intitulado *Percursos Disciplinares e Contextos Escolares – Dois estudos de caso*, tomou como objeto de estudo a indisciplina na escola, apoiando-se na linha de investigação que defende que a indisciplina está associada ao clima ou *ethos* que se vive numa determinada escola. Apoiando-se nesta teoria, selecionou duas escolas-caso situadas numa mesma área geográfica. O estudo desenvolve-se num quadro metodológico integrador, com utilização de técnicas de caráter qualitativo e quantitativo. Cada escola foi analisada como um caso e, posteriormente, foram estabelecidas comparações entre as duas escolas-caso, seguindo o esquema de um estudo de casos múltiplos. Uma das dimensões de análise do caso foi o clima de escola, da qual emergiram temas de análise, como as *relações interpessoais*, as *práticas pedagógicas dos professores*, as *representações dos professores acerca dos alunos e suas famílias*, o *ambiente disciplinar*. Cada uma destas subunidades foi objeto de investigação seguindo uma sequência de recolha de dados paralela e uma sequência de procedimentos de análise que permitiram uma comparação rigorosa dos dois casos. A escolha dos casos foi feita segundo uma lógica de replicação teórica, perspetivando-se encontrar resultados diferentes na evolução do comportamento disciplinar e das aprendizagens dos alunos em função do clima das duas escolas, o que veio a confirmar-se.

Bogdan e Biklen afirmam (1994:89) ser necessário *espírito prático*, na escolha de um caso, uma vez que eles apresentam dificuldades variáveis. Stake (2007) recorda também alguns critérios para a escolha de casos, quando se faz um estudo instrumental:

– «o primeiro critério deverá ser maximizar o que podemos aprender" (p. 20), isto é, que sejam casos que nos permitam compreender os fenómenos e até trazer alguma mudança aos conhecimentos generalizados sobre o assunto;
– o segundo, é que o caso tenha uma complexidade que possa ser estudada dentro do tempo que temos para fazer o estudo e que o acesso e o acolhimento do investigador possa estar facilitado: "precisamos de escolher casos de fácil acesso e que acolham a nossa investigação" (*ibid.*).

Nos casos intrínsecos, como dissemos, na maior parte das vezes não há propriamente uma escolha mas uma encomenda. Estudos instrumentais de caráter descritivo ou exploratório são escolhidos pela sua tipicidade, exemplaridade ou variabilidade (casos de máxima variação, casos extremos) (Marcelo e Parrilla, 1991:18-19).

Quando se trata de um estudo de casos múltiplos, a questão da representatividade (no sentido sociológico ou casuístico) pode ser tomada em consideração, sendo os critérios de escolha dos casos geralmente de ordem teórica. Ao escolhê-los podemos basear-nos em algumas características contrastáveis, como, por exemplo, a classe social de proveniência dos alunos, os estilos de liderança organizacional, etc. Esta representatividade ajuda a alcançar alguns objetivos diferentes, como o de construir 'generalizações' moderadas (transferibilidade) e na medida em que elas sejam possíveis e pertinentes ou, pelo contrário, como a tentativa de encontrar e interpretar as diferenças. Este último objetivo pode, igualmente, estar na base de um desenho de investigação que compare um caso de valor intrínseco (por exemplo, o estudo de uma escola onde se verifique a aplicação de um determinado projeto ou programa), com uma outra escola de características (contexto, anos de escolaridade, etc.) semelhantes mas em que o referido projeto ou programa não é aplicado (estudo de caso instrumental).

Quanto aos propósitos e à abordagem metodológica, encontra-se alguma variedade de classificação dos estudos de caso.

Merriam (2002:38) caracteriza os estudos de caso consoante os seus objetivos. Neste âmbito podem ser *descritivos, interpretativos* ou *avaliativos*.

- Os *descritivos* procuram dar informação rica, completa e pormenorizada (*thick description*) do fenómeno (incidente ou entidade) em estudo. Estes estudos são, de algum modo, ateóricos.
- Os *interpretativos*, assentando na descrição igualmente rica, visam desenvolver categorias conceptuais ou ilustrar, suportar ou desafiar hipóteses ou teorias estabelecidas antes da colheita de dados.
- Os *avaliativos* têm como finalidade primeira formular julgamentos e estabelecer diagnósticos a partir da descrição e informação. Eles podem, ainda, visar a prescrição de terapêuticas ou promover mudanças.

Walker (1983) também sublinha a diferença entre estudos de caso de investigação e avaliativos, chamando a atenção para os interesses que estão em jogo quando se trata de públicos tão diversos como os investigadores e os políticos (que geralmente solicitam os avaliativos) e a necessidade de o investigador estar atento às questões éticas que daí decorrem.

Segundo Bogdan e Biklen (1994:90), podemos fazer *estudos de caso de organizações numa perspetiva histórica, estudos de caso de observação, histórias de vida*, etc.

- Os *estudos de caso de organizações numa perspetiva histórica* incidem sobre uma população específica, durante um determinado período, e procuram conhecer o seu desenvolvimento. Damos, como exemplo, o estudo de uma instituição educativa, a evolução e concretização do seu projeto, etc.
- Os *estudos de caso de observação* habitualmente assentam no uso da observação participante de um local específico dentro da organização, de um determinado grupo de pessoas, de uma determinada atividade, do desenrolar de um projeto, etc.
- As *histórias de vida*, e segundo os autores citados (p. 93) envolvem a possibilidade de se elaborar um estudo de caso com base sobretudo nas características (ou natureza) do sujeito potencial. Adiante desenvolveremos o tema das autobiografias como estratégia investigativa.

Ainda em relação aos diferentes tipos de estudo de caso, Stenhouse (1994:49-50) identifica quatro estilos possíveis: estudo de caso etnográfico, de avaliação, educacional e de investigação-ação. E caracteriza-os deste modo:

- *Estudo de caso etnográfico* – estudo em profundidade de um único caso, através da observação participante, apoiada pela entrevista; em geral, não se foca diretamente nas necessidades práticas dos atores, mas preocupa-se com as interpretações e significados que estes atribuem aos contextos em que participam e isso pode ser motor de desenvolvimento. No capítulo seguinte desenvolveremos o tema da etnografia como estratégia em si mesmo.

- *Estudos de caso avaliativos* – neste tipo de investigação um único caso ou um conjunto de casos são estudados em profundidade, no sentido de facultar informação útil aos educadores ou aos decisores políticos que permita ajuizar do valor de políticas, programas, instituições, etc.
- *Estudos de caso educacionais* – recorrendo às palavras do autor atrás citado, "muitos investigadores que usam o método de estudo de caso não estão preocupados nem com a teoria social nem com o juízo avaliativo, mas com a compreensão da ação educativa" (*ibid.*, 50) e, nesse sentido, adotam ora uma estratégia próxima do etnógrafo, ora próxima do avaliador.
- *Estudo de caso de investigação-ação* – aqui a preocupação do investigador é a de contribuir para o desenvolvimento do caso ou dos casos em estudo "através do *feedback* de informação que pode guiar a revisão e refinamento da ação" (*ibid.*). A investigação-ação será motivo de desenvolvimento em próximo capítulo.

O autor referido sublinha ainda o papel do professor como investigador, ligando-o a determinados movimentos e mudanças educativas, designadamente com *o movimento do professor como investigador*, no quadro de uma maior responsabilização associado aos estudos de caso avaliativos.

Um estudo de caso de investigação-ação

Em Portugal, grande parte dos estudos de caso de investigação-ação tem sido produzida por professores que investigam as suas práticas no âmbito das suas dissertações de mestrado. O trabalho de Valente (2007) é exemplo disso. A autora dá conta do processo de investigação que conduziu no âmbito da criação de um dispositivo de tutoria intercultural (Clube de Português) numa escola do ensino básico da cidade de Lisboa, com o objetivo principal de ajudar os alunos imigrantes na sua integração numa nova realidade escolar e na aquisição e domínio da língua portuguesa, como língua segunda, através da cooperação entre alunos portugueses e de outras nacionalidades. Em termos de investigação, foram utilizadas técnicas diversificadas de recolha e análise de dados, desde notas de campo, entrevistas informais, questionários, testes sociométricos e análise documental, que permitiram acompanhar o processo ao longo de um ano letivo e avaliar os resultados. Para além de os alunos que participaram no projeto terem melhorado substancialmente o domínio da língua portuguesa e os seus resultados na disciplina, foi evidente a valorização das diferentes culturas dos alunos do Clube junto da comunidade educativa, bem como o estímulo do gosto pela aprendizagem cooperativa e a integração social dos alunos do Clube. Neste último aspeto, os resultados refletem alguma dificuldade de transferência do processo de integração vivido no Clube para a turma, evidenciando a importância dos contextos.

II -1.3. Naturalismo e complexidade no estudo de caso

A abordagem holística dos estudos de caso, procurando compreender os comportamentos e (ou) atitudes, perspetivas, etc., dos atores em determinadas situações e em interação com os contextos, e tendo em conta que essa interação é determinada por fatores culturais e subjetivos, implica a existência de uma matriz metodológica complexa, como a assinalada por Fetterman (1982, cit. por Freire, 1997:142):

- "valores fenomenológicos, pois são guiados pelos ponto de vista do interior do grupo (ou grupos);
- holismo, que leva a prestar atenção a uma imagem global e às relações entre um instante, um facto e o conjunto do sistema cultural;
- orientação de não julgamento, abstendo-se de juízos de valor e explicitando balanços possíveis;
- contextualização, situando os factos no seu meio".

Podemos então afirmar que o estudo de caso implica que o investigador se situe no quadro do paradigma da complexidade, o único que nos permite reconhecer que tudo é solidário com tudo. A propósito, recordamos a afirmação de Morin (1995): "no limite tudo é solidário. Se tendes o sentido da complexidade tendes o sentido da solidariedade. Além disso tendes o sentido do caráter multidimensional de qualquer realidade" (p. 100). O estudo de caso, mormente o de investigação-ação tem ainda a particularidade de unir diferentes planos, o epistemológico (compreensão), o pragmático (ação) e o ético. Os investigadores de estudo de caso geralmente preocupam-se com a integridade das coisas, do seu objeto de estudo e com as finalidades da investigação. Há uma sensibilidade para manter a unidade das coisas, em vez de as separar como tem sido a atitude dominante na nossa civilização e na investigação também. Uma das vantagens, por vezes sublinhada nos estudos de caso, é a de se situarem entre o conhecimento e a ação. Isto não tira que a recolha da informação seja feita segundo certas escolhas e de acordo com a temática e com os objetivos da investigação, como temos vindo a referir. Deste modo há que selecionar a área a estudar e decidir qual o material relevante.

Se retomarmos o exemplo de um caso, como uma aldeia ou uma cidade, devemos considerar, nas palavras de Geertz (1986), que esta não se trata apenas de um grupo que frequenta a mesma igreja, mas que é um objeto concreto de interseção de diferentes planos da organização social, num lugar definido de modo lato. Quer dizer que um caso é sempre uma unidade que se insere em sistemas mais amplos.

II -1.4. Acesso ao campo, recolha e análise de dados

Pelo seu caráter naturalista, dinâmico e interativo, o estudo de caso exige o que se designa por *trabalho de campo*, isto é, o contacto prolongado do investigador com os sujeitos participantes na realidade que pretende estudar. São, por isso, cruciais a identificação de contextos apropriados, a obtenção de permissão e do apoio de sujeitos relevantes para o desenvolvimento do estudo.

Outro dos aspetos fundamentais e primordiais do estudo de caso consiste numa correta e adequada caracterização da situação em que o mesmo se desenrola ou em que o mesmo consiste. Para este efeito, aconselha-se uma adaptação das orientações e propostas de Estrela (1984:139), que vão no sentido de, numa primeira fase, identificar os elementos de estrutura (*dossiers* sobre a instituição e pessoas, estudos especializados, e elementos de ordem material: edifício, espaços, meio geofísico) e de, numa segunda fase, dar conta da *dinâmica do processo* (recolha das perspetivas dos atores, observação de comportamentos, situações e suas relações).

Nesta segunda fase, num estudo de caso, devido ao seu caráter holístico e à necessidade de se basear em "várias fontes de evidências" (Yin, 1989:23), o investigador tem de recorrer a um conjunto amplo e variado de técnicas de recolha de dados: entrevista semidiretiva a informadores chave, observação participante[56] (baseada na interação do observador com os observados), questionários, etc.. Como afirma a este respeito Bell (2002:23), "nenhum método é excluído". No estudo de caso, a recolha de dados é emergente e a análise é indutiva e deve acompanhar o mais possível, mesmo que seja de forma algo informal, o desenvolvimento da investigação. Para a análise ser exaustiva e atingir os objetivos do estudo de caso, deve assentar 'na minúcia da interrogação', como diz Hamel (1992), ou na *focalização progressiva*, no dizer de Parlett e Hamilton (cit. por Stake, 2007:37). Também segundo Yin (1989), uma das condições básicas para a pesquisa, mormente para um estudo de caso, é a de saber redefinir as questões perante a existência de uma multiplicidade de fontes consultadas e em virtude do longo tempo passado no terreno. Para além das garantias de credibilidade dadas pela observação prolongada ou pela riqueza de dados recolhidos, de que temos vindo a falar, é possível (e desejável, dada a complexidade dos objetos sob pesquisa), a triangulação de resultados já obtidos através de análises quer quantitativas quer qualitativas. Note-se, ainda, que o facto de no estudo de caso se utilizarem diversas técnicas de pesquisa e de se procurarem diferentes fontes de evidência dos factos, a triangulação de toda a informação confere a esta estratégia uma grande validade científica (Bartelett et al., 2001).

Gall e colaboradores (2007:474 475) apontam para a importância do uso, nesta fase, das seguintes estratégias:

— *Triangulação de fontes de dados, de analistas e de teorias* – usar métodos variados e procurar garantir a consistência dos resultados encontrados. Os autores propõem o termo *cristalização*, como mais adequado aos estudos de caso do que o de triangulação, no sentido de uma busca da *infinita* variedade de formas, faces, transmutações... da *verdade* que se procura. (Cf. cap. V-1.2. e V-2.1.2.)

---

[56] Faremos um desenvolvimento sobre este tipo de observação no capítulo II. 2.

- *Integridade contextual* – descrever o contexto no qual o fenómeno objeto do estudo de caso se desenrola: a história, o ambiente físico e social, atividades, rotinas, eventos significativos, perceções dos seus membros, etc. Demonstrar sensibilidade ao que os autores chamam *multivocalidade* dos ambientes, uma vez que os participantes desses ambientes não falam a uma só voz. Incorporar o *conhecimento tácito* do meio, que muitas vezes se revela através de silêncios, humor, estranhas *nuances*.

Estas estratégias tornam-se ainda mais relevantes na condução de um estudo de caso de cariz interpretativo (qualitativo), que terá sempre como preocupação fundamental o *ponto de vista dos atores sociais*, mormente no sentido que eles conferem à situação ou facto diretamente visado pelo estudo (Hamel, 1992). É, pois, fundamental não silenciar os atores e tomar essa preocupação como uma referência orientadora da própria pesquisa. Essa foi, para darmos um exemplo da investigação que se faz em Portugal, a preocupação de Stoer e Araújo (1992) na abordagem 'de uma escola do litoral nortenho' e que acima referimos. Com efeito, explicitam os autores que direcionaram os seus esforços no sentido de que o seu texto refletisse "as vozes e as histórias de alguns dos jovens e de alguns dos adultos (professores e pais) de Viatodos, mas também a construção do sentido do que constitui ser alunos e professor numa zona semirrural, dentro de referenciais teóricos que consideramos fundamentais" (*ibid.*, 25).

Um tal cuidado posto na recolha ampla, diversificada e dinâmica de dados leva-nos a questionar como decidir pelo fim do estádio de recolha de dados no estudo de caso. Gall e colegas (2007:465) consideram que esta questão deve ser abordada sob os pontos de vista prático e teórico e apresentam os quatro critérios:

- *Exaustividade das fontes* – as fontes de dados (e.g.,, informantes--chave, ficheiros institucionais) podem ser consultados muitas vezes, mas a certa altura torna-se claro que pouco mais informações relevantes se poderão obter a partir dessas fontes.

- *Saturação das categorias* – quando as categorias utilizadas para codificar os dados parecem satisfatórias e exaustivas, e/ou quando a continuação da recolha de dados produz apenas pequeníssimos incrementos de nova informação acerca das categorias em comparação com os esforços despendidos.
- *Emergência de regularidades* – a determinada altura o investigador observa consistências suficientes nos dados que lhe permitem inferir que o fenómeno representado por cada construto ocorre regularmente ou então ocasionalmente.
- *Sobreextensão (overextension)* – quando, mesmo que capte nova informação, sente que esta está a afastar-se do núcleo central da investigação e não contribui para a emergência de categorias relevantes.

II -1.5. Representatividade e generalização do estudo de caso

Yin (1989) fala, a propósito das críticas, de "preconceitos tradicionais em relação à estratégia de estudo de caso" (p. 21). Segundo este autor, a principal das críticas é a da pretensa falta de rigor (o que não quer dizer que ela não se verifique, por vezes, tal como acontece em estudos com estratégias ditas fiáveis pelos críticos de inspiração positivista). Claro que pode haver facilidade de distorção dos dados por parte do investigador, "facilidade tanto mais presente quanto é difícil voltar a verificar a informação», como também diz Bell (2002:22). Para contrariar este perigo há que procurar cumprir as exigências de rigor na planificação, na aplicação dos processos de recolha de dados e na respetiva análise. E se as críticas serviram, não para bloquear vontades, mas para delas se tirar a lição de que "os bons estudos de caso são muito difíceis de ser realizados" (Yin, 1989:22), então a preparação, a atenção e a exigência antepõem-se a qualquer prática menos ponderada.

Um outro aspeto que torna os estudos de caso mais atacados, é o da sua pretensa falta de representatividade e impossibilidade de generalização científica. A questão seria saber como agarrar através de um caso a diversidade daqueles atributos que caracterizam uma sociedade no seu conjunto (Hamel, 1992). Por exemplo, uma pessoa, um grupo, uma escola, uma aldeia, um projeto, etc., dificilmente podem ser considerados como representantes de uma população mais ampla. Nem essa é a preocupação do investigador quando opta pelo estudo de caso.

Há que ter em conta, como diz Stake (2007) que "o verdadeiro objetivo do *estudo de caso* é a particularização, não a generalização. Pegamos no caso particular e ficamos a conhecê-lo bem, numa primeira fase não por aquilo em que difere dos outros, mas pelo que é, pelo que faz. A ênfase é colocada na singularidade, e isso implica o conhecimento de outros casos diferentes, mas a primeira ênfase é posta na compreensão do próprio caso" (p. 24). Este ponto de partida afasta a ideia de generalização baseada no conceito de representatividade estatística, como temos vindo a referir. Contudo, em muitas investigações qualitativas, incluindo os estudos de caso, existe o objetivo de transferir para outros contextos o conhecimento construído a partir desses casos. Alguns autores chamam *generalização naturalista* (*ibid.*: 101) a este processo, outros preferem o termo *aplicabilidade* (Gall et al., 2007: 477) e, mais precisamente, *transferibilidade* (cf. cap. V-112), salientando a dimensão mais pragmática da investigação com estudos de caso. A este respeito, Stake (1995, cit. por Gall et al., 2007:477) defende, "o que ficamos a saber a partir de um caso singular está relacionado com a semelhança ou diferença deste em relação a outros casos que conhecemos, principalmente através de processos comparativos". Em consonância com uma epistemologia interpretativa, tão cara a grande parte dos estudos de caso que o são efetivamente, a comparação deve fazer-se entre casos e não entre variáveis, como alerta o autor. Noutro ponto de vista, mas não menos relevante nesta reflexão sobre a ligação entre estudos de caso e teorização, Yin (1989:21) salienta que "o objetivo do pesquisador é expandir e generalizar teorias (generalização analítica) e não enumerar frequências –generalização estatística". Neste sentido, os estudos de caso podem ser muito importantes para obter maior consistência na (re)construção da teoria.

Por sua vez, Bassey (1990, cit. por Bell, 2002:24) considera que "o facto de um estudo poder ser relatado é mais importante do que a possibilidade de ser generalizado". Em seu entender, "se estes estudos forem prosseguidos sistemática e criticamente, se visarem o melhoramento da educação, se forem relatáveis e se, através da publicação das suas conclusões, alargarem os limites do conhecimento existente, então podem ser considerados formas válidas de pesquisa educacional" (*ibid.*). Claro que um tal relato deve cumprir uma das exigências fundamentais deste tipo de pesquisa, recordada por Yin (1989) que entende que cada pessoa que faz investigação deve trabalhar com afinco, no sentido de "evitar evidências equívocas ou enviesamentos que influenciem a orientação dos resultados e das conclusões" (p. 21).

Dando um contributo adicional para esta discussão, Stake (2007) fala da *generalização menor* e *maior*. Em seu entender, a *generalização menor* faz-se no interior do próprio caso; por exemplo, verifica-se que determinada criança raramente deixa que outros tomem a iniciativa no grupo, contudo, não interfere se se trata de um colega maior e dominante. Isto é, nesta situação estabelece-se um princípio geral dentro do próprio caso. Por seu turno, a *generalização maior* diz respeito às questões de aplicabilidade e transferibilidade dos conhecimentos obtidos num estudo de caso para outros casos similares. Esta será uma questão a que regressaremos no capítulo sobre a validação da investigação qualitativa (cf. cap. V-1.1.).

II -1.6. Interpretação, teorização e escrita

Segundo alguns autores os estudos de caso possuem como traço geral um caráter *essencialmente descritivo*. A descrição assenta em métodos de recolha de dados tais como as diferentes modalidades de observação e as diferentes modalidades de narrativa. A característica descritiva do estudo de caso deriva de uma análise aplicada às observações de terreno em função da compreensão das informações fornecidas pelos atores (Hamel, 1998). O observador tem de procurar modos de avançar na observação e na análise que evitem que a sua subjetividade, modos de vida e pensamento, 'desnaturem' as qualidades do mundo observado em que ele mergulha – *objetivação participante* de que fala Bourdieu (1993).

A descrição é fundamental para a teorização. Deixaremos para capítulo posterior a problemática da teorização, dos diferentes níveis a que ela se pode estabelecer e do papel da descrição nesse processo (cap. V-2.2.). Diremos apenas que a descrição dos processos e procedimentos de investigação deverá ser tão cuidada que permita a outros investigadores a *interpretação* e a *comparação* (*translatability*[57] e *comparability*) dos dados produzidos.

A apresentação final do relatório de um determinado estudo poderá concretizar-se segundo várias modalidades possíveis, sendo, no entanto, mais tradicional a que consiste numa narrativa que descreve, analisa e interpreta o caso. Os relatórios podem ter um caráter reflexivo e pouco convencional, cientificamente falando, nos quais se utiliza um registo mais literário para dar vida ao caso e existe uma forte presença da voz do investigador. Tal estilo é "tipicamente utilizado por investigadores com uma sensibilidade pós-moderna" (Gall et al., 2007:482). Mas, nos relatórios analíticos, o investigador apresenta o caso através de uma escrita objetiva e interpretativa; a voz do investigador é silenciada ou subvalorizada e é seguida uma organização convencional dos relatórios de investigação dando a palavra aos participantes no caso (cf. cap. V-2.).

As questões éticas atravessam de uma forma muito acutilante todo o processo de condução e escrita de um estudo de caso. Na fase de produção do relatório, este deve espelhar todo o cuidado que o investigador colocou a este nível[58], surgindo como um documento que respeita o ponto de vista e a vontade dos participantes, o que pode levar, por exemplo, à necessidade de garantir o anonimato e respeitar a confidencialidade de certas informações, se tal for desejado.

Quando se trata de *casos múltiplos*, para além dos relatórios atinentes a cada um (em geral, obedecendo a uma estrutura semelhante no que

---

[57] Refere-se ao "grau com que os componentes do estudo – incluindo unidades de análise, conceitos gerados e contextos – estão suficientemente bem descritos e definidos para que outros investigadores possam usar os resultados do estudo como base para comparações" (Goetz e LeCompte, 1984, citados por Coutinho e Chaves, 2002: 234).

[58] Gall e colegas (2007: 459-460) elegem 3 tipos de ética que podem providenciar uma boa base para o investigador de estudo de caso enfrentar os problemas com que se depara: *ética deontológica* (por referência aos valores absolutos como honestidade, justiça, respeito pelos outros); *ética relacional* (as suas ações e decisões serem apoiadas numa atitude de cuidado para com os outros); *ética ecológica* (por referência aos valores da cultura dos participantes e do sistema social do qual fazem parte) (cf. cap. V-2.3.).

respeita a capítulos e subcapítulos), o relatório contém, ainda, um capítulo ou secção dedicado à análise e interpretação dos resultados cruzados – o que oferece o perigo de alguma repetição na estrutura (e, por vezes, no conteúdo) da apresentação de cada caso, e exige, depois, que a mesma se retome no momento da comparação, aumentando desmesuradamente o volume do relatório e tornando cansativa a sua leitura. Apesar destes inconvenientes, este tipo de abordagem ao relatório de estudos de caso múltiplos é recomendado por autores como Gall e colegas (2007), dado que permite manter intacta a visão de cada caso como um todo (informação aprofundada e realista acerca de participantes, acontecimentos, contextos) e, depois, a análise cruzada permite encontrar consistências, discrepâncias, complementaridades nos contrutos, temas, padrões entre os casos estudados e suas relações com a teoria, permitindo não só teorizar a partir deste processo, como credibilizar todo o processo de construção teórica. Demos conta desta estrutura em muitos trabalhos de investigação concretizados no contexto das nossas escolas e em torno de problemáticas muito variadas (por exemplo, em Freire, 2001; Ferreira, 2009; Granja, 2013).

Síntese

As características fundamentais dos estudos de caso qualitativos são, seguindo um esquema de Ludke e André (1986:18-20), as seguintes:

- *visam a descoberta*: o que se fundamenta no caráter aberto e revisível do conhecimento;
- *enfatizam a interpretação em contexto:* há que levar sempre em consideração o contexto em que cada caso se situa. Se o caso se centra numa escola, há que ter em conta a história dessa escola, a situação geral no momento da pesquisa, etc.;
- *visam retratar a realidade de forma completa e profunda*: tem-se em conta a complexidade natural das situações e as relações entre as suas partes;
- *usam uma variedade de fontes de informação, de abordagens e técnicas, resistindo à tirania do dogma metodológico;*

- *permitem generalizações naturalistas e ecológicas*: isto é, um leitor do relatório final fica apto a estabelecer relações entre as conclusões da análise e a sua própria experiência em situações semelhantes;
- *procuram representar os pontos de vista diferentes* e, às vezes em conflito, presentes numa dada situação. Para tal, a pessoa do investigador tenta trazer para o estudo essa divergência de opiniões, revelando, ainda, o seu ponto de vista sobre a questão e justificando devidamente a sua opção.

Parece-nos, pois, do conjunto das posições dos diversos autores, que um estudo de caso, para lá da combinação possível com outras estratégias investigativas e das diferentes técnicas de recolha e de análise de dados que possa empregar, possui como características que melhor o definem, por um lado, a focagem dos fenómenos a estudar dentro de um contexto (social, cultural, institucional, temporal, espacial, etc.), e, por outro lado, o objetivo de explicar/compreender o que lhe é específico e, de algum modo, determinado pelo contexto.

João Amado & Luciano Campos Silva
Universidade de Coimbra – Universidade Federal de Ouro Preto

II - 2. OS ESTUDOS ETNOGRÁFICOS EM CONTEXTOS EDUCATIVOS

A etnografia é um esquema de pesquisa desenvolvido pelos antropólogos para estudar a cultura e a sociedade. Etimologicamente, a palavra *etnografia* significa descrição de uma cultura. Os antropólogos costumam empregá-la basicamente em dois sentidos: a) para nomear um conjunto de técnicas empregues para coletar dados acerca dos hábitos, valores, crenças e condutas de um dado grupo social; e b) para designar o relato escrito resultante do uso dessas técnicas. Diremos então que a *etnografia* se interessa "pelo que fazem as pessoas, como se comportam, como interatuam. Propõe-se descobrir as suas crenças, valores, perspetivas, motivações, e o modo como tudo isso muda com o tempo ou de uma situação para outra. Procura fazer tudo isso dentro do grupo e a partir das perspetivas dos membros do grupo. O que conta são os seus significados e interpretações" (Woods, 1989:18). Mais resumidamente, podemos dizer que a etnografia propõe-se descrever e analisar as práticas e as crenças de uma cultura ou comunidade para as interpretar e compreender (Freebody, 2003:75; Wolcott, 1993:128).

II - 2.1. A *etnografia* como estratégia de investigação

Devido aos seus objetivos tão vastos e variados, a etnografia, como diz Wilcox (1993:93), "é bastante mais do que uma série de técnicas de recolha de dados que se possam descrever e adotar com facilidade", exigindo, por isso, conhecimentos do domínio da Antropologia. Por este facto, os dados a recolher numa etnografia são o 'material quotidiano' dos 'nativos', acrescido de tudo o que provém da necessidade de compreender o contexto desse quotidiano. Segundo Wolcott (1993:133), "a cultura de uma sociedade é feita de conceitos, crenças e princípios de ação e de organização que o etnólogo descobriu que pode atribuir-se com êxito aos membros dessa sociedade no contexto de suas relações com eles". Já segundo Geertz (1989:8), e contrariando o pendor cognitivista da definição anterior, a cultura é um *contexto*, algo dentro do qual os comportamentos e as instituições "podem ser descritos de forma inteligível – isto é, descritos com densidade". Para isso é necessário 'situarmo-nos': "estar-se situado, eis no que consiste o texto antropológico como empreendimento científico" (*ibid.*, 10). A sua proposta é a de uma 'abordagem semiótica' da cultura, que nos auxilia a "ganhar acesso ao mundo concetual no qual vivem os nossos sujeitos, de forma a podermos, num sentido um tanto mais amplo, conversar com eles" (*ibid.*,17).

Podemos, pois, afirmar que o objeto da etnografia é a cultura de um determinado grupo, e o objetivo principal da etnografia é a descrição e interpretação dessa cultura. Trata-se de uma 'descrição densa' (Geertz, 1989:7), em que "o que se descreve inclui tanto o significado como o comportamento" (Wilcox, 1993:96). Ainda segundo Wolcott (1993:133) "a cultura não espera pacientemente para ser descoberta; antes, deve inferir-se das palavras e das ações dos membros do grupo que se estuda, para ser logo literalmente atribuída a esse grupo pelo etnólogo". Neste trabalho de descrição e de inferência está o caráter ativo e interpretativo da investigação etnográfica.

Já Malinowski (1997), o pai da Antropologia, na célebre introdução aos *Argonautas do Pacífico Sul,* publicada em 1922, dizia: "existem vários fenómenos de grande importância que não podem ser recolhidos através de questionários ou da análise de documentos, mas que têm de ser observados em pleno funcionamento. Chamemos-lhes os *impoderabilia da vida real*. Neles se incluem coisas como a rotina de um dia de trabalho, os pormenores relacionados com a higiene corporal, a maneira de comer e de cozinhar, a ambiência das conversas e da vida social em volta das fogueiras da aldeia, a existência de fortes amizades ou hostilidades e os fluxos dessas simpatias e desagrados entre as pessoas, o modo subtil mas inequívoco como as vaidades e ambições pessoais têm reflexos sobre o comportamento do indivíduo e as reações emocionais de todos os que o rodeiam. Todos estes factos podem e devem ser cientificamente formulados e registados, mas é necessário que isso seja feito não através do registo superficial dos pormenores, como acontece normalmente com observadores não treinados, mas com um esforço de penetração na atitude mental que eles expressam" (Malinowski, 1997:31). Isto é, importa tanto o registo dos comportamentos como o registo do que eles significam para as pessoas que os praticam, e no contexto em que eles se verificam.

II - 2.2. A cultura escolar e a etnografia

Uma vez que o objeto da etnografia é o estudo da cultura de um povo ou de um grupo, podemos também afirmar que o que acontece nos espaços de educação informal e formal pode ser objeto de pesquisas desse caráter, na medida em que as relações sociais que aí se geram estão reguladas pelos costumes ou padrões culturais.

Porém, como lembram Ezpeletta e Rockwell (1986) e André (1997; 1998), foi somente a partir da década de 1970 que se verificou, especialmente nos países anglo-saxónicos, o desenvolvimento sistemático de pesquisas etnográficas no campo da educação. O uso da etnografia como forma de se analisar os fenómenos educativos representou, naquele momento, uma rutura radical com os paradigmas de pesquisa até então hegemónicos no campo educacional. As críticas efetuadas pelos defensores da abordagem etnográfica foram dirigidas especialmente aos modelos de análise das interações em sala de aula, baseados nos princípios da psicologia experimental, particularmente nos chamados estudos de 'análises de interação'. A maior parte dessas críticas foi dirigida ao caráter rígido dos esquemas de observação das interações empregues nessas pesquisas que, ao reduzirem os comportamentos a unidades passíveis de mensuração, negligenciavam a complexidade e a dinâmica dos fenómenos educativos e interacionais, não se atentando, por exemplo, ao contexto espacial e temporal em que eles se manifestam. Por isso, a etnografia foi apontada como sendo uma espécie de alternativa para se romper com os limites e problemas detetados nessas pesquisas. Dessa forma, em substituição dos esquemas rígidos de observação e análise dos fenómenos educativos até então vigentes na pesquisa em educação, os etnógrafos propuseram uma abordagem mais flexível que envolvia a realização da observação naturalista do ambiente escolar, o uso do caderno de campo, a realização de entrevistas e a análise de documentos.

De facto, uma vez que as interações humanas são permeadas de significados que, por sua vez, fazem sempre parte de um universo cultural, a etnografia constitui-se numa abordagem bastante apropriada para o estudo das escolas e das salas de aula. Como diz Wilcox (1993:96), "as aulas e os colégios se adaptam bem à investigação etnográfica", no sentido de captar a sua cultura. Por *cultura de escola* podemos entender todo um conjunto de crenças e visões do mundo (em parte inconscientes e resistentes à mudança), valores, normas, rituais, tecnologias, linguagens, símbolos e artefactos com que se faz a vida da escola, se organizam as interações, se concebe o tempo e o espaço e se procura alcançar os seus objetivos (Foster, 1986). Embora 'demasiado simples', como afirma Measor (1985:77), é "analiticamente útil conceber os conteúdos, os métodos de ensino, a organização da vida quotidiana na escola e as normas de excelência escolar como exprimindo a cultura escolar". E nas palavras de Spindler e Spindler (1982), a melhor forma de estudar a cultura da escola será prestar atenção aos comportamentos contextualizados dos atores e aos significados sociais que eles atribuem às suas práticas. Pode dizer-se que, nesta perspetiva, cultura é algo que se constrói e interioriza num processo de socialização. Mas ela é mais do que isso: é também o conjunto das negociações e dos conflitos que se verificam nesse mesmo processo de socialização, podendo dar origem a um processo dinâmico, vivencial, de reinterpretação e de reformulação das normas no interior da comunidade. Em síntese, pode dizer-se "que a cultura escolar seria resultado de um processo interativo, em que o universo dos símbolos e significados estaria constantemente sendo reinterpretado e a realidade construída" (Silva, 2001:112).

Tendo em conta, porém, as diferenças de meio e as adaptações metodológicas necessárias à pesquisa no contexto de uma escola, alguns autores preferem dizer que o que habitualmente se verifica na investigação em educação consiste mais em estudos de 'tipo' ou 'características' etnográficas, do que em etnografia pura (Amado, 2001a; 2001b; André, 1998). Ezpeletta e Rockwell (1986) referem que a entrada da etnografia no campo educacional causou entre os pesquisadores reações bem diversas. Assim, se, por um lado, alguns estudiosos rejeitaram radicalmente a abordagem etnográfica por a considerarem demasiadamente subjetiva, por outro, o termo etnografia foi e tem sido muitas vezes empregue como sendo sinónimo de qualquer tipo de pesquisa que se pretende inovadora ou crítica dos paradigmas de investigação mais tradicionais. As confusões que rodeiam a própria classificação de uma pesquisa como etnográfica têm levado frequentemente os etnógrafos a explicitarem o que poderia ou não ser considerado uma pesquisa de 'tipo etnográfica' em educação. André (1998), por exemplo, argumenta a este respeito que a pesquisa de que tratamos deve atender a uma série de critérios, de entre os quais merecem ser destacados:

- valer-se das técnicas tradicionalmente associadas à etnografia: a observação naturalista, a entrevista intensiva e a análise de documentos;
- manter um plano de trabalho flexível que permita ao investigador modificar as suas técnicas de coleta de dados, rever as suas questões de estudo ou localizar novos sujeitos ao longo do processo de pesquisa;
- colocar ênfase no processo, naquilo que está ocorrendo, e não nos produtos ou nos resultados. Daí o facto de as pesquisas se preocuparem com a análise das características dos fenómenos, da forma como eles ocorrem ou da maneira como eles se desenvolvem;
- objetivar apreender, descrever e analisar o modo como as pessoas se veem e como encaram as suas experiências e o mundo que as cerca;
- realizar trabalho de campo, mantendo um contacto prolongado com o contexto, as pessoas, as situações e os eventos estudados, registando o ocorrido num caderno de campo ou, ainda, realizando gravações;
- objetivar a formulação de hipóteses, de conceitos e/ou teorias e não a realização das suas testagens.

II - 2.3. O método: a observação participante

Ter em conta o objeto e os objetivos da etnografia, como o fizemos na alínea anterior, obriga, desde logo, a pensar que o método etnográfico implica uma aproximação muito grande do investigador em relação ao observado; fala-se, mesmo, na necessidade de 'tomar o papel do outro', ou da necessidade de participar da vida do observado, o que levou a definir o método da etnografia como o método da observação participante.

Vejamos, então, o que significa esta ideia de participação, no contexto da observação participante, e de como ela pode levar-se a cabo.

Voltemos, de novo, ao texto fundador de Malinowski (1997) que deverá ser, contudo, contextualizado na época e nas circunstâncias em que ocorreu a sua investigação. Diz o autor que os princípios do método da observação participante podem ser agrupados em três itens principais: "em primeiro lugar, como é óbvio, deve guiar-se por objetivos verdadeiramente científicos, e conhecer as normas e critérios da etnografia moderna; em segundo lugar, deve providenciar boas condições para o seu trabalho, o que significa, em termos gerais, viver efetivamente entre os nativos, longe dos outros homens brancos; finalmente, deve recorrer a um certo número de métodos especiais de recolha, manipulando e registando as suas provas" (1997:21).

Cientificamente, portanto, é necessário, como disse o próprio Malinowski, que as técnicas usadas permitam um esforço de penetração na atitude mental dos observados, e que não se trate de um mero registo de exterioridades. Relativamente às condições de trabalho, elas devem permitir entrar nesse mundo subjetivo: "é necessário colocar-se numa posição que permita tanto observar a conduta na sua situação natural como obter das pessoas que são observadas as estruturas de significado que informam e dão corpo ao comportamento" (Spindler, 1982, cit. por Wilcox, 1993:96) e fazem parte da interação. No que respeita aos métodos de recolha de informação, a investigação etnográfica implica uma longa relação e uma imersão pessoal e direta na atividade social de alguém ou de um grupo que se quer investigar, até se atingir um determinado nível de compreensão.

A observação participante é uma espécie de 'descida ao poço' (*descente dans le puits*), consistindo numa "imersão prolongada do observador num grupo local onde escolheu viver para observar sistematicamente os seus modos de vida e de pensamento" (Hamel, 1998:121). Wolcott (1993) contrasta a observação participante com os questionários: estes são bons quando o objetivo é conhecer *como* é que alguém faz determinada coisa: a frequência, a distribuição média ou o comportamento típico. A investigação etnográfica, tal como já dissemos a propósito dos estudos de caso, deve informar-nos o *como,* mas especialmente o *porquê* de alguém fazer determinada coisa. Desse modo, conforme lembra Erickson (1989), é preciso não confundir a observação como técnica de recolha de dados com a observação participante, empregue pela etnografia. A pesquisa etnográfica não se confunde com a mera descrição pormenorizada de situações, factos, ambientes ou pessoas, tendo como objetivo principal desvelar as ações e interações segundo o ponto de vista dos sujeitos. O etnógrafo da cultura escolar busca, assim, descrever e analisar o modo como professores, alunos e outras pessoas vivem e interpretam o quotidiano da escola. Ao fazer isso, ele apresenta um interesse especial pelos modos distintos como tais sujeitos se posicionam em relação ao seu quotidiano.

Tendo em vista essas informações, podemos, então, colocar algumas questões recorrentes em torno do conceito de observação participante. Vejamos:

- O *que e quem observar?*

Um dos primeiros problemas a colocar tem a ver com a decisão acerca do *que* deve ser observado e de *quem* deve ser observado.

De um modo geral, podemos pensar que a escolha dos contextos, situações e pessoas a serem observadas, como noutros tipos de pesquisa, dependerá sempre das questões, objetivos e teorias iniciais que orientam o trabalho de investigação. Isso significa dizer que, conforme afirmam Ezppeleta e Rockwell (1986), embora a etnografia seja frequentemente representada como um estudo absolutamente livre de pressupostos ou de vínculos teóricos, o etnógrafo seleciona sempre e ordena o observável, tendo em vista a própria conceitualização que faz de seu objeto de estudo.

Nesse sentido, as observações a serem realizadas poderão ter como foco tanto as instituições escolares na sua totalidade, como apenas as salas de aula; os corredores, as salas dos professores, os pátios, as cantinas, as casas de banho, etc. Quanto às situações a serem observadas, elas poderão ser bastante variadas, num leque que vai desde a concentração em toda a dinâmica escolar até a aspetos mais específicos do quotidiano e das interações entre as pessoas. Assim, é legítimo supor que o etnógrafo esteja particularmente interessado em questões como a autoridade docente, os preconceitos em sala de aula, o uso e ocupação dos espaços escolares, os comportamentos divergentes ou as formas de sociabilidade juvenil. Em relação aos sujeitos da pesquisa, o foco da análise poderá ser as interações entre os alunos e os seus professores, as interações entre os alunos ou, ainda, as interações entre professores, alunos, funcionários e a comunidade externa à escola.

Embora o processo de observação seja necessariamente seletivo, havendo, como dizem Ezpeletta e Rockwell (1986), uma tendência natural do pesquisador para retirar do foco tudo o que considera irrelevante, a tradição etnográfica recomenda sempre que, pelo menos inicialmente, se 'observe tudo', mesmo que essa seja uma tarefa impossível de ser realizada. Daí a necessidade de que o pesquisador seja treinado para observar os detalhes, o aparentemente insignificante, aquilo que se apresenta como óbvio ou familiar.

Em todos esses casos, vale a pena destacar que a observação etnográfica não deve seguir padrões rigidamente preestabelecidos e estruturados, sendo plenamente possível e desejável que os contextos, as pessoas e as situações a serem observadas possam ser permanentemente reavaliados e, caso necessário, alterados.

Por fim, é importante ressaltar que a escolha dos contextos, situações e sujeitos a observar deve pressupor uma espécie de aceitação mútua. Se as escolhas do etnógrafo devem atender aos objetivos e interesses da pesquisa, faz-se necessário, entretanto, que as instituições e as pessoas nelas presentes se disponham voluntariamente a participar da pesquisa. Poder-se-ia dizer que as pessoas e as instituições também escolhem participar na investigação.

- *Que significado tem, então, o conceito de "participante"?*

A observação participante tem como princípio a necessidade de o pesquisador manter sempre algum grau de interação com a situação estudada, afetando-a e sendo por ela afetado. Nessa ordem de ideias, a expressão 'participante' deve entender-se pelo menos em dois sentidos:

- no sentido de que o observador deve 'participar' na vida do 'observado', exigindo, por isso, uma longa permanência no local. O tempo destinado a essa permanência é sempre definido em função de alguns critérios como os objetivos da pesquisa, a disponibilidade e experiência do observador e a sua aceitação pelo grupo observado;
- no sentido de que o observado deve 'participar', como 'informante', na investigação que está a ser feita. É importante que os informadores 'nativos', em determinada altura do processo, reconheçam os motivos pelos quais se torna importante colaborarem na investigação.

- *Para 'participar' será preciso vestir a pele do indígena?*

Existem várias formas e graus de participação. Antes de mais ela pode ser entendida ou no sentido *rígido* ou no sentido *flexível*. Esta é uma distinção proposta por Ball (1985:25), numa interessante reflexão sobre a sua própria pesquisa: "as definições de observação participante abundam na literatura sobre métodos de investigação, mas elas talvez se possam dividir, aproximadamente, no que se poderá chamar posição rígida (*hard-line*) ou posição flexível (*soft-line*). A primeira sublinha a necessidade de partilhar as atividades do sujeito investigado de um modo direto e completo, fazer o que ele faz; enquanto a última acentua a necessidade da presença do observador sem exigir que ele tenha que fazer o que o observado faz". É evidente que na investigação com crianças e no quadro das vivências escolares, a posição 'rígida' não será fácil; a segunda, como afirma ainda Ball, oferece várias possibilidades, e constituiu mesmo a sua própria opção em estudos realizados quase exclusivamente dentro da sala de aula (*ibid.*, 26).

A participação terá de ser, portanto, entendida de um modo bastante flexível, com a adoção de uma 'postura eclética'. A alternância entre alguma aproximação e um certo distanciamento faz-se em função de oportunidades e situações, dependendo muito do grau de 'adoção' a que já se foi sujeito por parte dos observados (de professores e alunos, por exemplo), mas nunca perdendo de vista que o que interessa é poder registar situações, comportamentos e perspetivas dos intervenientes. Bogdan e Biklen (1994:125) afirmam, a este propósito, que "a participação *exata* varia ao longo do estudo, (...), à medida que as relações se desenvolvem, vai participando mais. (...) *É necessário calcular a quantidade correta de participação, e o modo como* se deve participar, tendo em mente o estudo que se propôs elaborar". É importante enfatizar, porém, que a forma e o nível de participação no quotidiano escolar não decorrem apenas dos interesses da pesquisa e do pesquisador, sendo também resultado de outros intervenientes, tais como o nível de aceitação do pesquisador pelo grupo, os problemas vivenciados pela instituição escolar, as exigências colocadas pela instituição ao investigador e os diferentes tipos de papéis que são atribuídos ao investigador no decorrer da pesquisa. No caso da atribuição de papéis, por exemplo, embora esses possam ser parcialmente 'combinados' com os sujeitos da pesquisa desde o início do trabalho de observação, eles tendem a ser permanentemente negociados à medida que o trabalho se desenvolve.

Nas pesquisas em escolas, por exemplo, é bastante comum os participantes atribuírem papéis diferenciados e, muitas vezes, ambíguos aos pesquisadores. Nesse sentido, o pesquisador poderá ser visto como um intruso, um amigo, um estudante, um professor, um fiscalizador ou um especialista da universidade. A atribuição de qualquer um desses papéis depende sempre de uma série de variáveis, de entre elas algumas características e/ou qualidades do próprio pesquisador, tais como o sexo, a idade, a fama, a simpatia, etc. A esse respeito, Silva (2007), na sua investigação de doutoramento sobre o fenómeno da indisciplina em duas salas de aula brasileiras, apresenta um excerto de notas de campo bastante ilustrativo:

> [...] A professora se dirige à outra sala de aula e deixa o rádio com os alunos para que eles ouçam uma música prevista para a atividade.

Os alunos ligam o rádio e discutem muito sobre o que ouvir. Alguns estão em pé, em volta do som. Há muitos gritos, empurrões e bolinhas de papel sendo lançadas. Miuri risca a parede com um giz de cera. Levanta-se e vai para perto de Jerê, onde volta a riscar a parede. Jerê fala alto para ele que eu estou prestando atenção e Miuri responde:

Miuri: "*O Luciano é da sala*".

Jerê: "*É da sala, mas toma café com os profes*sores" (p.86.)

Com efeito, a questão da aceitação e reconhecimento do investigador pelo grupo de pessoas observadas não deve ser menosprezada, tendo em vista evitar que elas sintam a presença de quem vem de fora "como uma invasão ou mesmo como uma fraude" (Vieira, 1998:765), e que, decorrente disso, possam ocorrer 'ruídos' prejudiciais na comunicação estabelecida. Este problema, que será abordado na parte V desta obra, costuma ser designado por 'efeito do observador' (Goetz e LeCompte, 1984) e consiste na possibilidade de os participantes em estudo poderem reagir à presença da pessoa do investigador, fornecendo, devido a isso, consciente ou inconscientemente, informações falsas ou enganadoras.

- *A observação participante não é uma metodologia demasiado interferente?*

A resposta a essa questão tem bastante a ver com o que dissemos acerca da questão anterior. De facto, a presença do observador no meio ou no contexto do observado, pode levar a alterações, enviesamentos, perturbações do que se pretende observar. Daí, também, a necessária gradação da atitude participante, que poderá recorrer, consoante a fase do estudo, a diversas técnicas de recolha de dados, umas permitindo maior distanciamento do que outras.

Amado (1998; 2001b; 2008), por exemplo, num estudo de características etnográficas acerca da indisciplina como fenómeno interacional, relata que, no início, a *observação ocasional* em sala de aula permitiu-lhe uma atenção centrada, essencialmente, no registo dos 'incidentes' de algum modo relacionados com a problemática disciplinar da aula. Segundo o autor, essa era a 'técnica' utilizada na fase de maior 'distanciamento'; o pesquisador colocava-se na parte de trás da sala, tanto quanto possível isolado, sem qualquer interação visível com os protagonistas. Tratava-se, então, de registar os comportamentos e alguns elementos da situação pedagógica em que eles se verificavam (fase da aula, metodologia de ensino, lugar ocupado pelo professor e pelo aluno ou alunos intervenientes), os procedimentos e o discurso do professor, quem era o destinatário, o tipo de resposta visível que este dava e a reação da 'audiência'.

Porém, conforme explica o pesquisador, esta tentativa de distanciamento em relação ao observado jamais pôde ser totalmente obtida ao longo de sua pesquisa, mesmo que o tempo prolongado de inserção no quotidiano escolar tenha possibilitado que alunos e professores se habituassem à sua presença na sala de aula. Por isso, ele enfatiza que questões de natureza ética e metodológica jamais deixaram de fazer parte de seus questionamentos durante o processo de pesquisa. Perguntava-se o autor: em que medida o que estava a acontecer de errado naquela aula não se devia à sua presença e, em que medida, estar a observar este ou aquele comportamento desviante não era uma forma de o reforçar? Como destaca Amado (1998), ao longo dos três anos da sua investigação, alguns docentes deixaram transparecer sempre que, devido à sua presença na aula, o comportamento da turma estaria *diferente,* algumas vezes para 'pior'.

As notas seguintes, extraídas do diário de campo do autor, são bastante ilustrativas a esse propósito:

> Numa aula, extremamente perturbada, a Professora censura perguntando: "O que é isso? Isso é uma exibição? Vocês hoje estão a exibir-se!". Confusão. O Sacadura canta o Avé-Maria. A Professora olha e repete "Acho que vocês hoje se estão a exibir demais. Não sei para quê! Eu já vos conheço e o Dr. Amado também!". Eu fico um tanto preocupado com este comentário. Na verdade parece-me, mais uma vez, que os miúdos poderão ter a iniciativa de certos comportamentos para ficarem no 'livro'. Tento, portanto, não cruzar olhares com receio que isso os reforce" (Amado, 2001b:202).

Em face dessas constatações, Amado (*ibid.*) recomenda que os etnógrafos da vida escolar evitem, tanto quanto possível, todo o tipo de intervenção que altere a situação 'natural' alvo de observação, adotando uma atitude de quem busca *ver* (observar o contexto e descrever), *escutar* (registar os 'pontos de vista' de uns e outros, professores e alunos sobre as ocorrências), e *interpretar* (à luz das próprias interpretações dos atores, de acordo com os seus próprios 'saberes' e experiências de ordem profissional, e ainda, sob a inspiração de muita bibliografia consultada, sobretudo a que possa aproximar os pesquisadores de atitudes investigativas e problemáticas similares àquelas enfrentadas por outros etnógrafos durante o trabalho de campo.

- *Ser uma metodologia 'aberta' significa que não existe um plano prévio de investigação etnográfica?*

O caráter aberto da etnografia supõe que nem tudo pode ser previamente desenhado num plano de investigação que siga esse rumo; haverá sempre muito de imprevisível, já que tudo o que se pretende saber advém das ocorrências do quotidiano: os factos, os comportamentos, as interpretações e as significações que lhes dão os atores; e o quotidiano não é totalmente previsível, quer pelas motivações variáveis dos atores no seio do grupo ou comunidade que se estuda, quer por intervenções externas ao grupo, como decisões tomadas por instâncias com poder de interferir, etc.

Assim, não basta saber o que se quer procurar, mas, também, que se permita que aquilo que se quer procurar surja no decorrer da vida quotidiana, no qual em nada seja possível interferir. Embora o pesquisador deva traçar previamente as linhas gerais da investigação, elas devem, a cada passo, ser reajustadas em função de 'realidades' imprevisíveis e nem sempre controláveis. É o evoluir 'natural' da situação que, para além da problemática geral previamente delimitada, irá, na maioria das vezes, suscitar as interrogações que permitem ao etnógrafo decidir sobre diversos aspetos de ordem prática da pesquisa: sobre que turmas insistir na colheita de dados e de perspetivas? Que alunos 'acompanhar' mais de perto? Que aulas 'observar'? Que situações merecem ser registadas? Certamente esta atitude flexível e questionadora permite que o pesquisador realize uma espécie de 'afunilamento', de focagem *zoom*, de centração no que, ao longo da observação, se vai considerando mais relevante para o estudo (Amado, 2001b). Decorre disso que compilar os dados e proceder à sua análise são processos, em parte, simultâneos e interativos, o que, aliás, é corrente na metodologia etnográfica.

Como se vê, embora flexível, a investigação etnográfica não é feita às cegas, não é uma descrição pela mera descrição; pelo contrário, "a lógica da investigação para um etnógrafo reside no jogo entre a exploração de um determinado campo e as questões que guiam as atividades do investigador. Deste modo, como um etnógrafo explora um determinado campo durante bastante tempo, novas questões surgem, apresentam-se novas oportunidades analíticas, e novas abordagens para a análise são indicadas" (Freebody, 2003:6).

- *A Etnografia é uma metodologia indutiva ou dedutiva?*

A etnografia é, pelo que fica dito, e na afirmação direta de autores, "uma abordagem aberta, não pré-determinada, de caráter mais indutivo do que dedutivo, com a teoria construída e baseada nos dados. Os etnógrafos não sabem o que vão encontrar" (Woods, 1999:17).

Mas, já o dissemos, o etnólogo não pode deixar de ir preparado com uma boa formação teórica que lhe permita olhar e desafiar a realidade com questões que, sem essa armadura teórica, seria incapaz de fazer, e que lhe permita ver o que num olhar 'ingénuo' seria impossível vislumbrar. Como diz Geertz (1989), "em etnografia, o dever da teoria é fornecer um vocabulário no qual possa ser expresso o que o ato simbólico tem a dizer sobre ele mesmo – isto é, sobre o papel da cultura na vida humana" (p. 19).

Remetendo para o campo educativo e para o contexto da cultura escolar, Erickson (1989:201) diz, a este propósito, que "o trabalho de campo no ensino, através do seu inerente caráter reflexivo, ajuda, aos investigadores e aos docentes, a fazer com que o familiar se torne estranho e novamente interessante. O comum torna-se problemático. O que está sucedendo pode tornar-se visível e pode documentar-se sistematicamente".

Contudo, como alerta novamente Amado (1998), no terreno essa não é uma tarefa fácil. Segundo o autor, fácil é observar na aula aquilo que de facto se espera lá ver e é 'familiar': professores a ensinar, a repreender, a premiar, etc., e alunos a responder, a cochichar, a exibir-se; mas, o mais difícil *é ter a imaginação suficiente* para não ver 'apenas as coisas que ali se convenciona que sejam naturais'. Delamont (1987:115, cit. por Amado, 2001b:199) diz mesmo que é necessária 'uma luta' e cita, ainda, Becker para quem, conseguir que alguns vejam na sala de aula "alguma coisa para além do que cada um já sabe é como arrancar-lhes os dentes".

Essa imaginação heurística, essa capacidade para ver o que está oculto pelo 'aparente' e quotidiano, só se obtém pela boa preparação teórica, tornando-se aconselhável o conhecimento aprofundado de pelo menos uma das correntes apresentadas no capítulo dos *quadros analíticos da investigação qualitativa em educação*.

Após a formulação da pergunta há que delimitar o 'referente empírico': contexto, atores, cenário. Só depois vem a seleção de técnicas e instrumentos de análise. A importância da observação, combinada também com a importância da preparação teórica do investigador, leva-nos à defesa de uma necessária complementaridade entre a indução e a dedução na observação participante.

Diremos, então, que às técnicas e às atitudes fundamentais ao etnógrafo, a abordar nos pontos seguintes, o investigador terá que acrescentar sempre uma preocupação por:

– estabelecer a relação entre o âmbito restrito de um dado fenómeno em estudo e o seu contexto;
– utilizar o conhecimento que se possui da teoria social para guiar e informar as próprias observações;
– procurar, enfim, converter em estranho o que é familiar.

- *A observação participante é uma técnica de recolha de dados?*

Para ser etnográfica uma investigação, como já dissemos, deve atingir uma compreensão da cultura, ou aspetos da cultura de uma sociedade ou de um grupo, num processo que envolve a pessoa do observador, no seu saber, personalidade e atitudes. A observação participante não é, pois, uma técnica; ela é uma postura e uma atitude geral do observador empenhado numa investigação etnográfica, utilizando, para isso, várias técnicas. Na observação participante há, pois, uma postura própria (muito semelhante ao que acontece noutras investigações interpretativas); no que respeita às técnicas, a combinação de várias é uma nota característica, ao mesmo tempo que de entre todas elas sobressai o *diário de campo* como a mais peculiar.

Quanto à 'combinação de técnicas de recolha de dados', é possível ver-se empregue, no âmbito da observação participante, um leque de procedimentos de recolha que vai da observação direta (naturalista, sistemática, ocasional, incidentes críticos, vídeo-gravação) à observação indireta (entrevistas de vários tipos, análise documental, recolha de aspetos da cultura material, etc.) e é coincidente com diferentes graus de participação e modos distintos de 'controlar' a *reatividade* do observado (*visibilidade* ou *invisibilidade* do observador). Como diz Wilcox (1993:99), a "etnografia é um modo de investigação naturalista, baseado na observação, descritivo, contextual, aberto e em profundidade. Dentro destes limites, pode empregar-se uma variedade de instrumentos e de recolha de dados", e o recurso a estratégias de triangulação da informação contribuirá para aumentar a credibilidade do conhecimento produzido (Vieira, 1998).

Em toda a investigação, nomeadamente na investigação interpretativa (qualitativa), a decisão sobre os instrumentos e técnicas a utilizar depende do projeto, da pergunta que se coloca à partida, bem como de outros condicionalismos, tanto orçamentais como de outras características que o tornem exequível.

Na investigação etnográfica, para além das diversas técnicas de recolha de dados utilizadas, é obrigatória a elaboração de um *diário de campo* onde sejam registadas as observações e outros aspetos, como as impressões e sentimentos do investigador, as primeiras interpretações e hipóteses progressivas, expressões e palavras recorrentes, etc. Neste diário de campo materializa-se todo um conjunto de habilidades e competências que é necessário possuir para levar por diante um registo útil. Como o assinalam certos autores, a elaboração de um bom diário de campo exige que se aprendam "habilidades como, observar, escutar, calar, escrever e esquematizar com rapidez e agilidade, traduzir o escrito e esquematizado, ampliar as notas, recordar com precisão, enfim, saber como realizar um registo amplo do observado e executado e em que se documente de modo detalhado, o contexto, os cenários, os atores e o comportamento" (Busquets, 2001:50).

No seu trabalho sobre a vida num laboratório de investigação, *Laboratory life, the social construction of scientific facts*, trabalho inspirado na etnometodologia, Steve Woolgar e Bruno Latour (referidos por Coulon, 1990) apontam para aquilo que eles designam como 'etnografia reflexiva'; trata-se de uma etnografia que tem em conta "o objeto da investigação e o processo empregue durante a investigação, a partir da hipótese de que um e outro não estão apenas ligados, mas que o conhecimento de um permite, igualmente, melhor compreender o outro" (*ibid.*, 80). Para se alcançar esse objetivo, o diário de campo é fundamental, e nele devem constar, para além do que já se disse, as negociações, a análise do pedido e da ordem, a organização e o pôr em marcha do dispositivo de investigação e de intervenção.

- *Quais devem ser as atitudes fundamentais do investigador na observação participante?*

A etnografia, tal como outros rumos da *investigação qualitativa*, exige do investigador um conjunto de atitudes e qualidades importantes, invariavelmente assinaladas pelos diversos autores, e muito em torno do facto de que neste tipo de investigação 'o investigador é o principal instrumento da pesquisa'. A 'equação pessoal' do investigador joga-se fortemente nas suas qualidades humanas e na sua preparação técnica e científica.

Nesse sentido, autores como Lacey (1976) insistem em qualidades como: simpatia, naturalidade, abertura, desejo de ajudar quando possível, habilidade para estimular os outros a falar e empatia. Em especial esta última qualidade consiste numa atitude nada fácil, geradora de um *conflito sóciocognitivo* no próprio observador, como o notou Caria (1994:41), "pela comparação que realiza – ou que o 'outro' o faz realizar –, nas situações observadas, entre o que os atores sociais fazem, dizem e pensam e o que ele faria, diria e pensaria naquelas mesmas situações". Autores há que, a este propósito, chegam a falar numa 'espécie de esquizofrenia', gerada pela tensão entre a imersão na cultura do observado e o necessário distanciamento do observador (Hammersley e Atkinson, 1994). A associação entre a empatia e este conflito deve ter como saída uma 'rutura epistemológica por via relacional', assente na capacidade de evitar o 'risco teoricista de antecipar explicações descontextualizadas' com base na cultura científica, obrigando o investigador a "renunciar ao seu poder sobre os outros (...) negando-o e auto-limitando-se" (Caria, 1994:43) – o mesmo é dizer que o investigador terá que saber despojar-se de qualquer tipo de 'arrogância erudita', pôr de parte preconceitos e estereótipos, fugir do 'etnocentrismo científico', promover o 'reencontro da ciência com o senso comum', e aceitar, pelo menos como plausível, a explicação dos atores (Amado, 2001a; 2001b). Nesta perpectiva, a ciência deixa simplesmente de se fazer *sobre* ou *para* as pessoas, passando a fazer-se *com* as pessoas participantes nos contextos estudados e protagonistas dos fenómenos que interessa compreender (Gaventa, 1988; 1993, cit. por Vieira, 1995).

II - 2.4. A validação e a teorização em etnografia

Ao conjunto das perguntas da secção anterior, acrescentamos um novo conjunto relativo aos modos de proceder para garantir a validade da investigação etnográfica; alguns destes apetos serão retomados, com mais desenvolvimento, na quinta parte do presente manual. Vejamos.

- *Como se garante a verdade em etnografia?*

É a participação que traz a garantia da *verdade*. Ouvir e registar a simples palavra do 'indígena' não é suficiente: "a palavra deste não é suficiente; aliás não há garantia do que diz seja mesmo verdade. (...) É preciso reconstruir a construção lógica por meio de outros instrumentos que, no seu conjunto, façam o documento, estes documentos são fabricados a partir da participação na vida, tal como ela decorre na passagem do tempo por parte do investigador, e são finalmente a ponte que traz à lógica do cientista as formas e os conteúdos da lógica e do agir do nativo" (Iturra, 1986:152).

O valor de verdade de uma investigação tem a ver com o grau de verdade, correção e exatidão dos dados. Como não estamos perante uma investigação de cariz positivista, é impossível aferir o valor de verdade pela validade dos instrumentos utilizados. Segundo Hymes (1993), "o conteúdo disciplinar da etnografia – as pessoas e o seu mundo – impõe certas condições que conduzem a que a validade e o desenho da investigação tenham de possuir uma complexidade e um nível de abertura diferentes daqueles que se verificam no desenho experimental que se pratica em diversos campos" (p. 185).

Aqui o grande instrumento é o próprio investigador, como já o dissemos. Neste caso, o que há a procurar é saber se existe 'coerência interna' entre os dados, se as conclusões obtidas através dos processos de codificação (utilizado na 'análise de conteúdo' dos dados) e de seleção da informação operada são plausíveis e se se integram no conjunto da literatura sobre o tema (Huberman, 1981; Hébert et al., 1994:69), e, enfim, se existe isomorfismo entre o que o investigador representa (interpreta, conclui) dos observados e a realidade tal como é pensada e vivida pelos observados. Ora, entre as técnicas para a verificação deste isomorfismo, desta coerência e fidelidade interna, consideram-se:

- a presença prolongada no terreno, recolhendo uma multiplicidade de dados suscetível de inspirar confiança nas interpretações;
- as múltiplas observações de acontecimentos típicos e atípicos; se possível, deve-se observar repetidas vezes as vídeo-gravações, escutar de forma igualmente repetida as áudio-gravações;
- a triangulação, suscetível de verificar a convergência dos dados;
- a comprovação com os participantes.

No dizer de Freebody (2003), as exigências para alcançar rigor e fidelidade na investigação etnográfica são semelhantes às de outros tipos de investigação: "assegurando a clareza e exatidão nas apresentações do contexto da investigação; na exposição do problema a ser investigado; nos modos como o investigador obteve acesso aos dados; nas suposições dos participantes; no modo como se entendeu o papel do investigador" (p. 77). Desenvolveremos um pouco mais estes aspetos, relativamente à problemática da validação da investigação qualitativa, em capítulo próprio (cf. cap. V-1.).

- *Como caminhar da descrição à interpretação e à teorização?*

Se o método da etnografia assenta basicamente na *descrição narrativa contínua*, esta é, contudo, apenas uma técnica; para além da técnica tem de haver uma armação concetual e epistemológica, a partir da qual se oriente a atenção e se produzam as interpretações. Como diz Erickson (1989:196): "uma técnica de investigação não constitui um método de investigação. A técnica da descrição narrativa contínua pode ser empregue por investigadores com uma orientação positivista e condutista que exclui deliberadamente o interesse pelos significados imediatos das ações do ponto de vista dos atores. Também a podem usar os investigadores com uma orientação não positivista e interpretativa, no qual os significados imediatos (com frequência intuitivos) das ações para os atores que intervêm são de fundamental interesse. Os pressupostos e as conclusões destes dois tipos de investigação são muito diferentes, e o conteúdo da descrição narrativa que se redige em cada caso é distinto. Se dois observadores com estas duas orientações (positivista ou interpretativa) se colocarem no mesmo lugar para observarem o que aparentemente seria a 'mesma' conduta, executada pelos 'mesmos' indivíduos, estes observadores farão relatórios do ocorrido substancialmente distintos, escolhendo distintos tipos de verbos, substantivos, advérbios e adjetivos para caracterizar as ações descritas".

Mesmo que a perspetiva seja de caráter interpretativo-fenomenológico, os pressupostos teóricos condicionam o que se procura e aquilo que se vai concluir. Busquets (2001:29) considera existirem "três níveis de reconstrução epistemológica através dos quais pode transitar, não linearmente, mas de maneira construtiva e dialética, um etnógrafo educativo":

- Nível da *ação social significativa*: trata-se de um nível interpretativo que investe os conceitos provenientes de teorias resultantes da psicologia social, do interacionismo simbólico, da fenomenologia social, da sociologia compreensiva de Weber, do construtivismo e da psicanálise. Este nível andará por aquilo a que a autora considera o início do processo etnográfico; segundo ela, este processo "começa – não conclui – quando o investigador inscreve os pontos de vista e os modos em que os membros de uma cultura percebem o universo e organizam a sua própria vida ao documentar a mentalidade nativa" (Busquets, 2001:37).

– Nível do *contexto cultural*: significa que a etnografia, além de documentar a vida quotidiana nas escolas e salas de aula, deve preocupar-se também pelos processos históricos, sociais e estruturais que estão na base dos fenómenos quotidianos nesse contexto (Busquets, 2001).

– Nível da *hegemonia, consenso e instrumentos de significação*: relaciona a reconstrução etnográfica com a "orientação política do nosso quotidiano político: em particular o vínculo entre o exercício hegemónico e o que sucede nas salas de aula e nas escolas que estudamos. (...). A ação significativa e a cultura escolar relaciona--se, por consequência, com o exercício do poder político e com a hegemonia" (Busquets, 2001:34).

Este terceiro nível prende-se com o que alguns autores, na linha do paradigma sóciocrítico (cf. cap. I-1), consideram *a etnografia crítica*. Trata-se de uma abordagem "sensível à relação dialética entre constrangimentos da estrutura social, operando sobre os atores humanos, e a autonomia relativa da agência humana" (Anderson, 1989, cit. por Stoer e Araújo, 1992:23). Segundo Stoer e Araújo (1992), "a etnografia crítica aparece como resultado de uma certa insatisfação com as explicações baseadas nas estruturas de classe, patriarcado e racismo, onde os atores sociais, eles próprios, nunca são vistos nem ouvidos. Paralelamente, é também, resultado, da insatisfação com as análises culturais sobre atores sociais, onde os constrangimentos estruturais nunca aparecem. Assim, a preocupação principal da etnografia crítica é fornecer uma forma de poder aliar 'agência humana' com 'estrutura social'" (p. 23). Repetimos, ainda, o que diz Carspecken (1996), um dos autores já referenciados a propósito do paradigma sóciocrítico: na investigação qualitativa crítica "usamos a nossa investigação, de facto, mais para refinar a teoria social do que para descrever meramente a vida social" (p. 3).

Viriam ainda a propósito alguns aspetos que referiremos na última parte deste livro, acerca da *escrita pósmoderna* (cf. cap. V-2.1.2.), muito em especial a ideia de que o relato final de uma pesquisa etnográfica deveria ser composto a várias vozes – a do investigador e a dos investigados (cf. Eisenhart, 2001). Num processo que vai, pois, da descrição à interpretação, a teoria é, para além do que já dissemos enquanto instrumento de análise, um ponto de chegada de todo o trabalho prévio e rigoroso de construção de conhecimentos (Vasquez e Martinez, 1996:76), alcançado a partir da análise dos dados e nos quais se 'enraíza', não deixando de ser, no entanto, uma entre outras possíveis interpretações da realidade (Montero-Sieburth, 1991; Goodson e Walker, 1991:199). E se a teoria é a 'resposta teórica' a um problema, a uma pergunta previamente formulada, na investigação etnográfica ela pode apresentar-se com vários níveis de abstração; como afirmam Hammersley e Atkinson (1994), a teoria pode ser "uma descrição narrativa de uma sequência de factos, um relato generalizado das perspetivas e práticas de um grupo particular de atores ou formulações teóricas mais abstratas" (p. 46), admitindo-se, neste enquadramento e no dizer dos autores citados, uma constante interação entre o *tópico* e o *genérico,* entre o *substantivo* e o *formal.*

- *Quais as vantagens e os limites da pesquisa etnográfica?*

Embora a etnografia não possa ser pensada como a única abordagem investigativa adequada à educação, a sua aplicação nesse campo tem gerado avanços significativos no modo de investigar e compreender os fenómenos educativos. André (1997) faz um balanço exaustivo desses avanços, cabendo destacar que a pesquisa etnográfica:

- permitiu que a investigação da prática pedagógica abandonasse o enfoque de variáveis isoladas para considerá-las conjuntamente, na sua dinâmica e complexidade. Isso foi possível graças à sua intenção em captar os múltiplos significados envolvidos numa dada situação;

- possibilitou um grande enriquecimento metodológico na investigação da vida escolar, ao valorizar e defender uma atitude mais aberta e flexível durante o processo de investigação. Assim, ao identificar e incorporar na pesquisa elementos inicialmente não previstos, permitiu a análise de novos problemas e a abordagem de problemas clássicos, sob novos ângulos e/ou pontos de vistas;
- incorporou as representações, os sentimentos e as opiniões dos sujeitos investigados como elementos importantes da pesquisa;
- revelou, ao penetrar o quotidiano escolar por um tempo prolongado, aspetos importantes da sua cultura: o seu funcionamento, os seus rituais, as suas tensões, as interações entre os sujeitos, etc.

Além dessas enormes contribuições, relativamente a outros tipos de metodologias, cumpre destacar as seguintes vantagens da adoção da abordagem etnográfica:

- pode usar-se em qualquer outra fase do processo de investigação social;
- gera descrições que são valiosas por si mesmas, facilitando em grande medida o processo de elaboração teórica;
- os resultados produzidos são provavelmente de maior validação ecológica do que os conseguidos por outros métodos;
- a diversidade de fontes de dados permite a triangulação, possibilitando assim uma comprovação e quiçá também um controlo dos efeitos do processo de investigação sobre os dados.

Por outro lado, como todas as metodologias, a etnografia tem importantes limitações:

- não pode usar-se para estudar acontecimentos do passado;
- se a compararmos com a experimentação, a sua capacidade de discriminar hipóteses rivais é débil;
- em contraste com o questionário, é muito limitada para tratar de casos em larga escala, como grandes organizações e sociedades nacionais.

Síntese

Deve dizer-se que a etnografia é uma entre as possíveis metodologias de investigação social. Nem é a 'única válida' nem tão pouco é uma metodologia marginal e de 'pouca monta', que unicamente serve para ilustrar ou apoiar os resultados das investigações 'sérias' baseadas em questionários, ou em investigação de caráter positivista. O seu principal objetivo é estudar e compreender as crenças, as expetativas, as emoções, enfim, os modos de ser e de estar – a cultura – de um grupo ou de uma comunidade. Neste sentido, ela quase se confunde com o seu próprio método – a observação participante. Uma observação que exige do observador a capacidade e a disposição anímica para 'participar' intensamente na vida dos observados. Por outro lado, pode dizer-se que as aulas e as escolas são 'campos' adequados a esta estratégia de investigação social, possibilitando uma compreensão profunda, enraizada na subjetividade dos atores (professores e alunos), dos mais diversos aspetos da 'vida' nesses espaços

João Amado & Sónia Ferreira
Universidade de Coimbra

II - 3. ESTUDOS (AUTO)BIOGRÁFICOS – HISTÓRIAS DE VIDA

"As moléculas obedecem a 'leis'. As decisões humanas dependem das lembranças do passado e das expectativas para o futuro".

(Prigogine, 2000:3).

Os estudos (auto)biográficos consistem num tipo de investigação que visa captar, através de um relato ou narrativa, a interpretação que determinada pessoa faz do seu percurso de vida, com a respetiva diversidade de experiências e sentimentos pessoais que tiverem lugar ao longo do tempo e por fases, nas mais diversas circunstâncias ou contextos e em ligação com uma multiplicidade de sujeitos (e.g., pais, irmãos, colegas, patrões) e de sistemas (e.g., família, escola, emprego). Estes estudos devem ser considerados, como dizem Bogdan e Biklen (1994:93), "veículos para a compreensão dos aspetos básicos do comportamento humano ou das instituições existentes, e não como material histórico". Contudo, eles podem ser, também, uma verdadeira fonte de conhecimento sócio-cultural dos indivíduos e dos grupos, comunidades e sociedades em que eles se inserem, de relevo para a (re)construção da memória e da identidade individual e coletiva, sobretudo quando enriquecidos através de outros níveis de conhecimento do social (Durão e Cardoso, 1996, Gonçalves, 1997, Vieira, 1999).

Do exposto decorre que a experiência, enquanto processo de subjetivação, integra "o que nos passa, o que nos acontece, o que nos toca. Não o que se passa, o que acontece, ou o que toca" (Larrosa, 2002:21).

Ao aprofundar o (auto)conhecimento sobre o passado, e em resultado do seu reconto, emergem significados que não haviam sido explorados e novas leituras do presente, as quais desenvolvem a perspetiva de futuro que se constrói. É neste sentido que se posicionam autores como Josso (2004:16) quando nos recorda que "no processo não há somente as coisas que ocorreram, há também todo o potencial que cada indivíduo tem para prosseguir a sua existência de futuro". Essa é, ainda, a produção das ego-histórias a partir das autobiografias (Chaunu et al., 1978) e da *história oral* – trata-se de "uma história feita a partir do presente e preocupada com conteúdos interessantes para o presente, no interior do qual é possível desenvolver um olhar analítico, dirigido ao desvendar de silêncios sobre casos pontuais e individuais" (Silva, 2009:24).

Para além de uma estratégia de investigação, as narrativas (auto)biográficas têm sido, ainda, utilizadas como estratégias de formação, em que o que se aprendeu e experienciou nas mais diversas circunstâncias da vida, dos êxitos aos fracassos, das certezas às dúvidas e aos dilemas, se revela como processo dinamizador de novos percursos e metas de vida (e.g., Dominicé, 1990; Goodson, 1992, 1994; Freitas e Galvão, 2007; Vieira, 2011).

Tal como já dissemos para as estratégias de investigação interpretativa em geral, os estudos (auto)biográficos têm raízes na investigação filosófica de caráter hermenêutico e fenomenológico e nos desenvolvimentos que lhe foram dados pelas ciências sociais, mormente pela Escola de Chicago (em especial o trabalho de Thomas e Znaniecki)[59], pela obra de George Mead e de diversos interacionistas, como os já referidos Blumer, Goffman e Becker. Em França, a influência do existencialismo de Sartre e o clima sóciocultural gerado pelo maio de 68 devem considerar-se, igualmente, marcos importantes. Atualmente podemos referir autores, como: Bertaux (1979; 1981; 1991; 1997; 2005*)*, Ferrarotti (1988; 2007), Poirier *et al* (1999) ou Thompson (2000; 2007). Com estes e outros autores o

---

[59] A obra destes autores, *The polish peasant in Europe and America*, em cinco volumes e publicada entre 1918-20, além de recorrer a dados estatísticos e à análise de documentos pessoais, muito especialmente à epistolografia, recorre também ao testemunho autobiográfico escrito de um imigrante, Wladek, com o propósito, explicitado pelos autores, de incluir fatores objetivos e subjetivos na explicação e compreensão dos fenómenos sociais (cf. Nilsen, 2008).

método tornou-se verdadeiramente autónomo e com identidade própria. Pode dizer-se, também, que eles comprovam que as abordagens (auto) biográficas surgem de "uma mutação cultural que, pouco a pouco, faz reaparecer os sujeitos face às estruturas e aos sistemas, a qualidade face à quantidade, a vivência face ao instituído" (Nóvoa, 1992:18).

Há, contudo, uma pluralidade de perspetivas teóricas, de objetos de estudo, de técnicas de recolha de dados, o que, segundo Gonçalves (1997), justifica a designação do método no plural – *métodos (auto)biográficos*.

Os estudos (auto)biográficos em educação têm-se realizado em torno de um largo conjunto de tópicos: a experiência escolar dos sujeitos, as suas dificuldades de aprendizagem, a vida e carreira de professores, a aprendizagem de adultos, etc.

II - 3.1. A natureza dos dados (auto)biográficos

A conceção da natureza dos dados (auto)biográficos não foge a tudo quanto temos vindo a afirmar a propósito do objeto central da investigação qualitativa: a racionalidade dos indivíduos, o sentido que conferem às suas ações e experiências de vida e as estratégias individuais que desenvolvem em função das interpretações que fazem das situações em que estão (ou estiveram) envolvidos e implicados (Peneff, 1990; Passeron, 1990).

No contexto da investigação há um problema de base que se tem de colocar: os estudos (auto)biográficos refletem, de facto, algo sobre a realidade vivida (realismo) ou constituem-se como uma mera construção interpretativa partilhada por investigador e investigado (construcionismo)?

Adotar a visão construcionista implica acentuar uma perspetiva individualista da ação, reconhecendo, nesse caso, que "a uniformidade do social" é "apenas aparente e não uma propriedade do próprio mundo" (Guerra, 2008:17). Como afirma, ainda, a mesma autora: "esta perspetiva tem especial impacte nas histórias de vida, já que a emergência do interesse pelo material biográfico está ligado de forma intrínseca ao processo de individualização. A entrevista em profundidade (ou a história de vida) só é possível quando o narrador se separa de uma história coletiva e se reporta a um discurso pessoal que ele próprio estrutura. É a partir de uma conceção específica da essência do ser humano, caracterizado pelos traços de liberdade e igualdade, que o sujeito concebe quer a necessidade imperiosa de realizar o seu futuro pessoal, quer a possibilidade de organizar a sua história de vida através de uma racionalidade própria" (Guerra, 2008:17).

A perspetiva realista considera que as ações dos indivíduos representam *reapropriação singular do coletivo*, social e histórico, de que fazem parte. Há pois o pressuposto de que o modo subjetivo como os sujeitos "vivem a realidade social e a realidade de si próprios se constitui como elemento fundador da sua identidade (...) que viabiliza o reconhecimento da origem social dos conteúdos subjetivos e a permanente reconstrução interpretativa que, em cada momento, o sujeito realiza das interações sociais" (Gonçalves, 1997:94). É no mesmo sentido que Poirier e colaboradores consideram que o método "equivale a uma tentativa feita para captar o não explicado, o não retido, para se situar nessa encruzilhada da pessoa e da sociedade que é a própria vida" (Poirier et al., 1999:151). Esta é, aliás, uma posição defendida desde há muito no quadro da visão do social e do sociológico que teve na obra de Mills (1997), *The Sociological Imagination*[60], um dos principais defensores (cf. Nilsen, 2008).

A posição intermédia, pragmática, evita posicionamentos extremados para uma daquelas perspetivas, na medida em que tem de haver uma base histórica e social em que se situam e estruturam as vidas e experiências individuais (Roberts, 2002:7).

Mas na investigação biográfica parte-se ainda de vários outros pressupostos, tais como:

- os seres humanos possuem um potencial de desenvolvimento intelectual permanente;
- o desenvolvimento do adulto faz-se por etapas ultrapassando vários *modos de pensamento* ou estádios;

---

[60] Com primeira edição em 1959 deu-se um importante marco na história da investigação qualitativa (cf. Alastalo, 2008; Nilsen, 2008).

- o desenvolvimento pessoal faz-se por uma reflexão na ação e o desenvolvimento profissional é também um processo de desenvolvimento pessoal. A vida é um esforço de educação (Dominicé, 1988);
- a racionalidade da vida e das decisões pontuais é encontrada, em muitas ocasiões, apenas no momento da narração. Nessa altura, "os elementos que na altura pareciam dispersos e as racionalidades que no momento emergiam como espontâneas estruturam-se num todo coerente que amarra o fio condutor de múltiplas decisões e ações" (Guerra, 2008:29);
- não existem experiências isoladas; qualquer experiência ocorre em determinado contexto (Pais, 2001:93).

Estes pressupostos reconhecem e conferem aos métodos biográficos enormes potencialidades heurísticas e formativas que, por sua vez, assentam num outro pressuposto que é o de que "narrar não é descrever: é reescrever. Ele subentende que interpretar a narrativa experiencial não é interpretar objetivamente o presente como um encadeamento causal de um passado: é subjetivá-los para os projetar no futuro" (Correia, 1996:25). Não se trata, portanto, de explorar estes métodos nos sentidos arqueológico ou histórico, sentidos esses que, como diz o mesmo autor, "procuram observar e registar as marcas e as experiências passadas para as contextualizar no espaço e no tempo da sua produção" (*ibid.*). Já o trabalho de formação, em torno das "*histórias experienciais* procura desenvolver dispositivos de escuta e de interpretação das experiências passadas e dos saberes a elas associadas para promover uma articulação e recontextualização que os projete no futuro" (*ibid.*).

Mas será que os métodos da linearidade nos dão verdadeiramente conta das turbulências da vida? A questão é colocada por Pais (2001), no seu trabalho sobre histórias de vida de jovens marginais e (ou) com vivências de trabalho precário – "*Ganchos, tachos e biscates – Jovens, trabalho e futuro*" (2001). "Perante indícios claros de que as vidas de muitos jovens não seguem trajetórias lineares, impõe-se pensarmos em métodos pós-lineares de aproximação à vida dos jovens" (*ibid.*). E acrescenta o investigador que "são tão importantes os *alinhamentos* da vida quanto os seus *desalinhamentos;* são tão relevantes as lienações da vida quanto as suas alienações, estas últimas bem mais difíceis de apreender" (2001:87). Seguindo ainda o mesmo autor, o que os jovens nos contam nas suas histórias de vida é um "rosário de enredos cruzados cuja linearidade é sacrificada a favor da interconectividade, entre factos, modos e tempos. Cada passagem de vida deve ser vista em interconectividade com experiências passadas e expectativas futuras, com acontecimentos de um aqui e de um ali, (...) [com] diferentes âmbitos da realidade finita" (Pais, 2001:93-94).

II - 3.2. A diversidade dos métodos biográficos

Se a designação de *métodos biográficos* se refere a uma estratégia de investigação, na prática ela concretiza-se em modalidades distintas, de que se destacam as biografias/autobiografias (em que os documentos pessoais, diários e portefólios têm um valor intrínseco por si mesmos) e as histórias de vida (em que se procura mais estabelecer a relação do indivíduo com os contextos sociais e culturais do seu trajeto pessoal).

Sem atribuirmos muito valor a essa diferenciação, neste capítulo limitar-nos--emos a desenvolver alguns aspetos mais específicos da entrevista biográfica como a metodologia por excelência a usar nos estudos (auto)biográficos. Abordaremos matérias como os diários, os portefólios e os documentos pessoais num capítulo integrado na temática da recolha de dados (cf. cap. III-2.6.).

Mas nos estudos biográficos, enquanto estratégia, pode ainda recorrer-se à combinação de outras técnicas, em diferentes momentos do processo. Pais (2001) desenvolveu o trabalho atrás referido com base essencialmente em entrevistas aprofundadas, mas não deixou de recorrer a notas pessoais de alguns sujeitos, a diários e, até, mesmo a "pequenas discussões de grupo" (p. 108).

II - 3.3. Histórias de vida e entrevista biográfica

Como dizem Fontana e Frey (2003), as histórias de vida "diferem das outras entrevistas pelos seus objetivos mas não de um ponto de vista metodológico" (p. 79). Apesar disso, julgamos que em certos aspetos há alguma especificidade que deve ser tida em conta; é essa a razão de ser do desenvolvimento que aqui apresentamos, tendo por base as interrogações que o investigador iniciante muitas vezes se coloca.

- *Como encontrar voluntários que desejem participar na pesquisa?*

Em primeiro lugar há que ter em consideração quantos sujeitos participarão na investigação, o que também se prende com o problema da representatividade de que falaremos a seguir. Cada sujeito é um caso – e aqui se cruza a estratégia de estudo de caso com o estudo biográfico. Depois, e ainda antes de se determinar quem inquirir, há que informar-se sobre determinados aspetos dos sujeitos ou sujeito: "Trata-se de uma pessoa estruturada e com boa memória? Terá a pessoa tido os tipos de experiências e participado nas organizações e acontecimentos que você deseja investigar? Terá ele ou ela disponibilidade de tempo?" (Bogdan e Biklen, 1994:93).

- *Como definir os limites cronológicos da investigação?*

Há que decidir os limites temporais sobre que se vai debruçar a investigação: Toda a vida? Um período específico, como, por exemplo, o tempo consagrado a determinada atividade ou profissão, o início e decorrer da aposentação, entre outros. A propósito destas decisões, Plummer (2001, cit. por Nilsen, 2008: 83) distingue, por um lado, as longas histórias (*long stories:* toda a história de vida de uma pessoa) das histórias curtas (*short stories:* passagens de uma vida); por outro lado, pode falar-se de *histórias compreensivas* (*comprehensive histories*: história de uma vida em que a voz do sujeito é central), histórias com tópico (*topical stories*: focadas num aspeto particular da vida de uma pessoa), e histórias editadas (*edited stories:* em que prevalece a voz e interpretação do investigador).

- *Que representatividade queremos emprestar aos dados?*

Estamos perante uma preocupação relativa ao número *razoável* de histórias de vida a trabalhar ou à quantidade dos dados a recolher numa investigação e que se prende com a experiência do sujeito, fulcro de abordagem biográfica (Gonçalves, 1997).

A opção deve ser tomada, à partida, em função do problema que se queira estudar e do modo como concebemos a *generalização* dos dados. Podemos estar ou não preocupados com esta generalização; se não estamos, as opções serão de uma certa natureza; se estamos, as opções são outras. Claro que se tomarmos cada sujeito como um caso, a preocupação é a de interpretar esse mesmo caso e não a de representar um mundo de casos.

Parece-nos oportuno referir aqui as palavras de Zabalza (1994), a propósito dos objetivos do seu estudo sobre os dilemas dos professores, a partir de diários por eles escritos. Diz este investigador que apesar de não estar preocupado com a generalização, "de todas as formas, qualquer investigação, pelo menos implicitamente, tem um compromisso com a generalidade e com o desenvolvimento da teoria de que parte, e, neste sentido, a disjuntiva, intensivo-extensivo, nomotético-idiográfico, está sempre presente no planeamento e no desenvolvimento das investigações" (*ibid.*, 86).

No domínio prático da metodologia, a opção a tomar define-se entre, por um lado, interrogar vários informantes (um grupo de pessoas com determinada particularidade, uma família, etc.), sobre factos, situações ou períodos da sua vida, ou, por outro lado, realizar entrevistas em profundidade, a um participante ou a muito poucos (Gonçalves, 1997; Creswell, 1998; Guest et al., 2006; Alasuutari, Bicikman e Brennan, 2008; Nilsen, 2008).

- *O que há a ter em conta na preparação da entrevista?*

Remetemos o leitor para o capítulo próprio sobre a Entrevista (cf. cap. III-1). Em geral, esta estratégia de pesquisa aponta para as entrevistas de profundidade, semidiretivas ou não diretivas (Creswell, 1998; Flick, 2002). Acrescente-se que, no próprio momento da planificação de um estudo, outras questões se colocam, ainda que elas digam respeito a momentos ulteriores à recolha dos dados:

Como transcrever as entrevistas?
Como analisá-las?
Como divulgá-las?

Durão e Cardoso (1996:95) consideram que "pensar os problemas nestes termos proporciona-nos um princípio de organização concreta e material. Como tal, não pode haver uma simples relação de ingenuidade nem de recolha *per se* quando nos lançamos nesta aventura".

- *Como criar um ambiente de confiança?*

Não podemos esquecer que as memórias são simultaneamente seletivas (o entrevistado apenas conta o que quer) e afetivas. E porque assim é, torna-se importante criar um ambiente propício à sua emergência, conquistando a confiança dos entrevistados, como diz Pais (2001:107; cf. Ferrarotti, 2007; Bourdieu, 1993).

A obtenção desta confiança permite que se ultrapasse rapidamente o momento em que antes de se ser observador se é observado, especialmente quando a investigação se faz numa instituição, onde toda a gente vai inquirir da identidade de investigador e do sentido do seu trabalho. Diz Bertaux (1997:59), a este propósito, que é necessário construir rapidamente a identidade do investigador.

II - 3.4. Análise da entrevista biográfica

A análise das narrativas poderá encaminhar-se para perspetivas que salientem os conteúdos ou a forma, ou que tenham em conta o seu caráter holístico (o texto e a história de vida como um todo, interpretando-se cada parte em confronto com as restantes), ou as categorias temáticas (temas e categorias de uma análise de conteúdo). A análise de conteúdo permite o confronto e comparação de várias narrativas, ao passo que a análise holística é mais pertinente quando nos debruçamos sobre um relato apenas e intencionalmente tomado em profundidade.

O problema da análise das entrevistas biográficas põe-se porque, como dizem Bolívar e colegas (2001), estes documentos não nos colocam perante "textos informativos, mas antes de relatos biográficos que constroem humanamente (sentir, pensar, atuar) uma realidade" (p. 205).

Tal como em toda a investigação interpretativa, aqui colocam-se as questões da generalização, validade, fiabilidade, veracidade, temas a que daremos desenvolvimento em capítulo próprio (Parte V.). Há, contudo, aspetos muito peculiares a colocar a esta metodologia, muito especialmente no que se refere à interpretação dos dados. Como diz Pais (2001:85) na investigação já referida, "os relatos de vida, apesar da sua linearidade aparente, são, na realidade, amontoados de memórias de pedaços de vida (...). Os seus episódios encontram-se naturalmente encadeados: uns acontecem antes e outros depois, mas a vida, em toda a sua plenitude, é uma coleção incompleta de narrativas". Por isso, continua o mesmo autor: "interpretar um relato de vida não é dar-lhe um sentido de linearidade mais ou menos fundamentado, mas apreciar a pluralidade de que a vida é feita. (...). A linearidade biográfica é contrafeita porque se quebram continuidades nas trajetórias familiares e profissionais, por efeitos de divórcios, trabalhos precários, desemprego" (*ibid.*).

Esta perspetiva, apontada pelo autor, contraria uma visão mais tradicional, e também mais simplificadora, que considera a narrativa de história de vida como caracterizável pela *unidade, propósito, orientação, sequencialidade*, consentâneas com a aparente estabilidade de uma realidade psíquica interna (Miles e Huberman, 1994; Noy, 2003). Segundo Pais (2001) há, pois, que trabalhar "métodos pós-lineares que nos permitam dar conta das ruturas da vida – vividas ou relatadas – plenamente indiciadas pela sua fragmentatividade. Os fragmentos de vida aparecem-nos desprendidos do seu todo de pertença (...) O desafio que se nos coloca é o de saber como os interconectar. Mas esse é o desafio da análise interpretativa, o de trabalhar os fragmentos de sentido, interconectando-os revirando-lhes os sentidos. O prefixo *ana* de analisar remete, etimologicamente, para a ideia de sentidos contrários, de novos sentidos. Sentidos que possam revelar-se contra os *liamentos* de vida que nos são dados numa aparente linearidade, em sua forma lisa" (pp. 103-105).

Pensamos que a problemática da análise – como e o que analisar – está igualmente presa às fundamentações teóricas prévias e aos posicionamentos filosóficos acerca da natureza do humano, dos fenómenos sociais e do conhecimento, como já vimos na primeira parte deste manual (cf. Nilsen, 2008).

II - 3.5. Uma linha de investigação: as vidas de professores

O estudo das histórias de vida dos professores tem sofrido nos últimos anos um justificado interesse. A obra de Abraham (1984), *O professor é uma pessoa*, pode considerar-se o ponto de partida desta linha investigativa inovadora que, como diz Nóvoa (1992:15), "veio recolocar os professores no centro dos debates educativo e das problemáticas da investigação". Seguindo o mesmo autor, esta investigação tem procurado saber: "como é que cada um se tornou no professor que é hoje? E porquê? De que forma a ação pedagógica é influenciada pelas características pessoais e pelo percurso de vida profissional de cada professor?" (*ibid.*, 16).

E entre as linhas de investigação neste domínio salientam-se os seguintes vetores cujos objetivos são, essencialmente, de teorização e de investigação[61]:

– *Estudos centrados nos ciclos de vida profissional,* ou *carreira (posições, estádios e formas de pensar ao longo da vida).* As investigações de Huberman (1992) são a referência principal desta linha de investigação e que tem inspirado, mesmo em Portugal, muita outra pesquisa. No texto síntese de 1992, publicado na antologia organizada por Nóvoa (1992), o autor, depois de fazer uma breve

---

[61] Nóvoa (1992: 20) propõe uma classificação dos estudos (auto)biográficos baseada nos seus objetivos centrais: objetivos essencialmente teóricos relacionados com a investigação, objetivos essencialmente práticos relacionados com a formação, objetivos essencialmente emancipatórios relacionados com a investigação-formação.

panorâmica das *questões apaixonantes*[62] sobre o tema, sintetiza as principais características das diferentes *fases* ou *estádios* da vida profissional dos professores: a entrada na carreira (1-3 anos), a fase de estabilização (4-6 anos), a fase da diversificação (7-25), a fase da serenidade (25-35 anos) e, finalmente, a fase do desinvestimento (35-40 anos). Em Portugal, os estudos realizados nesta perspetiva começaram a surgir nos finais da década de 80, podendo invocar-se como exemplos: Cavaco (1989); Gonçalves (1990); Fontoura (1992); Loureiro (1997).

– *Estudos centrados sobre a história de vida do professor e as suas práticas de ensino*. Damos, como exemplo, o estudo já referido de Vieira (1999), intitulado *Histórias de vida e identidades,* centrado sobre a história de vida, representações e práticas de um grupo de professores. Pergunta o autor para justificar o seu percurso: "como entender o entendimento dos atores – se aceitarmos que ele é construído e, portanto, fruto do passado – sem recorrer à história?» (*ibid.*, 51).

Este último grupo de estudos enquadra-se numa perspetiva que tem em conta os modelos mediacionais do ensino. Como diz Gumperz (1988:69), "os escritos autobiográficos dos próprios professores dão interessantes ideias iniciais sobre o que ocorre e que pode tomar um caminho errado na própria aula. Estes escritos ilustram de maneira palpitante os problemas com que se encontram os professores em suas tarefas diárias: dar lições, avaliar o rendimento, manter a ordem e organizar de diferentes modos os ambientes adequados de aprendizagem. (...) Chamam, assim, a atenção sobre o contraste entre as descrições oficiais dos *curricula* e

---

[62] Registamos aqui algumas dessas questões (Huberman, 1992: 35-36): "Será que há *fases* ou *estádios* no ensino? Será que um grande número de professores passa pelas mesmas etapas, as mesmas crises, os mesmos acontecimentos-tipo, o mesmo termo de carreira, independentemente da *geração* a que pertencem, ou haverá percursos diferentes, de acordo com o momento histórico da carreira? Que imagem é que as pessoas têm de si, como professores em situação de aula, em momentos diferentes da sua carreira? (...) As pessoas tornam-se mais ou menos competentes com os anos? (...) As pessoas estão mais ou menos satisfeitas com a sua carreira em momentos precisos da sua vida de professores?».

os objetivos educativos com o que se consegue realmente. As explicações autobiográficas têm valor porque atraem a nossa atenção para problemas cuja existência conhece quem está familiarizado com as práticas de escolarização mas que não foram analisadas de maneira sistemática. A importância da autobiografia radica em que as aulas são tratadas como sistemas sociais em que o que se consegue não é apenas o dar informação, isto é, fazer passar a informação de mestre para alunos, mas sistemas em que o processo de aprendizagem se vê influenciado pelas características sociais dos mesmos alunos".

II - 3.6. Histórias de vida de crianças e adolescentes

Esta é outra linha de investigação extremamente prometedora, não só pelo conhecimento que pode gerar como pelo que ela significa enquanto estratégia que permite dar *voz* a sujeitos facilmente ignorados nos mais diversos contextos sociais – na escola, nas instituições de acolhimento, e em muitos outros espaços. Estas histórias de vida são fundamentais para o conhecimento da construção de identidades na interação com o mundo social em que crianças e jovens crescem. E assim se faz luz sobre determinados processos do desenvolvimento psicológico e social, que dificilmente se entenderiam com recurso a outras estratégias (Rose e Philpot, 2005; Lodico e Voeggtle, 2005). Entre os clássicos desta pesquisa inscrevemos a obra de Pollard (1996*), The social word of children´s learning,* cujo objetivo é o de reconstruir a história de cinco crianças no sentido de investigar como construíam a sua identidade e quanto foram apoiadas nas suas aprendizagens pelo meio sóciofamiliar em que cresceram. Trata-se de uma pesquisa que teoricamente se fundamenta no pensamento de autores como Vygostky, e a sua conceção do desenvolvimento social da mente. A história de vida de crianças com necessidades educativas especiais (dificuldades intelectuais, maus-tratos, etc.) pode ser fonte de importantes conhecimentos para entender e intervir sobre os processos. Carvalho (2006), autora de um estudo desta natureza, centrado sobre crianças com dificuldades intelectuais, considera que 'os retratos' revelam que essas pessoas resistem como podem a todo o tipo de pressão sobre elas exercida, lidando e gerindo as restrições e conseguindo, muitas vezes, conduzir as situações de forma a criarem oportunidades de falar e de agir investindo os seus conhecimentos e a sua cultura. São constatações como estas que desafiam a investigação e a tornam necessária e fundamental para descobrir, na criança (seja qual for o seu estádio de desenvolvimento) o ator social não só capaz de entender e interpretar o mundo em que se situa (ou o situam) como, também, o sujeito de responsabilidades e de direitos à sua medida, como "um campo de possibilidades, uma *polis* de afirmação cidadã" (Sarmento e Cerisara, 2004:7), na linha do que têm vindo a acentuar os recentes *estudos da infância* (Sarmento e Gouvea, 2008).

II - 3.7. As autoetnografias – as novas etnografias

Os estudos biográficos têm evoluído nos últimos anos, e sob a influência das filosofias pós-modernas (cf. cap. I-1.) para formas alternativas de investigar e de escrever em ciências sociais "que se centram numa noção dialógica do *self*, da voz e da consciência humana" (Maguire, 2006, s/p), partindo do princípio de que, como escreveu Bakhtin (1984, cit. por Maguire, *ibid*.) "eu sou consciente de mim mesmo e torno-me eu próprio apenas enquanto me revelo a outro, através de outro e com a ajuda de outro"[63].

Um dos métodos principais nesta linha é a autoetnografia. Esta metodologia "consiste numa investigação em que os autores se baseiam nas suas próprias experiências vividas, relacionam o pessoal com o cultural e colocam o *self* e os outros dentro de um contexto social" (Reed-Danahay, 1997, cit. por Maguire, 2006: s/p).

Trata-se de uma escrita forçosamente na primeira pessoa, e em que os autores se colocam *dentro* do próprio texto a par dos participantes na investigação e experimentando formas muito livres e inovadoras de

---

[63] "I am conscious of myself and become myself only while revealing myself to an other, through another, and with the help of another."

redação, e, ao mesmo tempo, "eliminando as fronteiras entre o *self* e o outro, entre o sujeito e o objeto". Pode dizer-se que neste método "o escritor fala consigo próprio (*auto*), como um sujeito de uma indagação social e cultural mais ampla (*etno*), cara a cara com uma forma de escrever inovadora e reveladora (*grafia*). O trabalho fala daquelas dimensões constitutivas que na linguagem convencional e de todos os dias são apagadas ou jogam um papel secundário. Estas incluem experiências pessoais vividas, relações entre os investigadores e o seu trabalho, processos (mais do que resultados ou produtos)" (Noy, 2003: s/p).

Um dos textos de referência deste tipo de investigação é *The Ethnographic I: A Methodological Novel About Autoethnography*, da autoria de Ellis (cf. Ellis e Bochner, 2003:199). A autora oferece um exemplo de como os limites entre ficção e realidade, entre a arte e a ciência são ténues, e de como se podem diluir as barreiras entre a investigação dita objetiva e a expressão da subjetividade.

Neste estudo *clássico*, o tema anda à volta das vivências e experiências de uma turma de pósgraduação composta deliberadamente por um grupo heterogéneo de estudantes interessados na autoetnografia. A autora procura, desse modo, mostrar como se escreve uma autoetnografia enquanto a vai ensinando aos seus alunos, misturando, desse modo, um conjunto de discursos com os mais diversos tons, expositivo, invocativo, dialogante, e manifestando sabereres teóricos, reflexões, sentimentos e emoções, com os mais diversos intervenientes e respetivas *vozes*.

Silva (2003:117), que no seu estudo *Etnografia e Educação* expõe, num exercício de autoetnografia, o percurso metodológico de um seu trabalho anterior, termina afirmando: "não poderemos nunca é esquecer-nos que estamos perante um método de pesquisa que assenta fundamentalmente na *persona* do investigador. O etnógrafo (tal como o professor) é, em primeiro e último lugar, uma pessoa".

A metodologia não deixa de ser fortemente criticada pelos que se opõem a este tipo de investigação, no quadro de posicionamentos epistemológicos mais tradicionais (cf. cap. V-2.1., *Artesanato intelectual – a apresentação dos dados)*. E um dos aspetos mais críticos é a questão dos critérios de avaliação destes projetos autorreflexivos (Ivanic, 1998, cit. por Maguire, 2006).

II - 3.8. Vantagens e limites das abordagens biográficas

Entre as vantagens dos métodos (auto)biográficos inscrevem-se aspetos como:

- facultam o acesso, em profundidade, ao universo das *relações sociais primárias* (Gonçalves, 1997);
- oferecem a possibilidade de ter em conta as perspetivas subjetivas e as interpretações individuais dos sujeitos no contexto dos processos sociais (Roberts, 2002: 19; Green e Thorogood, 2009);
- servem de controlo das perspetivas *globais* e *macro*, ao contrapor-lhes a sua visão *específica* e *micro* (Roberts, 2002: 19);
- permitem uma abordagem exploratória ou complementar, em desenhos mais amplos de investigação (Creswell, 1998; Roberts, 2002; Green e Thorogood, 2009).

No que concerne aos pontos mais frágeis das abordagens biográficas, entendemos que se trata de limites do próprio processo, muitos deles comuns a toda a abordagem no quadro do paradigma interpretativo (e.g., Creswell, 1998; Bernard, 2000; Alasuutari, Bicikman e Brennan, 2008). Uma das críticas principais é a de que estes métodos caem num 'subjetivismo sem limites', como assinala Bourdieu (cf. Durão e Cardoso, 1996:106). Também a reatividade dos sujeitos investigados (e.g., nas entrevistas) pode ser muito acentuada; bem como podem colocar-se, ainda, problemas relativos à fidelidade da sua memória em relação aos factos e às análises que vão fazendo (Roberts, 2002:39 e 134 e ss), para além da componente afetiva que de forma alguma se deve considerar ausente dos seus discursos.

Síntese

Os estudos (auto)biográficos projetam-se com diversos propósitos, de que salientamos a compreensão *profunda* do modo como as pessoas constroem e reconstroem determinados trajetos de vida e a respetiva influência dos contextos familiares, profissionais e sociais em geral, que as envolvem nas mais distintas fases da vida (e.g., Bourdieu, 1993; Demazière e Dubar, 1997; Delory-Momberger, 2004). Estes estudos, por seu turno, traduzem a grande complexidade presente na realidade humana e social. Com efeito, nenhuma outra estratégia revela melhor a natureza dialógica dessas realidades, e que se traduz na estreita ligação entre o passado e o presente, entre o indivíduo e a comunidade, entre o particular e o universal.

Acresce ao referido que, a "narrativa biográfica, proporcionando um trabalho de explicitação – ao mesmo tempo gratificante e doloroso – e uma intensidade expressiva de experiências e de reflexões reservadas e reprimidas, por vezes, ao longo de muito tempo, constitui-se na possibilidade de uma *autoanálise provocada e acompanhada*" (Bourdieu, 1993:1408). Desse modo acede-se "ao sujeito da narrativa, à produção e apropriação do sentido do (seu) mundo social e do seu lugar" (Silva, 2005:43).

Uma aproximação tão grande aos sujeitos da investigação implica, forçosamente, como também vimos a propósito da etnografia (cf. cap. II-2), um conjunto de atitudes e predisposições do investigador, sem as quais será impossível seguir na linha desta estratégia. Trata-se, de facto, de uma linha que assenta numa imprescindível base de *confiança entre as partes envolvidas*. A este propósito, terminamos citando Ferrarotti (2007:17): as histórias de vida "têm um preço que o sociólogo quantitativo pode ignorar de maneira olímpica: obrigam a ganhar a confiança dos interlocutores, a não limitar-se a colocar uma cruz no quadradinho adequado (*sim, não, não sei*), a saber escutar e, nesta capacidade de escuta, saber realizar a pesquisa muito para além de um relatório sociográfico-inventarial ou de um relatório de polícia".

João Amado & Ana Paula Cardoso
Universidade de Coimbra – Instituto Politécnico de Viseu

II - 4. A INVESTIGAÇÃO - AÇÃO E SUAS MODALIDADES

A expressão 'investigação-ação' (*action research*), que ficou a dever-se a Kurt Lewin[64] (1890-1947), exprime alguma ambiguidade de sentidos que a torna, senão polémica, pelo menos polissémica. Simões (1990:41) enumera as principais aceções de investigação-ação, baseado em Dubost (1983):

- "uma estratégia de investigação, no campo científico;
- uma estratégia de ação, desencadeada, quer por instâncias do poder, quer por grupos dominados;
- uma estratégia de existência, uma conduta global expressiva;
- uma estratégia de análise social, com objetivos de elucidação".

Na sequência da análise crítica que faz das várias aceções de investigação--ação, Simões (1990) considera que "se evitariam muitas confusões, se a ação fosse entendida no sentido instrumental – uma intervenção sobre a situação real – e se a investigação fosse encarada como a busca de uma resposta a um problema, através de dados empíricos, recolhidos de uma forma sistemática e controlada, portanto, com caráter público e objetivo (...) [e acrescenta que] tal perspetiva implicaria, porventura, negar o caráter

---

[64] Esteves (1986: 254) dá igualmente conta do papel precursor do pensamento de John Dewey (1859-1952); do 'modelo ecológico' de análise de Bronfenbrenner, assente, aliás, na ideia de que para compreender uma realidade nada melhor do que procurar mudá-la; e da teoria do 'interesse emancipatório' do conhecimento de Habermas. Confira-se também a obra síntese sobre investigação-ação de Lídia Máximo-Esteves (2008).

científico a algumas daquelas atividades, sem que isso necessariamente significasse negar a sua utilidade" (pp. 41-42).

Nunca foi pacífica nem a natureza nem a utilidade desta estratégia de investigação. Como afirma Almeida (2001), desde que, "em 1948, Kurt Lewin lançou a ideia da *action research,* tal proposta não foi bem aceite nos círculos científicos. Talvez porque vinha a contra corrente da história das próprias ciências sociais, muito preocupadas, nessa época, em afirmar a sua cientificidade e em limitar os campos da produção e da utilização do conhecimento, distanciando-se das intervenções e das ideologias" (p. 175).

Torna-se, pois, necessário conceber uma relação dialética entre os dois momentos, que não se confundem, mas se alimentam mutuamente: a investigação sobre um determinado problema diagnosticado em contexto social (caráter situacional); a intervenção ou ação para resolver o problema e transformar a situação anterior; de novo a reflexão para produzir conhecimento acerca dessa mesma transformação (caráter autoavaliativo). Como lembra ainda Almeida (2001), esta parece ser a estratégia investigativa que melhor poderá responder à noção de investigação e desenvolvimento (I&D) que hoje se impõe aos centros de investigação.

Na linha do que afirmámos, torna-se aceitável a definição de Johnson (1993, cit. por Freebody, 2003:86), para quem a investigação-ação é: "*investigação* deliberada e orientada-para-a-solução e que é realizada e conduzida pelo grupo ou por uma pessoa. É caracterizada por ciclos espirais de identificação dos problemas, recolha sistemática de dados, reflexão, análise, ações orientadas em função dos dados obtidos e, finalmente, redefinições do problema. A ligação entre os termos 'ação' e 'investigação' ilustra as características essenciais deste método: obter ideias a partir da prática como um meio de incrementar o conhecimento acerca dessa prática ou para melhorar o currículo, o ensino e a aprendizagem".

Entende-se, portanto, que durante todo o processo há produção do saber, através da reflexão sobre a ação, proporcionando, assim, um aumento do conhecimento do ou dos pesquisadores e das pessoas consideradas na situação e contexto investigado.

Na realidade, as ligações e interdependências possíveis e o peso maior ou menor que se atribui a cada um dos termos do binómio – *investigação e ação*[65] – têm variado de grau, dando origem a diferentes modalidades de investigação-ação, umas tendencialmente mais investigativas e outras tendencialmente mais práticas. Tal fica a dever-se, em parte, à pluralidade dos objetivos da investigação-ação: a produção de conhecimentos, a modificação da realidade social/inovação e a formação ou desenvolvimento dos participantes, sublinhada por diversos autores (Esteves, 1986; Simões, 1990; Zeickner, 2001).

Se tivermos em conta, porém, a variedade de paradigmas antipositivistas que referimos no primeiro capítulo, limitando-nos à investigação qualitativa, podemos pensar que o acento num ou noutro dos pólos não resulta de meras opções estratégicas, mas tem por base visões diferentes do que é ciência e de como ela se produz, de quais devem ser os seus objetivos, da relação entre investigador e investigado, da relação entre sujeito e mundo, do que é e deve ser a vida em sociedade, do que é o ser humano. Trata-se, portanto, de diferenças de ordem filosófica e, mais especificamente, de ordem epistemológica e ideológica.

Concordaremos, desse modo, que os autores que perspetivam a sua investigação no quadro dos paradigmas sociocrítico e pósmodernos, e tendo em conta o relevo que emprestam à dimensão interventiva da investigação, manifestem grande preferência por esta estratégia e a justifiquem nos termos da sua visão epistemológica e ideológica da ciência. Assim, autores como Carr (1996) criticam o facto de a investigação mais tradicional ter reduzido a investigação-ação "a pouco mais do que um conjunto de técnicas de resolução de problemas práticos" (p. 133), reforçando, assim, as tradicionais

---

[65] A este binómio outros termos se podem acrescentar em conformidade com os objetivos e o desenho dos projetos; no campo educativo é frequente juntar-se ainda um pólo formativo, podendo falar-se, então, de investigação-ação-formação (cf. Latorre, 2003). O envolvimento dos 'práticos' na investigação resultaria no alimentar da investigação com problemas reais, na orientação da prática pelas conclusões da investigação e na formação direta e altamente motivante dos próprios 'práticos' alcançada na reflexão que eles próprios fazem sobre a sua ação. Os modelos de 'formação reflexiva de professores' têm neste 'circuito' o seu fundamento epistemológico; alguns autores consideram mesmo que um dos resultados positivos desta estratégia de investigação foi o de difundir os conceitos de 'professor como investigador' (cf. Stenhouse, 1987) e de 'prático reflexivo' (cf. Schön, 1992).

distinções positivistas entre investigação e ação, saber e fazer, teoria e prática. A sua proposta, ao contrário da visão tradicional, vai no sentido de que a "investigação-ação deve abraçar uma epistemologia que tenha em conta o caráter crítico e dialético da racionalidade" (*ibid.*), isto é, uma conceção de conhecimento social e historicamente construído numa relação dialógica entre a teoria (a reflexibilidade) e a prática (a realidade vivida).

Resumindo a perspetiva de Carr e Kemmis (1988), Ibiapina (2008:10), considera existir uma *pesquisa-ação técnica* (que, entre outros aspetos, procura distanciar a prática para a melhor a entender na base de uma racionalidade técnica); uma *pesquisa-ação prática* (em que se realça a preocupação por teorizar os saberes da prática, o que aliás pode ser feito pelos próprios práticos, por exemplo, professores); e, finalmente, uma *pesquisa-ação-emancipatória* (que problematiza as implicações histórica e política implícitas nas práticas sociais). Ainda na síntese desta autora: "investigar colaborativamente significa envolvimento entre investigadores e professores em projetos comuns que beneficiem a escola e o desenvolvimento profissional docente. Esse processo não significa que cada partícipe tenha a mesma função na tomada de decisões durante todas as etapas ou fases do estudo, já que a negociação das funções ocorre dependendo das necessidades e da situação, e o desenvolvimento da pesquisa ocorre mediante a comunicação e uma rede de colaboração estabelecida entre os envolvidos no estudo" (p. 22).

II - 4.1. Modalidades de investigação-ação

Podemos, assim, tendo em conta o peso relativo de um dos pólos do binómio e os objetivos dos intervenientes, considerar várias modalidades de investigação-ação. Esteves (1986:266) chama a atenção para duas dessas modalidades, a saber:

- *Investigação-para-a-ação*
- *investigação-na/pela-ação*

A *investigação-para-a-ação* é desencadeada por alguém "que tem necessidade de informações/conhecimento de uma situação/problema a fim de agir sobre ela e dar-lhe solução" (Esteves, 1986:266). Este processo caracteriza-se pelo facto de a investigação e o 'eventual curso da ação' estarem separados, do investigador ter a primeira e última palavra sobre o processo investigativo, e de o meio social investigado não passar de um 'reservatório' de investigações.

A *investigação-na/pela-ação* constitui-se como um procedimento de grande complexidade, logo à partida, devido à multidirecionalidade e coexistência dos seus objetivos; estes apontam, no dizer de Esteves (1986), para a produção de conhecimento (objetivos de investigação), para a introdução de mudanças (objetivos de inovação) e de formação de competência nos participantes (objetivos de formação). Contribui muito para essa complexidade o facto de se tratar de um processo coletivo que envolve investigadores e a sociedade em estudo.

Esta investigação assume um cunho *colaborativo* e *participativo*. Consiste, pois, numa investigação que ocorre na base de um processo colaborativo e de articulação entre os investigadores e o seu conhecimento de especialistas, por um lado, e investigados com o seu conhecimento local e da prática, por outro. Uns e outros devem considerar-se como "membros de uma comunidade que tenha valor para ambos, para investigadores e praticantes, para a teoria e para a prática" (Connelly e Clandinin, 1995:19).

Encetar um processo de colaboração e de participação não depende de decisões leves, superficiais e epistemologicamente fáceis; tal como já referimos, acarreta um modo de conceber os sujeitos investigados, por mais diferentes que sejam em idade, etnia, sexo, capacidades intelectuais, estilos de vida, etc., como sujeitos ativos, produtores de conhecimento e com uma 'voz' a ser ouvida tão legitimamente como a dos investigadores.

O exemplo mais ilustrativo desta perspetiva de investigação 'participativa' é o conjunto de pesquisas realizadas com crianças no âmbito da sociologia da infância. A este propósito, Soares (2006) aponta para quatro perspetivas habituais acerca da visibilidade da criança na investigação: as crianças como objetos; as crianças como sujeitos; as crianças como atores sociais; as crianças como participantes. E explica:

"as duas primeiras perspetivas englobam grande parte da investigação social tradicional, e caracterizam-se essencialmente por negligenciar a imagem da criança como ator social de direito próprio, realçando essencialmente a sua dependência e incompetência, sendo as suas vidas analisadas a partir do olhar adulto com designs metodológicos que são essencialmente paternalistas, de forma a salvaguardar aquilo que estes investigadores consideram ser as incompetências das crianças. As duas últimas perspetivas, realçam novas formas de entendimento das crianças e da sua posição dentro das ciências sociais, considerando-as como atores sociais, com voz e ação, integradas nos processos de investigação onde participam em parceria, mais ou menos consolidada, com os adultos" (p. 26). Nesta última perspetiva, as crianças surgem como parceiros de pleno direito na investigação-ação, com competências e saberes específicos e com capacidades de escolha e de decisão de determinados rumos do projeto.

Outra linha da investigação 'participativa' (também dita 'participatória') é a proposta pelos autores enquadráveis nos paradigmas crítico e pós--moderno, como o já referido Carr (1996), e outros, muito em especial Fals-Borda (2000) e Peter Reason (1998), cujo pensamento é resumido em Máximo-Esteves (2008:62). Trata-se de uma linha que procura colocar em marcha investigações comprometidas com os desequilíbrios naturais e sociais que caracterizam muitas das comunidades humanas. Este comprometimento situa o investigador numa posição totalmente contrária à visão tradicional e académica de investigação "criticada por contribuir para o aumento do desnível do poder entre os grupos com e sem acesso ao conhecimento instituído, favorecendo a colonização dos grupos que viviam em condições sub-humanas, desprotegidos e sem voz, cujas culturas eram ignoradas e, sobretudo, desvalorizadas" (Maximo-Esteves, 2008, p.64).

II - 4.2. Fases da investigação-ação

Em trabalho coordenado por Amado (Amado et al., 2003) e que visava promover algumas mudanças no clima relacional e nas condições de estudo das crianças de um lar de acolhimento, diz-se a este propósito: "Como elementos externos e estranhos às instituições (Lar e Escolas) onde se pretendia levar por diante o projeto, não era fácil conceber um esquema que permitisse uma realização satisfatória desse objetivo primeiro que era o de observar e entender; se elaborar um diagnóstico não implicava grandes alterações às rotinas, desde que baseado em processos cuja interferência fosse limitada no tempo e no espaço, já o mesmo não se podia dizer quando o propósito era pôr em marcha um conjunto de ações que respondessem, ainda que limitadamente, a problemas diagnosticados, ao mesmo tempo que permitissem uma atitude reflexiva de avaliação, uma vez que punham em causa um conjunto de hábitos, de maneiras de estar, organizar, gerir. Por isso, a condição básica passava pela criação de uma forte colaboração da equipa responsável do projeto com os professores da Escola e com a 'Direção' da instituição, monitores e técnicos. Essas dificuldades encontradas, logo à partida, impuseram que elaborássemos um esquema faseado, contemplando os períodos de diagnóstico, intervenção, tratamento de dados e relatório" (Amado et al., 2003:46).

Em síntese, o que se diz é que, para além de não ser fácil intervir no contexto, foi necessária a colaboração de todos os implicados e, por outro lado, houve que planear um faseamento que permitisse ir do diagnóstico ao estudo e do estudo à intervenção. Há, portanto, aqui, a indispensabilidade de estabelecer um conjunto de fases que, na esteira de Freebody (2003:87), podemos estabelecer do seguinte modo:

- criar a equipa;
- selecionar o foco da investigação e estudo da literatura disponível;
- recolher os dados a partir de uma variedade de fontes, usando as técnicas habituais dos estudos etnográficos e dos estudos de caso;
- analisar, documentar e rever os efeitos imediatos, cumulativos e de longo termo das ações dos alunos e dos professores;

- desenvolver e implementar as categorias interpretativo-analíticas;
- organizar e interpretar os dados, agrupando circunstâncias, acontecimentos e artefactos de modo interconectado e sistemático;
- agir na base de planos redefinidos a curto e longo prazo;
- repetir o ciclo.

Note-se que este faseamento chama pouco a atenção para a questão da formação da equipa de trabalho e 'para o contacto com a população a atingir', aspetos estes fundamentais em qualquer das modalidades da investigação-ação, mas muito especialmente na investigação-na/pela-ação devido à multidirecionalidade dos seus objetivos.

II - 4.3. Características da investigação-ação

Falar das características desta estratégia metodológica não é fácil pois elas variarão consoante o acento é colocado na investigação ou na ação. Há, no entanto, alguns atributos que se podem considerar comuns a todas as modalidades, tais como:

- o modelo em espiral cíclica que referimos na citação de Freebody (2003) e que se traduz nas fases de identificação dos problemas, de recolha sistemática de dados, de reflexão e análise, de ações orientadas em função dos dados obtidos e, finalmente, de redefinições do problema.
- o caráter autoavaliativo, autorreflexivo, que, aliás, também se traduz pela redefinição dos problemas.
- o caráter prático e interventivo, que decorre das ações orientadas em função de um prévio diagnóstico e da recolha dos dados.
- O caráter colaborativo, que respeita ao grau de implicação dos diversos intervenientes; neste âmbito, pensamos que podem postar-se no extremo de um *continuum* em que o investigador é 'autor' (e portanto, é externo ao grupo em que se processam as mudanças, como na investigação-para-a-ação), até ao outro extremo, em que o que se verifica é uma 'co-autoria' do investigador e de todos os

outros interessados e empenhados no processo (postados todos, portanto, num mesmo plano – como na investigação-na/pela-ação).

No que concerne ainda a este último ponto, Almeida (2001) refere que não se trata de "projetos bicéfalos, mas sim de conjugar/congregar duas ordens de preocupações e, muitas vezes, de agentes/atores. Assim, a orientação de um projeto de investigação-ação implica entrosar metodologias de investigação com praxiologias da ação, sem esquecer a viabilidade da execução do projeto no seu conjunto, tendo em conta as contingências e constrangimentos inerentes a qualquer intervenção" (p. 176). É ainda o mesmo investigador que alerta, em nome do sucesso destes projetos, para a necessidade de se abandonarem "as tentações hegemónicas de qualquer das suas vertentes. O que envolve também a necessidade de desocultação e transparência por parte de todos os agentes e processos envolvidos" (*ibid.*,176). Recordamos, a este propósito, o que dissemos acima acerca da investigação participativa com crianças, da necessidade de pôr de parte conceções e atitudes adultocêntricas e de reconhecer, ainda, as especificidades éticas deste tipo de investigação.

II - 4.4. A validação da investigação-ação

Do ponto de vista epistemológico, a investigação-ação coloca diversos problemas como os relacionados com a forte implicação do investigador, podendo, nesse sentido, levar a uma distorção dos dados. Como afirma Simões (1990), "na medida em que mais participa, mais provável é que emocionalmente se implique com consequente prejuízo da necessária objetividade" (p. 46); enfim, será difícil, pelo menos, obter a avaliação e confirmação do conhecimento a produzir necessariamente, se se pretende falar de 'investigação'.

Pourtois (1983) considera que esta dificuldade, resultante da dialética entre o 'investigador-ator' e o 'investigador-prático', pode surgir até pelo facto de um tal empenhamento fazer pensar que é tempo perdido ou não rentável qualquer paragem ou recuo para refletir e tirar conclusões. Há ainda o facto de se ser empurrado para a frente pelo entusiasmo ou militantismo, fabricando, desse modo, um sucesso que pode não ir além da pura imaginação. "Se o programa 'corre bem' a avaliação parece inútil; se a ação deixa transparecer pouco dos efeitos esperados, a avaliação representa uma ameaça para o futuro do projeto" (*ibid.*, 557).

A este propósito, Estrela (2005:5), numa síntese de tipo meta-análise realizada sobre a produção científica em ciências da educação, referenciada em vários 'relatórios' sobre o 'estado da arte' publicados nos primeiros quatro números de 'Investigar em Educação' (Revista da Sociedade Portuguesa de Ciências da Educação), esclarece: "o conceito de investigação subjacente aos estudos recenseados parece-nos situar-se num *continuum* que tem num dos extremos o conceito tradicional de investigação científica e no outro o conceito vulgar de investigação como procura de resposta a um problema, o mesmo se podendo dizer do conceito de investigação-ação. Isto é, temos num extremo uma procura de tipo especial ligada a uma questão que é objeto de problematização à luz de uma teoria, recolha sistemática e organizada de dados através de metodologias adequadas e verificação de evidências sujeitas à discussão dos pares; noutro extremo temos a procura da solução para um problema prático, com ou sem enquadramento teórico. É evidente que este *continuum* pressupõe diferentes conceções da relação entre teoria e prática, da ação educativa e do estudo científico dessa ação, do distanciamento da investigação ou do envolvimento na ação que ora aparecem como realidades distintas ora como indissociáveis, dando-se primazia à teoria ou à prática ou postulando uma dialética da teoria e da prática".

E a referida autora conclui que um conceito tão amplo de investigação pode ter como consequência a supressão do "que resta das balizas que separam a investigação científica da investigação ligada à função quotidiana do real", e a inclusão, no próprio conceito de investigação científica, de muito que aí não tem lugar, apesar da sua utilidade prática. Por outro lado, torna-se difícil estabelecer qualquer tipo de generalização ou de aplicabilidade em outros contextos, já que, pelo menos na vertente 'ação' o processo é único e exclusivo de um único contexto (cf. cap. V-1.).

Contudo, se a investigação-ação visa construir conhecimentos, não pode alhear-se da possibilidade de generalizar os resultados obtidos. Assim, contribuiria muito para a afirmação desta metodologia a divulgação dos trabalhos realizados, seja a um nível formal, através da publicação de artigos científicos e/ou de outras formas de divulgação, seja ao nível da própria escola, junto a públicos-alvo diversificados, utilizando formatos criativos. A apresentação dos resultados, para que possam ser utilizados pelos pares, bem como a clara explicitação do processo da sua produção é, na opinião de Baumfield e colaboradores (2008), uma maneira eficaz de desafiar os colegas a replicarem os estudos e, assim, contribuírem para validar o conhecimento alcançado por via desta abordagem metodológica.

Síntese

Apesar das suas limitações, as diferentes estratégias caracterizáveis como investigação-ação têm-se revelado eficazes na resolução de diversos problemas no âmbito educativo, muito especialmente os relacionados com a formação de professores (Cardoso, 2014: 55; Máximo-Esteves, 2008: 69), como já o referimos em nota, e os relacionados com a inclusão de crianças com necessidades educativas especiais e das minorias étnicas (Sanches, 2005; Cortesão e Stoer, 1997), entre outros.

A discussão sempre presente a propósito do grau de aproximação que possa ser feito entre os dois pólos do binómio tem de ser entendida no quadro da existência de uma pluralidade de paradigmas em ciências sociais e humanas. Por isso, qualquer conclusão deve ser sempre considerada tendo em conta os pressupostos que estão em causa acerca do que se entende como ciência e acerca dos critérios exigíveis para afirmar a sua validade e credibilidade.

No entanto, o debate acerca da investigação-ação, nas suas diversas modalidades, tem-se revelado um importante pretexto para se refletir sobre outros aspetos, tais como o lugar e a importância da investigação social para a melhoria das formas de vida de pessoas, grupos e comunidades, as relações entre ciência social, política e ética, as relações entre a teoria e a prática, as relações entre investigação universitária e a sociedade, e muitos outros temas relevantes na atualidade.

Bibliografia da II ª parte

Alastalo, M. (2008). The history of social research methods. In P. Alasuutari et al. (Eds.), *The sage handbook of social research methods* (pp. 26-41). London: Sage Publications.

Alasuutari, P., Bickman, L., & Brennan, J. (Eds.). (2008). *The sage handbook of social research methods*. Thousand Oaks, CA: Aage.

Almeida, J. F. (2001). Em defesa da investigação-ação. *Sociologia, Problemas e Práticas, 37*, 175-176.

Amado, J. (1998). *Interação pedagógica e indisciplina na aula: Um estudo de características etnográficas*. Tese de doutoramento não publicada. Lisboa: Universidade de Lisboa, Faculdade de Psicologia e de Ciências da Educação.

Amado, J. (2001a). Um estudo etnográfico da indisciplina na aula. In A. Estrela & J. Ferreira, (Orgs.). *Investigação em educação: Métodos e técnicas* (pp. 167-179). Lisboa: Educa.

Amado, J. (2001b). *Interação pedagógica e indisciplina na aula*. Porto: Asa Editores.

Amado, J. (2008). Science et sens commun: A propos d'une étude ethnographique de l'indiscipline en classe. *Recherche en Éducation, 1*, 60-73.

Amado, J., Limão, I., Ribeiro, P., & Pacheco, V. (2003). *A escola e os alunos institucionalizados*. Lisboa: Ministério da Educação.

André, M. (1997). Tendências atuais da pesquisa na escola. *Cadernos Cedes, 18*(43), 46-57.

André, M. (1998). *Etnografia da prática escolar* (2ª ed.). Campinas: Papirus.

Ball, S. (1985). Participant observation with pupils. In Burgess, R. G. (Ed.), *Strategies of educational research: Qualitative methods* (pp. 23-52). London: The Falmer Press.

Bartelett, S. Burton, D., & Peim, N. (2001). *Introduction to education studies*. London: Paul Chapman Publishing.

Baumfield, V., Hall, E., & Wall, K. (2008). *Action research in the classroom*. London: Sage Publications.

Bell, J. (2002). *Como realizar um projeto de investigação em ciências sociais*. Lisboa: Gradiva.

Bernard, H. R. (2000). *Social research methods*. Thousand Oaks, CA: Sage Publications.

Bertaux, D. (1979). Écrire la sociologie. *Information sur les sciences sociales, 19* (1), 7-25.

Bertaux, D. (Ed.). (1981). *Biography and society: The life history approach in the social sciences*. Beverly Hills: Sage Publications.

Bertaux, D. (1988). Fonctions diverses des récits de vie dans le processus de recherché. *Sociétés, Revue des Sciences Humaines et Sociales, 18*, 18-22.

Bertaux, D. (1991). From methodological monopoly to pluralism in the sociology of social mobility. In S. Dex (Ed.), *Life and work history analyses: Qualitative and quantitative developments* (pp. 73-92). London: Routledge.

Bertaux, D. (1997). *Les récits de vie: Perspetive ethnosociologique*. Paris: Nathan.

Bertaux, D. (2005). *Los relatos de vida: Perspetiva etnosociológica*. Barcelona: Ediciones Bellaterra.

Bertaux, D., & Thompson, P. (2007). *Pathways to social class: A qualitative approach to social mobility*. New Brunswick: Transaction Publishers.

Bogdan, R., & Biklen, S. (1994). *Investigação qualitativa em educação: Uma introdução à teoria e aos métodos*. Porto: Porto Editora.

Bolívar, A., Domingo, J., & Fernández, M. (2001). *La investigación biográfico narrativa en educación*. Madrid: Ed. La Muralla.

Bourdieu, P. (1993). *La misère du monde.* Paris: Éditions du Seuil.

Busquets, M. B. (2001). *Conociendo nuestras escuelas: Un acercamiento etnográfico a la cultura escolar.* Barcelona: Paidós.

Cardoso, A. P. (2014). *Inovar com investigação-ação: desafios para formação de professores.* Coimbr: Imprensa da Universidade de Coimbra.

Caria, T. (1994). A prática e a aprendizagem da investigação sociológica no estudo etnográfico de uma escola básica 2/3. *Revista Crítica de Ciências Sociais, 41,* 35-62.

Carr, W., & Kemmis, S. (1988). *Teoria critica de la enseñanza.* Barcelona: Martinez Roca.

Carr, W. (1996). *Una teoria para la educación: Hacia una investigación educativa critica.* Madrid: Morata.

Carspecken, P. F. (1996). *Critical ethnography in educational research.* London: Routledge.

Carvalho, M. F. (2006). *Conhecimento e vida na escola: Convivendo com as diferenças.* Campinas, SP: Editora Autores Associados & Editora Unijuí.

Cavaco, H. (1989). *Ser professor, Fases de vida e percursos. Um contributo para o estudo da condição do ser professor do ensino secundário.* Tese de Mestrado não publicada. Lisboa: Faculdade de Ciências da Universidade de Lisboa.

Chaunu, P., Le Goff, J., & Duby, G. (1978). *Ensaios de ego-história.* Lisboa: Edições 70.

Connely, F. M. & Clandinin, D. J. (1995). Relatos de experiencia e investigación narrativa. In J. Larrosa (Org.), *Déjame que te cuente – ensayos sobre narrativa y educación* (pp. 11-59). Barcelona: Laertes, S. A. Ediciones.

Correia, J. A. (1996). Formação e trabalho: Contributos para uma transformação dos modos de os pensar na sua articulação. In Estrela, A., Canário, R., & Ferreira, J. (Orgs.), *Formação, saberes profissionais e situações de trabalho* (pp. 3-31). Lisboa: Universidade de Lisboa.

Cortesão, L. & Stoer, S. (1997). Investigação-ação e produção de conhecimento no âmbito de uma formação de professores para a educação intermulticultural. *Educação, sociedade e culturas, 7,* 7-28.

Coulon, A. (1990). *L'ethno-métodologie.* Paris: PUF.

Coutinho, C. P., & Chaves, J. H. (2002). O estudo de caso na investigação em tecnologia educativa em Portugal. *Revista Portuguesa de Educação, 15*(1), 221-243.

Creswell, J. W. (1998). *Qualitative inquiry and research design: Choosing among five traditions.* Thousand Oaks: Sage Publications.

Curado, A. P., Gonçalves, C., Góis, E., Vicente, L., & Alaíz, V. (2003). *Resultados diferentes, escolas de qualidade diferente? A influência das características de contexto, pedagógicas, organizacionais e culturais nos resultados dos exames do 12º ano* (Vol. 2). Lisboa: Ministério da Educação.

Delamont, S. (1987). *Interação na sala de aula.* Lisboa: Livros Horizonte.

Delory-Momberger, C. (2004). *Les histoires de vie: De l'invention de soi au projet de formation* (2nd ed.). Paris: Anthropos.

Demazière, D., & Dubar, C. (1997). *Analyser les entretiens biographiques.* Paris: Éditions Nathan.

Denzin, N. K., & Lincoln, Y. S. (Orgs.). (2003). *Collecting and interpreting qualitative materials.* Thousand Oaks: Sage Publications.

Dockrell, W. B., & Hamilton, D. (1983). *Nuevas reflexiones sobre la investigación educativa.* Madrid: Narcea.

Dominicé, P. (1988). O processo de formação e alguns dos seus componentes relacionais. In A. Nóvoa & M. Finger (Org.), *O método (auto)biográfico e a formação.* Lisboa: Ministério da Saúde.

Dominicé, P. (1990). *L'histoire de vie comme processus de formation*. Paris: Edition L' Harmattan.

Durão, S. & Cardoso, T. (1996). Os métodos biográficos: Uma aproximação aos fundamentos da história de vida. *Arquivos da memória, 1,* 95-123.

Eisenhart, M. (2001). Changing conceptions of culture and ethnographic methodology: Recent thematic shifts and their implications for research on teaching. In V. Richardson (Ed.), *Handbook of research on teaching* (pp.209-225). Washington, D.C.: American Educational Research Association.

Ellis, C., & Bochner, A. (2003). Autoethnography, personal narrative, reflexivity. In N. K. Denzin & Y. S. Lincoln (Orgs.), *Collecting and interpreting qualitative materials* (pp. 199-258). Thousand Oaks: Sage Publications.

Erickson, F. (1989). Metodos cualitativos de investigacion sobre la enseñanza. In M. Wittrock (Ed.). *La investigación de la enseñanza* (Vol. II, pp. 195-301). Barcelona: Paidós.

Esteves, A. J. (1986). A investigação-ação. In A. S. Silva & J. M. Pinto (Orgs.), *Metodologia das ciências sociais* (pp. 251-278). Porto: Edições Afrontamento

Estrela, A. (1984). *Teoria e prática de observação de classes*. Lisboa: INIC.

Estrela, M. T. (2005). A investigação educacional à luz da revista da SPCE. *Comunicação apresentada no VIII Congresso da Sociedade Portuguesa de Ciências da Educação - Investigar em Educação*. Castelo Branco: Repositório do I.E., Universidade de Lisboa.

Ezpeleta, J., & Rockwell, E. (1986). *Pesquisa participante*. São Paulo: Cortez/Autores Associados.

Ferrarotti, F. (1988). Sobre a autonomia do método biográfico. In A. Nóvoa (Org.), *O método (auto)biográfico e a formação*. Lisboa: Ministério da Saúde.

Ferrarotti, F. (2007). Las historias de vida como método. *Convergênca, 14*(44), 15-40.

Ferreira, E. D. (2009). *Gestão de conflitos e prevenção da violência em meio escolar: Das perceções dos diferentes "atores" às práticas mais correntes em duas escolas do 2º ciclo do ensino básico da região centro - estudos de caso*. Lisboa: Universidade Aberta.

Flick, U. (2002). *An introduction to qualitative research*. London: Sage Publications.

Follari, R. (2008). Problemas em torno da pesquisa qualitativa. In L. Bianchetti & P. Meksenas (Orgs.), *A trama do conhecimento: Teoria, método e escrita em ciência e pesquisa* (pp. 73-93). São Paulo: Papirus Editora.

Fontana, A., & Frey, J. (2003). The interview. In N. K. Denzin & Y. S. Lincoln (Org.), *Collecting and interpreting qualitative materials* (pp. 61-106). Thousand Oaks: Sage Publications.

Fontoura, M. (1992). Fico-me ou vou-me embora? In A. Nóvoa (Org.), *Vidas de Professores* (pp. 171-197). Porto: Porto Editora.

Foster, W. P. (1986). *Paradigms and promises: New approches to educational administration*. Bufalo: Prometeus Books.

Freebody, P. (2003). *Qualitative research in education. Interaction and practice*. London: Sage

Freire, I. (1997). O estudo de caso centrado na escola e a investigação sobre indisciplina: Questões metodológicas. In A. Estrela & J. Ferreira (Eds.), *Métodos e técnicas de investigação científica em educação* (pp. 561–574). Lisboa: AFIRSE, FPCE-UL.

Freire, I. (2001). *Percursos disciplinares e contextos escolares: Dois estudos de caso*. Dissertação de doutoramento não publicada. Lisboa: FPCE-UL.

Freitas, D., & Galvão, C. (2007). O uso de narrativas autobiográficas no desenvolvimento profissional de professores. *Ciências & Cognição, 12,* 219-233.

Gall, M., Gall, J. P., & Borg, R. (2007). *Educational research: An introduction*. Boston: Allyn e Bacon.

Geertz, C. (1989). *A interpretação das Culturas*. Rio de Janeiro: LTC Editora.

Goetz, J. P. & LeCompte, M.D. (1988). *Etnografía y diseño qualitativo en investigación educativa*. Madrid: Morata.

Gonçalves, J. A. (1990). *A carreira dos professores do ensino primário: contributo para a sua caracterização*. Tese de Mestrado não publicada. Lisboa: Faculdade de Psicologia e de Ciências da Educação da Universidade de Lisboa.

Gonçalves, J. A. (1997). A abordagem biográfica: Questões de método. In A. Estrela & J. Ferreira (Orgs.), *Métodos e técnicas de investigação científica em educação* (pp. 91-114). Atas do VII Colóquio da AFIRSE. Lisboa: Universidade de Lisboa.

Goodson, I. (Ed.). (1992). *Studying teachers' lives*. London: Routledge.

Goodson, I. (1994). Studying the teacher's life and work. *Teaching and Teacher Education*, *10*(1), 29-37.

Goodson, I., & Walker, R. (1991). *Biography, identity & schooling*. London: The Falmer Press.

Granja, A. M. A., (2013). *A morte e o luto em contexto escolar. Das vivências na primeira pessoa à (re)significação do conceito da escola acolhedora*. (Tese de doutoramento). Universidade de Aveiro

Green, J., & Thorogood, N. (2009) *Qualitative methods for health research* (2nd ed.). Thousand Oaks, CA: Sage Publications.

Guerra, I. C. (2008). *Pesquisa qualitativa e análise de conteúdo: Sentidos e Formas de Uso*. Cascais: Princípia.

Guest, G., Bunce, A., & Johnson, L. (2006). How many interviews are enough? An experiment with data saturation and variability. *Field Methods*, *18*(1), 59-82.

Gumperz, J. J. (1988). La sociolinguistica interaccional en el estudio de la escolarizacion. In J. Cook-Gumperz (Ed.), *La Construcción Social de la Alfabetización* (pp. 61-83). Barcelona: Paidós-MEC.

Hamel, J. (1992). La méthode de cas en sociologie et en anthropologie. *Revue de l'Institut de Sociologie*, *1-4*, 215-240.

Hamel, J. (1998). Défense et illustration de la méthode des études de cas en sociologie et en anthropologie: Quelques notes et rappels. *Cahiers Internationaux de Sociologie*, *CIV*, 121-138.

Hammersley, M., & Atkinson, P. (1994). *Etnografía: Métodos de investigación*. Barcelona: Paidós.

Hébert, M. L., Goyette, G., & Boutin, G. (1994). *Investigação Qualitativa: Fundamentos e Práticas*. Lisboa: Instituto Piaget.

Huberman, M. (1981). Splendeurs, misères et promesses de la recherche qualitative. *Education et Recherche*, *3*, 233-243.

Huberman, M. (1992). O ciclo de vida profissional dos professores. In A. Nóvoa (Ed.), *Vidas de Professores*. Porto: Porto Editora.

Hymes, D. (1993). Que es etnografía? In C. Maillo, & D. Rada (Ed.), *Lecturas de antropologia para educadores* (pp. 175-192). Madrid: Ed. Trotta.

Ibiapina, I. M. L. M. (2008). *Pesquisa colaborativa: Investigação, formação e produção de conhecimentos*. Brasília: Iberlivro.

Iturra, R. (1986). Trabalho de campo e observação participante em antropologia. In A. S. Silva & J. M. Pinto (Orgs.), *Metodologia das Ciências Sociais* (pp. 148-163). Porto: Edições Afrontamento

Josso, M-C. (2004). *Experiência de vida e formação*. São Paulo: Cortez.

Lacey, C. (1976). Problems of sociological fieldwork: A review of methodology of 'Hightown Grammar'. In M. Hammersley & P. Woods (Eds.), *The process of schooling* (pp. 48-54). London: Routledge.

Larrosa, J. (2002). Notas sobre a experiência e o saber da experiência. *Revista Brasileira de Educação, 19*, 20-28.

Latorre, A. (2003). *La investigación-accion: Conocer y cambiar la práctica educativa*. Barcelona: Graó.

Lodico, M., & Voeggtle, K. (2005). *Child & Adolescents Life Stories*. London: Sage.

Loureiro, Mª I. (1997). O desenvolvimento da carreira dos professores. In M. T. Estrela (Org.), *Viver e construir a profissão docente*. Porto: Porto Editora.

Ludke, M., & André, M. (1986). *Pesquisa em Educação: Abordagens qualitativas*. São Paulo: E.P.U.

Maguire, M. H. (2006, March). Autoethnography: Answerability/Responsibility in Authoring Self and Others in the Social Sciences/Humanities. FQS: *Forum Qualitative Social Research* [On-line Journal], 7(2), Art. 16, Acessível em: http://www.qualitative-research.net/fqs-texte/2-06/06-2-16-e.htm).

Malinowski, B. (1997). Os argonautas do pacífico ocidental. *Ethnologia, 6-8*, 17-38.

Marcelo, C., & Parrilla, Á. (1991). El estúdio de caso: Una estratégia para la formación del profesorado y la investigación didática. In C. Marcelo, Á. Parrilla, P. Mingorance, A. Estebaranz, M. V. Sanchez & S. Llinares (Orgs.), *El estúdio de caso en la formación del profesorado y la investigación didática* (pp. 11-71). Sevilla: Publicaciones de la Universitad de Sevilla.

Máximo-Esteves, L. (2008). *Visão panorâmica da investigação-ação*. Porto: Porto Editora.

Measor, L. (1985). Interviewing: A strategy in qualitative research. In Burgess, R. G. (Ed.), *Strategies of educational research: Qualitative methods*. London: The Falmer Press.

Mello, A. (1982). *O canto do pássaro*. São Paulo: Edições Loyola.

Merriam, S. B. (2002). *Qualitative research and case study applications in education*. San Francisco: Jossey-Bass Publishers.

Miles, M., & Huberman, M. (1994). *Qualitative data analysis*. Thousand Oaks: Sage Publications.

Montero-Sieburth, M. (1991). Corrientes, enfoques e influencias de la investigación cualitativa para latinoamérica. Comunicação apresentada no 1º Seminário sobre *La Investigación Educativa en América Latina*. Costa Rica: Universidade.

Morgado, J. C. (2013). *O estudo de caso na investigação em educação*. Santo Tirso: De Facto Editores.

Morin, E. (1995). *Introdução ao pensamento complexo*. Lisboa: Publicações Europa–América.

Nilsen, A. (2008). From questions of methods to epistemological issues: The cases of biographical research. In P. Alasuutari et al. (Ed.), *The sage handbook of social research methods* (pp. 81-94). London: Sage Publications.

Nóvoa, A. (1992). *Vidas de professores*. Porto: Porto Editora.

Noy, C. (2003). La escritura de transición: Reflexiones en torno a la composición de una disertación doctoral en metodología narrativa. FQS: *Forum Qualitative Social Research, 4*(2), Art. 39, acessível em: http://www.qualitative-research.net/fqs-texte/2-03/2-03noy-s.htm

Nunes, C. P., & Ribeiro, M. G. (2008). A epistemologia qualitativa e a produção de sentidos na formação docente. In C. P. Nunes, J. J. S. R. Santos & N. C. Crusoé (Orgs.), *Itinerários de pesquisa* (pp. 243-261). Passo Fundo: Editora da Universidade de Passo Fundo.

Pais, J. M. (2001). *Ganchos, tachos e biscates: Jovens, trabalho e futuro*. Porto: Ambar.

Passeron, J-C (1990). Biographies, flux, itinéraires, trajectoires. *Revue Française de Sociologie*, *XXXI*(1), 2-22.

Peneff, J. (1990). *La méthode biographique*. Paris: Armand Colin.

Poirier, J., Clapier-Valadon, S., & Raybault, P. (1999). *Histórias de vida*. Lisboa: Celta.

Pollard, A. (1996). The *social world of children's learning: Case studies of pupils from four to seven*. London: Cassel.

Pourtois, J. P. (1983). Quelques caractères essentiels de la recherché-action en éducation. *Revue de l'Institut de Sociologie, 1981-83,* 555-572.

Prigogine, I (2000, janeiro). Carta para as futuras gerações. Folha de São Paulo, 30, 4-7– Acedido em http://crv.educacao.mg.gov.br/aveonline40/banco_objetos_crv%7B331E69C0-5BC3-4252-
-B3B8-F58003EF039320127912132182%7D.pdf.

Queiroz, M. I. (2001). Problemas na proposição de pesquisas em ciências sociais. In A. B. Lang (Org.), *Desafios da pesquisa em ciências sociais*. São Paulo: Centro de Estudos Rurais e Urbanos.

Quivy, R., & Campenhoudt, L. (1998). *Manual de investigação em ciências sociais*. Lisboa: Gradiva.

Roberts, B. (2002). *Biographical research*. Buckingham: Open University.

Rose, R., & Philpot, T. (2005). *The child's own story: Life story work with traumatized children*. London: Jessica Kingsley Publishers.

Sanches, I. (2005). Compreender, agir, mudar, incluir: Da investigação-ação à educação inclusiva. *Revista Lusófona de Educação, 5,* 127-142.

Sarmento, M., & Cerisara, A. B. (2004). *Crianças e miúdos: Perspetivas sócio-pedagógicas da infância e da educação*. Porto: Edições ASA.

Sarmento, M., & Gouvea, M. C. S. (2008), *Estudos da Infância: Educação e práticas sociais*. Petrópolis: Editora Vozes.

Schön, D. (1992). *La formación de profissionales reflexivos*. Barcelona: Paidós.

Silva, A. S., & Pinto, J. M. (Org.). (1986). *Metodologia das ciências sociais*. Porto: Edições Afrontamento.

Silva, A. (2005). *Formação e construção de identidade(s): Um estudo de caso centrado numa equipa multidisciplinar*. Dissertação de doutoramento não publicada. Braga: Universidade do Minho.

Silva, C. M. R. (2009). *A herança cultural nas brincadeiras de infância no meio rural: Um estudo de caso*. Tese de Mestrado não publicada. Porto: Universidade de Porto, FPCE.

Silva, J. P. (2001). Cultura escolar, autoridade, hierarquia e participação: Alguns elementos para reflexão. *Cadernos de Pesquisa, 112,* 125-135.

Silva, P. (2003). *Etnografia e educação: Reflexões a propósito de uma pesquisa sociológica*. Porto: Profedições.

Silva, L. C. (2007). *Disciplina e indisciplina na aula: uma perspetiva sociológica*. Minas Gerais: Faculdade de Educação. Universidade Federal de Minas Gerais.

Simões, A. (1990). A investigação-ação: Natureza e validade. *Revista Portuguesa de Pedagogia*, *XXIV,* 39-51.

Soares, N. F. (2006). A investigação participativa no grupo social da Infância. *Currículo Sem Fronteiras, 6*(1), 25-40. Acedido em http://www.curriculosemfronteiras.org/vol6iss1articles/intro.pdf.

Spindler, G., & Spindler, L. (1982). Roger Harker and Schonhausen: From the familiar to the strange and back again. In G. Spindler (Ed.), *Doing the ethnography of schooling - Educational anthropology in action* (pp. 20-46). New York: Holt, Rinehart & Winston.

Stake, R. E. (2007). *A arte da investigação com estudos de caso*. Lisboa: Fundação Calouste Gulbenkian.

Stenhouse, L. (1987). *La investigación como base de la enseñanza*. Madrid: Morata.

Stenhouse, L. (1994). Case study methods. In J. P. Keeves (Ed.), *Educational research, methodology, and measurement: an international handbook* (pp. 49-53). Oxford: Pergamon Press.

Stoer, S., & Araújo, H. (1992). *Escola e aprendizagem para o trabalho num país da (semi) periferia europeia*. Lisboa: Escher.

Thompson, P. (2000). *Voice of the past oral history*. Oxford: Oxford University Press.

Thompson, P (2007). *Pathways to social class: A qualitative approach to social mobility*. New Brunswick: Transaction Publishers.

Valente, S. (2008). *Tutoria intercultural num clube de português*. Dissertação de Mestrado não publicada. Lisboa: FPCE-Universidade de Lisboa.

Vasquez, A., & Martinez, I. (1996). *La socialización en la escuela: Una perspetiva etnográfica*. Barcelona: Paidós

Vieira, C. (1995). *Investigação Quantitativa e Investigação Qualitativa: Uma abordagem comparativa*. Coimbra: FPCE-Universidade de Coimbra.

Vieira, C. (1998). A observação participativa: Aspetos gerais desta técnica qualitativa de recolha de dados. In *Ensaios em Homenagem a Joaquim Ferreira Gomes* (pp. 761-767). Coimbra: Universidade, FPCE, Núcleo de Análise e Intervenção Educacional.

Vieira, C. (1999). A credibilidade da investigação científica de natureza qualitativa: Questões relativas à sua fidelidade e validade. *Revista Portuguesa de Pedagogia, XXXIII* (2), 89--116.

Vieira, R. (1999). *Histórias de vida e identidades: Professores e interculturalidade*. Porto. Edições Afrontamento.

Vieira, R. (2011). *Educação e diversidade cultural. Notas de Antropologia da educação*. Porto: Edições Afrontamento

Walker, R. (1983). La realización de estudios de casos en educación: Etica, teoria y procedimientos. In W. B. Dockrell & D. Hamilton, *Nuevas reflexiones sobre la investigación* (pp. 42-80). Madrid: Narcea

Wilcox, K. (1993). La etnografía como metodología y su aplicación al estudio de la escuela: Una revisión. In M., Castaño & D. Rada (Ed.), *Lecturas de antropología para educadores*, (pp. 95-126). Madrid: Ed. Trotta.

Wolcott, H. (1993). Sobre la intención etnográfica. In C. Maillo & Díaz de Rada (Eds.), *Lecturas de antropología para educadores* (pp. 127 144). Madrid: Ed. Trotta.

Woods, P. (1989). *La escuela por dentro*. Barcelona: Paidós.

Yin, R. (1989). *Case study research: Design and methods*. London: Sage Publications.

Zabalza, M. (1994). *Diários de aula: Contributos para o estudo dos dilemas práticos dos professores*. Porto: Porto Editora

Zeickner, K. (2001). Educational action research. In P. Reason & H. Bradbury (Eds.), *Handbook of action research: Participatory inquiry and practice* (pp. 273-283). London: Sage Publications.

IIIª PARTE

TÉCNICAS DE RECOLHA DE DADOS

Nas partes e capítulos anteriores acentuámos suficientemente a ideia de que fazer investigação qualitativa não se reduz à mera aplicação de uma técnica ou conjunto de técnicas. Pelo contrário a Investigação Qualitativa tem atrás de si toda uma visão do mundo, dos sujeitos humanos e da ciência, que influencia a escolha e está presente na aplicação de qualquer técnica ou procedimento. É dessas técnicas que passamos a falar nesta parte e na seguinte deste manual, e, embora tomando-as, por motivos didáticos e de exposição, isoladamente, deve permanecer, como contexto, tudo o que já desenvolvemos até aqui.

Nesta terceira parte começaremos por desenvolver um conjunto de considerações e de orientações práticas em torno da técnica da Entrevista. Ela é, com efeito, nas suas mais diversas modalidades, a técnica de recolha de dados utilizada, por excelência, no quadro das estratégias assumidas (complementando a observação participante e a análise de documentos) e, por isso, será particularmente sobre essa técnica e suas modalidades que focaremos a nossa atenção.

Nesta parte, ainda, será feita uma breve introdução a outras técnicas que, apesar da sua especificidade, não deixam de estar muito ligadas e até dependentes da entrevista, tais como:

- pensar em voz alta, autoscopia;
- estimulação da recordação;
- técnica dos incidentes críticos;

- análise de narrativas – 'estórias' e episódios;
- a técnica Delphi;
- questionários abertos e "composições";
- documentos pessoais (*diários, portefólios* e *epistolografia*).

Julgamos vantajosa esta informação sobre a diversidade metodológica na colheita de dados na medida em que cada um dos processos, por si próprio, é válido mas limitado e, por outro lado, a triangulação metodológica, como veremos a seu tempo, constitui uma das estratégias fundamentais para a validação de um estudo.

João Amado & Sónia Ferreira
Universidade de Coimbra

III – 1. A ENTREVISTA NA INVESTIGAÇÃO EM EDUCAÇÃO

A entrevista é um dos mais poderosos meios para se chegar ao entendimento dos seres humanos e para a obtenção de informações nos mais diversos campos. Em termos gerais, pode dizer-se que uma entrevista é:

- um meio potencial de transferência de uma pessoa (o informante), para outra (o entrevistador) de pura informação; é pois, um método, por excelência, de recolha de informação;
- uma transação que possui inevitáveis pressupostos que devem ser reconhecidos e controlados a partir de um bom plano de investigação. Nestes pressupostos contam-se: emoções, necessidades inconscientes, influências interpessoais;
- uma conversa intencional orientada por objetivos precisos. De entre esses objetivos sublinhe-se que a entrevista é o método adequado para "a análise do sentido que os atores dão às suas práticas e aos acontecimentos com os quais se veem confrontados: os seus sistemas de valores, as suas referências normativas, as suas interpretações de situações conflituosas ou não, as leituras que fazem das próprias experiências, etc." (Quivy e Campenhoudt, 1998:193).

Na atualidade, a entrevista assume uma grande variedade de formas (*e.g.*, cara a cara, pelo telefone ou *e.mail*), ao mesmo tempo que se apresenta com os mais diversos fins e usos. Tendo em conta esses aspetos, as entrevistas podem classificar-se de diferentes modos. Avançaremos aqui o que se refere à sua estrutura e às suas funções.

III - 1.1. Classificação da entrevista quanto à estrutura

A classificação das entrevistas, quanto à sua estrutura, percorre uma linha imaginária e contínua desde a estruturação rígida até à sua completa ausência (Kvale, 1996; Bernard, 2000; Morse, 1991; Flick, 2002; Gray, 2004; Gillham, 2000; Fontana e Frey, 2005; Rubin e Rubin, 2005; Alasuutari, Bickman e Brennan, 2008; Noy, 2009). Começando por um dos extremos desta linha, temos:

– *A entrevista estruturada ou diretiva*. Centra-se, geralmente, num tema determinado e restrito (*focused interview*) – por exemplo, sobre o impacto de um acontecimento ou experiência precisa – acerca do qual o investigador, frequentemente, já possui um conhecimento prévio.

As perguntas colocadas devem ser programadas adequadamente e lançadas de um modo estandardizado a todos os entrevistados – não há, portanto grande flexibilidade no processo. As respostas vão ao encontro de um pequeno número de categorias pré-estabelecidas, de modo a tornarem rápida e eficiente a sua análise. O envolvimento do entrevistador deve ser o mais possível neutral, impessoal, diretivo (cf. Grim, Harmon e Gromis, 2006, Freebody, 2003:133; Quivy e Campenhoudt, 1998:193; Merton, Fiske e Kendall, 1990).

– *A entrevista semiestruturada ou semidiretiva*. As questões derivam de um plano prévio, um *guião* onde se define e regista, numa ordem lógica para o entrevistador, o essencial do que se pretende obter, embora, na interação se venha a dar uma grande liberdade de resposta ao entrevistado.

A bibliografia (Gillham, 2000; Kvale, 1996; Bogdan e Biklen, 1994; Ghiglione e Matalon, 1992; Quivy e Campenhoudt, 1998; Ludke e André,

1986) aponta a entrevista semiestruturada (ou semidiretiva) como um dos principais instrumentos da pesquisa de natureza qualitativa, sobretudo pelo facto de não haver uma imposição rígida de questões, o que permite ao entrevistado discorrer sobre o tema proposto 'respeitando os seus quadros de referência', salientando o que para ele for mais relevante, com as palavras e a ordem que mais lhe convier, e possibilitando a captação imediata e corrente das informações desejadas. Pais (2001), ao recomendar as entrevistas semiestruturadas nos estudos (auto)biográficos, nota que nas entrevistas de pendor mais diretivo os entrevistados têm tendência a responder "em termos de 'juízos de valor', de acordo com uma matriz ideológica muitas vezes inconsciente que produz (e que se traduz por) um conjunto de tomadas de posição, de qualificações, de descrições e de avaliações que não podem ser compreendidas fora do contexto em que são produzidas" (p. 108).

Os dados obtidos, geralmente audiogravados e posteriormente transcritos, serão sujeitos à análise de conteúdo (cf. cap. IV-1).

– A entrevista não estruturada ou não-diretiva. Ao contrário do tipo anterior, a entrevista não estruturada parte de uma noção de grande complexidade do comportamento humano, pelo que procura entendê-lo sem que para isso avance categorias prévias e delimitadoras da investigação (Patton, 2002; Minichiello et al., 1990). As perguntas derivam da interação, não existindo, portanto, qualquer grelha prévia de questões, respeitando-se, pelo contrário, a lógica do discurso do entrevistado — o que exige muita competência e sensibilidade por parte do investigador. Este tipo de entrevistas é muito utilizado em áreas pouco exploradas do conhecimento científico ou sobre as quais o investigador pretende centrar-se nas narrativas/perspetivas dos participantes, sem partir de enquadramento conceptual prévio.

– A entrevista informal – conversação. Este tipo de entrevista tem um papel relevante na investigação etnográfica. Na pesquisa de caráter etnográfico realizada por Amado (2001b), no final de cada aula observada procurava-se estar com os intervenientes – ou pro-

fessor ou alunos – no sentido de captar a sua 'perspetiva' sobre as ocorrências marcantes e traços gerais da aula. Deste modo, também se completava o registo, cruzando informações de ambos os lados e provocando alguns *insights* importantes para a compreensão dos dados. Normalmente, estas entrevistas não eram diretamente gravadas, exigindo que, após a 'conversa', se procedesse ao seu registo o mais fiel possível.

Não havia, portanto, um plano prévio (por isso as designamos por informais), tratando-se, em muitos casos, de verdadeiras 'conversas' ou 'troca de ideias' acerca do *vivido* (que podia não ser o imediato, nem simplesmente o observado), da educação e do papel do professor. Entrevistas deste tipo realizaram-se, praticamente, com todos os professores das turmas envolvidas no referido estudo. Tal como o notaram Hargreaves e colaboradores (1975), ao usarem um procedimento semelhante, não podemos ignorar que se trata de situações estimuladoras de processos interativos importantes e complexos, embora nem sempre versassem sobre os temas da pesquisa. Referem estes autores: "é claro, a partir dos comentários dos professores, que eles nos imputavam um largo espectro de questões implícitas. (…) Os comentários tinham sempre um elemento comum; tomavam todos a forma de tentativa de explicação ou justificação dos seus atos" (*ibid.*, 220). Esta tentativa de justificação, registada igualmente por Amado na pesquisa referida, revelava da parte dos professores uma conceção avaliativa das abordagens que lhes eram feitas, obrigando o investigador a reiterar, explícita ou implicitamente, intenções contrárias (cf. Vasquez e Martinez, 1996:86). As modalidades específicas da entrevista e os momentos da sua realização variaram, em função de objetivos e oportunidades.

III-1.2. Classificação das entrevistas quanto às suas funções

Quanto às respetivas funções podemos classificar as entrevistas do seguinte modo:

- Entrevistas de *investigação-controlo*: a sua função é a de avaliar a adequação de processos com perspetivas ou caracterizações elaboradas pelos sujeitos. A estrutura mais adequada a esta função é a da entrevista diretiva. Será essencialmente sobre este tipo de entrevista que iremos centrar a nossa atenção.
- Entrevistas de *diagnóstico-caracterização*: o seu objetivo é fornecer pistas para a caracterização do processo em estudo. A estrutura mais adequada a esta função é a da entrevista semidiretiva.
- Entrevistas *terapêuticas:* realizadas essencialmente com fins de ajuda e de aconselhamento.

Os investigadores qualitativos estão divididos também quanto à neutralidade da entrevista. Uns consideram que o investigador é neutral e invisível; outros, mais recentemente, reconhecem nela um instrumento pouco neutral, e que, constituindo ela própria um contexto social (entrevistado, entrevistador, espaço, tempo, etc.), não pode deixar de ser influenciada por esse contexto (Fontana e Frey, 2003; 2005; Gillham, 2000; Kvale, 1996).

Considerando este aspeto, o guião da entrevista (o que se questiona) e a interpretação que dela se faz exige uma 'desconstrução', de modo a se poder ver, em tudo isso, os efeitos do contexto da entrevista.

III -1.3. A entrevista de investigação semidiretiva

Como técnica de investigação, a e*ntrevista de investigação semidiretiva* está ao serviço de três propósitos:

- *Deve ser usada como principal meio de recolha de informação que tem o seu mais direto apoio nos objetivos da investigação.*

É uma técnica que permite um acesso aos discursos dos indivíduos, tal como estes se expressam, ao não-observável: opiniões, atitudes, representações, recordações, afetos, intenções, ideais e valores, que animam uma pessoa a comportar-se de determinado modo. No essencial consiste numa técnica capaz de provocar uma *espécie* de introspeção. Note-se, contudo, que a entrevista, como substituto de uma observação de acontecimentos ou comportamentos passados, não obtém senão representações atuais acerca desses acontecimentos. Uma vez que toda a reconstrução é sempre uma alteração, o acesso aos acontecimentos através da entrevista será sempre limitado, a não ser que se pretendam atingir, precisamente, essas representações atuais.

- *Deve ser usada para testar ou sugerir hipóteses, podendo ainda, servir para explorar ou identificar variáveis e relações.*

A este propósito, Matalon (1992) coloca a seguinte questão: "Porque é que queremos conhecer estes 'estados interiores', não observáveis? Interessam-nos por si mesmos, ou na medida em que eles determinam, ainda que parcialmente, os comportamentos?" (p.99).

- *Deve ser usada em conjugação com outros métodos.*

Cohen, Manion e Morrison (2006) sugerem que ela seja usada, por exemplo, para perseguir resultados inesperados, ou para validar outros métodos, ou para entrar nas motivações dos 'respondentes' e nas razões para responderem tal como o fazem. A conjugação de métodos de investigação permite ajuizar da coerência ou incoerência dos resultados e validar os dados obtidos pela entrevista.

Retomando a investigação acima dada como exemplo (Amado, 2001b), as entrevistas semidiretivas e as informais realizadas nesse contexto, serviram as três funções descritas e ofereceram o material central e de maior significado para os propósitos do autor: através delas, e privilegiando 'uma relação de escuta ativa e metódica' chegou ao pensamento 'pedagógico' dos atores (alunos e professores), isto é, ao sentido que eles atribuíam à escolarização em si mesma e às atividades curriculares, ao modo como entendiam os atos de indisciplina e seus fatores, ao modo como valorizavam as relações que se estabeleciam na aula, ao modo como percebiam todo o conjunto de factos sociais objetivos que aí têm lugar constituindo os aspetos aparentes da 'vida na aula'; para além disso, através das entrevistas, completou-se o conhecimento dos factos e dos comportamentos objetivos a que se ia chegando através da observação 'participante'. Deste modo, todas as técnicas de recolha de informação se tornaram fundamentais, sem conceder o primado a qualquer uma delas.

Esta relação de escuta ativa não é fácil. Recorrendo ainda a Bourdieu (1993:906), "ela associa a disponibilidade total em relação à pessoa entrevistada, a submissão à singularidade da sua história particular, que pode conduzir, por uma espécie de mimetismo mais ou menos dominado, a adotar a sua linguagem e a entrar nos seus modos de ver, nos seus sentimentos, nos seus pensamentos, com a construção metódica, indispensável do conhecimento das condições objetivas, comuns a todas as categorias".

III -1.3.1. Preparação da entrevista de investigação semidiretiva

A condução deste tipo de entrevista implica a atenção a um número variado de aspetos, imprescindível, não só para se obter a informação requerida mas para se ter, também, a garantia de alguma validade. Antes de mais, a entrevista de investigação não se improvisa; pelo contrário, ela exige um elevado esforço de preparação. A propósito da entrevista biográfica diz Bertaux (1997:58) que "quanto mais tivermos ideias claras sobre o que procuramos compreender e sobre o melhor modo de o perguntar, mais podemos aprender seja qual for o informador".

- *A escolha das pessoas a entrevistar*

A questão tem, antes de mais, a ver com o desenho da investigação em causa. Portanto, deve ser resolvida na fase de desenho da investigação.

Acrescentemos apenas que, na maioria dos casos, convém que seja alguém com quem se possa "aprender o máximo" (Merriam, 2002:12), ou que possamos considerar como "testemunha privilegiada" (Quivy e Campenhoudt, 1998:71) das situações que se querem investigar. Isto é, deve tratar-se de pessoas que pela sua experiência de vida quotidiana, pelas suas responsabilidades, estatuto, etc., estejam envolvidas ou em contacto muito próximo com o problema que se quer estudar. Se consistir num grupo de pessoas, convém que elas tenham algo em comum, mas também algumas experiências próprias e diferenciadas (níveis de ensino, localizações, etc.).

- *Estrutura – o guião da entrevista*

A entrevista deve ser estruturada em termos de blocos temáticos e de objetivos, constituindo esse 'instrumento' o que passamos a designar por *guião* de entrevista. Este guião resulta de uma *preparação profunda para a entrevista*[66], além de ser um instrumento que, na hora da realização da entrevista, ajuda a gerir questões e relações. Por isso, nele constam a formulação do problema, os objetivos que se pretendem alcançar, as questões fundamentais (orientadoras) numa ordem lógica ou prática, e as perguntas de recurso a utilizar apenas quando o entrevistado não avançar no desenvolvimento do tema proposto ou não atingir o grau de explicitação que pretendemos. As questões são prefigurações do que se pretende alcançar na recolha de dados, ajudam o investigador a centrar-se no tema e permitem que avance de uma forma sistemática. Como estamos a falar de uma entrevista semidiretiva, à construção deste instrumento deve presidir a preocupação por não fazer dele um questionário, mas sim um referencial organizado de tal modo que permita obter o máximo de informação com o mínimo de perguntas.

---

[66] Realçamos este aspeto porque nem sempre as pessoas têm a noção da necessária preparação, que não se esgota no elenco de uma lista de perguntas ou questões a fazer.

Os objetivos da entrevista hierarquizam-se em gerais e específicos (podendo estes ser descritos por bloco). O primeiro bloco é de apresentação e legitima a situação de entrevista. Nele o entrevistador:

- explicita os seus objetivos e opõe-se à inércia e à resistência natural dos entrevistados (Quivy e Campenhoudt, 1998);
- coloca o entrevistado na situação de colaborador;
- garante o anonimato das informações (Estrela, 1984);
- explica o modo como a entrevista vai decorrer;
- coloca-se ao dispor do entrevistado para esclarecer eventuais dúvidas.

O bloco de apresentação, se tivermos em conta os ensinamentos do interacionismo simbólico, revela-se de enorme importância. A explicitação dos objetivos do investigador anula ou minimiza a tentativa de os adivinhar por parte do investigado e evita interpretações enviesantes das perguntas (Foddy, 2002:23).

Os restantes blocos servirão para guiar a entrevista em direção às temáticas que interessa explorar. A elaboração do guião deve basear-se em diversas fontes, tais como a experiência profissional e conhecimentos anteriores adquiridos na área, nas sondagens prévias resultantes de contactos informais com pessoas pertencentes ao universo que se quer explorar, numa possível entrevista exploratória e na revisão da literatura feita sobre as áreas de incidência do estudo.

Tratando-se de um instrumento fundamental para a correta e útil condução da entrevista, é conveniente fazer um teste-ensaio deste guião. Esse procedimento consiste em fazer algumas (pelo menos duas) entrevistas com base no guião a elementos do universo a estudar (mas que não fazem parte do grupo de sujeitos da investigação) e analisá--las de seguida no sentido de saber se os objetivos previstos foram ou não alcançados.

Damos de seguida um exemplo (quadro n°.1) forçosamente truncado mas suficientemente explícito para ilustrar o que vimos dizendo.

GUIÃO DE ENTREVISTA
Entrevistador_____
Entrevistado_____Data ___/___/___ (_____) Local
Recursos_____

BLOCOS	Objetivos do bloco	Questões orientadoras	Perguntas de recurso e de aferição
BLOCO – 1 Legitimação de entrevista	Explicar a situação. Criar ambiente propício à entrevista	Agradecer a disponibilidade; informar sobre o uso do gravador; explicitar o problema, o objetivo e os benefícios do estudo; colocar o entrevistado na situação de colaborador; garantir confidencialidade dos dados; explicar o procedimento.	
BLOCO 2 História das experiências de formação docente na área de Educação Física antes do curso de especialização.	Obter dados sobre a formação docente na área de Educação Física na Educação Infantil antes do curso de especialização que compõe o objeto de estudo da pesquisa.	Fale sobre suas experiências de formação na área de Educação Física na Educação Infantil antes do curso.	Como foram as suas experiências na área de Educação Física para trabalhar numa escola infantil? Quais as limitações? Quais as contribuições? Citar exemplos, por favor.
BLOCO 3 Prática pedagógica em Educação Física na Educação Infantil antes do Curso de Especialização em Ensino de Artes e Educação Física na Infância.	Obter dados sobre a prática pedagógica na área de Educação Física na Educação Infantil antes do curso de especialização que compõe o objeto de estudo da pesquisa.	Conte como era a sua prática relacionada com as atividades da Educação Física antes do curso.	Como eram desenvolvidas em sala de aula as atividades relacionadas com a temática da Educação Física antes do curso (tempo, espaço, atividades)? Como aconteciam as atividades? Havia planeamento e discussão sobre os elementos didácticospedagógicos da área (objetivos, conteúdo, atividades, avaliação)? Citar exemplos, por favor.
.... BLOCO ... 6 Síntese e meta-reflexão sobre a própria entrevista. Agradecimentos	Captar o sentido que o entrevistado dá à própria situação da entrevista	O que pensa dos objetivos desta mesma investigação, e como vê o contributo que pôde dar à mesma.	Gostaria de acrescentar mais alguma coisa ao que foi dito?

Quadro nº.1 - *Modelo de um guião de entrevista*
(exemplo adaptado de Caspistrano, 2010)

- *Redação das questões e perguntas de recurso*

A problemática em torno da 'pergunta' é fundamental, para uma entrevista, uma vez que a 'resposta' depende das condições da interrogação, isto é, natureza, ordem, contexto, reformulação, clareza, etc. (*e.g.*, Kvale, 1996; Gillham, 2000; Gray, 2004; Rubin e Rubin, 2005). Na entrevista semidiretiva as questões a colocar devem ser:

- abertas: possibilitando respostas nos próprios termos dos entrevistados e minimizando a imposição de respostas. Neste sentido evitam-se perguntas dicotómicas que sugiram respostas de *sim* ou *não* e que poderiam criar uma atmosfera de interrogatório;
- singulares: quer dizer, que não contenham mais que uma ideia, deste modo evita-se a possível confusão ou tensão no interlocutor;
- claras: o que leva à utilização de uma linguagem inteligível e que parta, quanto possível, do quadro de referência da pessoa entrevistada;
- neutrais: não devem minar a neutralidade com respeito ao que diz o entrevistado. Isto implica um ambiente tranquilo, de confiança, sem interrogatórios nem julgamentos (Abeledo, 1989).

Contudo, pode dizer-se que, no respeitante à 'abertura', consoante os casos (tendo em conta o momento da entrevista, a própria questão, etc.), podem combinar-se questões mais fechadas e diretivas com questões mais abertas e flexíveis (Kvale, 1996; Gillham, 2000; Merriam, 2002). Por outro lado, a literatura recomenda que as questões não sejam demasiado precisas, mas que também não deixem uma abertura absoluta (Albarello et al., 1997:87; Quivy e Campenhoudt, 1998:72; Bell, 2002:122).

- *Tipo das perguntas ou questões*

As perguntas podem ser analisadas (ou estruturadas) segundo um conjunto diferenciado de tipos, em função dos temas que abordam:

- *perguntas de experiência/comportamento* – relacionam-se com o que uma pessoa faz ou fez e, portanto, com a descrição de experiências – e.g.: *que tipo de coisas faz nesta atividade?*
- *perguntas de opinião/valor* – pretendem entender os processos cognitivos e interpretativos do entrevistado – e.g.: *qual é a sua opinião sobre a regionalização?*
- *perguntas de sentimento* – com o objetivo de compreender as respostas emocionais do entrevistado face às suas experiências e pensamentos – e.g.: *que sentes quando te tratam por essa alcunha?*
- *perguntas de conhecimento* – permitem descobrir a informação factual do entrevistado; e.g.: *que fazer para conseguir uma boa entrevista?*
- *perguntas sensoriais* – permitem saber o que o entrevistado ouve, palpa, cheira, etc.
- *perguntas de ambiente/demográficas* – para a identificação do entrevistado (Patton, 1990; Maykut e Morehouse, 1994:90-91)

• *Sequência das perguntas ou questões*

Como se pretende uma grande flexibilidade por parte do entrevistado, a ordem das questões deve ser em função do desenvolvimento da entrevista. No entanto é aconselhável:

- começar por experiências atuais ou próximas, de modo a 'quebrar o gelo';
- avançar com questões mais factuais do que opinativas;
- deixar as questões mais específicas, de opinião, interpretação e sentimentos, para fases intermédias ou finais.

Matalon (1992) chama a atenção para o facto de as respostas do entrevistado não dependerem apenas de condições externas, mas do que se passa durante a própria entrevista, isto é, dependem do próprio discurso que se vai construindo, através das diferentes etapas do processo, e da confiança que o entrevistado vai adquirindo em relação ao entrevistador (Fontana e Frey, 2003; Rubin e Rubin, 2005). Daí que seja expectável que a resposta inicial seja mais superficial, estereotipada e banal, do que a posterior – esta é mais pessoal e, por vezes, contraditória em relação à primeira. Mas, por esse facto, surgem alguns problemas que põem em questão a validade da entrevista, como método de investigação. Com efeito, pergunta ainda Matalon (1992): "Não podemos pensar que o sujeito *produz* mais do que *descobre*, que ele constrói ao mesmo tempo o seu discurso e o seu objeto, em resposta à pergunta do investigador e em função dela?" (p.99).

- *Outros aspetos a ter em conta na preparação e transcrição*

Na preparação de uma entrevista há todo um conjunto de outros aspetos a considerar, como:

- a duração;
- o número de sessões;
- o lugar onde se vai realizar a entrevista;
- a identidade e o número de participantes na interação;
- a possibilidade ou não de usar o gravador;
- como tomar notas em especial dos comportamentos não verbais;
- como se vai fazer a transcrição.

Sobre a transcrição, uma das questões mais frequentes relaciona-se com a exigência de fidelidade ao discurso do entrevistado. Geralmente aponta-se para a necessidade absoluta dessa fidelidade. Para isso, há que ter muito cuidado não só na captação das palavras usadas, como em outros aspetos de ordem paralinguística (as pausas e o tom de voz). A fidelidade exige vírgulas, pontos, reticências, exclamações... O que não é nada fácil e pressupõe várias escutas – a que alguns investigadores (Crusoé et al., 2008; Crusoé, 2009; Silva, 2006) chamam 'escuta sensível' – que permitam aproximar-nos "não do acontecimento de falar, mas do que foi dito" (Geertz, 1989:14, cit. por Crusoé, 2009) pelos entrevistados. Mas não ter este cuidado deve considerar-se uma falta de respeito e de ética, ao mesmo tempo que pode dar azo a uma interpretação menos correta do discurso registado.

Coloca-se ainda, muitas vezes, uma pergunta sobre se é importante ou não transcrever tudo. Embora a resposta mais geral vá no sentido afirmativo, pensamos que isso poderá ser uma decisão a tomar na base do bom senso e que tenha em conta os objetivos do trabalho, o tempo, o orçamento, etc.

O facto é que a entrevista transcrita permite o manuseio indispensável na sua análise, além de permitir melhor conservação e melhor acesso aos dados.

Outro aspeto importante é saber quem deve fazer a transcrição. Claro que a decisão vai depender de vários fatores, desde o orçamento à urgência (uma vez que é um processo moroso). Contudo, ela de preferência será feita por quem conduziu a entrevista e por quem a vai analisar. A primeira condição permite uma maior fidelidade; a segunda oferece uma maior aproximação ao texto dando, logo à partida, uma segunda[67] ideia das temáticas mais ou menos exploradas. Como diz Queiroz (1991), neste caso "transcrever significa, assim, uma nova experiência da pesquisa, um novo passo em que todo o processamento dela é retomado, com seus envolvimentos e emoções, o que leva a aprofundar o significado de certos termos utilizados pelo informante, de certas passagens, de certas histórias que em determinado momento foram contadas, de certas mudanças na entonação da voz" (p. 88). Também, por isso mesmo, diz Girardello (2008), que a transcrição feita pelo analista é 'um trabalho delicado' e que "costuma consistir em espaço de intensa produção teórica" (p. 294).

III -1.3.2. Condução da entrevista de investigação semidiretiva

A realização e condução de uma entrevista, para além da preparação com base em objetivos e temas, exige um determinado estilo de interação, bem como todo um conjunto de preocupações no sentido da sua validade como instrumento científico. É sobre esses aspetos que nos vamos deter.

- *Estilo e gestão da interação*

A bibliografia (cf. Kvale, 1996; Bell, 2002; Fontana e Frey, 2003; Bogdan e Biklen, 1994) aponta para um conjunto de recomendações a propósito da gestão da entrevista, as quais sintetizamos nos tópicos que passamos a apresentar. Assim, o entrevistador deve:

---

[67] A primeira foi no próprio momento da entrevista.

- apresentar-se como alguém que pretende aprender;
- ganhar a confiança do entrevistado;
- evitar, na medida do possível, dirigir a entrevista;
- dar a palavra;
- evitar interrogatórios;
- não cortar nem interferir;
- não fazer perguntas que influenciem o entrevistado;
- utilizar frequentes sinais verbais e não verbais de reforço, estímulo;
- procurar, apesar dos estímulos, manter-se com alguma neutralidade;
- não restringir a temática abordada, possibilitando o alargamento dos temas propostos e a informação espontânea de temas previstos no guião, mas ainda não abordados;
- evitar compartimentações estanques dos temas;
- esclarecer os quadros de referência (conceitos e situações) utilizados pelo entrevistado;
- certificar-se que o entrevistado o entende e é entendido;
- tomar notas de modo discreto.

Silva (2002), a propósito do que, na esteira de Kaufman (1996), designa por 'entrevista compreensiva', considera que o entrevistador deve entrar no mundo do entrevistado sem se tornar um duplo dele. Segundo a autora, é necessário encontrar a boa questão no desenvolvimento da entrevista e a melhor questão não é encontrada no guião previamente preparado, mas a partir do que diz o entrevistado. De facto, todas estas exigências implicam, por parte do entrevistador, uma constante atenção aos processos de modo a corrigi-los, a melhorá-los e a colocar-se na posição de quem sabe que o que "interessa está no personagem a entrevistar" (Guerra, 2008:18).

- *Fenomenologia da interação e validade do método*

Vários são os problemas que se põem à entrevista e à validade do discurso que aí se produz (*e.g.*, Kvale, 1996; Gillham, 2000; Patton, 2002; Alasuutari, Bickman e Brennan, 2008). Os resultados são, com efeito, muito dependentes das condições objetivas (muitas delas já referidas) e subjetivas (derivadas das motivações e interpretações mútuas dos intervenientes) em que um tal discurso se produz. Vejamos algumas dessas condições subjetivas:

- há muitos fatores que diferem de uma entrevista para outra, tal como a mútua confiança, a distância social e o controle dos entrevistadores;
- o entrevistado pode não se sentir à vontade e adotar técnicas de evitamento, se as questões forem muito íntimas;
- quer o entrevistador quer o entrevistado podem querer guardar segredo acerca do que está em seu poder declarar;
- muitas questões evidentes para uns podem ser relativamente obscuras para outros, mesmo quando há intenção de comunicação genuína (Cohen e Cohen, 1980);
- as próprias questões colocadas devem ser tomadas como 'parte dos dados' porque nunca serão neutrais e 'desinteressadas' (Baker, 1997, cit. por Freebody, 2003:137);
- há que identificar quais as motivações do entrevistado ao aceitar a entrevista. Podem ser favoráveis, como o altruísmo (desejo de ajudar), a busca de satisfação emocional (oportunidade para exprimir as suas opiniões, ou de partilhar recordações e emoções associadas, por exemplo, a uma situação de luto, como observado em Granja, 2013), e a busca de satisfação intelectual (um tema que agrada). Mas também podem ser desfavoráveis, como o desejo de ser avaliado positivamente, o que provoca riscos quanto à validade da informação;
- no processo de interação pode dizer-se que o entrevistado procura construir sua identidade face ao entrevistador (Bourdieu, 1993; Silva, 2002). "Nesse sentido duas posturas são características do entrevistado:1) Trabalhar a sua unidade (o que é mais frequente) concentrando-se em suas opiniões e em seus comportamentos. O entrevistado se bate contra o entrevistador quando ele revela as contradições. 2) Utilizar a situação da entrevista para se interrogar sobre suas escolhas, auto-analisar-se. Alguns entrevistados tanto podem ir muito longe nesta postura (como em um parêntese), como voltar a trabalhar e defender de novo sua integridade identitária" (Silva, 2002, s.p.).

- tendo em conta as alíneas anteriores, as respostas dos entrevistados "necessitam de ser tratadas mais como justificações do que como informação verdadeira" (Baker, 1997, cit. por Freebody, 2003:137).

Estas e outras questões, resultantes da consideração da entrevista como uma situação de interação determinada por diversos fatores, levam muitos dos seus críticos a concluir que ela, mais do que um método para recolher dados, é um método para os produzir (Baker, 1997, cit. por Freebody, 2003:137).

Face a esta variabilidade do discurso da entrevista, as grandes interrogações que se põem ao investigador que utiliza este método são, como refere Matalon (1992), a de saber como inferir, a partir do discurso particular obtido, a informação desejada e, ainda, a de como determinar quais são as condições em que será produzido o discurso mais adequado ao que se procura. Coloca-se, além de tudo isto, a questão da interpretação. Esta é uma questão séria tendo em conta, por um lado, o enorme manancial de dados; por outro, devido a muitos aspetos contraditórios que se oferecem nesses mesmos dados e, também, à inevitável influência do investigador.

Um dos aspetos críticos apontados é o facto de que, na maior parte da investigação, a preocupação analítica vai no sentido de procurar o que há de comum no pensamento dos entrevistados, pondo de parte o que os distingue. Ora, o que é tido como comum é determinado, muitas vezes, pelas premissas teóricas dos investigadores e pelo modo como essas premissas influenciaram a pergunta e o que se perguntou (Freebody, 2003).

III -1.4. Outras modalidades de entrevista

Para além da entrevista de investigação semidiretiva, e de todas as que classificámos quanto aos objetivos e quanto à função, outras modalidades têm surgido com maior ou menor distanciamento em relação ao que já dissemos. Os motivos para esta grande variedade prendem-se com questões diversas. Umas vão no sentido de responder a algumas objeções de caráter epistemológico como, por exemplo, a da influência do entrevistador na interação ou a possibilidade de obter informação que passa pelo crivo de alguma intersubjetividade (por exemplo, o *grupo focal* ou a entrevista polifónica[68]); outras surgem num sentido mais pragmático, como o da obtenção mais rápida e mais variada de informação (no caso, por exemplo, da entrevista de grupo).

III -1.4.1. A entrevista de grupo

Uma técnica de entrevista frequentemente utilizada na investigação educativa é a *entrevista de grupo*. É preciso ter em conta, como diz Mucchielli (1968), que a entrevista de grupo "só se pode praticar sobre um grupo existente como grupo social, ou como emanação de um grupo social mais vasto" (p. 6). O entrevistador tem, pois, que interessar-se pelo grupo e pelo que é vivido pelo grupo. Não é o universo privado que conta, mas o conjunto das significações específicas do grupo. Contudo, há uma série de dificuldades a considerar neste tipo de entrevista:

– o grupo vai ter reações de defesa – reage como uma entidade coletiva;
– o universo coletivo do grupo só existe para o próprio grupo. Quanto mais é um grupo 'coalescente', isto é, quanto mais tem uma alma, mais ele "tem a sua linguagem, seus modos de reação, seus sinais de conivência, suas alusões secretas, a sua memória comum…" (*ibid.*);
– os membros do grupo nunca refletem sobre o 'vivido' coletivamente; o grupo é, em primeiro lugar uma realidade não refletida.

Blanchet, (1993:222), referindo o trabalho pioneiro de Banks (1957), lembra três questões fundamentais a colocar sobre a validade de uma entrevista de grupo:

---

[68] Na entrevista polifónica (*polyphonic interviewing*) "são reportadas as perspetivas múltiplas de vários entrevistados e discutidas as diferenças encontradas entre elas" (Fontana e Frey, 2003: 81). Esta discussão feita em grupo pode levar, aliás, a descobertas coletivas de grande impacto na vida pessoal de cada sujeito envolvido no processo.

- "a discussão de grupo realizada junto de uma população determinada produz uma informação unívoca (*consensus information*) sobre o universo partilhado por esta população?
- os resultados obtidos depois da análise de conteúdo do material produzido no grupo são diferentes dos resultados obtidos tendo em conta as respostas das mesmas pessoas quando entrevistadas individualmente?
- os mesmos indivíduos respondem diferentemente às mesmas questões, segundo são entrevistados conjuntamente com colegas ou individualmente?".

No referido estudo chegou-se à conclusão de que a entrevista de grupo "frente aos participantes situa-se na modalidade do consenso, mais do que permite a expressão dos conflitos internos ao grupo" (Blanchet, 1993:223). O facto é explicado do seguinte modo: "as entrevistas de grupo fazem aparecer, sobretudo, as opiniões mais fortes, contrariamente àquelas em que os participantes são menos seguros; por outro lado, observa que as opiniões minoritárias correm o risco de não aparecer na discussão do grupo, se não forem opiniões de participantes muito motivados para as defender" (*ibid.*).

Há, portanto, o risco de, com metodologias diferentes, se chegar a resultados diferentes. Por outro lado, a entrevista de grupo faz emergir o consenso – reivindicações, contestação, ostracismo em relação aos que se colocam do lado da escola, do professor ou do patrão, por exemplo. Nota-se assim que cada palavra pronunciada se encontra carregada de consequências potenciais para quem a pronuncia, e é menos perigoso procurar o consenso do grupo do que expressar ideias que levem ao conflito.

III -1.4.2 . Estudos com grupos de referência – grupo focal

A técnica do Grupo Focal (*Focus Group Studies*) consiste em envolver um grupo de representantes de uma determinada população na discussão de um tema previamente fixado, sob o controlo de um moderador que estimulará a interação e assegurará que a discussão não extravase do tema em 'foco'. É no contexto da interação que se espera que surjam as informações pretendidas.

Trata-se, portanto, de um exame em profundidade de um tópico pouco conhecido (Fontana e Frey, 2003; Krueger e Casey, 2000; Greenbaum, 1998; Debus, 1990; Morgan, 1998; 2004; Krueger, 1988; 1998), mas relacionado com a vida quotidiana das pessoas e que produz um amplo corpo de dados expressos na própria linguagem dos respondentes e do seu contexto (possuem, pois, uma validade ecológica que não se encontra nos questionários). Procura-se, nessa auscultação, dar conta da experiência, das atitudes, dos sentimentos e das crenças dos participantes acerca do tema em causa (e.g., o consumo de um produto, o impacto de determinada legislação), tendo em linha de conta a interação e as reações que se geram no interior de um grupo e em virtude do tópico em discussão. Nesta perspetiva, concordamos que o *"grupo focal* capta uma multiplicidade de perspetivas e de processos emocionais no interior de um grupo" (Gibbs, 1997: s/p).

A interação que se gera no interior do grupo é, portanto, o principal meio e fonte de produção de dados e é a sua principal característica – o que distingue esta metodologia de outras estratégias de investigação, inclusive da simples entrevista de grupo. Parte-se do princípio de que "a interação será produtiva ao alargar o leque de respostas possíveis, ao reativar detalhes esquecidos da experiência, ao liberar os participantes de inibições relativamente à divulgação da informação" (Merton et al., 1956, cit. por Catterall e Maclaran, 1997, s/p.). A outra característica identificadora é o facto de o método se centrar num tópico (foco) particular e específico. Em síntese, nas investigações através de *grupo focal* podemos encontrar objetivos do género:

- identificar a informação que existe em determinado meio sobre um certo fenómeno ou tema. Ao passo que o questionário procura saber com que frequência, magnitude (e coocorrência) esses fenómenos se verificam;
- identificar as diferenças de pensamento e o leque de ideias existente acerca de determinada realidade num determinado contexto;
- dar conta do tom de voz, da comunicação gestual e do envolvimento emocional, comuns nas situações em que se discorre e se fala sobre determinado tópico;

- identificar a linguagem comum (argumentos, crenças e mitos) em torno de um tópico. O que é conhecido por todos e o que exige esclarecimentos por parte de outros participantes;
- realizar um estudo piloto sobre um determinado tópico (decorrente, por exemplo, da informação previamente recolhida por questionário). Em especial, este tipo de estratégia de investigação permite gerar hipóteses que virão depois a ser testadas através de métodos quantitativos (Powell e Single 1996, cit. por Gibbs, 1997, s/p.);
- estimular o aparecimento de novos conceitos e diagnosticar problemas;
- contribuir para a formulação de questões e categorias de resposta de questionário estruturado, em especial, descobrindo o modo como no universo dos futuros inquiridos se pensa e se fala acerca do tema a abordar pelo questionário (Hoppe et al., 1995 e Lankshear 1993, cit. por Gibbs, 1997, s/p.).

Entre os exemplos de temas abordados por esta técnica, destacamos vários retirados da literatura:

- como é que os pais conseguem gerir os necessários cuidados com seus filhos e as exigências colocadas pela carreira profissional?
- como reagem os pais a um conceito específico relacionado com o cuidado dos filhos?
- como levar por diante, junto de adolescentes, um projeto de educação de prevenção da sida?

Segundo Calder (1977, cit. por Catterall e Maclaran, 1997), tendo em conta os objetivos e a investigação realizada, pode dizer-se que as grandes linhas de trabalho com esta metodologia têm seguido três orientações principais: exploratória, clínica e fenomenológica.

- *Preparação da entrevista de grupo focal*

Existe alguma liberdade e variedade de formas de aplicação do *grupo focal*, dependendo dos seus objetivos (Fontana e Frey, 2003). Há aspetos em grande parte comuns à entrevista de investigação semidiretiva e à entrevista de grupo. Contudo, também há algumas especificidades que convém ter em conta:

- definir e clarificar os conceitos ou questões que devem ser investigados. Esta é uma condição prioritária; ter questões à partida guiará a seleção dos respondentes, o tipo de questões a colocar durante as sessões e o tipo de análise a realizar posteriormente; fará, igualmente, jus à designação de 'grupo focal'. É necessário que os conceitos a clarificar sejam poucos, a fim de se examinarem com detalhe. Exige-se que as palavras de apresentação, iniciais, sejam bem preparadas, pois influenciam extraordinariamente o desenrolar da entrevista;
- elaborar um guião da entrevista, como nas outras modalidades. Neste caso, porém, é importante que as questões sejam abertas, de modo a que se dê conta do que pensam as pessoas sem as questionar de modo direto. Devem estimular-se linhas de pensamento que não estavam previstas antecipadamente no guião;
- tal como nas outras entrevistas, há que garantir, à partida, a confidencialidade. Dado tratar-se de um grupo, há que encorajar, também, os participantes a manterem confidencialidade acerca do que se disser na sessão;
- as questões devem ser formuladas numa linguagem acessível. Há que estimular os participantes a "partilhar a sua experiência pessoal voluntariamente e de modo a conferirem uma base às suas opiniões. Uma tal informação pessoal pode ser útil, ajuda a enraizar a discussão na realidade e serve como um referente concreto quando questionamos acerca do que é pessoal ou comum" (Knodel, 1993:37). É necessária, pois, uma atmosfera aberta, de modo a que os participantes se sintam à vontade para colaborar e partilhar ideias e sentimentos. Não se procuram consensos;
- devem ser preparadas condições que ofereçam alguma comodidade, causem pouca retração aos participantes e estimulem a comunicação (mesa redonda, refrescos, sossego, etc.). Este tipo de entrevista tem lugar em variadíssimas situações. Claro que o melhor seria evitar

situações perturbadoras, como a existência de equipamentos de gravação, etc.. Estes, porém, são fundamentais e, a sua presença, mais ou menos discreta, carece sempre de conhecimento e autorização dos participantes.

- *A escolha dos participantes nos grupos a entrevistar*

– Nem todos os tópicos são bons para qualquer pessoa; há que saber escolher as pessoas para os tópicos que se tem em vista. Os tópicos terão sempre alguma relação com a experiência dos entrevistados (Gatti, 2005). Os selecionados serão pessoas capazes de participar (a timidez, dificuldade de trabalhar em grupo, etc., podem ser obstáculos), e terão alguma capacidade reflexiva;
– dentro do possível, os participantes não devem conhecer-se uns aos outros;
– a escolha dos membros do grupo será feita ao acaso. A escolha por conveniência pode contribuir para a distorção dos dados;
– quanto à homogeneidade do grupo (a mesma idade, estatuto semelhante, etc.) ou à falta dela, quem a determina são os objetivos do investigador. A homogeneidade permite uma maior profundidade na recolha de dados, na medida em que os participantes se identificam mais facilmente com a experiência coletiva (idiossincrasia dos dados) e, também, se inibem menos do que com a presença de indivíduos com características muito diferentes, em termos de idade, de estatuto social, etc.. Por exemplo, a presença de pais num grupo de adolescentes seria certamente inibidora para estes, e vice-versa (suponha-se o caso em que se espera que os pais falem sobre a rebeldia dos mais novos). Pode ser inibidor misturar pessoas do sexo feminino e masculino, ou de proveniências culturais diferentes. Contudo, se se considera como objetivo estudar a interação entre pais e crianças então o grupo deveria ser composto por uns e outros (Stewart e Shamdasani, 1998); num grupo homogéneo não sobressaem as diferenças de opinião;

- quanto ao número de pessoas por sessão e à existência, ou não, de incentivos aos participantes, a bibliografia aponta para números muito variados de participantes: dos 4 aos 15! Esta decisão dependerá, por certo, dos objetivos, do tema e de outras condições. Quanto a possíveis incentivos, há estudos que podem contemplar estímulos financeiros aos participantes, o que deverá ser previsto no orçamento. Mas os mesmos podem ser meramente simbólicos ou morais: valorização da sua própria experiência, oportunidade de colaborar numa equipa de investigadores, etc;
- uma sessão apenas com cada grupo não permite saber se determinada característica tem a ver com a natureza do grupo ou com o modo como a sessão foi conduzida. Por isso, uma investigação através do *grupo focal* terá de contemplar vários grupos. Há estudos realizados com uma entrevista por cada grupo (e.g. Burgess 1996, cit. por Gibbs, 1997, s/p.), outros que fazem várias entrevistas ao mesmo grupo.

- *Fenomenologia da interação*

O moderador deve ser um conhecedor da dinâmica de grupos e das técnicas da entrevista (em especial, saber ouvir, falar pouco e não avançar com os seus ponto de vista). Esta é uma exigência fundamental, porque pode ajudar o investigador a identificar as condições que promovem a interação e a discussão aberta dentro do grupo, e permite melhor distinguir, na análise dos dados, o que foi dito e feito no grupo precisamente devido às condições que foram criadas (Catterall e Maclaran, 1997).

É importante que o moderador esteja por dentro da cultura dos investigados; isso dá-lhe grande sensibilidade para entender as questões postas, os ditos e os não ditos (e.g., através da análise do comportamento não--verbal dos participantes), tabus (que exigem muita prudência para serem esclarecidos). Suponha-se, por exemplo, uma investigação realizada em meios conservadores sobre planeamento familiar; ou quando essa investigação remete para aspectos muito particulares da vida privada das pessoas.

O moderador deve saber quando intervir, ser mais ou menos diretivo em função dos objetivos da pesquisa, colocar questões mais genéricas (em ordem, por exemplo a identificar as representações gerais acerca do problema em estudo), ou mais específicas (em ordem, por exemplo, a saber se determinada informação foi assimilada pelos entrevistados).

A bibliografia geral apresenta um conjunto de recomendações ou regras básicas (*ground rules*) que sintetizam os aspetos acima referidos, como:

- tratar os participantes como seres humanos;
- atender ao seu conforto físico e segurança;
- assegurar a privacidade dos participantes;
- esclarecer os meios usados para gravar a sessão;
- manter o foco no tema em questão;
- manter as pessoas ativas exprimindo claramente a pergunta, dando tempo a que cada participante exprima (e grave) a sua resposta, facilitar a discussão das respostas (perguntas entre os participantes para esclarecimento mútuo, reconsideração do posicionamento de cada um sobre o tema, etc.);
- manter a discussão na linha pretendida (focando o tema);
- evitar a inibição dos respondentes;
- todos os respondentes devem contribuir sem que uma opinião domine as outras, ou seja preferida pelo moderador;
- fechar a discussão por cada resposta finalmente trabalhada, fazendo uma síntese antes de avançar (pode haver um anotador na sessão a quem caiba esta tarefa);
- completar os registos, após as sessões, com notas acerca do clima da reunião e de outros aspetos que se considerem relevantes.

- *A análise e a interpretação dos dados*

As sessões devem ser vídeo-gravadas ou áudio-gravadas com autorização das pessoas participantes e, depois, transcritas (claro que esta exigência depende dos objetivos das entrevistas). A seguir far-se-á a análise de conteúdo (dos dados que anteriormente se definiram como relevantes para a pesquisa), podendo partir-se dos tópicos do guião e tendo em conta os objetivos da pesquisa (Gatti, 2005; Rubin e Rubin, 2005).

Claro que a própria transcrição faz perder muitos dados, mormente os não verbais. Estes dados podem completar-se se houver notas tomadas (por um outro observador) ou se houver uma vídeo-gravação (a sua utilização, contudo, deve estar prevista no plano da análise). Os dados serão cuidadosamente analisados, quantitativa e qualitativamente, através dos processos geralmente usados na Análise de Conteúdo (cf. Parte IV deste manual).

No entanto, porque a interação é um fenómeno central no *grupo focal*, a dinâmica que se gerou no interior do grupo tem de ser considerada na análise. Devem ter-se em conta os períodos de desenvolvimento das interações no grupo (estágios iniciais de formação e de desenvolvimento) e a sequência das trocas, para se perceberem, de forma contextualizada, os conteúdos (Gatti, 2005; Morgan, 1998; 2004). É possível que numa fase inicial as ideias sejam contraditórias em relação ao que se afirma posteriormente. Anote-se a qualidade dos atos verbais em cuja análise se podem usar sistemas como o de Bales (1950): área sócio emocional positiva e negativa, área de tarefas, etc. (cf. Izquierdo, 1996:89). Há que atender ao facto de as pessoas estarem em grupo, o que uniformiza muitas das opiniões dos participantes, de modo que o que sobressai é um pensamento mais coletivo do que individual.

O *grupo focal* surge como uma boa metodologia para uns fins, menos boa para outros. Uma das vantagens é a de permitir uma certa rapidez na colheita da informação. Que isto seja bem entendido, uma vez que todos os requisitos prévios (preparação, guião, escolha dos participantes, etc.), são consideravelmente consumidores de tempo para o entrevistador, não falando já das transcrições e da análise subsequente. Mas a interação com os respondentes, possibilitando esclarecimentos das suas respostas e atenção a comportamentos não verbais, é a sua principal característica e uma grande vantagem. Isto exige que o moderador esteja familiarizado com a problemática em discussão e evidencie sensibilidade à cultura dos investigados (o que lhe permite maior e mais profunda compreensão das respostas e questões colocadas). Possibilita, portanto, um conjunto de informações que não seriam suscetíveis de ser colhidas por outro meio, mas que, também por isso mesmo, dificilmente serão passíveis de generalização. Por outro lado, há sempre o perigo de o grupo ser dominado por um dos seus membros (Fontana e Frey, 2003:73; Krueger e Casey, 2000; Morgan, 1998; 2004; Krueger, 1998).

III – 2. INTRODUÇÃO A OUTRAS TÉCNICAS DE RECOLHA DE DADOS

No presente tópico faremos uma breve introdução a diversas outras técnicas de recolha de dados, mais ou menos próximas da entrevista (tratada no tópico anterior). O desenvolvimento incidirá sobre técnicas autoscópicas, análise de narrativas ("estórias") e incidentes críticos, a técnica Delphi, questionários abertos, composições e documentos pessoais.

João Amado & Margarida Veiga Simão
Universidade de Coimbra / Universidade de Lisboa

III. – 2.1. PENSAR EM VOZ ALTA, AUTOSCOPIA E ESTIMULAÇÃO DA RECORDAÇÃO

Pensar em voz alta, autoscopia e estimulação da recordação são técnicas baseadas na verbalização dos processos mentais que partem do princípio, comum a toda a investigação qualitativa, de que é importante captar e estudar os processos de pensamento dos atores em ação e interação. Trata-se de técnicas utilizadas tanto com propósitos de investigação (dimensão que aqui nos interessa) como de formação.

No contexto do ensino, estas técnicas traduzem as conceções oferecidas pelos 'modelos mediacionais' que "incorporam a variável mediadora do aluno e do professor como principais responsáveis dos efeitos reais da vida na aula" (Gimeno Sacristan e Peréz Gómez, 1995:85), valorizando, sobretudo, os processos cognitivos e afetivos daqueles intervenientes e o seu 'senso comum'. Segundo tais modelos, só conhecendo verdadeiramente a atuação prática dos intervenientes na aula, e o pensamento que subjaz a essa atuação, numa aproximação a 'sujeitos' e não a 'objetos', é que se poderá teorizar validamente sobre o ensino (Januário, 1996; Amado, 2001).

Diga-se, pois, que, para além de uma nova compreensão da prática social, mormente dos processos de ensino-aprendizagem, os modelos mediacionais têm fortes implicações nas metodologias de investigação e nas epistemologias que lhes servem de suporte, ou seja, compreender o ensino-aprendizagem, como prática social que é, não pode mais ser alcançado sem ter em conta o que pensam de si mesmo e dos outros, os agentes do processo: professores e alunos. É neste enquadramento teórico que se fundamentam as técnicas do *pensar em voz alta*, da *autoscopia* e da *estimulação da recordação*.

Numa breve descrição e reflexão, apresentam-se algumas das modalidades mais conhecidas bem como as suas vantagens e limites. Podemos considerar duas grandes categorias de modalidades: as técnicas concorrentes (pensar em voz alta e autoscopia) e as técnicas independentes (estimulação da recordação). As primeiras caracterizam-se pelo facto de serem empregues durante a realização das tarefas e destinam-se a observar e registar reações, hesitações, tomadas de decisão, etc. As segundas, em destaque neste capítulo, caracterizam-se por recorrerem a invocação de experiências passadas.

- *Pensar em voz alta e autoscopia*

'Pensar em voz alta' *(think-aloud)* é o exemplo perfeito das técnicas concorrentes. Com efeito, na sua concretização, pede-se ao sujeito que, em certos momentos da sua atividade interativa, diga tudo o que está a pensar para levar por diante essa mesma atividade. Tem a vantagem de permitir seguir o desenrolar da ação, consistindo, porém, numa técnica bastante intrusiva, sobretudo pelo facto de interferir no próprio fluxo das atividades(Bonboir, 1985).

O termo *autoscopia* trata, como a designação o indica, de uma observação realizada pelo próprio agente da ação mediante o recurso à vídeogravação. "O facto de ver-me e de escutar-me leva a uma tomada de consciência de mim mesmo, de minha imagem, do som da minha voz, da qualidade e da quantidade de meus gestos, de minhas atitudes, de minha postura, de minha maneira de atuar e de ser (Ferrés, 1996:52, cit. por Sadalla e Larocca, 2004:422).

Através da observação e da análise do vídeo, procura-se apreender o processo reflexivo do ator na situação, num procedimento que se confunde com a técnica da estimulação da recordação. Tendo em conta, pois, que os procedimentos e a fundamentação são bastante semelhantes ao que ocorre na *estimulação da recordação*, passaremos ao desenvolvimento desta outra técnica.

- *A estimulação da recordação*

A estimulação da recordação é uma técnica independente e tem sido utilizada de diferentes modos e em diferentes contextos de pesquisa. No ensino, foi empregue pela primeira vez por Bloom, em 1953, e foi descrita como um método que permite fazer inferências sobre a recordação de acontecimentos mentais. Kagan, Krathwohl e Miller (1963) utilizaram esta metodologia para treinar profissionais; Shulman e Elstein (1975), para investigar os juízos de diagnósticos dos médicos; Peterson, Swing, Bravermn e Buss (1982), para investigarem os processos cognitivos dos alunos, as tomadas de decisão clínicas e os pensamentos dos jogadores de xadrez; Lam (2008), para ter acesso às estratégias metacognitivas e processos de pensamento de alunos participantes no planeamento de tarefas de grupo. No caso da pesquisa na sala de aula, muitos estudos adotaram a metodologia da estimulação da recordação para investigar os processos de pensamento e de tomada de decisão dos professores, no ato de ensinar (e.g., Almeida, 2011; Cadório, 2011; Cadório e Veiga Simão, 2010; Calderhaed, 1981; Clark e Peterson, 1986; King, 1980; Marcelo, 1987; McKay e Marlknd, 1978; McNair e Joyce, 1979; Pacheco, 1990; Pinto, 1996; Veiga Simão, 1993; 2002; Vikstrom, 2008).

A estimulação da recordação foi profundamente tratada por Calderhead (1984) e consiste em filmar uma sequência de certa atividade (e.g., uma aula, a resolução de uma tarefa) e solicitar posteriormente ao indivíduo ou indivíduos da gravação que, perante a mesma, relate(m) os pensamentos que ocorreram e as decisões que tomaram na fase visionada. A técnica destina-se, pois, a obter testemunhos que permitam desvendar o sentido das ações dos intervenientes numa qualquer situação de interação: uma aula, uma consulta clínica, ou outra qualquer situação.

O indivíduo, ao recordar e ao refletir sobre os seus atos, pode dar esclarecimentos que permitam saber o que pensa sobre as suas atitudes e palavras, e, se o desenho de investigação for traçado com esse objetivo, possibilita, ainda, que se analise o desenvolvimento desse pensamento e os fatores que estão na base de uma eventual inadequação do raciocínio prático às situações. Assim, as conclusões retiradas nestas sessões podem ser bastante formativas. Nas palavras de Postic e De Ketele (1988:267), "o registo vídeo permite reconstituir um processo de ensino/aprendizagem, analisar as cadeias de comportamentos, os modos de 'abertura e de fecho' utilizados pelos professores, assinalar os momentos-chave e analisar certas sequências selecionadas".

Para além de uma técnica de recolha de dados que permite entrar em dimensões ocultas e subjetivas das práticas educativas/formativas, a estimulação da recordação será, ainda, como afirma Veiga Simão (2001), um modo de estimular a metacognição dos professores, permitindo, assim, um processo formativo que leva à tomada de consciência "dos processos que utilizam quando ensinam e a compreenderem os seus efeitos" (p. 112).

Muitos processos de pensamento, como as crenças docentes, e tomada de decisões dos professores nos diferentes momentos da sua ação pedagógica (pré-ação/planificação, fase interativa, pós-ação/avaliação) têm sido estudados por esta via (Ávila, Veiga Simão, e Frison, 2016; Calderhaed, 1981; Clark e Peterson, 1990; Marcelo, 1987; Pacheco, 1995; Pinto, 1996; Sadalla e Larocca, 2004; Veiga Simão, 1993; 2001, 2012). Veiga Simão (1993; 2001) usou esta técnica aplicada a dois professores do 1º Ciclo do Ensino Básico para obter a reflexão sobre a sua prática "e sobre o modo como interpreta o professor a estrutura académica e a estrutura participativa/relacional (os motivos que o levaram a propor determinadas atividades ou tarefas, a interpretação que lhes dá e com que intenção as realizou) e constatar a forma como alguns alunos perceberam as intenções dos professores e como perceberam o que lhes foi ensinado" (p. 109).

Altet, no seu livro intitulado *Análise das práticas dos professores e das situações pedagógicas* (2000), refere ter utilizado esta técnica de recolha de dados, para compreender o sentido das práticas, dando "a palavra aos próprios atores, ou seja, aos professores e aos alunos [filmados], dado que, para compreender o sentido de um comportamento pedagógico, é necessário, partir das intenções do professor, situá-lo na sequência global. (...) Terminada a gravação vídeo de cada sequência, esta era apresentada ao professor que [por sua vez] era convidado a pronunciar-se sobre o sentido que atribuía às suas práticas. Pedíamos então aos atores para realizarem a análise e o diagnóstico das suas aulas" (p. 45).

Esta técnica resolve, em grande parte, o caráter intrusivo do *pensar em voz alta* e permite, também, um fértil confronto das interpretações dos atores com as dos investigadores. Almeida (2011) utilizou a observação seguida de reflexão, a partir da estimulação da recordação, entre o observador e a realidade observada. Não teve qualquer perspetiva de avaliação dos professores observados e, neste sentido, a questão da subjetividade- -objetividade colocou-se de uma forma mais positiva, relativamente às limitações apontadas a esta técnica, na medida em que, como sustenta Cruz (2009:143, cit. por Aguiar e Alves, 2010:238), "o debate entre o observador e o observado permite confrontos de diferentes subjetividades contribuindo para atenuar as deformações resultantes da perspetiva".

Em estudos para responder à questão de como avaliar o processo de autorregulação da aprendizagem, tendo em conta a sua complexidade, Duarte e Veiga Simão (Veiga Simão, 2011) optaram por conjugar diferentes métodos para a análise do mesmo objeto, o que permitiu triangular os dados. Sabemos que esta prática é muitas vezes descrita, mas pouco utilizada (Pourtois e Desmet, 1988) e que o problema se coloca na combinação dos diferentes métodos (Hammersley, 2008). A sua vantagem reside precisamente nessa combinação, critério que permite aumentar a confiança nos resultados. Não existe uma diretriz única, pois tudo depende dos objetivos do estudo, da situação particular e do peso relativo que o investigador conceda a cada um dos métodos de obtenção dos dados.

Para avaliar o processo de autorregulação da aprendizagem em tarefas de pesquisa de informação na Web, Duarte e Veiga Simão (Veiga Simão, 2011) utilizaram a entrevista semidiretiva nas fases de planeamento/ativação para a tarefa, de avaliação/reação e de pós-realização da mesma, com o objetivo de captar e incentivar a tomada de consciência e o controlo do estudante nas dimensões cognitiva, metacognitiva, motivacional e contextual.

À semelhança de outros estudos (Segovia e Hardison, 2009; Veiga Simão, 2011; Vikstrom, 2008; Yoshida, 2008), na fase de pós-realização da tarefa, a reflexão foi apoiada por imagens vídeo recolhidas ao longo da tarefa, o que permitiu aos estudantes, através da estimulação da recordação, rever o seu desempenho e refletir ao nível dos pensamentos, sentimentos e decisões tomadas, durante a resolução da tarefa académica solicitada.

- *Os procedimentos*

Os procedimentos concretos desta técnica têm variado, abrangendo diversas formas: desde a solicitação do comentário não estruturado à lista de instruções explícitas. Em alguns casos, tem sido utilizada uma estratégia alternativa, na qual os comentários iniciais dos indivíduos guiam outros comentários posteriores.

Alguns investigadores, após gravarem um episódio, observam-no com o professor e (ou) com os alunos, e solicitam as suas reflexões e sentimentos, fazendo algumas paragens na gravação para disporem de tempo necessário à resposta/discussão. No referido estudo de Veiga Simão (1993; 2001), a autora gravou em vídeo três aulas e solicitou aos professores que, no mesmo dia das gravações, observassem e comentassem livremente, ainda que para isso parassem a gravação onde achassem necessário. Foi solicitado também a três alunos de cada professor (um aluno que pareceu acompanhar a aula, um que pareceu acompanhar medianamente e outro que pareceu ter dificuldades, segundo critérios dos professores) que comentassem alguns momentos das aulas, selecionados pelo investigador.

Dias (2005), num trabalho que visava estudar a interação professor-aluno em aulas com discentes de origens multiétnicas, utilizou esta técnica de recolha de dados, entre outras. Para isso selecionou determinados episódios das aulas videogravadas e formou grupos constituídos por alunos de origem étnica diferente, bem como por alunos bem e mal comportados (segundo o critério do professor). "Procurámos que não decorresse demasiado tempo entre as gravações e esta atividade para proporcionar aos alunos material recente, uma vez que lhes era solicitado que se recordassem dessas mesmas aulas. (...) Para que os alunos tivessem tempo para esses comentários, procedíamos a paragens na gravação, sempre que algum aluno mostrava vontade em falar, ou sempre que algum aspeto chamasse a nossa atenção, tendo em conta os objetivos do estudo. A duração das paragens dependia essencialmente da iniciativa dos alunos e da sua participação. (...) Começávamos por perguntar aos alunos se os momentos visionados lhes diziam alguma coisa. Caso não se lembrassem logo deles, o que raramente aconteceu, *estimulávamos a sua recordação,* situando os episódios, com a ajuda dos próprios alunos. Inicialmente dávamos tempo aos alunos para que comentassem as imagens sem lhes colocarmos qualquer tipo de questões. Porém, sempre que nenhum deles se pronunciava, 'lançávamos no ar' questões, para o grupo, baseadas nos comportamentos observados e às quais podiam responder se assim o entendessem. Essas questões surgiram após um primeiro visionamento das aulas que efetuámos previamente e durante o qual fomos apontando tópicos que nos poderiam orientar durante o visionamento comentado dos alunos, tendo em conta os objetivos da investigação. Pretendíamos saber o que estava subjacente aos comportamentos dos alunos, o que pensavam quando intervinham na aula e o que pensavam sobre o comportamento dos colegas e dos professores. A duração dos visionamentos não ultrapassou os 50 minutos por cada turma dado que era esse o tempo de que os alunos dispunham e também para evitar aborrecê-los" (Dias, 2005:81).

Cadório (2011) e Almeida (2011) nos seus estudos utilizaram videogravações de aulas de todos os participantes do grupo de investigação as quais foram vistas pelo respetivo professor e investigadora, tendo o primeiro total liberdade de comentar a sua ação educativa. Perante a videogravação os investigadores possibilitaram aos professores que relatassem as suas reflexões sobre a sua prática pedagógica, utilizando momentos de paragem, sempre que julgassem necessário. Esses comentários/reflexões foram gravados, para análise/reflexão posterior. Foi, depois, realizada uma reflexão conjunta com todos os participantes da investigação, partilhadas algumas inseguranças e triangulado o registo da observação com o dos comentários realizados durante a estimulação da recordação, a fim de elaborar propostas de alteração das práticas que seriam posteriormente observadas.

Symonds (2008) optou por solicitar a alunos que assistissem a vídeos de si mesmos, em situação de sala de aula, que tinham sido gravados anteriormente pelo investigador, e respondessem a perguntas pré-escritas sobre o seu comportamento. Esta técnica de lembrança estimulada é geralmente usada por psicólogos para solicitar o surgimento de memórias através da aplicação de estímulos visuais ou auditivos (e.g., Kochevar e Fox, 1980).

De estudo para estudo, tem variado o número de vezes que se observa, se a observação é total ou parcial, a observação da gravação com a presença de todos os intervenientes ou só de alguns, o tempo que decorre entre a ação videogravada e a estimulação da recordação, os momentos de paragem, a decisão dessas paragens, o tipo de instruções que se fornecem, a utilização, ou não, de entrevistas estruturadas ao longo da visualização, etc., bem como o processo de análise e interpretação dos dados recolhidos.

Como se infere do que vimos dizendo, vários podem ser os procedimentos e os objetivos que se procuram alcançar com esta técnica. Contudo o que está sempre presente é a possibilidade de explorar a interpretação de situações e o comportamento dos próprios atores, ainda que nem sempre atingindo verdadeiramente os processos cognitivos e de decisão que acompanham as ações vídeogravadas.

- *Vantagens*

Para além da obtenção de alguns dos objetivos já referidos, a tecnologia de videogravação torna-se vantajosa por permitir registar com grande abrangência a complexidade dos atos pedagógicos numa sala de aula. Como dizem Sadalla e Larocca (2004), "fenómenos complexos formados pela interferência de múltiplas variáveis, muitas das quais atuam simultaneamente, como a prática pedagógica, por exemplo, são carregados de vivacidade e dinamismo. Para serem melhor compreendidos, necessitam de uma metodologia capaz de conservar essas características. Desse modo, a videogravação permite registar, até mesmo, acontecimentos fugazes e não-repetíveis que muito provavelmente escapariam a uma observação direta" (p. 423). Além disso, ainda segundo a síntese das referidas autoras, "a tecnologia de videogravação carrega o potencial de transformar em novidade a ser conhecida muitas daquelas realidades do dia a dia, que parecem tão familiares aos sujeitos" (*ibid.*).

A análise e reflexão sobre a prática educativa, realizada base na estimulação da recordação, potencia o processo reflexivo dos professores, através da oportunidade de "rever os propósitos e os princípios subjacentes aos juízos e práticas que desenvolvemos na sala de aula" (Fullan e Hargreaves, 2001:120).

As vantagens da metodologia da estimulação da recordação utilizada quer por professores, quer por estudantes, prendem-se com questões relacionadas não só com a avaliação do tipo de estratégias de aprendizagem utilizadas e reportadas pelos alunos, como também com a eficácia da sua utilização (Lam, 2008). Igualmente, este tipo de metodologia, em conjunto com dados provenientes da observação, como o visionamento de registos vídeo, pode providenciar informação sobre o processo (e.g., raciocínio estratégico) e o produto (e.g., desempenho na oralidade) da aprendizagem (Morgan, 2007; Stough, 2001).

Através do visionamento de registos vídeo, relativo ao seu desempenho, o estudante tem possibilidade de recordar e relatar pensamentos, sentimentos e decisões que ocorreram ao longo da realização da tarefa académica solicitada. De acordo com um trabalho precedente (Veiga Simão, 2001), este procedimento visa facultar o acesso à reflexão metacognitiva do estudante, face ao seu desempenho e permitir a tomada de consciência dos processos de resolução das tarefas académicas e dos percursos de aprendizagem. Estas potencialidades são igualmente assinaladas por alguns autores nos seus estudos (e.g., Beers, Boshuizen, Kirschner, Gijselaers e Westendorp, 2006), ao referirem que a entrevista e a estimulação da recordação servem para compreender melhor a aprendizagem. Estas técnicas permitem captar a complexidade dos esforços dos estudantes nos seus processos de aprendizagem, possibilitando conjugar a autoavaliação dos estudantes, tendo em conta a reflexão através do questionamento promovido pela entrevista e a análise da ação que a estimulação da recordação possibilita.

- *Dificuldades e limitações*

Será que os sujeitos estão mesmo a recordar ou simplesmente a responder a um conjunto de estímulos oferecidos pelo vídeo? Segundo Yinger (1986), parece que se verificam os dois fenómenos, permitindo concluir que "a estimulação da recordação é um meio de aceder às 'reflexões sobre a ação' ao mesmo tempo que permite obter as 'reflexões tidas durante a ação'".

No que se refere ao tempo que decorre entre a ação videogravada e a estimulação da recordação, os investigadores aconselham a que seja curto, portanto, logo de seguida, o que é muitas vezes difícil de concretizar. A este propósito, Morgan (2007) recomenda que ao usar essa técnica com crianças quando se pretende produzir diálogos que focam tanto a atividade cognitiva como a dimensão afetiva da experiência em sala de aula deve proceder-se a: i) um curto intervalo de tempo (menos de 48 horas) entre a atividade registada e a estimulação da recordação; ii) trabalhar com pares de crianças; iii) permitir que as crianças escolham sua própria secção de vídeo para discutir.

Há quem afirme que a situação se pode tornar *stressante* (Fuller e Manning, 1973), voltando, por isso, a colocar-se a questão da fiabilidade dos dados recolhidos por esta técnica. Segundo Ferrés (1996, cit. por Sadalla e Larocca, 2004), podem verificar-se por parte do sujeito duas atitudes negativas, mas contrapostas. "De um lado, o sujeito autoscópico pode fascinar-se, evidenciando uma certa dose de narcisismo. De outro, poderá adotar mecanismos defensivos ou rejeitar-se em razão do impacto causado pela perceção da distância entre o eu-observado e o eu-idealizado. Geralmente, nessa situação, observam-se maneirismos e gestos de recomposição na pessoa" (*ibid.*, 424).

Em diversos estudos (e.g., Almeida, 2011; Cadório; 2011; Veiga Simão, 2002), com a preocupação de atenuar os problemas referidos anteriormente, os investigadores procederam inicialmente à familiarização dos professores com a estimulação da recordação e consideraram que o facto de os professores e os investigadores terem uma relação profissional, de longa data, teve uma influência positiva (Calderhead, 1981).

João Amado & Albertina L. Oliveira
Universidade de Coimbra

III-2.2. A TÉCNICA DOS INCIDENTES CRÍTICOS

A técnica dos incidentes críticos foi usada pela primeira vez num estudo científico por Flanagan (1954), no âmbito de uma abordagem de natureza positivista, a qual assumia a realidade como sendo tangível. A sua utilização conduz a registos de atividades humanas observáveis, de tal forma completos que, através deles "se possam fazer induções ou previsões sobre o indivíduo que realiza a ação" (Flanagan, 1954, cit. por Estrela e Estrela, 1978:13). Todavia, a técnica dos incidentes críticos passou, mais tarde, a inscrever-se no enquadramento fenomenológico, tal como foi desenvolvido por Chell (1998, cit. por Chell, 2004), que entende ser a entrevista não estruturada a forma de eleição para aceder aos incidentes críticos. Referindo-se ao contexto de ensino, Rosales (1991) considera-os como "casos especialmente problemáticos ou significativos" (p. 209). Estes registos podem ser obtidos através de observação (nas situações), de depoimentos escritos ou através de entrevistas (registo retrospetivo).

Segundo Halquist e Musanti (2010), não é a simples ocorrência de um evento que o torna crítico; para que se torne verdadeiramente num incidente crítico é necessário investigar as estruturas de significado subjacentes àquilo que normalmente é tomado como certo; é necessário que "tenha um significado mais geral e que se refira a algo importante num contexto mais lato" (p.450); os incidentes críticos não são simplesmente observados, mas 'literalmente criados'. O seu caráter crítico, como refere Angelides (2001), "baseia-se na justificação, na significância e no significado que lhe é atribuído" (p. 431), suscitando deste modo reflexão, conferindo-lhe visibilidade e necessidade de aprofundar a análise e a interpretação.

Quando se trata de observações, o investigador regista "informação, em forma de narrativa, acerca da execução de uma prática determinada (por exemplo, um conjunto de regras aplicáveis à escola) ou de um determinado tipo de conduta (por exemplo uma conduta transgressora) (...). Fixam-se de antemão unidades discretas tais como o lugar, a pessoa, a situação e o tipo de conduta a observar. Os padrões de conduta registam-se na linguagem quotidiana" (Evertson e Green, 1989:343). Como referem estes últimos autores, "o que se regista não está necessariamente especificado *a priori*, mas depende em grande medida da perceção do observador e da sua capacidade para captar e transmitir em linguagem quotidiana o que observou. Por outras palavras, as perceções e a capacitação dos investigadores, assim como as suas aptidões para se expressarem oralmente e por escrito, influem no que se registará e como será registado" (*ibid.*, 342).

- *Como chegar aos comportamentos a registar?*

O registo pode ser feito, como já dissemos, a partir da *observação direta dos factos*. Pode consistir numa observação feita por um observador externo, por exemplo, no próprio quadro de uma investigação etnográfica e perante situações menos regulares e atípicas. Nestas situações, como dizem Vasquez e Martinez (1976:79), "em certos momentos alguns destes incidentes proporcionam um significado mais revelador contribuindo para ampliar a visão do investigador. Ao destacar aqueles aspetos que constituem o problema, estes incidentes transformam-se em incidentes chave. O incidente chave constitui-se então num revelador dos rituais e das normas implícitas".

Para ilustrar esta modalidade invocamos aqui uma pesquisa relacionada com as práticas docentes em contexto de aula de formação cívica. A pesquisadora (Santos, 2003, 2005), para além de entrevistas a professores e alunos, videogravou dezoito aulas e, entre os processos de análise das mesmas, depois da sua transcrição incluiu o recorte dos 'incidentes críticos', classificando-os como 'incidentes convergentes', com os objetivos explicitados pelos professores para a educação cívica (por exemplo, incidentes que revelam estimulação e aceitação das sugestões dos alunos, ou da promoção da participação dos pais nas atividades escolares, ou até mesmo que revelam o cuidado do professor em incutir nos alunos a necessidade de cumprir regras), e um conjunto de incidentes 'divergentes' em relação aos objetivos, tais como impedir o diálogo entre os alunos sobre conflitos que vivenciam no seio da turma, etc.).

A observação também pode ser feita por uma pessoa mais implicada no processo e contexto a observar, como no caso de um professor que usa essa técnica na sala de aula com o fim de criar instrumentos de avaliação dos alunos, ou de um supervisor que, desse modo, vai recolhendo informação contínua sobre os estagiários. Neste caso, Estrela (1986:173) fala de "incidente significativo", por ser registado por alguém que não possui o distanciamento conveniente para um registo mais objetivo e técnico.

A colheita dos incidentes é feita, ainda, através de *entrevistas* ou de *depoimentos escritos*, solicitando aos sujeitos que façam a narrativa desses factos. Tratando-se de entrevistas, e numa tentativa de alcançar uma compreensão em mais profundidade, Chell (2004) considera que é a sua forma não estruturada que permite chegar aos "processos de pensamento, aos quadros de referência e aos sentimentos sobre um incidente significativo para o respondente" (p. 218). Estes elementos são importantes, na medida em que o objetivo é compreender o incidente na perspetiva da pessoa implicada, tendo em consideração as dimensões cognitiva, afetiva e comportamental.

- *Como concretizar a entrevista?*

Muito do que se poderia dizer em termos de resposta à questão já foi dito no capítulo sobre a entrevista. Acrescentamos, por isso, apenas alguns aspetos específicos, como:

- Pede-se ao entrevistado para se focar num incidente (não convém que o foco vá além de quatro) do qual tenha conhecimento direto e que tenha ocorrido num determinado período de tempo. Para

ir estabelecendo uma correta cronologia dos eventos, convém referenciá-los a outros eventos, documentos, registos ou outros materiais de validação.
- Os incidentes podem ser experiências positivas ou negativas, devendo a forma como a pessoa as enquadra estar inteiramente sob o seu controlo, assim como a linguagem que utiliza.
- É fundamental ouvir cuidadosamente e sondar/tatear da forma mais atenta possível para captar os pormenores essenciais do incidente, com base na perspetiva da pessoa.
- É conveniente que a entrevista seja controlada pelo entrevistador, apesar da sua natureza não estruturada. Pode-se usar questionamentos gerais, tais como 'o que é que aconteceu a seguir?' e 'como é que lidou com a situação?', os quais permitem obter informação sobre o contexto, a linguagem, o comportamento, etc.
- No caso de o entrevistador não perceber o que está a ser referido, há que pedir esclarecimentos imediatos. De acordo com Chell (2004), "é difícil recordar alguma coisa que não se compreendeu bem" (p. 219).
- É importante que o contacto termine deixando o entrevistador com a impressão de que, caso fosse necessário voltar, seria bem recebido.

Chell (2004) considera que a técnica dos incidentes críticos não é de fácil implementação e que requer que o entrevistador seja habilidoso e maduro na sua abordagem. Todavia, no geral, refere ser agradável tanto para o entrevistador como para o entrevistado. Assume-se que a vida real é difícil e complexa e que todos estamos em processo de procurar um sentido para ela.

Como referido atrás, a obtenção de incidentes críticos pode ser fruto da *análise de documentos* (por exemplo, 'participações disciplinares' de alunos em sala de aula, destinadas a dar conhecimento a diretores de turma), cuja informação é tratada de modo a poder traduzir-se em incidentes críticos. Foi este o procedimento utilizado por Amado (1989) no estudo da problemática disciplinar numa escola secundária.

- *Como registar?*

Convém que os registos se façam de um modo objetivo, tendo em conta as situações em que se verificaram os incidentes (circunstâncias em que se produziram e que para elas tenham contribuído), os comportamentos ocorridos e, finalmente, as inferências e outros comentários possíveis realizados pelo próprio relator, acerca de quem neles esteve envolvido, das repercussões dos factos, etc.. A ficha que apresentamos, de seguida, é adaptada de Estrela e Estrela (1978:26):

Quadro nº. 2 - Ficha de registo de incidentes críticos

Nº do incidente	Observado			Observador		
	Sexo M F	Idade	Situação profissional ou escolar	Situação profissional ou escolar		Classificação do comportamento
SITUAÇÃO						
DESCRIÇÃO DO COMPORTAMENTO						
INFERÊNCIAS						
OUTRAS NOTAS						

- *Como analisar?*

Os incidentes poderão ser categorizados, através de uma análise de conteúdo. Para isso é importante começar pela definição do 'traço saliente' de cada incidente e proceder à construção de uma taxonomia do seu conjunto (cf. cap. IV-1.4.).

- *Com que objetivos?*

Os objetivos da análise serão variados, consoante o contexto em que ela se faça. Nos exemplos de Rosales (1991) a sua análise é, no âmbito da formação de professores e para estes, uma "fonte de importantes aprendizagens e fator de clarificação das características da sua formação, das suas capacidades e debilidades profissionais" (p. 209 e ss). Com esta finalidade formativa, pode-se fazer uma análise (grupal) das possíveis causas (regulamento e normas da organização; metodologia de ensino; causas exteriores à sala de aula e à escola), das soluções adotadas ou a adotar, etc.

João Amado & Albertina L. Oliveira
Universidade de Coimbra

III – 2.3. ANÁLISE DE NARRATIVAS – 'ESTÓRIAS' OU EPISÓDIOS

No contexto das ciências humanas, o interesse da investigação pela narrativa surgiu associado ao movimento *the narrative turn*[69], representando um afastamento claro da investigação inspirada no paradigma positivista. Como refere Hyvärinen (2008), se "a investigação quantitativa colocou em primeiro plano as tendências dominantes, as histórias vieram teorizar o particular" (p. 450). E é deste particular, com todas as suas peculiaridades, dinâmicas e processos que versa a análise de narrativas.

- *A noção de narrativa*

O conceito de 'narrativa', no contexto da investigação qualitativa, tem sido entendido de diversos modos; nos capítulos deste manual, poderão, mesmo, encontrar-se variados significados e aplicações. De facto, de narrativas se trata quando falamos em metodologia (auto)biográfica e em etnografia, como quando falamos em entrevista, em incidentes críticos, em diários, etc.. Lidamos, em todos esses casos, com descrições e interpretações da ação humana.

---

[69] Na verdade, fala-se em mais do que uma viragem, distinguindo Hyvärinen (2008) pelo menos três. A primeira associa-se aos estudos literários, significando uma retórica estruturalista, científica e descritiva no estudo da narrativa. A segunda, no âmbito da historiografia, aparece ligada à teoria narrativa e apontou para o valor da narrativa enquanto representação da realidade, em vez da historiografia narrativa ingénua. A terceira viragem começou mais tarde, nas ciências sociais (início dos anos 80 do século passado), e constituiu-se numa apreciação positiva das narrativas, enquanto tais, no estudo da psicologia e da cultura humanas.

Constata-se, então, que há uma considerável variação na definição do conceito de narrativa, decorrente em boa parte da sua associação a diferentes disciplinas ou tradições. Assim, na História Social e na Antropologia, a narrativa pode abarcar uma história de vida completa, elaborada a partir de diferentes métodos de recolha de dados, como, por exemplo, entrevistas, observações e documentos. No âmbito da Sociolinguística, o conceito é mais restrito e refere-se a histórias específicas temáticas, organizadas em torno da personagem, do contexto e do enredo. Noutra tradição (visível na Psicologia e na Sociologia), as narrativas pessoais contêm relatos extensos de vidas em contexto, os quais podem ser produzidos ao longo de uma ou de várias entrevistas. Deve-se ao psicólogo Jerome Bruner (1991, 1997, 2000) o atual incremento pelo interesse na 'construção narrativa da realidade'[70].

É de salientar porém, que, apesar das diferentes tradições, todas as narrativas requerem a elaboração de textos para análise posterior, podendo ser relativos à seleção e organização de documentos, composição de notas de campo, ou seleções de transcrições de entrevistas, as quais serão cuidadosamente inspecionadas. De acordo com Riessman (2008:706), "as narrativas não falam por si próprias, nem têm qualquer mérito sem serem analisadas, elas requerem interpretação ao serem usadas como dados na investigação social". Assim, a análise de narrativas diz respeito a um conjunto de abordagens a diversos tipos de textos historiados. Nesta alínea limitaremos, contudo, o conceito de narrativa a breves 'estórias'[71] compostas por factos, acontecimentos e ações, por vezes ficcionados ou construídos em torno de um determinado tema (por exemplo, incidentes e conflitos interacionais numa escola), circunscritos a um contexto ou a uma época, e descritos em ordem à sua análise (Polkinghorne, 1995:5, cit. por Roberts, 2002:116).

Segundo Fivush (2006, cit. por Mattos, 2008), as narrativas vão além da simples descrição de eventos experienciados "para oferecer modelos explicativos e avaliação emocional sobre o que esses eventos significam

---

[70] Título, aliás, do sétimo capítulo da sua obra *Cultura e Educação*, publicada em 2000 (Bruner, 2000).

[71] Distinguimo-las deste modo das narrativas vivenciais, mais amplas (como as autobiografias e histórias de vida), e das histórias populares (cf. Lira et al., 2003).

para o indivíduo. Mais especificamente, as narrativas permitem-nos criar uma realidade compartilhada. Ao contar as histórias da nossa vida estamos a dizer quem somos e a compartilhar a nossa visão do mundo. Nós não apenas contamos o que aconteceu; também explicamos como e porque é que esses eventos se deram, como nós os sentimos, como reagimos a eles e o que é que eles significam para nós" (Mattos, 2008:706). Assim, as narrativas assumem um grande valor, na medida em que "atribuem sentido à experiência, reclamam identidades e permitem às pessoas alcançar vida [*get a life*], dizendo e escrevendo as suas histórias" (Langellier, 2001:700, cit. por Riessman, 2004:705). Numa definição clara, apresentada por Hinchman e Hinchman (1997: XVI, cit. por Case e Light, 2011), as narrativas dizem respeito a "discursos com uma ordem sequencial clara que interliga acontecimentos de modo significativo para uma audiência definida, oferecendo assim *insights* sobre o mundo e/ou as experiências das pessoas sobre ele" (p. 203).

- *Modelos de análise de narrativas*

De acordo com Riessman (2008), é possível distinguir quatro modelos de análise de narrativas, embora não se possam considerar mutuamente exclusivos: 1) análise temática; 2) análise estrutural; 3) análise interacional e 4) análise performativa.

A *análise temática* está presente quando o conteúdo do texto, *'o quê'*, é enfatizado em detrimento do *'como'*. Esta abordagem é considerada adequada para a elaboração teórica a partir de vários casos. Coligem-se várias histórias e geram-se, indutivamente, grupos concetuais, dando origem a uma tipologia de narrativas que se organiza por temas. Ou seja, procuram-se elementos temáticos comuns entre os vários sujeitos e os acontecimentos que relatam[72]. Por exemplo, Hampton e colaboradores (2010), ao realizarem um estudo com aborígenes canadianos,

---

[72] Este modelo é também conhecido por *análise paradigmática*, de acordo com a distinção de Polkinghorne (1995, cit. por Case e Light, 2011).

com o objetivo principal de perceberem o que é que do seu ponto de vista seria importante os profissionais de saúde saberem para prestarem cuidados adequados no fim da vida a estas pessoas, recorreram à análise de narrativas, com base em transcrições de entrevistas videogravadas, para identificarem aquilo que designaram de 'temas holísticos'. Foram entrevistados cinco informantes chave (idosos com uma sabedoria significativa em termos de conhecimento tradicional aborígene) e procedeu-se à transcrição de todos os dados para análise. Cada entrevista foi visionada pela equipa de investigação, tendo em vista identificar passagens que se considerassem importantes para incluir nos dois vídeos que se pretendia elaborar, em consequência do estudo, sobre o protocolo em fim de vida para as famílias aborígenes. Os dados narrativos similares em todas as entrevistas foram julgados adequados para o propósito do estudo. Foram então codificados seis temas considerados apropriados para organizar os dados numa narrativa coerente: realização; reunião da comunidade; cuidado e conforto na transição; momentos após a morte; pesar, vigília e funeral; e mensagem para prestadores de cuidados de saúde.

Os exemplos de investigações seguindo este método no campo da educação (tal como na psicologia) são múltiplos, e a ele se têm dedicado vários autores reconhecidos internacionalmente, de que salientamos: Elbaz (1991) e a dupla Clandinin e Connelly (2000). Estes autores têm privilegiado o estudo das práticas educativas através dos relatos dos professores, procurando entrar por dentro dessas mesmas práticas e da sua relação com a interpretação que por eles é feita dos curricula; têm dado, igualmente, um importante contributo para o estudo do pensamento docente, das suas crenças, dificuldades e princípios de ação. O estudo do pensamento do aluno e a oportunidade de lhe dar voz podem, igualmente, ter lugar por esta via. Davis (2007) relata um estudo realizado junto de crianças (n=36) de três escolas, de ambos os sexos, e caracterizáveis como bons, médios ou maus leitores. Nas entrevistas, individuais e gravadas, era-lhes pedido que expressassem razões para o facto de alguns meninos gostarem de ler e outros não; seguidamente era-lhes solicitado que contassem uma história chamada: 'a criança que não gosta de ler'. Para além da interpretação feita pelo autor, tornou-se possível um processo de triangulação dos dados (cf. cap. V-1.1.1.), a partir da observação de aulas e do diálogo com os professores. Kishimoto e colegas (2007) relatam igualmente uma investigação 'colaborativa' com crianças, centrada numa experiência pedagógica em que a professora estimula uma turma de meninos de 4 anos a contarem uma história sobre bruxas más e boas, enquanto se divertem a construir uma bruxa de papelão. "Os resultados indicam que, segundo conceções brunerianas, as narrativas infantis binárias, como bruxa boa e má, morar perto e longe, caixa grande e pequena, evidenciam estruturas típicas do pensamento infantil, que auxiliam no processo de categorização de situações do cotidiano" (*ibid.*, 427)[73].

Como principal limitação, é de realçar o contexto do que é referido, que não é geralmente estudado. Por outro lado, ficam também de parte as respostas mais desviantes, que não se enquadram na tipologia inferida.

A *análise estrutural*, pelo contrário, tem sobretudo em consideração a forma como uma história é relatada. Este método foi desenvolvido por William Labov (1972) e colaboradores e analisa-se a função da frase (*clause*) no contexto da narrativa global, ou seja, as componentes básicas da estrutura narrativa, ou a estrutura típica para a análise das narrativas (Oliveira, 1999) e que são: o resumo; a orientação (tempo, lugar, personagens e situação); a complicação da ação (sequência do evento, ou enredo, frequentemente com uma crise e ponto de viragem); a avaliação (em que o narrador se afasta da ação para contar o significado e comunicar a emoção – a alma da narrativa); a resolução (resultado do enredo); e a coda (terminar a história e trazer a ação de novo para o presente) (cf. quadro n° 3).

---

[73] As autoras partem de um referencial teórico construído a partir do pensamento de Bruner (1986), para quem "pensar é categorizar e resolver problemas. No processo de categorização, a mente humana utiliza um sistema binário, similar ao computacional (pertencer ou não à categoria), mas vai além da informação dada, utilizando inferências e indicações do ambiente. Cada indivíduo constrói um sistema de codificação, uma forma pessoal de agrupar ou relacionar informações sobre o mundo em constante reorganização. Para Bruner, a estrutura binária dos contos fantásticos auxilia a criança a construir suas narrativas". (Kishimoto et al., 2007: 431).

Quadro n°. 3 - *As componentes da análise narrativa, de acordo com o modelo estrutural*

Estrutura	Significado
Resumo	Sobre o que é?
Orientação	Quem? Quando? O quê? Onde?
Complicação da ação	Então, o que aconteceu?
Avaliação	E então?
Resolução	O que aconteceu finalmente?
Coda	(Transporta o ouvinte para o presente)

Carter (1993) considera que a 'estória' parte de uma situação significativa difícil, um conflito ou uma contenda – a complicação da ação; inclui um ou mais protagonistas animados que tomam parte na situação com um objetivo; é uma sequência com causalidade durante a qual o protagonista resolve, bem ou mal, a situação difícil (p. 6; seguimos o resumo de Oliveira, 1999). É no mesmo sentido que Laursen e Collins (1994, cit. por Nascimento, 2003:201) propõem uma analogia entre a organização de um conflito e uma peça de teatro – ambos têm um protagonista e um antagonista, um tema, uma complicação, uma ação que é desencadeada e um desfecho. Por exemplo, a análise das situações de conflito pode ser feita, como sugere Nascimento (2003:202-203), tendo em conta categorias como: *duração do conflito, trajetória da evolução do conflito,* a *resposta emocional ao conflito,* as *estratégias de resolução de conflitos,* etc.

Para Eisner e colegas (1990, cit. por Davis, 2007), solicitar a crianças que contem pequenas histórias acerca de um tema (por exemplo, acerca da sua própria doença) permite que elas adquiram um papel mais ativo na relação com o investigador (entrevistador). Junto de crianças ainda incapazes de escrever ou com dificuldades nesse processo, a narrativa oral de pequenas 'estórias' alarga o espetro dos dados e permite uma maior representatividade (Davis, 2007). Ainda segundo este autor, as 'estórias' podem incorporar 'tendências inconscientes' e desse modo permitem aceder ao mundo social e aos modelos culturais das crianças. Por outro lado, como diz Bruner (2000:176), "a nossa experiência dos afazeres humanos toma a forma das narrativas que usamos ao falar deles", o que quer dizer que "existe uma vinculação estreita entre a estrutura da experiência e a estrutura narrativa, pois esta é semelhante à estrutura de orientação para a ação: (1) um contexto é dado; (2) os acontecimentos são sequenciais e terminam em um determinado ponto; e (3) inclui um tipo de avaliação do resultado. Ora, situação, colocação do objetivo, plano e avaliação dos resultados são constituintes das ações humanas que possuem um objetivo" (Lira et al., 2003:61).

O significado e a interpretação estão condicionados pelas características da narrativa falada. Este tipo de abordagem não é adequado a um grande número de casos, devido à necessidade de examinar a sintaxe e as características prosódicas do texto. Assim, dependendo do foco do projeto, os investigadores devem decidir a extensão da transcrição do detalhe. A micro-análise de poucos casos pode levar à construção de teoria, relacionando a linguagem e o significado. Como limitação a apontar a esta abordagem, há a referir também a descontextualização das narrativas, ao ignorarem-se aspetos históricos, interacionais e institucionais.

No caso da *análise interacional,* as narrativas ocorrem nos contextos em que quem conta a história e quem pergunta participa na conversação. Neste modelo, o foco de interesse está na narração da história como um processo construído, em que quem conta e quem ouve constrói significado colaborativamente. As 'estórias', tomadas como processos e práticas de diálogo, permitem outros elementos fundamentais, como a pergunta, a clarificação, a especulação, etc., tornando muito complexa a sua estrutura e adquirindo outras funções no contexto social e cultural em que são narradas (Hyvärinen, 2008). Esta abordagem requer a transcrição das conversas entre os participantes, sendo ainda mais proveitosa quando as características paralinguísticas da interação são incluídas. A micro-análise da linguagem e da interação, aduzida à organização da narrativa e da estrutura, é bastante importante neste modelo. A sua utilidade revela-se sobretudo em estudos de relação entre falantes (*speakers*) de diferentes esferas (tribunais, salas de aula, instituições de serviço social, psicoterapias, e nas próprias entrevistas de investigação). As pausas, a falta de fluência e outros aspetos da conversa são registados, mas não se consegue registar o não falado (gesto, olhar e outros elementos refletidos no corpo), o que se constitui na principal limitação deste modelo. Ilustrando este tipo de análise narrativa, podemos referir a investigação de Walker (2001, cit. por Case e Light, 2011) sobre as razões da frequência persistentemente baixa de mulheres em cursos de engenharia. O autor pretendia perceber como é que os estudantes (masculinos e femininos) experienciavam os estudos e como é que desenvolviam a sua identidade. Para o efeito, entrevistaram-se estudantes de graduação e pós-graduação, em grupo, de modo a possibilitar que se gerasse material mais rico, resultante da interação de uns com os outros. As entrevistas eram 'relativamente não estruturadas' e, para permitir o aprofundamento da narração da experiência, duraram em média duas horas. Em consequência desta investigação foi possível evidenciar que "os estereótipos dominantes de género se mantêm intactos" (*ibid.*, 205), sendo as estudantes vistas pelos seus pares masculinos como mais trabalhadoras e organizadas, em vez de academicamente talentosas. As alunas consideravam-se muito diferentes entre si e tendiam a revelar identidades que as associavam aos seus pares masculinos, sendo designadas pelo investigador como 'identidades resistentes'. Tornou-se assim bem compreensível, pelo menos uma razão relevante, pela qual as mulheres representam um número tão escasso de estudantes em áreas de Engenharia.

A *análise performativa* vai além da palavra falada para incluir também o que é feito, ou o que pertence ao domínio do não verbal. Segundo Riessman (2008), nesta abordagem existem variações, podendo ir desde o dramatúrgico até à narrativa como prática, entendida como uma forma de ação social. Deste modo, os investigadores narrativos poderão analisar distintos aspetos, como: as personagens e o seu posicionamento no narrado; o contexto (incluindo as condições de performance e a montagem da própria história); o diálogo entre os personagens (*the enactement of dialogue*); e a resposta da audiência (os ouvintes que interpretam a narração, à medida que a mesma decorre). Esta abordagem é emergente e está a ser utilizada pelos investigadores no âmbito de estudos de identidades. Neste tipo de análise tem-se em conta o posicionamento do narrador da estória (*storyteller*), a audiência, e os personagens, em cada performance, sendo "adequada para estudos de práticas comunicativas e para estudos pormenorizados de construção da identidade – como os narradores querem ser conhecidos e como envolvem a audiência no 'fazer' das suas identidades" (Riessman, 2008:708).

Veja-se ainda a investigação resumida por Bruner (1997:119), em que o autor se centra nas biografias de vários membros de uma mesma família. Segundo o autor (*ibid.*, 120), "há algo de curioso sobre a autobiografia. É um relato feito por um narrador aqui e agora, sobre um protagonista que tem o seu nome e existiu num passado, desembocando a história no presente, quando o protagonista se funde com o narrador. Os episódios narrativos que compõem a história de vida apresentam a estrutura típica descrita por Labov, com rigorosa adesão à sequência e à justificação pela excecionalidade. Mas o relato mais amplo ostenta um forte fio retórico, como que para justificar porque é que foi necessário (não causal, mas moral, social e psicologicamente) que a vida tivesse decorrido de uma determinada forma. O 'si mesmo' como narrador não relata mas justifica. E o 'si mesmo' como protagonista está sempre, por assim dizer, apontando para o futuro. Quando alguém diz, à guisa de resumo da sua infância, 'fui uma linda criança rebelde', tal pode normalmente considerar-se tanto como uma profecia como um resumo".

Na análise performativa, ao integrar-se a perspetiva visual (através do recurso a filmes e fotos) com a narrativa falada, está a avançar-se para uma nova viragem contemporânea.

- *Como se acede às narrativas?*

Uma vez que as narrativas fazem apelo à atividade reflexiva dos seus autores (invocações de acontecimentos passados e o sentido que lhes é e foi atribuído), os procedimentos adequados para o seu registo têm sido a observação participante, a entrevista semidiretiva ou não-diretiva, a estimulação da memória e outras metodologias por nós já referidas, inclusive os incidentes críticos. É mesmo referida na literatura (Lira et al., 2003) uma modalidade específica de entrevista: 'entrevista narrativa' que, nas suas linhas gerais, obedece aos princípios já expostos para a entrevista semidiretiva de investigação. Uma das sugestões práticas, com vista ao desencadear das narrativas, consiste em iniciar a entrevista perguntando 'o que aconteceu' relativamente ao tópico em questão. Também para a fase da conclusão é sugerido que se pergunte 'porquê', "para esclarecer as questões imanentes, ou seja, aquelas que emergem da narrativa e que permitem esclarecer dúvidas, podendo ser uma porta de entrada para a análise posterior, quando as teorias e explicações que os contadores de histórias têm sobre si mesmos se tornam o foco de análise" (*ibid:*62).

- *Aspetos críticos*

Qualquer um dos modelos de análise referidos proporciona aos investigadores uma forma sistemática de estudar as narrativas da experiência pessoal, o que se constitui bastante vantajoso. Contudo, há a referir aspetos críticos. Estas abordagens não são apropriadas para grupos numerosos de pessoas, requerendo nalguns casos uma grande finura de análise, como, por exemplo, as nuances no discurso, a relação entre o investigador e o sujeito investigado, os contextos social e histórico, etc. Em termos igualmente críticos, aponta-se para o 'esvaziamento' do *self* interior, como se as narrativas oferecessem a voz autêntica idealizada e a agência pessoal (*individual agency*) (Atkinson e Silvermen, 1997; Bury, 2001; Riessman, 2008). É de ter bem presente, ainda, como sublinha Riessman (2008), que as narrativas não podem ser vistas como um espelho do passado, uma vez que diversos fatores influenciam o modo como os narradores contam as histórias, ligam os acontecimentos e os tornam significativos para os outros. Deste modo, as narrativas só terão interesse na medida do seu potencial para forjar mudanças nas relações entre o passado, o presente e o futuro, mudanças entre as narrativas pessoais e a estrutura social, reimaginando a vida.

Em Portugal conhecem-se algumas investigações baseadas em 'narrativas' em torno de temas como, por exemplo, a problemática do ensino de línguas estrangeiras (Matos, 2006), e do ensino da matemática (Oliveira, 1999). Embora o uso deste material de análise seja muito estimulante, pensamos que é necessária muita prudência e que é fundamental refletir nas questões colocadas por Cárter (1993), para quem "é preciso aprender ainda muito acerca da natureza e do valor da 'estória' para o nosso empreendimento comum, e acerca do largo espectro de objetivos, e abordagens realizadas pelos que adotaram as estórias como o quadro analítico central do seu trabalho. O que é que a 'estória' capta e deixa de parte? Como é que este conceito é compatível com o sentido emergente da natureza do ensino e o que é que ele significa no quadro da formação de professores?" (p.5), bem como, acrescentamos nós, no âmbito de outras formações e investigações?

Albertina L. Oliveira
Universidade de Coimbra

III. 2.4. A TÉCNICA DELPHI

Tomando o seu nome do oráculo de Delphi, esta técnica integra-se no grupo mais vasto das que implicam a organização de discussões em grupo. Foi inicialmente desenvolvida pela *RAND Corporation* e tem sido bastante utilizada na investigação em ciências sociais, bem como no domínio da saúde (Keeney, Hasson e McKenna, 2001). No âmbito da educação, é-lhe reconhecida uma vasta utilização a nível da análise de necessidades, da exploração dos aspetos fundamentais de um determinado domínio e da construção de instrumentos de avaliação e de investigação (Queeney, 1995; Facione, 1990; Keeney, Hasson e McKenna, 2001).

A técnica *delphi* é particularmente indicada quando se pretende alcançar consensos válidos sobre assuntos em relação aos quais não existe conhecimento certo ou exato, a partir de um grupo de pessoas, normalmente consideradas especialistas no assunto a abordar ou tendo uma grande experiência no tema (Facione, 1990; Jones e Hunter, 1995; Oliveira, 2010).

- *Em que princípios assenta?*

  - Assenta no princípio fundamental de que a opinião e pontos de vista das pessoas conhecedoras de um determinado assunto são importantes e devem ser considerados, registados e ponderados.
  - Postula que, muito embora as pessoas envolvidas sejam consideradas especialistas, a sua visão é parcial, uma vez que nenhuma possui o melhor ponto de vista, a solução completa ou a verdade em termos de compreensão de uma situação ou da via de resolução de um problema.

- Tem subjacente a ideia de que é desejável que as soluções sejam alcançadas de forma participada e na base do maior consenso possível.
- Defende que, para a expressão livre e a consideração genuína dos pontos de vista e ideias das pessoas, a discussão deve decorrer no anonimato, evitando-se assim as pressões de indivíduos socialmente dominantes.
- Postula que a discussão decorra sob *feedback* controlado, reduzindo a possibilidade de se verificarem contribuições irrelevantes ou repetitivas.
- Baseia-se no princípio de que, fornecendo-se indicadores a cada indivíduo sobre a sua posição e a do grupo, se potencia a reconsideração dos pontos de vista pessoais, em função dos do grupo, no sentido de gerar o maior consenso possível.

- *Qual é o seu potencial?*

O grande potencial da técnica consiste em conduzir à obtenção de resultados consensuais, que partem do que as pessoas envolvidas verdadeiramente pensam. Isto ocorre porque se contornam os problemas ligados às pressões persuasivas de membros do grupo com maior autoridade ou estatuto, com melhores competências de comunicação oral, ou problemas relacionados com a influência da opinião maioritária, bem como com a intenção dos membros do grupo de não mudarem as opiniões expressas anteriormente, ou ainda com a sua resistência à abertura a novas ideias. A técnica é também particularmente indicada quando os especialistas se encontram bastante afastados uns dos outros, geograficamente, superando facilmente a dificuldade de reunir várias pessoas num mesmo espaço e tempo (Queeney, 1995; Keeney, Hasson e McKenna, 2001; Oliveira, 2010). Trata-se de uma técnica de recolha de dados bastante acessível, em termos de custos e de facilidade de comunicação, uma vez que, atualmente e na maioria dos casos, os dados são recolhidos por correio eletrónico (Jones e Hunter, 1995; Oliveira, 2010).

- *Características fundamentais da técnica Delphi*

Os membros do painel devem ser *especialistas* na área que está a ser investigada. Este aspeto tem suscitado um considerável debate, tendo em conta que se podem questionar os critérios subjacentes a considerar alguém como especialista. Por outras palavras, há fatores potenciais de enviesamento na seleção dos especialistas. Como referem alguns autores, "apenas porque os indivíduos têm conhecimento de um tópico particular não significa necessariamente que sejam especialistas" (Keeney, Hasson e McKenna, 2001:198). Para obviar a este problema, é desejável utilizar critérios claros e os mais consensuais possíveis, relativamente a quem pode ser considerado especialista num determinado assunto.

Relativamente ao *número de participantes* no painel, é recomendável que ele seja bastante variável, dependendo dos objetivos do estudo, do desenho da investigação, do tempo disponível para a colheita dos dados e para a concretização do estudo. É conveniente, contudo, que o painel constitua um grupo heterogéneo para que vozes plurais possam nele estar contempladas.

A técnica Delphi implica levar a cabo uma discussão no *anonimato*, de modo que as respostas dos membros não sejam influenciadas pelas identidades e diferentes estatutos dos participantes. Do ponto de vista de Keeney, Hasson e McKenna (2001), esta característica possibilita que as pessoas sejam verdadeiramente genuínas na expressão das suas ideias. É de ressalvar, porém, que, frequentemente, o anonimato completo não se verifica, uma vez que os especialistas de um determinado domínio acabam por se conhecer. Por esta razão, Mckenna (1994) prefere usar a expressão de *quase-anonimato*. De realçar, contudo, que as opiniões e ideias expressas permanecem efetivamente no anonimato.

A discussão decorre em várias voltas (*rounds*), sendo um *processo iterativo*. Na sua aceção original, a discussão Delphi é iniciada com uma questão aberta que permitirá gerar livremente as ideias (Keeney, Hasson e McKenna, 2001; DeWolfe, Laschinger e Perkin, 2010). Depois de analisadas e identificadas todas as diferentes ideias, elas são organizadas numa lista que deve refletir o pensamento dos membros do painel. Inicia-se assim a primeira volta. Numa versão ligeiramente diferente, a primeira volta pode iniciar-se já com uma lista de ideias, caso tenham sido previamente compiladas com base na revisão da literatura ou a partir de outra via de recolha de dados (e.g., entrevistas; Jones e Hunter, 1995).

Relativamente à fidelidade e validade dos dados recolhidos, embora tenham sido levantadas preocupações relativas a estas questões, alguns estudos evidenciaram que a informação recolhida por este método tende a ser fiável e válida, muito embora não possam ser usados os critérios psicométricos derivados do enquadramento positivista (e.g., Keeney, Hasson e McKenna, 2001).

- *Procedimento*

O processo *delphi* consiste, então, na organização de uma discussão entre todos os membros do grupo, através de uma série de questionários escritos, designados por voltas (Beretta, 1996; Jones e Hunter, 1995), as quais decorrem até ser alcançado um consenso aceitável. O número de voltas depende de vários fatores entre os quais o tempo disponível, a incidência de diferença de opiniões, a forma como se começou o processo (por uma questão geral, ou por um questionário com uma lista mais específica de questões ou aspetos), o interesse que o tópico desperta nos membros do painel ou o quanto eles se sentem motivados para continuar a participar no estudo. Normalmente, são usadas entre três a quatro voltas (Keeney, Hasson e McKenna, 2001).

Da segunda volta em diante, os questionários têm uma forma estruturada, sendo incorporado o *feedback* apresentado pelos membros. Neste sentido, Sumsion (1998) considera que a técnica Delphi é multifásica, derivando os resultados em cada fase da anterior.

À medida que a informação vai circulando e que se dá *feedback* controlado (o qual consiste habitualmente em apresentar, para cada item, em que valores se situam a mediana, o primeiro e o terceiro quartis), os membros mostram tendência para se sentirem motivados e permanecerem no estudo (Walker e Selfe, 1996). Assim, as *estatísticas* respeitantes às respostas dos participantes fornecem um índice relativo à posição do grupo, gerando a oportunidade de cada membro repensar a sua opinião, comparativamente às opiniões de todos os elementos do grupo, constituindo-se, desta forma, uma via potenciadora de consensos. A interação controlada ajuda os membros do painel a formar, gradualmente, uma opinião refletida (Oliveira, 2010)

- *Quais são as etapas de implementação desta técnica?*

  – 1ª etapa - *Definição do problema a investigar ou da questão a colocar.*

No caso de duas investigações em que utilizámos a técnica Delphi, a primeira realizada com professores do ensino básico e secundário (visando averiguar que outras funções poderiam os professores desempenhar para superar vários dos problemas com os quais a escola se defronta), e a segunda levada a efeito com especialistas portugueses de Educação de Adultos (no sentido de auscultar os seus pontos de vista acerca das competências chave do educador de adultos), as questões foram formuladas nos seguintes termos:

Que funções/tarefas/papéis poderiam ser realizadas pelos professores (ao nível do pré-escolar, 1º, 2º e 3º ciclos e ensino secundário) não sobrepostas às de outros técnicos/profissionais que já aí desenvolvem o seu trabalho, de molde a contribuir, significativamente, para a melhoria dos diversos problemas com que a escola se defronta na atualidade (e.g. insucesso escolar, problemas de comportamento, indisciplina, desmotivação para as aprendizagens escolares, deficiente cooperação entre escolas e famílias, etc.)? (Oliveira, 2010, p.129);

Do seu ponto de vista, quais são as competências chave, conhecimentos e atitudes que um educador de adultos precisa de mobilizar na sociedade atual para desempenhar, com qualidade, os seus diferentes papéis, funções e tarefas? (Oliveira e Pinto, 2011).

– 2ª etapa - *Seleção do painel Delphi.*

No primeiro estudo atrás referido, o painel ficou constituído por professores do ensino básico e secundário, que se encontravam a frequentar cursos de mestrado em Ciências da Educação, na Faculdade de Psicologia e de Ciências da Educação da Universidade de Coimbra, com uma vasta experiência no desempenho do papel de docente e no exercício de outras funções de direção ou coordenação. No segundo estudo, o painel integrou especialistas de vários subdomínios da Educação de Adultos, para além de universitários da área, já com uma longa carreira académica.

- 3ª etapa - *Convite aos membros do painel para participação no estudo e explicação dos objetivos do mesmo, bem como do funcionamento da técnica.*

Nesta etapa inicia-se a *primeira volta,* enviando-se a questão aberta ou a lista de tópicos/ideias já previamente elaborada a todos os membros do painel.

- 4ª etapa - *Elaboração da lista com todas as ideias dos membros do painel à questão aberta e envio do questionário a todos os participantes (segunda volta).*

O questionário é enviado para classificação dos itens numa escala de importância de tipo Likert. No caso dos dois estudos atrás mencionados, sugeríamos que a escala variasse entre 0 (nada importante) e 7 (extremamente importante). Simultaneamente, pede-se aos participantes que acrescentem mais itens ou ideias no caso de as considerarem relevantes, ou que indiquem as que devem ser eliminadas ou fundidas, se assim o entenderem.

- 5ª etap*a - Cálculo dos valores estatísticos (mediana, 1º e 3º quartis) para cada item e envio do questionário a todos os membros com a indicação desses valores (terceira volta).*

Nesta volta, pede-se a todos os membros que reconsiderem e mudem as suas classificações mais divergentes, no sentido de as aproximarem da mediana, se assim o entenderem, e solicita-se também que pontuem os novos itens, que tenham sido propostos na volta anterior. Assim, para cada item são facultados dois tipos de informação: 1) a distribuição das pontuações em cada item na segunda volta; e 2) a pontuação original do membro do painel. Os participantes devem escolher outra classificação idêntica à do grupo ou manter a mesma se assim o entenderem, decidindo não modificar a sua opinião. Neste caso, os membros podem ser solicitados a fornecer informação que explique as suas respostas divergentes (Queeney, 1995). Consideremos um item ilustrativo do segundo estudo:

> Item - *Ser capaz de proceder a processos de reconhecimento de adquiridos experienciais, usando-os como ponto de partida para a construção de situações formativas.* Classificação: (4); Q1=5 Md=6 Q3=7
> (MENOS DE 25% DE COLEGAS PONTURAM DE FORMA IDÊNTICA)

Os valores apresentados para o item significam que a pontuação atribuída por um dos membros do painel foi de 4, enquanto o valor do 1º quartil se situou em 5 e o do 3º quartil em 7, considerando as respostas de todos os membros. Deste modo, a pontuação é claramente divergente, pelo que o sujeito é convidado a reconsiderar a sua classificação tendo em conta os valores do grupo.

– 6ª etapa - *Envio do quarto questionário com todos os itens anteriores e as classificações do grupo.*

Estas classificações dizem respeito aos novos itens pontuados na terceira volta, bem como às novas pontuações das medianas e quartis, caso tenha havido mudanças nas respostas mais divergentes da volta anterior. Este questionário integra também as justificações ou comentários dos membros relativas a manutenções de posições ou a eliminação/fusão de itens. Consideremos um exemplo ilustrativo do segundo estudo:

> *Um membro propôs eliminar com o seguinte comentário:* "Repete em muito a anterior dada a sua abrangência".
>
> O SEU COMENTÁRIO: "Não concordo. São coisas diferentes. Aprender a aprender possui um significado social e político na aceção original de Faure et al., 1972, na publicação intitulada *Aprender a Ser*, que está para além do ponto 38".

- 7ª etapa - *Receção dos comentários ao anterior questionário.*

Nesta fase são consideradas as pontuações e todos os comentários feitos para se avaliar o grau de consenso alcançado. Normalmente, consegue-se um consenso bastante substancial. No segundo estudo citado, na quarta volta, 71.5% das pontuações divergentes na volta anterior convergiram para os valores da maioria, pelo que concluímos a recolha de dados. Todavia, persistindo itens em que não se consegue alcançar o consenso desejável, é possível continuar a discussão através de outros métodos, como por exemplo, recorrendo à entrevista de grupo focal (DeWolfe, Laschinger e Perkin, 2010) (cf. cap. III-1.4.2.).

- *Limites da técnica Delphi*

Já tivemos oportunidade de referir que um dos aspetos mais questionáveis desta técnica é até que ponto o painel de especialistas integra as pessoas mais idóneas para abordar o assunto em discussão. Neste âmbito, é conveniente que ele seja constituído por efetivos especialistas no tema e que representem o grupo mais vasto de profissionais que nele trabalham. Caso estes requisitos não estejam contemplados, os resultados correm o risco de refletir opiniões bastante pessoais e parcelares sobre o assunto, comprometendo o seu valor (Keeney, Hasson e McKenna, 2001).

É importante ter também presente que chegar a consensos não significa ter atingido algo como as 'verdadeiras perspetivas', valendo a pena recordar que elas são sempre contingentes a uma época, um tempo, um contexto político e social, uma cultura, etc., pelo que o seu valor assume sempre contornos de relatividade. Como chamam a atenção Jones e Hunter (1995), "há o perigo de derivar ignorância coletiva, em vez de sabedoria" (p. 378).

Gostaríamos de referir ainda que nos casos em que se pretenda compreender um assunto em profundidade, em relação ao qual existam perspetivas plurais, a técnica Delphi não é, no nosso entender, a mais adequada, dado o caráter bastante controlado da interação que se gera.

João Amado
Universidade de Coimbra

III – 2.5. QUESTIONÁRIOS ABERTOS E 'COMPOSIÇÕES'

O uso de questionários 'abertos' e de composições (ou documentação semelhante) sobre um determinado tema, ou que diga respeito à vida e sentimentos pessoais de possíveis inquiridos, pode ser de grande utilidade no quadro da pesquisa qualitativa. Com efeito, esta técnica permite uma expressão livre das opiniões dos respondentes, ainda que o questionário contemple alguns itens orientados. A partir da análise das respostas torna--se possível detetar as perceções, experiência subjetiva e representações dos respondentes acerca do tema em apreço.

Os questionários abertos e outros documentos escritos, posteriormente sujeitos a uma 'análise de conteúdo', são instrumentos de grande valor heurístico e muitas vezes utilizados na investigação. Por exemplo, Estrela (1984) propõe que, no contexto da formação de professores – professores investigadores – se solicite aos alunos das turmas entretanto 'observadas' pelos formandos, que escrevam uma 'composição' subordinada ao tema: *se eu fosse professor*. Sugere, a partir da sua própria experiência de análise, um sistema de categorias e de indicadores que se pode considerar um modelo para a análise deste tipo de material.

Com uma metodologia semelhante recordamos, ainda, diversos estudos, como o de Imbert (1983), assente numa composição subordinada ao tema: *se tu pudesses mudar a escola...*; o de Felouzis (1994) apoiado na análise de 1250 composições sobre 'a escola ideal'; o de Merle (2005) com o sugestivo título de *L'éleve humilié. L'École, un espace de non-droit*. Esta última pesquisa baseia-se na análise de 500 composições realizadas por candidatos a professores, cujo tema foi proposto deste modo: "dê um exemplo, retirado da sua própria vida escolar, em que um direito do aluno tenha sido ou não respeitado" (*ibid.*,17).

Bogdan e Biklen (1994:177) fazem, também, uma breve resenha de investigações que têm por base pedidos semelhantes a alunos, no sentido de que escrevam pequenos textos, ou até 'diários' sobre assuntos respeitantes à sua vida escolar. E acrescentam: "embora levante algumas questões éticas, os professores podem ser úteis ao dirigirem as crianças para escrever sobre tópicos que o investigador está a consultar" (*ibid.*). E, ainda para os mesmos autores, uma das maiores vantagens de solicitar composições é de que o investigador pode conseguir dirigir o foco dos autores e por isso, ser capaz de levar um certo número de pessoas a escrever sobre o mesmo acontecimento ou tópico.

Entre nós, para além da proposta de Estrela (1984) já referida, outros estudos têm sido feitos com recurso a este método de recolha de dados, de uma forma complementar, ou não, com outros métodos. Referiremos um estudo de Neves e Carvalho (2006), sobre *A importância da afetividade na aprendizagem da matemática em contexto escolar: Um estudo de caso com alunos do 8.º ano*. O questionário era composto por três partes: 'Atividade', 'Ficha biográfica' e 'O que penso da matemática...'. Na *Atividade*, solicitou-se aos alunos que imaginassem uma situação em que teriam de dar aos colegas uma aula sobre um tema de que gostassem. Entre as questões que se lhes propunham para responderem por escrito, havia as seguintes: 'Qual o tema que escolhias e porquê?', 'O que achas que é importante os teus colegas ficarem a saber nessa aula? Porquê?'. A seguir imaginavam que a aula que iam dar era sobre um tema de que não gostassem e respondiam às questões: 'Diz qual seria esse tema e explica porquê', e, 'Como resolvias esta situação? Porquê'. Na *Ficha Biográfica*, solicitavam-se alguns dados que permitissem caracterizar o aluno. O terceiro questionário, *O que penso da matemática...*, foi dividido em duas partes (A e B), "cada uma delas respondida em aulas diferentes, mas próximas no tempo. Na parte A, os alunos deviam indicar o momento a partir do qual começaram a gostar de matemática; descrever as suas experiências positivas e negativas com a matemática, e com os professores de matemática; dizer se os pais gostam de matemática e que relação tiveram com a disciplina, enquanto estudantes. A parte B começava com a escolha de palavras que, na opinião dos alunos, melhor caracterizassem a matemática e seguiam-se várias perguntas de resposta aberta sobre as aulas de matemática: a relação com os professores de matemática; a existência, ou não, de ansiedade nas aulas; a preparação para os testes de matemática e o sentimento pessoal no dia da entrega dos testes" (Neves e Carvalho, 2006:210). O que se pretendia conhecer com este questionário eram as crenças e conceções dos alunos acerca da matemática e dos professores de matemática.

Numa linha semelhante à destas propostas, temos vindo a orientar vários trabalhos de pesquisa (Carvalho, 2007; Marques, 2006) em que foi elaborado um instrumento deste género, mas na modalidade de questionário aberto. Depois de alguns ajustes e aperfeiçoamentos na sua última aplicação (Carvalho, 2007), o questionário, começando por um breve apelo aos respondentes explicando o motivo da investigação, garantindo a confidencialidade e agradecendo que respondam com sinceridade e sem receios, obteve a seguinte formulação:

Quadro n°.4 - Modelo de questionário aberto

Objetivos específicos	*Operacionalização*
Caracterizar práticas de bom ensino ao nível da relação pedagógica e da aprendizagem.	1. Coloca-te na situação das aulas em que consideras ter aprendido algo mais e que, ao mesmo tempo, te sentiste bem e feliz. *1.1. Escreve o que fizeram os professores nas aulas em que aprendeste e te sentiste bem.*
Caracterizar o comportamento e a aprendizagem do aluno num contexto de 'bom ensino'	*1.2. Escreve sobre o que fizeste tu, nessas aulas em que te sentiste bem e aprendeste.*
Caracterizar o comportamento e a aprendizagem da turma num contexto de 'bom ensino'	*1.3. Escreve sobre o que fizeram os teus colegas e como se comportaram nessas aulas em que te sentiste bem e aprendeste.*
Caracterizar práticas de mau ensino ao nível da relação pedagógica e da aprendizagem.	2. Agora coloca-te na situação contrária, isto é, em aulas de onde sais com a sensação de nada teres aprendido e com um sentimento interior de alguma tristeza e de desinteresse. *2.1. Escreve sobre o que fizeram os professores nessas aulas.*
Caracterizar o comportamento e a aprendizagem do aluno num contexto de 'mau ensino'	*2.2. O que fizeste tu, nessas aulas de onde saíste com a sensação de nada teres aprendido e com um sentimento interior de alguma tristeza e desinteresse.*
Caracterizar o comportamento e a aprendizagem da turma num contexto de 'mau ensino'	*2.3. O que fizeram e como se comportaram os teus colegas nas aulas de onde saíste com a sensação de nada teres aprendido e com um sentimento interior de alguma tristeza e desinteresse.*

Este questionário comporta, pois, um bloco (1) de questões que gira em torno dos aspetos positivos do ensino e um outro bloco (2) que funciona em espelho, ou seja, sobre os seus aspetos negativos. Há sempre a possibilidade de acrescentar mais uma ou outra questão, mais específica ou mais genérica. Por exemplo, uma pergunta como ,"o que faria se pudesse mudar a escola", poderá vir a ser muito rica em informação por parte dos alunos.

O objetivo desta pesquisa tem sido o de fazer emergir, a partir dos textos, a interpretação e opinião dos respondentes acerca dos processos educativos a que são submetidos na sala de aula, e a sua avaliação da eficácia didática e educativa dos mesmos.

Finalmente, destacamos, no questionário dado como exemplo, a simplicidade na formulação das questões, os itens pouco estruturados, a sua relevância na pesquisa e a sua amplitude no quadro dos domínios visados pela pesquisa. A segunda aplicação deste questionário (Carvalho, 2007) foi feita a uma amostra de alunos de duas escolas próximas, caracterizada do seguinte modo:

Quadro nº.5 - *Distribuição da amostra por ano de escolaridade e sexo*

	Ano de escolaridade (n = 310)			Sexo (n= 310)	
	5º	7º	9º	Feminino	Masculino
n	107	104	99	148	162
%	34,51	33,55	31,94	47,74	52,26

A atenção prestada às variáveis ano de escolaridade e sexo, na composição da amostra, obedeceu à preocupação de explorar grupos potencialmente contrastantes na sua visão da sala de aula e das práticas pedagógicas daí emergentes. Posteriormente à sua aplicação, a autora procedeu à análise dos dados recolhidos, seguindo as normas de uma *análise de conteúdo proposicional* (Amado, 2000; Estrela, 1984). Efetivamente, a análise de conteúdo parece-nos ser a técnica de análise mais usual e, talvez, a mais útil neste tipo de investigação (cf. parte IV).

João Amado & Sónia Ferreira
Universidade de Coimbra

III - 2.6. DOCUMENTOS PESSOAIS (E NÃO PESSOAIS)

Zabalza (1994) apresenta várias definições de *documentos pessoais*, de entre as quais transcrevemos a de Blumer (1982), um dos fundadores do interacionismo simbólico: trata-se de "um relato no qual se dá conta da experiência de uma pessoa que expõe a sua atividade como ser humano e como participante da vida social" (p.82). Acrescentamos, ainda, a definição de Bogdan e Biklen (1994): "qualquer narrativa feita na primeira pessoa que descreva as ações, experiências e crenças dos indivíduos. O critério para chamar ao material escrito documentos pessoais é o de que é autorevelador da visão que a pessoa tem das suas experiências" (p. 177). Estamos, portanto, diante de um conjunto de documentos através dos quais as pessoas revivem memórias e histórias, tornando-se, por isso, instrumentos importantes para perceber o que as pessoas "pensam acerca do mundo" (*ibid.*,176), e, ainda, para a reconstrução da sua própria identidade (Roberts, 2002). Pelo exposto se compreende que o recurso a documentos pessoais é frequente em investigações de pendor mais qualitativo, sendo tido como uma opção valiosa em muitas pesquisas (Zabalza, 1991; Borg, 2001; Mason, 2002; Camic, Rhodes e Yardley, 2003; Shaughnessy, Zechmeister e Zechmeister, 2003; Alves, 2004; Alaszewski, 2006; Furnesse Garrud, 2010; Kenten, 2010; Bassett, 2012). Trata-se, porém, de uma expressão muito ampla e polissémica, que agrega no seu âmbito um conjunto muito diversificado de produções pessoais, em formato escrito, oral ou gráfico (e.g., autobiografias, cartas pessoais, diários, evocações de sonhos, poemas, portefólios). Deste leque diversificado, daremos particular relevância, nesta rubrica, aos *Diários*, aos *Portefólios*, aos *Curriculum Vitae* e à *Epistolografia*, pela sua expressividade no contexto investigacional (inter)nacional.

A história da análise de documentos pessoais leva-nos, mais uma vez, à tradição da Escola de Chicago. Muitos dos seus trabalhos assentaram no estudo de documentos escritos, como, por exemplo, se verificou no clássico estudo de Thomas e Znaniecki (1918-20, *The Polish Peasant in Poland and America*), já atrás referido (cf. cap. II-3 e nota 59) e, entre outras fontes, baseado em cartas de emigrantes rurais polacos. Para estes autores, o fundamental nestes documentos é "o que eles nos revelam das situações que condicionaram o comportamento" (Thomas, 1967, cit. por Hammersley e Atkinson, 1994:144). Várias décadas depois, a utilização destes documentos sofreu uma expansão significativa, sendo debatido o seu uso nas mais diversas áreas do saber (e.g., Nigel, 2001; Mason, 2002; Meth, 2003; Alaszewski, 2006; Kenten, 2010; Zaccarellie Godoy, 2010; Furness e Garrud, 2010; Bassett, 2012).

Na atualidade, vários são, portanto, os investigadores que apontam as especificidades destes documentos e a sua utilidade em investigação. Os *documentos pessoais* distinguem-se, desde logo, de outro tipo de documentos pelo facto de se estabelecer uma relação muito direta com o seu autor, a sua biografia, o contexto de vida, entre outros indicadores. Como nos recordam Yinger e Clark (1988:178), a este propósito, caracterizam-se por serem autorreveladores, seja esta informação de teor intencional ou não intencional, ao contemplarem a estrutura, a dinâmica, assim como o funcionamento da vida mental do(a) seu(sua) autor(a). É, precisamente, "essa pessoalidade, originária do sujeito, que torna rica e também multifacetada a utilização de tais documentos" (Alves, 2004:223). Note-se, ainda, que podem ser recolhidos pelo investigador ou, em alternativa/complemento, pode ser solicitada a sua produção no âmbito da investigação em curso, possuindo esta opção a mais-valia de o investigador poder orientar a sua elaboração para determinados eventos e assuntos.

Os objetivos do estudo dos documentos pessoais são muitos e variados, e esta variedade tem logo, na sua base, a diversidade de disciplinas e de perspetivas teóricas de abordagem a que já nos referimos. É claro que a história não fará dos documentos pessoais o mesmo uso que faz a sociologia ou a pedagogia. Como diz Zabalza (1994), em pedagogia, os documentos pessoais "servem-nos para explorar a dinâmica de situações concretas, através da perceção e do relato que delas fazem os seus protagonistas" (p. 83). Angell (1945, cit. por Bogdan e Biklen, 1994) considera que "o objetivo de recolher este tipo de materiais é de obter provas detalhadas de como as situações sociais são vistas pelos seus atores e quais os significados que vários fatores têm para os participantes" (p. 177). Na investigação assente em documentos pessoais "devem levantar-se questões acerca da autenticidade, da distorção, da fraude, da disponibilidade e da amostragem" (Burgess, 1997:149).

Em contraste com os documentos 'pessoais' poderíamos falar dos 'não pessoais'. Existe uma grande variedade de documentos *não pessoais* cujo estudo pode ser útil, dependendo do desenho da investigação: como os textos oficiais, atas, regulamentos, dados estatísticos sobre um determinado fenómeno, fichas de inscrição, fichas de avaliação, caderneta do aluno, entre outros (cf. Bogdan e Biklen, 1994; Merriam, 2002). Estes documentos não devem ser tratados simplesmente como fonte de informação, como recurso, mas também como 'produtos sociais' que, pela sua análise, possibilitam a compreensão de um conjunto, por vezes com substancial complexidade e abrangência, de fenómenos interacionais e interpretativos que estão por detrás da sua produção (cf. Hammersley e Atkinson, 1994).

Peter Woods (1979:170-209), no oitavo capítulo da sua obra *The Divided School*, e que se intitula *The profissionalism of school reports* faz uma análise das fichas escolares escritas pelos professores sobre os alunos. Nestas fichas, os professores utilizam categorias profissionais para a classificação dos alunos, na construção das quais estes mesmos alunos não são de modo algum envolvidos; conclui o autor que, devido a este não envolvimento dos alunos, tais categorias nada têm a ver com um *ethos* negociado na vida da aula nem, por certo, com o pensamento pedagógico do professor. Nessas fichas, para além de tais categorias classificativas, o que está subjacente é a categoria oficial de 'aluno ideal'.

Hammersley e Atkinson (1994), depois de considerarem estes documentos como importantes fontes de informação, aconselham que, sobre eles, se ponham as seguintes questões: "Como se escrevem os documentos? Como se leem? Quem os lê? Com que propósito? Em que ocasiões? A que conclusões se chega? Que se regista? Que se omite? O que é tido como certo? O que é que quem escreve considera sabido pelos leitores? Que é que os leitores necessitam de saber para que o relato tenha sentido" (p. 159). Ou seja, estes autores, como muitos outros (e.g., Alves, 2004; Quivy e Campenhoudt, 1998), consideram que tem de haver, por parte do investigador, preocupação em torno da autenticidade, pertinência e exatidão das informações colhidas através deste meio, bem como a sua adequação aos objetivos traçados para a investigação.

Tanto os documentos pessoais como os não pessoais devem ser objeto de uma análise de conteúdo nos moldes que explicitaremos adiante, mas de forma adaptada a cada material.

III – 2.6.1. Os Diários como instrumentos de investigação

O diário é uma "descrição regular e contínua e um comentário reflexivo sobre os acontecimentos da sua vida" (Bogdan e Biklen, 1994:177). Na mesma linha o definem Bolívar e colaboradores (2001:183): "diário é um registo reflexivo de experiências (pessoais e profissionais) e de observações ao longo de um determinado período de tempo. Inclui opiniões, sentimentos, interpretações, etc.". Surge, também, descrito na literatura, como "pensamento em voz alta escrito num papel" (e.g., Yinger e Clark, 1988:176; Angulo,1 988:201), constituindo, em simultâneo, uma forma de expressão e, em resultado do próprio processo de escrita, pelo processo cognitivo que pressupõe, uma forma efetiva de refletir e aprender. Note-se, porém, que existe uma grande variedade de suportes para os diários, que incluem o registo áudio, vídeo, fotográfico, entre outros, para além da versão escrita a que já aludimos (e.g., Noyes, 2004; Quadri, Bullen e Jefferies, 2007; Zaccarelli e Godoy, 2010).

Existe, de facto, uma grande variedade de diários, acentuando ora um caráter mais descritivo, ora mais reflexivo, ora mais analítico (e.g., Caetano, 2004;Jacelon e Imperio, 2005; Furness e Garrud, 2010). Neste último caso poderão chegar a grande pormenor em relação a determinados períodos de tempo (e.g., partes do dia, do mês) ou circunstâncias/episódios.

Esta diversidade pode, também, ser vista em função dos contextos pragmáticos da sua escrita, isto é, da motivação que está na base da sua produção. Como diz Zabalza (1994), o contexto pragmático é definido por 3 parâmetros:

- "A que tipo de solicitação responde o diário (ou melhor, a que tipo de solicitação responde o professor que escreve o diário?).
- De que perceção de si mesmo e do investigador parte o professor que elabora o diário (isto é, que definição da situação de investigação e do papel dos que nela participam marca a realização do diário?).
- Como é que se resolve a dialética privacidade-publicidade a respeito dos conteúdos do diário?" (p. 99).

Conforme a resposta a dar a cada uma destas questões, assim serão divergentes as características do documento. Burgess (1997:142), a propósito das orientações a dar a quem adere a um projeto de investigação assente nos diários, refere ter entregue a cada professor que fazia parte do seu estudo, um caderno para que aí, no decorrer de quatro semanas, registasse os seus apontamentos, ao mesmo tempo que apresentava uma nota com algumas recomendações, do tipo: *"seria interessante saber qual foi o tema da aula, o que é que os membros do grupo disseram ou fizeram (ou não). Finalmente, seria útil escrever algo acerca do que dois alunos (escolhidos ao acaso) fazem ao longo da aula" (ibid.)*. Holly (1992) também solicitou a um dos seus grupos que escrevesse "sobre episódios de ensino, problemas ou 'exemplos delimitados' que, depois, escolhiam" (p. 88). A iniciativa de elaboração do diário como instrumento de investigação pode partir de uma relação de poder (caso dos supervisores que orientam os seus estagiários para a sua realização), com todas as consequências que isso possa ter; ou pode surgir de uma relação muito afetiva e de grande confiança, onde se criou a ideia de um verdadeiro trabalho colaborativo entre o investigador e os autores dos diários. Note-se, porém, que a escrita dos diários se pretende uma escrita pessoal, devendo o investigador estar alerta para o risco da perda de espontaneidade e de originalidade, sobretudo quando a sua produção resulta de um convite ou pedido seu neste sentido.

- *Porquê e para quê o estudo dos diários em contexto educativo?*

Segundo Bolívar e colaboradores (2001), os diários "podem ser uma metodologia relevante para documentar e aprender da experiência" (p. 183). No âmbito educacional, os diários podem ser de grande importância, a considerar em várias vertentes, muito especialmente para quem os faz. Podem ainda ter um efeito catártico e terapêutico e levar a aprender sobre o que se faz e sente, e para quem os usa como instrumento de investigação (Holly, 1992:94). Ainda, e segundo Bolívar e colaboradores (2001), os *diários de professores* contribuem "para refletir sobre o que sucedeu na vida quotidiana, na aula, durante o dia ou semana (sentimentos, preocupações, afetos, frustrações, ambiente da classe, o que se fez, as atitudes dos alunos, o proporem-se ações ou perspetivas alternativas)" (p. 183). Servem, também, para "salvar as vivências e perceções dos efeitos de distorção que, com o tempo, a memória pode introduzir" (Bolívar et al., 2001:184).

Zabalza (1994:10) justifica esta estratégia de recolha de dados junto de professores pelo facto de o ensino ser 'uma atividade profissional reflexiva', porque a "perspetiva que os professores têm do seu trabalho autoesclarece-se na sua própria verbalização (oral e escrita)" (*ibid.*) e, ainda, porque escrever o diário de aula pode ser uma estratégia adequada para que possamos conhecer o professor e os seus problemas. A conceção de ensino partilhada por um professor torna-se, por conseguinte, patente naquilo que ele escolhe para escrever num diário (Holly, 1992). Incluem-se, neste documento, preocupações de ordem mais técnica (e.g., transmissão de conhecimentos, avaliação, currículo fechado e estandardizado) e, também, preocupações de ordem mais profissional e humanista (e.g., capacidade de se colocar no lugar do aluno, tentativa de o compreender, preocupação pela autonomia do aluno, capacidade de experimentar, currículo aberto aos saberes do aluno e à vida pessoal e social).

Segundo Zabalza (1994) a redação de um diário desenvolve no seu autor uma melhor consciência da sua própria experiência; por outro lado através da análise de diários de professores, torna-se possível explorar o seu pensamento e as suas relações com a ação, bem como se podem analisar os seus dilemas. Os dilemas são, aliás, o tema central da obra em referência, *Diários de Aula*. Como neste tema o que está em causa é a relação entre a prática e o pensamento do professor, relações constitutivas, Zabalza (1994) considera que se justifica plenamente a opção por esta modalidade de investigação qualitativa, sem recorrer, portanto, a uma espécie de "guerrilha metodológica" (p. 18).

Os *diários de alunos*, de *estagiários*, etc., por sua vez, também permitem conhecer "a partir da perspetiva dos alunos, o que ocorre na aula, a sua própria autoavaliação, implicar os alunos na melhoria da sua própria auto aprendizagem e do processo de ensino, ajudar a identificar problemas, etc." (Bolívar et al., 2001:186), ao mesmo tempo que podem ser um instrumento de aprendizagem da escrita e da comunicação em geral (e.g., Shek, 2010; Majid, 2007; Quadri, Bullen e Jefferies, 2007; Noyes, 2004; Simard, 2004; Marefat, 2002; Wellington, 2000; Allison, 1998). Um estudo de Callen (s/d) dá conta de como através dos diários alguns alunos de uma escola puderam relatar os seus encontros interculturais, as suas dificuldades, conflitos, ansiedades, culpabilidade, *locus* de controlo, etc.

Mas a utilização de diários em contextos educativos não se esgota nos diários de professores e de alunos. Um interessante texto de Dietzsch (1998), *Ensaiando leituras com meninos que vivem nas ruas de São Paulo*, dá conta das interpretações desta autora realizadas sobre os diários de cinco mediadores que dinamizavam sessões de leitura em autocarros, para crianças de rua; nesses diários eram registadas as cenas e as conversações que ocorriam nas interações entre os novos leitores.

A nossa experiência pessoal, enquanto orientadores/supervisores de estagiários também nos revelou que a escrita de diários (e.g., de estagiários em instituições de acolhimento de crianças e jovens) lhes permitiu, por um lado, uma compreensão mais fundamentada e construída do quotidiano nessas instituições, onde a 'boa vontade' dificilmente supera as enormes dificuldades e conflitos internos e externos gerados pela situação pessoal, familiar e social dos 'internos'. Por outro lado, e numa perspetiva que se aproxima da investigativa, os registos do diário, tomados como 'notas de campo', permitiram a construção de relatórios finais com elementos muito sugestivos e ilustrativos de situações, emprestando ao trabalho um caráter de autenticidade, de presença, de vivência, impossível de obter por outro meio.

- *A análise dos diários*

A análise dos documentos perspetiva-se em vários sentidos ou vertentes. Zabalza (1994:95) diz que eles podem ser analisados segundo uma *vertente referencial* e segundo uma *vertente expressiva*. A *vertente referencial* consiste numa "reflexão sobre o objeto narrado: o processo de planificação, a condução da aula, as características dos alunos, etc." (*ibid.*). Trata-se de chegar, como diz o autor noutra parte (*ibid.*,83), "à objetividade das situações através da versão subjetiva que os sujeitos dão dela". A *vertente expressiva* consiste numa "reflexão sobre si próprio, sobre o narrador" (*ibid.*,95), ou em centrar o trabalho "na vertente subjetiva que os atores fornecem"(*ibid.*, 84).

É possível, pois, formular um vasto espetro de categorias de caráter referencial na análise de conteúdo dos diários, tais como:

- o ambiente das aulas: participação, relações sociais, dinâmicas, tarefas;
- a atuação do professor: juízos sobre os efeitos da atuação, incidências da sua atitude, ou metodologia no desenvolvimento da aula, aspetos a modificar, propósitos de atuação, relações com outros colegas;
- juízos sobre os alunos: comportamento, motivação, incidentes críticos, etc.

Na análise dos diários torna-se possível verificar o tipo de 'intenções, interações e efeitos' positivos e negativos da vivência quotidiana – uma dimensão mais expressiva. Os diários podem revelar tensões e dilemas experienciados no seu quotidiano pelos professores (e.g., entre necessidades pessoais e profissionais, ou entre uma decisão que ponha em causa o afeto ou a regra) como o demonstram diversos estudos (Zabalza, 1994; 1991; Alves, 2004; Holly, 1992; Yinger e Clark, 1988). Recorrendo de novo a Bolívar e colaboradores (2001:184) apresentamos no quadro n°.6, com ligeiras adaptações, uma matriz de análise, como sugestão e ponto de partida para um trabalho desta natureza:

Quadro n°. 6 - Exemplo de matriz para análise de diários

Forma como afeta/Vive	Tipo de processo		
	Intenções	Interações	Efeitos
Positiva/com êxito	«Devo retomar o meu trabalho com os alunos de um outro modo...»	«Hoje o ambiente de trabalho foi gratificante»	«A aula correu bem. Creio que ficaram conscientes da importância da defesa do meio ambiente»
Negativa/frustrante	«A principal dificuldade que se me apresenta é...»	«A reunião deixou-me completamente frustrada...»	«Terei de variar o procedimento para que todos intervenham»

A análise pode ser feita tendo em conta múltiplas variáveis; por exemplo, os estudos sobre as fases da carreira docente, baseados em diários, têm em conta os períodos e anos de docência para estabelecerem perfis e os compararem em função dessas variáveis. Comparável é, também, o próprio estilo de escrita do diário; a esse propósito, Holly (1992) verificou nos seus estudos que "tanto os professores experientes quanto os que se encontram em início de carreira passaram da escrita descritiva, catártica, e de discussões sobre o processo de ensino, a observações reflexivas, analíticas e introspetivas" (p. 88).

Retomando de novo a investigação de Zabalza (1994:196) que, como já dissemos, focou os dilemas práticos dos professores, é importante notar que o autor considerou ser necessário complementar a 'manipulação' dos textos com entrevistas e até observações de aulas. Trata-se, neste caso, de uma triangulação com recurso a técnicas complementares, procedimento de validação frequente em muitas investigações realizadas com métodos qualitativos (e.g., Mason, 2002; Camic, Rhodes e Yardley, 2003) (cf. cap. V-111).

Burgess (1997:145), por sua vez, na investigação já referida, serve-se destes documentos como ponto de partida para a construção de entrevistas aos professores sobre o seu próprio diário. Como salienta este investigador, reportando-se ao texto de uma das professoras: "usei as anotações do diário dela para construir uma entrevista sobre o diário com o objetivo de obter informações mais detalhadas sobre as suas aulas, de molde a descobrir o significado que atribuía a certas palavras-chave e a certas frases (...) estruturei uma série de questões para discussão, selecionadas a partir das anotações do diário" (*ibid.*). Por sua vez, Callen (s/d) faz uma proposta de tratamento de dados baseada na análise estrutural, com o pretexto de que aspetos estruturantes do discurso refletem sentimentos e crenças dos sujeitos.

A necessária e útil complementaridade na análise dos diários está bem patente nesta síntese de Burgess (1997), quando recorda que "o diário fornece um relato em primeira-mão, de uma situação relativamente à qual o investigador pode não ter acesso direto. Em segundo lugar, proporciona uma visão 'por dentro' das situações e, finalmente, complementa os materiais reunidos através da observação e das entrevistas conduzidas pelo próprio investigador" (p. 147).

- *Garantias de validade do estudo hermenêutico dos diários*

A propósito das questões da validação em geral na investigação qualitativa, faremos um desenvolvimento específico em capítulo próprio (cf. cap. V-1). Anotamos aqui apenas alguns aspetos que a metodologia de análise de diários oferece por si mesma.

Zabalza (1994:11) considera que a utilização dos diários para efeitos de investigação requer que o investigador tenha em consideração 'as cautelas convencionais', nomeadamente:

- Explicitar o ponto teórico de partida (e.g., o que no seu estudo é constituído pelos pressupostos do paradigma do pensamento do professor);
- Incluir descrições densas e evidências (textos) numerosas;
- Proceder à triangulação das inferências.

As garantias de validade do estudo efetuado através dos diários obrigam-nos, ainda, a ter em consideração aspetos como o problema da veracidade e fiabilidade dos relatos e o problema da validade dos diários enquanto instrumentos de investigação; com efeito uma das questões que mais se colocam ao investigador é a seguinte: 'os relatos dos sujeitos são verídicos?'. Como refere Zabalza (*ibid.*, 98), a este propósito, o problema põe-se com mais ou menos premência em função dos objetivos da investigação que se pretenda efetuar. O autor, em resposta áquela questão, destaca que a própria "estrutura longitudinal do documento (...) garante redundância de fiabilização (tópicos que se mantêm ao longo do relato)" (*ibid.*, 88), fornecendo indicadores importantes de suporte à confirmação da veracidade e fiabilidade da informação. Deve, porém, ter-se em conta que o processo de triangulação da informação constante nos diários é, em muitos estudos, complexo, dado o caráter pessoal e único que caracteriza estes documentos, em particular quando o investigador analisa diários construídos pelos(as) próprios(as) participantes no estudo, sem que tenha ocorrido influência do mesmo para a sua elaboração.

No caso de diários solicitados para fins de investigação, importa, igualmente, que o investigador se interrogue sobre estes temas. No leque de questões que podem nortear a sua reflexão incluem-se as seguintes: "a que é que o diário em si responde e o que é que nele se conta? O processo reflexivo que torna possível o diálogo reflete uma conduta habitual do sujeito ou é apenas uma resposta conjuntural à necessidade de escrever o diário? Os conteúdos transmitidos no diário correspondem ao que se faz habitualmente na condução das aulas ou correspondem mais a uma reconstrução para o diário?" (Zabalza, 1994:98). Considera-se desejável que, mesmo quando solicitado pelo investigador, os participantes procedam à sua elaboração sem ter em consideração possíveis influências externas, ou seja, como se ninguém os fosse ler (*ibid.*, 99). Põe-se, em suma, neste tipo de pesquisas, a questão do contexto pragmático dos diários.

Às reflexões anteriores sobre a veracidade acresce a preocupação com a *validade dos diários enquanto instrumentos de investigação*. A questão da *representatividade* da amostragem põe-se, neste âmbito, de uma forma semelhante à dos estudos biográficos (cf. Zabalza, 1994:85): são os diários em número suficiente para se tirarem conclusões generalizáveis, ou a generalização não é um propósito? Representam ou não os autores do diário uma parte ou o todo de um coletivo que se pretende estudar? Por fim, e quanto à *generalização,* Zabalza (*ibid.*, 84) considera que a análise dos diários permite chegar a uma 'generalização intermédia', ou seja, possibilita a extensão dos resultados descobertos a grupos próximos e homogéneos (cf. cap. V-112).

III – 2.6.2. O Portefólio como instrumento de investigação.

Os *portefólios* são definidos por Bird (1990, cit. por Barton e Collins, 1993) como "contentores de documentos que fornecem evidência do conhecimento, competências e/ou disposições de alguém" (p. 203). Segundo Sá-Chaves (1997) pressupõem "ou a recolha e registo seletivos de evidência através de produtos que se orientam para cumprir essa função de evidência ou, então, para a explicitação de processos complexos que sustentam epistemologicamente o entrosamento entre pensamento e ação ou entre a vida e a reflexão sobre ela" (p. 87). Note-se, a este propósito, que os portefólios não *traduzem* a simples acumulação de evidências ou relatos, eles caracterizam-se por integrarem componentes reflexivas e críticas muito expressivas, as quais concorreram para a sua crescente utilização em contexto educativo e de investigação (Chang, Wu e Ku, 2005; Driessen et al., 2005; Orland-Barak, 2005; Aydin, 2010). Reforçam esta ressalva os comentários de Shulman (1999, cit.por Bolívar et al., 2001:187), ao reportar a possibilidade de que neles constem as tomadas de decisão que o seu autor foi tendo ao longo de um período de formação ou trabalho, bem como a possibilidade de ser discutido em grupo; trata-se, segundo a autora, de uma "história documental estruturada de um conjunto (cuidadosamente selecionado) de desempenhos que receberam preparação ou tutoria, e adotam a forma de 'amostras' de trabalho de um estudante que só alcançam realização plena na escrita reflexiva, na deliberação e na conversação".

Um dos aspetos mais significativos dos *portefólios* reside, precisamente, na sua subjetividade. A sua construção deverá dar conta do percurso individual daquele que o construiu (e.g., formando), parecendo, por isso, pouco relevante uma excessiva preocupação com a representatividade. Como salientam Bolivar e colaboradores (2001), consiste num "retrato sumamente individualizado de uma pessoa como profissional" (p. 187), podendo dizer-se o mesmo em relação a portefólios criados para outros efeitos.

No domínio da formação de professores, e no âmbito das atividades letivas e/ou da avaliação pedagógica, os *portefólios* têm uma função de relevo na auto e heteroavaliação de percursos e aprendizagens (e.g., Seldin, 1997; Coelho e Campos, 2003; Carvalho e Porto, 2005; Klenowsky, 2007). Contudo, o interesse aqui é referi-los enquanto instrumentos de investigação, razão pela qual não exploraremos a sua utilização pedagógica no âmbito deste capítulo.

Bolívar e colaboradores (2001) falam numa espécie de 'estimulação da recordação' numa conversação narrativa a realizar através da análise do dossier de documentos: "o docente pode retomar estes materiais e interpretá-los, reconsiderá-los e narrá-los (descrevê-los, explicá-los e 'informá-los') a outro colega ou assessor" (*ibid.*, 188).

Os mesmos autores consideram várias modalidades de portefólio, nomeadamente aquela que será uma "mistura entre diário e recompilação de documentos didáticos. O professor vai anotando o que faz na aula ao jeito de folha de registo mais ou menos sistemática e com alguns comentários e anotações. Para ilustrar este diário, realiza por detrás de cada trabalho um pequeno comentário sobre o porquê e o para quê da sua recompilação" (Bolívar et al., 2001:191).

III – 2.6.3. A Epistolografia

Diversas são as investigações em que se recorre à análise de documentos escritos, como referimos anteriormente, tenham estes sido produzidos de forma independente do estudo ou por solicitação do investigador. Para além das referências tecidas na rubrica anterior damos, neste âmbito, a conhecer a epistolografia. Menos frequentes do que os diários ou os portefólios, as cartas são, também, potenciais fontes de informação valiosa para efeitos de investigação. Veja-se, em registo de exemplo, que o estudo de cartas de determinadas personagens relevantes na história do sistema educativo pode ser um trabalho estimulante, no campo da historiografia ou da antropologia mas não será fácil, dada a habitual e normal dispersão das mesmas.

Bogdan e Biklen (1994:179) sugerem o estudo de cartas de pessoas que se ausentam para zonas distantes para trabalhar em sistemas educativos; ou de cartas que se escrevem aos editores de jornais a propósito de questões educativas. Burgess (1997) considera que "as cartas são um indicativo de diferentes espécies de relações sociais" (p. 148). No célebre e já referido (cf. cap. II-3. e cap. III-2.5.) estudo de Thomas e Znaniecki, *The polish peasant in Europe and America*, são identificados cinco tipos de cartas:

- cerimoniosas, relacionadas com casamentos, batizados, etc.
- informativas, para enviar informação;
- sentimentais;
- literárias;
- de negócio.

No estudo das cartas também é possível ter em conta outros indicadores, que não apenas a análise do seu conteúdo, nomeadamente a frequência com que são escritas ou a sua extensão. Seguindo, ainda, Burgess, existe nas escolas uma grande variedade de cartas, de que se salientam as cartas dos professores aos pais e dos pais aos professores. Consoante o objetivo e os destinatários das cartas, assim podem mudar os estilos e os conteúdos.

No que respeita à sua análise, elas "precisam de ser inseridas no seu contexto. Nestes termos, as cartas individuais precisam de ser comparadas, quer com outras cartas entre as mesmas pessoas, quer com cartas de tipo semelhante. (...) Precisam de ser examinadas em comparação com outros dados" (Burgess, 1997:149).

Se até aqui o sentido do que dissemos aponta para um trabalho mais de caráter historiográfico e de arquivo, podemos pensar num desenho de investigação que assente, pelo menos em parte, na construção deste tipo de documentos. Connelly e Clandinin (1995) afirmam, a propósito dos estudos de narrativas: "escrever cartas, um modo de estabelecer diálogos entre o investigador e os participantes, é outra fonte de dados na investigação narrativa. Para muitos narrativistas escrever cartas é uma maneira de oferecer interpretações narrativas provisórias e de responder a elas" (p. 37).

Neste sentido podemos encontrar estudos que assentam na escrita de 'cartas' (ou mensagens por correio eletrónico), entre outras técnicas complementares. Leite e Tagliaferro (2005) descrevem um procedimento desses antes de fazerem entrevistas semidiretivas autobiográficas a seis ex-alunos de uma mesma professora, por todos eles considerada excelente, e com o objetivo de analisar os motivos por que a mesma tanto os marcara nas suas vidas. Claro que as entrevistas, realizadas depois das cartas, foram planificadas em função dos documentos anteriores.

Bibliografia da III ª Parte

Abeledo, E. X. (1989). A técnica da entrevista na investigação educativa. *Adaxe*, 5,35-48.

Aguiar, J. L., & Alves, M. P. (2010). A avaliação do desempenho docente: Tensões e desafios na escola e nos professores. In M. P. Alves & M. A. Flores (Orgs.), *Trabalho docente, formação e avaliação: Clarificar conceitos, fundamentar práticas* (pp. 229-258). Lisboa: Edições Pedago.

Alasuutari, P., Bickman, L., & Brennan, J. (Eds.). (2008). *The sage handbook of social research methods*. Thousand Oaks, CA: Sage.

Alaszewski, A. (2006). *Using diaries for social research*.London: Sage.

Albarello, L., Digneffe, F., & Hiernaux J-P. (1997). *Práticas e métodos de investigação em Ciências Sociais*. Lisboa: Gradiva.

Allison, D. (1998). Investigating learners' course diaries as explorations of language. *Language Teaching Research*, 2(1), 24-47.

Almeida, T. (2011). Desafios ao desenvolvimento profissional: Do trabalho colaborativo ao nível da escola a um grupo sobre escrita. Dissertação de Doutoramento não publicada. Lisboa: Instituto de Educação da Universidade de Lisboa.

Altet, M. (2000). *Análise das práticas dos professores e das situações pedagógicas*. Porto: Porto Editora.

Alves, F. (2004). Diário: Um contributo para o desenvolvimento profissional dos professores e estudo dos seus dilemas. *Millenium – Revista do ISPV*, 29, 222-239. Acedida em março12, 2011, de http://www.ipv.pt/millenium/Millenium29/default.htm.

Amado, J. (1989). *A indisciplina numa escola secundária: Análise de conteúdo de participações disciplinares*.Tese de Mestrado não publicada. Lisboa: Universidade de Lisboa, FPCE.

Amado, J. (2000). A técnica da análise de conteúdo. *Referência. Revista de Educação e Formação em Enfermagem*, 5, 53-63.

Amado, J. (2001). *Interação pedagógica e indisciplina na aula*. Porto: ASA Editores

Angelides, P. (2001). The development of an efficient technique for collecting and analyzing qualitative data and the analysis of critical incidents. *International Journal of Qualitative Studies in Education*, 14(3), 429-442.

Angulo, L. M. (1988). Evaluación diagnóstica de los procesos mentales de los profesores. In L. M. V. Angulo (Ed.), *Conocimiento, creencias, y teorías de los profesores* (pp. 197--224). Alcoy: Editorial Marfil.

Atkinson, P., & Silverman, D. (1997). Kundera's "imortality": The interview society and the invention of self. *Qualitative Inquiry*, 3(3), 304-325.

Ávila, L., Veiga Simão, A. M., Frison, L. (2016). Contributos da estimulação da recordação para identificar e promover estratégias de autorregulação da aprendizagem durante o estágio em Educação Física. *Movimento*, 22 (2), 597-610.

Aydin, S. (2010). A qualitative research on portfolio keeping in English as a foreign language writing. *The Qualitative Report*, 15(3), 475-488.

Barton, J., & Collins, A. (1993). Portfolios in teacher education. *Journal of Teacher Education*, 44(3), 200-210.

Bassett, D. (2012). I need these stories to remind me that there is hope: Poetic representations of living in Israel during the Al Aqsa Intifada. *Qualitative Inquiry,18*(5), 432-437.

Beers, P., Boshuizen, H., Kirschner P., Gijselaers, W., & Westendorp, J. (2006). Cognitive load measurements and stimulated recall interviews for studying the effects of information and communications technology. *EducationTechnology Research Development*, 56, 309-328.

Bell, J. (2002). *Como realizar um projeto de investigação em ciências sociais*. Lisboa: Gradiva.

Beretta, R. (1996).A critical review of the delphi technique. *Nurse Researcher, 3(*4), 79-89.

Bernard, H. R. (2000). *Social research methods*. Thousand Oaks, CA: Sage publications.

Bertaux, D. (1997). *Les récits de vie: Perspetive ethnosociologique*. Paris: Nathan.

Blanchet, A. (1993). *L' entretien dans les sciences sociales*. Paris: Dunod.

Bloom, B. S. (1953). Thought processes in lectures and discussions. *The Journal of General Education, 7,* 160-169.

Blumer, H. (1982). *El interacionismo simbólico: Perspetiva y metodo*. Barcelona: Hora, S.A.

Bogdan, R., & Biklen, S. (1994). *Investigação qualitativa em educação*. Porto: Porto Editora.

Bolívar, A., Domingo, J., & Fernández, M.(2001). *La investigación biográfico-narrativa en educación*. Madrid: Ed. La Muralla.

Bonboir, A. (1985). Thinking aloud. In T. Husen & T. N. Postlethwait (Eds.), *The international encyclopedia of education* (Vol. 9, pp. 5259-5261). Oxford, UK: Pergamon Press.

Bordieux, P. (1993). *La misère du monde*. Paris: Éditions du Seuil.

Borg, S. (2001). The research journal: A tool for promoting and understanding researcher development. *Language Teaching Research, 5*(2), 156–177.

Bruner, J. (1991). The narrative construction of reality. *Critical Inquiry, 18*, 1-21.

Bruner, J. (1997). *Atos de significado*. Lisboa. Edições 70.

Bruner, J. (2000). *Cultura da Educação*. Lisboa. Edições 70.

Burgess, R. G. (1997). *A pesquisa de terreno*. Lisboa: Celta.

Bury, M. (2001). Illness narratives: Fact or fiction? *Sociology of Health and Illness, 23*(3), 263-285.

Cadório, L. (2011). *A investigação-ação em contexto colaborativo: Mudanças nas conceções e práticas dos professores*. Dissertação de Doutoramento não publicada. Lisboa: Instituto de Educação da Universidade de Lisboa.

Cadório, L., & Veiga Simão, A. M. (2010). A investigação-ação na formação de professores: Um caso de autorregulação da aprendizagem. In M. P. Alves & M. A. Flores (Orgs.), *Trabalho docente, formação e avaliação: Clarificar conceitos, fundamentar prática*s (pp. 101-127). Lisboa: Edições Pedago.

Caetano, A. P. (2004). A mudança dos professores pela investigação-ação. *Revista Portuguesa de Educação, 17*(1), 97-118.

Calderhead, J. (1981). Stimulated recall: A method for research on teachíng. *British Journal of Educational Psychology, 51,* 211-217.

Calderhead, J. (1984). *Teachers' classroom decision-making*. London: Holt, Renehart and Winston.

Callen, B. (s/d). *Cross-cultural capability: The student-diary as a research tool.*Lancaster: LancasterUniversity. Acedido em setembro 2, 2008, de www.lancs.ac.uk/users/interculture/docs/bcdec98.rtf.

Camic, P. M., Rhodes, J. E., & Yardley, L. (Eds.). (2003),*Qualitative research in psychology: Expanding perspetives in methodology and design*. Washington, DC: American Psychological Association.

Capistrano, N. J. (2010). *O lugar da educação física na educação infantil*. (Tese de Doutorado). Natal: UFRN.

Carter, K. (1993).The place of story in the study of teaching and teacher education. *Educational Researcher, 22*(1), 5-18

Carvalho, E. (2007). *Aprendizagem e satisfação: Perspetivas de alunos do 2º e 3º ciclo do ensino básico*. Dissertação de Mestrado não publicada. Lisboa: Universidade, FPCE.

Carvalho, M. J. S., & Porto, L. S. (2005). *Portfolio educacional: Proposta alternativa de avaliação: Guia didático*. Porto Alegre: Editora da UFRGS.

Case, J. M., & Light, G. (2011). Emerging methodologies in engineering education research. *Journal of Engineering Education, 100*(1), 186-210.

Catterall, M.,& Maclaran, P.(1997). 'Focus group data and qualitative analysis programs: Coding the moving picture as well as the snapshots' *Sociological Research Online, 2* (1). Acessível em: http://www.socresonline.org.uk/socresonline/2/1/6.html.

Chang, Y., Wu, C., & Ku, H. (2005). The introduction of electronic portfolios to teach and assess english as a foreign language in Taiwan.*Tech Trends: Linking Research & Practice to Improve Learning, 49*(1), 30-35.

Chell, E. (2004). Critical incident technique. In M. S. Lewis-Beck, A. Bryman, & T. F. Liao (Eds.), *The Sage encyclopedia of social science research methods* (Vol. 1, pp. 218-219). Thousand Oaks: Sage Publications

Clandinin, D. J., & Connelly, F. M. (2000). *Narrative Inquiry: Experience and Story in Qualitative Research*. San Francisco: Jossey Bass Publishers.

Clark, C., & Peterson, P. (1986). Teacher´s thought processes. In M. C. Wittrock (Ed.), *Handbook of research on teaching*. New York: Macmillan.

Clark, C., & Peterson, P. (1990). Procesos de pensamiento de los docentes. InM.Wittrock, (Ed.). *La investigación de la enseñanza* (Vol.II). Barcelona: Paidós-MEC.

Coelho, C., & Campos, J. (2003). *Como abordar o portfolio na sala de aula*. Porto: Porto Editora.

Cohen, L., Manion, L., & Morrison, K. (2006). *Research methods in education*. London: Routledge.

Connely, F. M., & Clandinin, D. J. (1995). Relatos de experiencia e investigación narrativa. In J. Larrosa et al. (Orgs.), *Déjame que te cuente: Ensayos sobrenarrativa y educación*. Barcelona: Laertes, S. A. de Ediciones.

Crusoé, N. M. (2009). *Interdisciplinaridade: Representações Sociais de professores de matemática*. Natal: Editora da UFRN.

Crusoé, N. M., Ribeiro, M.G., & Silva, R. F. (2008), A entrevista compreensiva como opção teórico-metodológica para compreender discursos de professores sobre interdisciplinaridade. In C.P. Nunes, J. J. S. R. Santos & N. C. Crusoé (Orgs.). *Itinerários de Pesquisa* (pp. 262--276). Passo Fundo: Editora da Universidade de Passo Fundo.

Davis, P. (2007). Storytelling as a democratic approach to data collection: interviewing children about reading. *Educational Research, 49*(2), 169-184.

Debus, M. (1990). *Handbook for excellence in focus group research*. Washington, D.C.: Academy for Educational Development.

DeWolfe, J. A., Laschinger, S., & Perkin, C. (2010). Preceptors' perspetives on recruitment, support and retention of preceptors. *Journal of Nursing Education, 49*(4), 198-206.

Dias, Â. M. (2005). *Interação verbal em sala de aula em contexto multicultural*. Dissertação de Mestrado não publicada. Lisboa: Universidade, FPCE.

Dietzsch, M. J. M. (1998). Ensaiando leituras com meninos que vivem nas ruas de São Paulo. In B. Freitag (Org.), A *universidade em destaque: Anuário de educação 97/98* (pp.255-273.). Rio de Janeiro: Tempo Brasileiro.

Driessen, E., Van Der Vleuten, C., Schuwirth, L., Van Tartwijk, J., & Vermunt, J. (2005). The use of qualitative research criteria for portfolio assessment as an alternative to reliability evaluation: A case study. *Medical Education, 39*(2), 214–220.

Elbaz, F. (1991). Research on teachers' knowledge: The evolution of a discourse. *Journal of Curriculum Studies, 23*, 1-19.

Estrela, A. (1984). *Teoria e prática de observação de classes*, Lisboa, INIC.

Estrela, M. T. & Estrela, A. (1978). *A técnica dos incidentes críticos no ensino*. Lisboa: Editorial Estampa.

Estrela, M. T. (1986). *Une étude sur l' indiscipline en classe*. Lisboa: INIC.

Evertson, C., & Green, J. (1989). La observacion como indagacion y metodo. In Wittrock, M. (Ed), *La investigación de la enseñanza* (Vol. II). Barcelona: Paidós-MEC.

Facione, P. A. (1990). *Critical thinking: A statement of expert consensus for purposes of educational assessment and instruction: Executive Summary "The Delphi Report"*. Millbrae: California Academic Press.

Felouzis, G. (1994). *Le collège au quotidien*. Paris: PUF.

Flick, U. (2002). *An introduction to qualitative research*. London: Sage.

Foddy, W. (2002). *Como perguntar: Teoria e prática da construção de perguntas em entrevistas e questionários*. Lisboa: Celta.

Follari, R. (2008). Problemas em torno da pesquisa qualitativa. In L. Bianchetti & P. Meksenas (Orgs.). *Trama do Conhecimento – Teoria, Método e Escrita em Ciência e Pesquisa* (pp.73-93). S. Paulo: Papirus Editora

Fontana, A., & Frey, J.H. (2005). The interview: From neutral stance to political involvement. In N. K .Denzin & Y. S. Lincoln, (Eds.), *The sage handbook of qualitative research* (3ªed, pp. 695-728). Thousand Oaks, CA: Sage publications.

Freebody, P. (2003). *Qualitative research in education: Interaction and practice*. London: Sage.

Fullan, M., & Hargreaves, A. (2001). *Por que é que vale a pena lutar? O trabalho de equipa na escola*. Porto: Porto Editora.

Fuller, F. F., & Manning, B. A. (1973). Self-confrontation reviewed: A conceptualisation for video playback in teacher education. *Review of Educational Research, 43*, 469-528.

Furness, P. J., & Garrud, P. (2010). Adaptation after facial surgery: Using the diary as a research tool. *Qualitative Health Research, 20,*262-272.

Gatti, A. (2005). *Grupo focal na pesquisa em ciências sociais e humanas*. Brasília: LíberLivro.

Ghiglione, R., & Matalon, B. (1992). *O inquérito: teoria e prática*. Oeiras: Celta Editora.

Gibbs, A. (1997). *Focus groups: Social research update*. Surrey: University of Surrey. Acedido março 12, 2004, de http://www.soc.surrey.ac.uk/sru/SRU19.html.4

Gillham, B. (2000). *The research interview*. New York: Continuum.

Gimeno Sacristan, J., & Pérez Gómez, A (1995). *Comprender y transformar la enseñanza*. Madrid: Morata.

Girardello, G. (2008). A escrita antes do texto: De cozinhas, teares e ateliés. In L. Bianchetti & P. Meksenas (Orgs.), *A trama do conhecimento: Teoria, método e escrita em ciência e pesquisa* (pp.287-300). São Paulo: Papirus Editora.

Granja, A. M. A., (2013). *A morte e o luto em contexto escolar. Das vivências na primeira pessoa à (re)significação do conceito da escola acolhedora*. (Tese de doutoramento). Universidade de Aveiro

Gray, D. E. (2004). *Doing research in the real world*. London: Sage Publications.

Greenbaum, T. L. (1998). *The handbook for focus group research*. ThousandOaks, CA: Sage.

Grim, B. J., Harmon, A. H., & Gromis, J. C. (2006). Focused group interviews as an innovative quanti-qualitative methodology (QQM): Integrating quantitative elements into a qualitative methodology. *The Qualitative Report, 11*(3), 516-537.

Halquist, D., & Musanti, S. I. (2010). Critical incidents and reflection: Turning points that challenge the researcher and create opportunities for knowing. *International Journal of Qualitative Studies in Education, 23*(4), 449-461.

Hammersley, M., & Atkinson, P. (1994). *Etnografía: Métodos de investigación*. Barcelona: Paidós.

Hammersley, M. (2008). Troubles with triangulation. In M. M. Bergman (Ed.), *Advances in mixed methods research: Theories and applications* (pp. 22-36). Los Angeles: Sage publications.

Hampton, M., Baydala, A. Bourassa, C., Mckay-Mcnabb, K., Placsko, C., Goodwill, K., Mckenna, B., Mcnabb, P., & Boekelder, R. (2010). Completing the circle: Elders speak about and-of-life care with Aboriginal families in Canada. *Journal of Palliative Care, 26*(1), 6-14.

Hargreaves, D. H., Hester, S., & Mellor, F. (1975). *Deviance in classrooms*. London: Routledge.

Holly, M . L. (1992). Investigando a vida profissional dos professores: Diários biográficos. In A. Nóvoa (Org.). *Vidas de professores*. Porto: Porto Editora.

Hyvärinen, M. (2008). Analyzing narratives and story-telling. In P. Alasuutari, L. Bickman, & J. Brannen (Eds.), *The SAGE handbook of social research methods* (pp. 447-460). Thousand Oaks: Sage publications.

Imbert, F. (1983). *Si tu pouvais changer l'école: L'enfant stratégue*. Paris: Le Centurion.

Izquierdo, C. (1996). *La reunión de profesores: Participar, observar y analizar la comunicación en grupo*. Barcelona: Paidós.

Jacelon, C., & Imperio, K. (2005). Participant diaries as a source of data in research with older adults. *Qualitative Health Research, 15*(7), 991-997.

Januário, C. (1996). *Do pensamento do professor à sala de aula*. Coimbra: Liv. Almedina.

Jones, J., & Hunter, D. (1995). Consensus methods for medical and health services research. *British Medical Journal, 311*(7001), 376-380.

Kagan, N., Krathwohl, D. R., & Miller, R. (1963). Stimulated recall in therapy resing videotape: A case study. *Journal of Counselling Psychology, 10,* 237-243.

Kaufman, J-C (1996), *L'entretien compréhnsif*. Paris: Nathan.

Keeney, S., Hasson, F., & McKenna, H. (2001). A critical review of the Delphi technique as a research methodology for nursing. *International Journal of Nursing Studies, 38,* 195-200.

Kenten, C. (2010). Narrating oneself: Reflections on the use of solicited diaries with diary interviews. *Forum: Qualitative Social Research, 11*(2). Acedido em novembro 15, 2011, de http://www.qualitative-research.net.

King, L. H. (1980). *Student thought processes and the expectancy effect*. University of Alberta: Centre for Research in Teaching.

Kishimoto, T. M., Santos, M. L., & Basílio, D. (2007). Narrativas infantis: Um estudo de caso em uma instituição infantil. *Educação e Pesquisa, 33*(3), 427-444.

Klenowsky, V. (2007). *Desarrollo de portafolios para la aprendizaje y la evaluación*. Madrid: Narcea.

Knodel, J. (1993). The designing and analysis of focus group studies. In D. L. Morgan (Ed.). (1993). *Successful focus goups: Advancing stage of the art*. Newbury Park: Sage publications.

Kochevar, J. W., & Fox, P. W. (1980), 'Retrieval variables in the measurement of memory'. *American Journal of Psychology, 93*(2), 355–66.

Krueger, R. A. (1988). *Focus groups*.Thousand Oaks, CA: Sage publications.

Krueger, R. A. (1998). *Analyzing and reporting focus group results*. Thousand Oaks, CA: Sage publications.

Krueger, R. A., & Casey, M. A. (2000). *Focus groups: A practical guide for applied research* (3ª ed.). Thousand Oaks, CA: Sage publications.

Kvale, S. (1996). *Interviews: An introduction to qualitative research interviewing*. Thousand Oaks: Sage Publications.

Labov, W. (1972). *Sociolinguistic patterns*. Philadelphia: University of Pennsylvania Press.

Lam, W. (2008). Metacognitive strategy use: Accessing ESL learners' inner voices via stimulated recall. *Innovation in Language Learning and Teaching, 2*(3), 207-217.

Leite, S. & Tagliaferro, A (2005). A afetividade na sala de aula: Um professor inesquecível. *Psicologia Escolar e Educacional, 9*(2), 247-260.

Lira, G. V., Catrib, A. M. F., & Nations M. K. (2003). A narrativa na pesquisa social em saúde: Perspetiva e método. *Revista Brasileira de Saúde Social, 16*(1/2), 59-66.

Ludke, M., & André, M. (1986). *Pesquisa em educação: Abordagens qualitativas*. São Paulo: E.P.U.

Majid, F. (2007). Looking in from within: Student diaries as a bridge to understanding the reading minds. *The Journal of ASIA TEFL, 4*(3), 25-46.

Marcelo G. C. (1987). *El pensamiento del profesor*. Barcelona: Ed. CEAC.

Marefat, F. (2002). The impact of diary analysis on teaching/learning writing. *RELC Journal, 33*(1), 105-110.

Marques, Mª. M. (2006) *Aprendizagem e satisfação dos alunos em sala de aula. Perspetivas dos alunos do 3º Ciclo*. Tese de Mestrado não publicada. Lisboa: FPCE - Universidade de Lisboa.

Mason, J. (2002). *Qualitative researching*. London: Sage publications.

Matalon, B. (1992). Interrogations sur l'interrogation. *Revue Internationale de Psychologie Sociale, 2*, 99-113.

Matos, J. F. (2007). Ensinar e aprender a investigar em educação: Balanço crítico de dez anos de formação em metodologias de investigação de natureza interpretativa em cursos de pós-graduação em educação. *Revista de Educação, XV*(1), 79-98.

Mattos, A. M. (2008). Para compreender a sala de aula: Ouvindo histórias para contar histórias, Acedido em maio 23, 2008, de http://www.cce.ufsc.br/~clafpl/61_Andrea_Mattos.pdf.

Maykut, P., & Morehouse, R. (1994). *Beginning qualitative research*. London: The Falmer Press.

Mckay, D. A., & Marland, P. W. (1978). Thought processes of teachers. Paper presented to the AERA conference, Toronto, Canada.

Mckenna, H. P. (1994). The Delphi technique: A worthwhile research approach for nursing? *Journal of Advanced Nursing, 19*, 1221-1225.

Mcnair, K., & Joyce, B. (1979). *Teachers' thoughts while teaching: The south bay study* (Parte II). Michigan State University: Institute for Research on Teaching, Research Monograph 58.

Merle, P. (2005). *L' élève humilié: L'école, une espace de non-droit?* Paris: PUF.

Merriam, S. B. (2002). Qualitative research and case study applications.in education. San Francisco: Jossey-Bass Publishers.

Merton, R. K., Fiske, M., & Kendall, P. L. (1990). *The focused interview: A manual of problems and procedures*. Glencoe, IL: The Free Press.

Meth, P. (2003). Entries and omissions: Using solicited diaries in geographical research. *Area, 35*(2), 195–205.

Minichiello, V., Aroni, R., Timewell, E., & Alexander, L. (1990). *In-depth Interviewing: Researching people*. Hong Kong: Longman Cheshire Pty Limited.

Morgan, A. (2007). Using video-stimulated recall to understand young children's perceptions of learning in classroom settings. *European Early Childhood Education Research Journal, 15*(2), 213-226.

Morgan, D. L. (1998). *The focus group guidebook*. Thousand Oaks, CA: Sage publications.

Morgan, D. L. (2004). *Focus groups*.Thousand Oaks, CA: Sage publications.

Morse, J. M. (Ed.). (1991). *Qualitative nursing research: A contemporary dialogue*. Thousand Oaks, CA: Sage publications.

Mucchielli, R. (1968). *Interview de groupe*. Paris: Ed. Sociales Françaises.

Nascimento, I. (2003). A dimensão interpessoal do conflito na escola. In M. E. Costa (Org.), *Gestão de conflitos na escola* (pp. 192-255). Lisboa: Universidade Aberta.

Neves, M. C. & Carvalho, C. (2006). A importância da afetividade na aprendizagem da matemática em contexto escolar: Um estudo de caso com alunos do 8.º ano. *Análise Psicológica, XXIV*(2), 201-215.

Nigel, G. (2001). *Researching social life*. London: Sage publications.

Noy, (2009). Setting up targeted research interviews: A primer for students and new interviewers. *The Qualitative Report, 14*(3), 454-465.

Noyes (2004). Video diary: A method for exploring learning dispositions. *Cambridge Journal of Education, 34*(2), 193-209.

Oliveira, A. L. (2010). Um olhar de dentro: Perspetivas de professores acerca de necessidades de mudança na escola. *Sísifo. Revista de Ciências da Educação, 11,* 127-138. Em http://sisifo.fpce.ul.pt/pdfs/Revista%2011%20PT%20out02.pdf.

Oliveira, A. L., & Pinto, T. (2011, fevereiro). *As competências-chave dos educadores de adultos: Um estudo com um painel de especialistas portugueses*. Comunicação apresentada nas 3as Jornadas de Educação e Formação de Adultos, Universidade de Coimbra.

Oliveira, H. M. (1999). Narrativa na prática e na investigação sobre as investigações matemáticas dos alunos In P. Abrantes, J. P. Ponte, H. Fonseca & L. Brunheira (Eds.), *Investigações matemáticas na aula e no curriculum*. Lisboa: Liaboa: Projeto MPT – APM. Acedido em http://membros.aveiro digital.net/matematica/estagio2000/textos_discutiveis/textos_discutiveis.html.

Orland-Barak, L. (2005). Portfolios as evidence of reflective practice: What remains "untold". *Educational Research, 47*(1), 25–44.

Pacheco, J. A. (1990). *Planificação didática: Uma abordagem prática*. Universidade do Minho: Instituto de Educação.

Pacheco, J. P. (1995). *O pensamento e a ação do professor*. Porto: Porto Editora.

Pais, J. M. (2001). *Ganchos, tachos e biscates: Jovens, trabalho e futuro*. Porto: Ambar.

Patton, M. Q. (2002). *Qualitative research and evaluation methods*. Thousand Oaks,CA: Sage.

Peterson, P. L., Swing, S. R., Braverman, M. T., & Buss, R. (1982). Students' aptitudes and their reports of cognitive processes during direct instruction. *Journal of Educational Psychology, 74,* 535-547.

Pinto, A. (1996). O pensamento do professor na fase interativa do ensino: Meta-reflexões, dos professores aos investigadores. *Psicologia, XI*(1), 139-147.

Postic, M., & De Ketele, J., (1988). *Observer les situations éducatives*. Paris: PUF.

Poutois, J. P., & Desmet, H. (1988). *Épistémologie et instrumentation en sciences humaines*. Liege-Bruxelles: Pierre Mardaga Editeur.

Quadri, N., Bullen, P., & Jefferies, A. (2007). 'Student diaries: Using technology to produce alternative forms of feedback'. In *Procs 2nd Int Blended Learning Conference University of Hertfordshire* (pp. 214-222). Acedido em março 9, 2012, de https://uhra.herts.ac.uk/dspace/handle/2299/1720.

Queeney, D. S. (1995). *Assessing needs in continuing education: An essential tool for quality improvement*. San Francisco: Jossey-Bass Publishers.

Queiroz, M. I. (1991). *Variações sobre a técnica de gravador no registo da informação viva*. São Paulo: T. A. Queiroz Editor.

Quivy, R., & Campenhoudt, L. (1998). *Manual de investigação em ciências sociais*. Lisboa: Gradiva.

Riessman, C. K. (2008). *Narrative methods for the human sciences*. Thousand Oaks, CA: Sage.

Riessman, C. K. (2004). Narrative analysis. In M. S. Lewis-Beck, A. Bryman, & T. F. Liao (Eds.), *The sage encyclopedia of social science research methods* (Vol. 2, pp. 705-709). Thousand Oaks: Sage Publications.

Roberts, B. (2002). *Biographical research*. Buckingham e Philadelphia: Open University.

Rosales, C. (1991). *Avaliar é refletir sobre o ensino*. Porto: Edições ASA.

Rothwell, W. J., & Kazanas, H. C. (1992). *Mastering the instructional design process: A systematic approach*. San Francisco: Jossey-Bass Publishers.

Rubin, H. J., & Rubin, I. (2005). *Qualitative interviewing: The art of hearing data*. Thousand Oaks, CA: Sage.

Sá-Chaves, I. (1997). Novas abordagens metodológicas: Os portfólios no processo de desenvolvimento pessoal e profissional dos professores. In A. Estrela e J. Ferreira (Eds.), *Atas do VII Colóquio Nacional da AIPELF-AFIRSE* (pp. 85-90). Lisboa: Universidade, Faculdade de Psicologia e de Ciências da Educação.

Sadalla, A. M. F. A., & Larocca, P. (2004). Autoscopia: Um procedimento de pesquisa e de formação profissional reflexiva na Educação. *Educação e Pesquisa, 30*(3), 419-433.

Santos, M. M. (2003). *A prática da formação cívica numa escola básica*. (Tese de Mestrado). FPCE - Universidade de Lisboa

Santos, M. M. (2003). *A formação cívica no ensino básico*. Porto: Edições Asa.

Segovia, L., & Hardison, D. (2009). Implementing education reform: EFL teachers' perspetives. *ELT Journal, 63*(2), 154-162.

Seldin, P. (1997). *The teaching portfolio* (2ª ed.). Bolton, MA: Anker.

Shaughnessy, J. J., Zechmeister, E. B., & Zechmeister, J. S. (2003). *.Research methods in psychology* (6ª ed.). New York: McGraw Hill.

Shek, (2010). Using students' weekly diaries to evaluate positive youth development programs: Are findings based on multiple studies consistent?. *Social Indicators Research, 95*(3), 475-487.

Shulman, L. S., & Elstein, A. S. (1975). Studies of problem solving, judgment and decision making: Implications for educational research. In F. N. Kerlinger, (Ed.), *Review of Research in Education* (pp. 3-42). Illinois: Peaccok Publishers Inc.

Silva, R. F. (2002). *A entrevista compreensiva*. Texto utilizado no curso Seminário: Análise compreensiva do discurso, Programa de Pós-Graduação em Educação. Natal: UFRN.

Silva, R. F. (2006). Compreender a "entrevista compreensiva". *Revista Educação em Questão, 26*(12), 31-50.

Simard, D. (2004). Using diaries to promote metalinguistic reflection among elementary school students. *Language Awareness, 13*(1), 34-48.

Stewart , P & Shamdasani, D., (1998).Focus group research: Exploration and discovery. In L Bickman & D J Rog, (Ed.). *The Handbook of Applied Social Research Methods* (pp.505-526). California: Sage Publications.

Stough, L. (2001). *Using stimulatedrecall in classroom observation and professional development*. Comunicação apresenta no Annual Meeting of the American Educational Research Association: Seattle, WA.

Sumsion, T. (1998), The Delphi technique: An adaptive research tool. *British Journal of Occupational Therapy, 61*(4), 153-156.

Symonds, J. E. (2008). Pupil researchers generation X: Educating pupils as ative participants: An investigation into gathering sensitive information from early adolescents. *Research in Education, 80*(1), 63-74.

Vasquez, A., & Martinez, I. (1996). *La socialización en la escuela: Una perspetiva etnográfica*. Barcelona: Paidós.

Veiga Simão, A. M. (1993). O Resumo: Algumas reflexões. Do pensamento à ação. Algumas ocorrências – O pensamento sobre a ação. In Ata *IV Colloque National de l' AIPELF/ AFIRSE* (pp. 671-697). Lisboa: Universidade de Lisboa.

Veiga Simão, A. M. (2001). A utilização da metodologia de estimulação da recordação na investigação educacional. In A. Estrela & J. Ferreira (Orgs.), *Investigação em educação: Métodos e técnicas* (pp. 107-114). Lisboa: EDUCA.Veiga Simão, A. M. (2002). *A aprendizagem estratégica: Uma aposta na autorregulação*. Lisboa: Desenvolvimento Curricular, Ministério da Educação.

Veiga Simão, A. M. (2011). Making self-regulated learning visible. In A. Bartolomé, P. Bergamin, D. Persico, K. Steffens & J. Underwood (Eds.), *Self-regulated learning in technology enhanced learning environments: Problems and promises* (pp. 3-9). Shaker: Verlag.

Veiga Simão, A. M. (2012). O valor da estimulação da recordação no desenvolvimento de práticas docentes reflexivas. In M. H. Abrahão & L. M. Frison (Orgs), *Práticas docentes e práticas de (auto)formação* (pp. 107-132). EDUFRN, ediPUCRS, EDUNEB, Natal, Porto Alegre, Salvador.

Vikstrom, A. (2008) What is intended, what is realized, and what is learned? Teaching and learning biology in the primary school classroom. *Journal of Science Teacher Education, 19*, 211-233.

Walford, G. (Ed.). (1991). *Doing educational research*. London: Routledge.

Walker, A. M., & Selfe, J. (1996). The Delphi method: A useful tool for the allied health researcher. *British Journal of Therapy and Rehabilitation, 3*(12), 677-681.

Wellington, J. (2000). *Educational research: Contemporary issues and practical approaches*. London: Continuum.

Woods, P. (1979). *The divided school*. London: Routledge.

Yinger, R. J. (1986). Examining thought in action: A theoretical and methodological critique of research on interactive teaching. *Teaching & Teacher Education, 2*(3), 263-282.

Yinger, R. J., & Clark, C. M. (1988). El uso de documentos personales en el estudio del pensamiento del profesor. In L. M. V. Angulo (Ed.), *Conocimiento, creencias y teorías de los profesores* (pp. 175-195). Alcoy: Editorial Marfil.

Yoshida, R. (2008). Perceptions of learners' private speechby teachers and the learners in Japanese language classrooms. *Innovation in Language Learning and Teaching, 2*(3), 268-288.

Zabalza, M. (1994). *Diários de aula: Contributos para o estudo dos dilemas práticos dos professores*. Porto: Porto Editora.

Zabalza, M. A. (1991). *Los diarios de clase: Documento para estudiar cualitativamente los dilemas prácticos de los profesores*. Barcelona: Promociones y Publicaciones Universitarias, S. A.

Zaccarelli, L. M., & Godoy, A. S. (2010). Perspetivas do uso de diários nas pesquisas em organizações. *Cadernos EBAPE.BR, 8*(3), 550-563.

IVª PARTE
PROCEDIMENTOS DE ANÁLISE DE DADOS

A questão da análise de dados é central na investigação. Não basta recolher dados, é preciso saber analisá-los e interpretá-los (não sendo possível fazer uma coisa sem a outra).

Recolhido o material e transcrito (caso tenha sido gravado, o que é mais recomendável para uma análise fidedigna da informação), é a altura de iniciar o processo de análise[74] começando por uma organização sistemática dos dados. Segundo Bogdan e Biklen (1994:225), "a análise envolve o trabalho com os dados, a sua organização, divisão em unidades manipuláveis, síntese, procura de padrões, descoberta de aspetos importantes do que deve ser apreendido e a decisão do que vai ser transmitido aos outros".

A análise e interpretação dos dados podem ser feitas em função de diversas perspetivas e tradições disciplinares: tradição linguística, tradições sociológicas, etc. Como diz Pires (2008:75), "na realidade é muito difícil aos analistas de discursos se aterem a uma só técnica – como é difícil uma só técnica não recorrer a outras técnicas em seus mecanismos de análise – uma vez que todos, para dar coerência ao discurso que retrata a realidade, se utilizam dos mesmos significantes: a língua".

Para além de ser necessário um bom conhecimento destas perspetivas e das técnicas correspondentes de análise, é exigida muita atenção e

---

[74] Note-se que processo de análise já começou na transcrição (sobretudo quando esta é feita pelo próprio investigador). Além disso, com uso de um *software* adequado podemos transcrever/descrever partes, analisar e voltar a transcrever outras partes. Portanto, pode ser um processo dinâmico e não estático como se faria convencionalmente sem apoio de um *software* específico.

muito esforço, contrariando a ideia do senso comum que faz das conclusões e da teorização o resultado de um "processo efémero e místico" (Goetz e LeCompte, 1988:243).

Privilegiaremos neste espaço a técnica de *Análise de Conteúdo* por ser uma técnica flexível e adaptável às estratégias e técnicas de recolha de dados anteriormente apresentadas, no quadro de uma tradição de pendor tendencialmente sociológico (análise social da realidade), e por ser uma técnica que aposta claramente na possibilidade de fazer inferências interpretativas a partir dos conteúdos expressos, uma vez desmembrados em 'categorias[75]', tendo em conta as 'condições de produção' desses mesmos conteúdos, com vista à explicação e compreensão dos mesmos.

Não desenvolveremos aqui outras linhas de análise possíveis, mormente as de pendor linguístico; estas, procurando tirar sentido a partir dos factos da linguagem, supõem 'meios metodológicos mais fortes que a categorização', buscando apoio na semântica estrutural, tal como foi desenvolvida em França por Barthes e por Greimas, nos anos setenta do século XX (cf. Bolívar et al, 2001), o que está fora do nosso alcance e objetivos. Mas, como dissemos já na nossa introdução a este manual, a Análise de Conteúdo consiste numa técnica central, básica mas metódica e exigente, ao dispor das mais diversas orientações analíticas e interpretativas (análise fenomenológica, *grounded theory*, etc.), cuja diferenciação depende sobretudo daquilo que se procura em especial, ou, ainda, dos conteúdos que são privilegiados na análise entre muitos outros disponíveis no acervo dos dados. Nesse sentido, cremos que a introdução a um conjunto de "quadros analíticos" oferecida no capítulo I.2. deste manual, disponibiliza já um conjunto de referenciais teóricos suficientemente amplo para sustentar diversas perspetivas de análise.

---

[75] As categorias, subcategorias, indicadores e outras definições teóricas apresentadas na literatura da especialidade são designadas na maioria dos pacotes de *software* como nós ou sub-nós.

João Amado*, António Pedro Costa** & Nilma Crusoé***
Universidade de Coimbra, *Universidade de Aveiro / Ludomedia**, *Universidade Estadual do Sudoeste da Bahia***.

IV - 1. A TÉCNICA DA ANÁLISE DE CONTEÚDO

O nosso objetivo neste capítulo é proporcionar uma introdução à técnica de *análise de conteúdo* que se insere no conjunto das metodologias de análise de dados na investigação social. Não vamos neste texto muito além do objetivo de "permitir ao 'praticante' servir-se do que é dito", como dizem Ghiglione e Matalon, (1992:180), classificando a informação que colheu através de entrevistas, composições, questionários abertos ou outros documentos escritos. Iremos, paralelamente, efetuar uma breve contextualização da importância que, nos dias de hoje, o *software* de apoio à análise qualitativa confere a esta técnica.

O capítulo está dividido em 5 subcapítulos. No primeiro, *história da técnica e definição do conceito*, para além de uma breve abordagem ao tema, damos informação sobre a origem da metodologia e os seus diferentes usos, como método e como técnica de investigação. No segundo, *análise de conteúdo e desenho da investigação,* elucidamos sobre os diferentes planos de investigação em que a análise de conteúdo pode ser útil. No terceiro, *as fases do processo,* explicitam-se os diferentes passos da análise sistemática de um corpo documental. No quarto, *o processo de codificação,* mostram-se as limitações epistemológicas do processo e chama-se a atenção para o problema do equilíbrio necessário entre a quantificação e a análise qualitativa, reforçando a ideia de que esta análise não seja escamoteada com desrespeito pelos testemunhos vivos e vividos confiados ao investigador. O quinto subcapítulo versa sobre a apresentação e interpretação dos dados.

IV - 1.1. História da técnica e definição do conceito

A história da análise do conteúdo, como método científico, remonta já aos tempos da 1ª Grande Guerra, como instrumento para o estudo da propaganda política nos diversos países, tendo como principal referência dessa época a obra de Harold Lasswell, *Propaganda in the World War*, de 1927. Na 2ª Grande Guerra foi utilizada na análise de jornais, com o intuito de detetar indícios da propaganda nazi nos meios de comunicação norte-americanos, sendo também de sublinhar a obra da responsabilidade coletiva de Lasswell e Leites, intitulada *Linguagem dos Políticos* (1949).

A partir de então, com mais ou menos hesitações de caráter epistemológico e metodológico, a análise do conteúdo tem sido aplicada em muitos campos das ciências humanas, tais como linguística (análise do discurso), antropologia (exame de mitos e lendas), psicanálise e psicologia clínica (análises temáticas dos discursos dos doentes mentais), história (análise sistemática de documentos), etc., tendência esta consagrada e desenvolvida a partir do Congresso de Alberton House, que teve lugar em 1955 (Krippendorff, 1990; Vala, 1986). A necessidade de um congresso dedicado a esta temática fazia-se sentir, devido ao facto de a técnica começar a soçobrar face a críticas e ataques de várias origens. A crítica mais contundente referia-se, em especial, a um dos seus 'defeitos constitutivos', ou seja, "a intervenção do codificador no estabelecimento do sentido do texto" (Ghiglione e Matalon, 1992:180). Contudo, nos nossos dias é rara a investigação que, de modo exclusivo ou combinado com outras técnicas, como meio para a construção de outros instrumentos, ou como metodologia central, não faça dela algum uso.

O conceito de análise de conteúdo tem sofrido uma evolução ao longo dos tempos, caminhando de um sentido mais descritivo e quantitativo, numa primeira fase, para um sentido mais interpretativo, inferencial, em fases posteriores.

Com efeito, a análise de conteúdo, na definição de um dos seus criadores, Berelson (1952, cit. por Krippendorff, 1990:29; cf. Vala, 1986), consiste numa técnica de pesquisa documental que procura 'arrumar' num conjunto de categorias de significação o 'conteúdo manifesto' dos mais diversos tipos de comunicações (protocolo de entrevistas e histórias de vida, documentos de natureza vária, imagens, filmes, propaganda e publicidade). O seu primeiro propósito consiste, pois, em proceder à descrição objetiva, sistemática e, eventualmente quantitativa de tais conteúdos. Pode dizer-se que, nesta perspetiva, ela incide sobre as denotações (o primeiro sentido do discurso) e não sobre as conotações (reflexo dos pontos de vista subjetivos de quem fala ou escreve).

A Osgood (1959, cit. por Vala, 1986), um dos 'históricos' desta técnica (tal como Berelson) se deve o seu impulso rejuvenescedor, em especial, pela tomada de consciência de que a sua função já não é meramente descritiva dos conteúdos manifestos, como se defendia antes, mas é, sobretudo, um processo inferencial, em busca de um significado que está para além do imediatamente apreensível e que espera a oportunidade de ser desocultado.

A definição de Krippendorff, vinda mais tarde, e continuando a sublinhar o papel inferencial da análise de conteúdo avança algo mais, sobretudo relativamente às questões de validação. Com efeito, para este autor estamos diante de "uma técnica de investigação que permite fazer inferências, válidas e replicáveis, dos dados para o seu contexto" (Krippendorff, 1990:28). A replicabilidade surge, assim, como fundamental, e as inferências fazem-se através do estabelecimento de uma relação entre os dados, os 'quadros de referência' da fonte de comunicação (Hogenraad, 1984) e as condições de produção das comunicações em análise (circunstâncias sociais e conjunturais em que o texto foi escrito, variáveis demográficas, marcos biográficos e traços de personalidade do autor, etc.).

Entendemos por 'quadros de referência', as intenções, representações, pressupostos, 'estados de espírito', etc., bem como certas variáveis, como o sexo, a idade, a classe social, o momento histórico (atualizável no momento da investigação), etc., (Holsti, 1969; Bardin, 1979). Como afirma Pires (2008:76), "desconhecer a realidade vivencial e funcional do locutor é perder parte da dimensão do significado daquilo que se fala". As 'condições de produção' de um determinado sentido de uma elocução, por sua vez, 'estão associadas às formas como os indivíduos elaboram suas representações da realidade' (*ibid.*, 77).

A definição de Robert e Bouillaguet (1997:4) parece-nos ser uma das mais abrangentes, englobando as diferentes perspetivas: "A análise de conteúdo *stricto sensu* define-se como uma técnica que possibilita o exame metódico, sistemático, objetivo e, em determinadas ocasiões, quantitativo, do conteúdo de certos textos, com vista a classificar e a interpretar os seus elementos constitutivos e que não são totalmente acessíveis à leitura imediata".

Como sintetiza Vala (1986), a análise de conteúdo tem como finalidade "efetuar inferências, com base numa lógica explicitada, sobre as mensagens cujas características foram inventariadas e sistematizadas" (p. 104). Procurar-se-á, então, ir muito mais longe do que a mera descrição dos 'conteúdos manifestos' e encontrar resposta (Holsti, 1969, cit. por Krippendorff, 1990:47), perante uma determinada mensagem, acerca de:

- *o que* foi dito, *como* se disse e *a quem* se disse? (descrever as características da comunicação atendendo mesmo a aspetos quantitativos);
- *porque* se disse? (formular inferências acerca dos antecedentes e, portanto, acerca do que leva a formular determinada proposição);
- *com que efeito?* (formular inferências quanto aos possíveis efeitos da comunicação).

A dimensão interpretativa é a mais crítica, na medida em que incorre no perigo de cair em "inferências ingénuas ou selvagens" (Vala, 1986:103). Mas, sem a inferência a investigação ficaria a meio caminho, já que registar a quantidade de informações e fazer, em torno delas, os mais variados tipos de cálculos, não é fazer, ainda, um trabalho interpretativo e, muito menos, no quadro das metodologias qualitativas.

Podemos, pois, dizer que o aspeto mais importante da análise de conteúdo é o facto de ela permitir, além de uma rigorosa e objetiva representação dos conteúdos ou elementos das mensagens (discurso, entrevista, texto, artigo, etc.) através da sua codificação e classificação por categorias e subcategorias, o avanço (fecundo, sistemático, verificável e até certo ponto replicável) no sentido da captação do seu sentido pleno (à custa de inferências interpretativas derivadas ou inspiradas nos quadros de referência teóricos do investigador), por zonas menos evidentes constituídas pelo referido 'contexto' ou 'condições' de produção. Julgamos que é este aspeto que permite aplicar criativamente a análise de conteúdo a um leque variado de documentos (comunicações), muito especialmente sobre aqueles que traduzem visões subjetivas do mundo, de modo a que o investigador possa 'assumir' o papel do ator e ver o mundo do lugar dele, como propõe a investigação de cariz interacionista e fenomenológico.

IV - 1.2. Análise de conteúdo e desenho de investigação

No decurso da nossa exposição, poderá perguntar-se: a análise de conteúdo constitui uma *técnica* ou um *método*?

Como diz Lassarre (1978), "para alguns, a análise de conteúdo não é senão um instrumento, uma série de operações destinadas a construir uma 'grelha de análise', cuja finalidade é a 'observação do conteúdo'; para outros investigadores é um método geral de investigação, um estado de espírito, do mesmo modo que a experimentação e a observação participante; neste último caso, a análise cobre processos tão diversos como a elaboração de conceitos e a interpretação de resultados" (p. 167).

Enquanto técnica, deve responder aos critérios habituais a qualquer modo de observação: objetividade, fidelidade e validade. Enquanto método, põem-se problemas de operacionalização das variáveis, amostragem, generalização, etc. Ainda, enquanto método, a análise de conteúdo torna-se um procedimento básico da investigação qualitativa (Bogdan e Biklen, 1994:220), muito especialmente se o objetivo é, mais do que corroborar e ilustrar teorias, procurar desenvolvê-las de raiz, a partir dos dados, o que a aproxima em muito dos objetivos e procedimentos exigidos pelo *grounded theorizing* de Glaser e Strauss (1967).

Atualmente, a utilização de um *software* de apoio a esta técnica/método permite maior rigor e processos de alta complexidade; existem pacotes de *software* como o *NVivo* (www.qsrinternational.com), o Atlas.Ti (www.atlasti.com), o MaxQDA (www.maxqda.com) e, recentemente, alguns que funcionam na *cloud computing*[76], como é exemplo o webQDA (www. webqda.com). Nenhum destes pacotes de *software* condiciona os tipos de dados ou o desenho de investigação que se deseje realizar, deixando o investigador com um controlo total e flexível dos seus dados e da sua análise (Neri de Souza, Costa e Moreira, 2011a; 2011b). No entanto, o uso destes pacotes de *software*, facilitando embora a execução das tarefas mais 'mecânicas', não exclui a necessidade de referenciais teóricos e de todo um conjunto de procedimentos prévios (recorte e categorização) numa sequência de fases pré-estabelecidas que emprestam à técnica o rigor e a profundidade possível, ao mesmo tempo que exigem uma total explicitação de todos os seus passos. Esses passos são guiados pela preocupação de responder a questões variadas, consoante o estudo que pretendamos efetuar: *estudo estrutural* ou *estudo diferencial*.

Vejamos em que consiste cada um destes tipos de estudos.

a) Estudo estrutural: o objetivo destes estudos é o da análise das ocorrências, e a questão central pode ser formulada deste modo: "com *que frequência ocorrem determinados objetos (o que acontece e o que é importante)*"? (Vala, 1986:108). Ou, de outro modo, *"quais as suas características e atributos" (ibid.)*.

Procura-se, pois, pôr em evidência a regularidade dos fenómenos e/ou das suas características (sem relação com variáveis independentes), o que leva à classificação dos objetos em estudo através da *análise taxionómica* sem problemas de operacionalização de variáveis. Os objetivos desta análise podem ser de vária ordem. Num "plano horizontal" (Ghiglione e Matalon, 1992; Vala, 1986), a preocupação poderá ser:

– Descrever e elucidar as características (temas, sub-temas, palavras- -chave, centros de interesse, etc.) das comunicações em análise (entrevista, documentos escritos);

---

[76] *Cloud computing* refere-se à utilização das capacidades, essencialmente, de servidores 'interligados' através da internet. Os pacotes de *software* e aplicações estão instalados nestes servidores.

- Comparar mensagens da mesma fonte emitidas em tempos ou circunstâncias diferentes (por exemplo, discursos da mesma personalidade política em épocas distintas da sua carreira).
- Comparar mensagens da mesma fonte para audiências distintas (por exemplo, narrativas de um incidente disciplinar feitas pelo aluno a um colega e ao diretor de turma);
- Comparar documentos e fontes diferentes (e.g., entrevistas a professores e estagiários sobre um dado tema, ou a professores e encarregados de educação, ou a diversos alunos ou ex-alunos sobre um mesmo professor ou professora comum, etc.). As questões neste caso podem ser como as que sugerem Ghiglione e Matalon (1992:187):
  - "Como colocar cada discurso sob uma forma mais fácil de abordar, de maneira a nele conservar tudo o que é pertinente e nada mais que isso?
  - O que disse cada um a propósito de um ponto particular?
  - Que diferenças e semelhanças existem entre os discursos das pessoas interrogadas?". Por exemplo, entre professores nos mais diversos ciclos da vida profissional.
  - "Que discurso único poderemos obter a partir do conjunto dos discursos individuais recolhidos?" (*ibid.*, 188).

Lembra Vala (1986:105) que em muito destes estudos, o investigador não dispõe de hipótese de partida, mas reúne dados de forma controlada e sistemática que depois organiza e classifica. A análise de conteúdo é a técnica privilegiada para processar o material recolhido.

Para além do estudo das ocorrências, pode haver interesse num estudo avaliativo. Nesse caso a questão será a de saber *"quais as características ou atributos que são associados aos diferentes objetos (o que é avaliado e como)"* (Vala, 1986:108). Trata-se, neste caso, de ter em atenção o modo como a fonte avalia os objetos identificados na mensagem.

b) Estudo diferencial: nestes estudos, o objetivo é estabelecer "as leis das relações entre acontecimentos referenciados nas mensagens e os processos sociais mediatizados pelo indivíduo que as produz" (Osgood, 1959, cit. por Ghiglione e Matalon, 1992:185)[77].

Dito de outro modo, estamos diante da questão clássica em investigação que é a de saber em que medida o fator X influencia o fenómeno Y, ou seja, procura-se analisar as causas e antecedentes de uma mensagem, num plano vertical (Ghiglione e Matalon, 1992). Para chegar aí há que proceder *a análises sistemáticas* que "contrariamente às análises taxionómicas, pressupõem a elaboração de hipóteses, nas quais as variáveis independentes que caracterizam os fatores pré-existentes ao conteúdo, as 'condições de produção' determinam as variáveis dependentes, ou seja, as características deste conteúdo" (Lassarre, 1978). Estas condições de produção podem ser, inclusive, as condições criadas para efetuar um estudo experimental, e em que a variável dependente será "a produção verbal do sujeito" (cf. Vala, 1986:106) nessas mesmas condições experimentais. Como também afirmam Ghiglione e Matalon (1992), neste caso estamos a "evitar a acentuação sobre o indivíduo produtor considerado como uma entidade independente de todos os procedimentos sociais" (p. 185).

IV. 1.3. As fases do processo de análise de conteúdo

Frente às diversas possibilidades no desenho da investigação torna-se, pois, fundamental explicitar em que perspetiva o investigador se propõe avançar na análise e quais os objetivos do estudo (Rodrigues, 2002). Em qualquer uma das modalidades de estudo referidas, os passos da categorização e codificação são relativamente idênticos. Vamos designá-los e ordená-los do seguinte modo, admitindo contudo, na prática, alguma flexibilidade na sequência[78]:

---

[77] Nas palavras de Vala (1986), a questão que se coloca é a de saber: "a que regularidade obedece a associação ou dissociação entre os objetos (a estrutura de relações entre os objetos)" (p. 108), ou entre os objetos e as variáveis contextuais?

[78] Com o uso de um *software* específico é possível que esta sequência seja muito flexível.

- *definição do problema e dos objetivos do trabalho;*
- *explicitação de um quadro de referência teórico;*
- *constituição de um corpus documental;*
- *leitura atenta e ativa;*
- *formulação de hipóteses;*
- *categorização.*

• *Definição do problema e dos objetivos do trabalho*

A variedade possível de problemas de investigação é enorme. Contudo, serão a problemática e os objetivos que condicionarão todas as decisões a tomar posteriormente, quer em aspetos aparentemente marginais ao conteúdo (e.g., ter em conta ou não os erros ortográficos ou sintáticos), quer em aspetos mais relevantes para o seu entendimento (por e.g., considerar determinadas palavras como sinónimas, ter em conta ou não expressões valorativas como "mais" ou "menos", etc.).

• *Explicitação de um quadro de referência teórico*

Este quadro, não ultrapassando na maior parte das ocasiões um breve 'estado da arte', permitirá ao investigador não só questionar os dados, como também avançar com explicações e interpretações dos mesmos. Ensina Krippendorff (1990:36) que "o quadro de referência teórico possui três finalidades: é prescritivo, analítico e metódico. É prescritivo no sentido de que deve guiar a *conceptualização e o desenho da análise* de conteúdo; é analítico no sentido de que deve facilitar o *exame crítico* dos resultados da análise de conteúdo efetuada por outrem; e é metódico no sentido em que deve orientar o *desenvolvimento e o aperfeiçoamento sistemático dos métodos* de análise de conteúdo".

Como quadro de referência teórico podemos considerar teorias restritas e limitadas, ou, pelo contrário, teorias bastante abrangentes (como a psicanálise no âmbito da psicologia, ou o funcionalismo, o interacionismo simbólico, a etnometodologia, etc., no âmbito da psicossociologia), no quadro das ciências sociais. Umas e outras contêm os princípios chave que hão de servir de base à análise e às interpretações do investigador, podendo, inclusive, oferecer sistemas de categorias a usar de um modo mais aberto ou mais fechado, como veremos adiante. Na análise de conteúdo, como em toda a investigação, "é sensato partir de um 'estado' da literatura sobre o tema tratado e fazer realçar a originalidade da problemática adotada, isto é, o ângulo ou ângulos novos sob os quais nos propomos interrogar o objeto" (Robert e Bouillaguet, 1997:24).

- *Constituição de um corpus documental*

São os objetivos que determinam a razoabilidade do tamanho da amostra ou do número de documentos a estudar. Daval (1963:479) preconiza "que seja suficientemente grande a quantidade de textos a analisar". Nem sempre esta exigência, porém, tem de ser satisfeita, como no caso da comparação entre dois documentos apenas, mas com alguma extensão: dois protocolos de entrevista ou de observação naturalista, por exemplo. Aliás, sabemos que o desenho de uma investigação baseada exclusivamente em entrevistas semidiretivas, buscando uma informação com um caráter mais intensivo do que extensivo, em geral oferece 'poucas' entrevistas, mas muito material a analisar.

A construção e a análise de um *corpus* de dados constituem algo de complexo e dinâmico, sendo necessária uma ferramenta que flexibilize este processo. Por exemplo, introduzir novos dados e categorias ao longo das várias fases do processo de análise sem a utilização de um *software* específico, é demasiado árduo, tornando-se, pouco viável na maioria das investigações. O uso de um *software* específico possibilita a memorização, transferência e introdução de novos dados de forma construtiva em relação ao trabalho já realizado.

Os documentos (caso não seja usado um *software* específico de apoio à análise, devem ser identificados com um número ou letra) podem ser *naturais*, se preexistentes em relação à análise (material de arquivo, por exemplo); *provocados* se resultam do próprio processo de investigação (transcrição de entrevistas, composições, perguntas abertas a um questionário, etc.).

Na constituição deste corpo há que ter em conta:

- A *exaustividade* – o que exige um levantamento completo do material suscetível de ser utilizado.
- A *representatividade* – é necessário que os documentos recolhidos sejam o reflexo fiel de um universo maior. Neste caso pode ser pertinente ter em conta critérios estabelecidos pelas teorias da amostragem.
- A *homogeneidade* – os documentos devem referir-se a um tema e possuir outras características semelhantes, tais como, terem sido produzidos com a mesma técnica (e.g., entrevistas), terem finalidades e destinatários idênticos.
- A *adequação* – espera-se que os documentos sejam adequados aos objetivos da pesquisa.

- *Leituras atentas e ativas*

Várias leituras sucessivas, verticais, documento a documento, inicialmente 'flutuantes' [isto é: "leituras em que o espírito hesita entre muitas possibilidades e deve fazer, eventualmente, a triagem entre diferentes inconvenientes" (Robert e Bouillaguet, 1997:25)], mas cada vez mais seguras, minuciosas e decisivas (cumpre o papel destas leituras a transcrição de entrevistas gravadas realizada pelo próprio analista). Serão estas leituras que irão possibilitar uma inventariação dos temas relevantes do conjunto, ideologias do autor ou autores, conceitos mais utilizados, etc. Através delas o analista pode dar conta de um subconjunto de áreas temáticas (e respetivas categorias) que poderão emprestar diversos rumos à análise, sobretudo se o tema inicial for muito abrangente e a recolha de dados se traduzir em grande volume (como acontece, habitualmente numa observação participante ou numa pesquisa baseada em entrevistas semidiretivas). Convém fazer estas leituras sobre cópias (ou novo documento no computador) de modo a se registarem anotações à margem e a se preservar intacto o documento original. Na utilização de um *software* específico os documentos deverão ser importados para o *software* escolhido. Voltaremos a esta primeira análise, mais adiante no texto.

- *Formulação e explicitação prévia de hipóteses*

Esta questão coloca-se, essencialmente, se as hipóteses estiverem na base da codificação – estudos diferenciais. Em estudos estruturais e exploratórios nem sempre há lugar para a explicitação de hipóteses prévias; elas ocorrerão progressivamente ao longo da análise. Contudo, implícita ou explicitamente, as hipóteses (ou conjeturas) estarão sempre na base das decisões que se vão tomando ao longo do processo; estarão, logo à partida, no estabelecimento do desenho da investigação, no estabelecimento (ou não) de variáveis a ter em conta, na constituição e intencionalidade da amostra e da natureza do corpo documental, no tipo de categorias que se decide procurar, etc. Isto mesmo dizem Ghiglione e Matalon (1992) nos seguintes termos: "assim, por exemplo, codificar as palavras em função da frequência com que aparecem no texto poderá parecer uma mera operação neutra. De facto, por detrás deste ato existe um certo número de hipóteses implícitas ou explícitas, sobre o significado a atribuir à frequência das palavras (...). Uma coisa que é dita muitas vezes é importante para a pessoa que a disse; assim sendo, postulamos implicitamente que a frequência com que aparece uma palavra conota-a com o sentido particular ligado ao emissor" (p.189).

- *Categorização*

Consiste no "processo pelo qual os dados brutos são transformados e agregados em unidades que permitem uma descrição exata das características relevantes do conteúdo" (Holsti, 1969, cit. por Bardin, 1979:103). É evidente que se tem de definir, com antecedência, o que vamos considerar como as características relevantes do conteúdo. Para isso deve servir o quadro de referência teórico e há que precisar e descrever todos os critérios que estiverem na base da operação. Com efeito, todo "o método de análise de conteúdo se apoia sobre tais critérios de pertinência, havendo evidentemente vantagem em explicitá-los" (Ghiglione e Matalon, 1992:187).

IV - 1.4. O processo de categorização

O primeiro grande objetivo da análise de conteúdo é o de organizar os conteúdos de um conjunto de mensagens num sistema de categorias que traduzam as ideias-chave veiculadas pela documentação em análise. Para isso, há que começar por espartilhar os textos nas unidades de sentido que se considerarem pertinentes em função das características do material a estudar, dos objetivos do estudo, e das hipóteses formuladas (caso as haja).

Seguidamente atribui-se um código a cada uma dessas unidades, correspondente ao sentido que se lhe atribui e que, ao mesmo tempo, traduz uma das categorias (ou subcategorias) do sistema. Terminada a codificação aproximam-se e confrontam-se as unidades de registo a que se atribuiu o mesmo código

No caso do uso de um *software* específico não é necessário atribuir código (alfanumérico), porque a própria designação do nó (categoria ou subcategoria) funciona como código e o sistema efetua a indexação internamente de acordo com as opções do investigador/utilizador.

Só a partir da codificação se poderá passar ao segundo grande objetivo da análise de conteúdo que é a de elaborar um texto que traduza os traços comuns e os traços diferentes das diversas mensagens analisadas e que, a partir daí, avance na interpretação e na eventual teorização. Tudo isto, porém, terá de ser feito num conjunto de fases que devem obedecer a alguma ordem e sistematicidade.

IV - 1.4.1. Fase preliminar à categorização

a) Opção pelo tipo de procedimento: fechado, aberto, ou misto. Antes, propriamente, dos procedimentos de categorização e da codificação que a acompanha, há que decidir por um procedimento. No primeiro caso – procedimento *fechado* –, opta-se por um *sistema de categorias* prévio, *a priori*, que se prende com o enquadramento teórico e com a revisão bibliográfica previamente obtida; no segundo caso – procedimento *aberto* –

a opção é de construir um *sistema de categorias* puramente induzido a partir da análise, ainda que subordinado ao *background* teórico do investigador. A interpretação exigida para uma categorização válida será tanto mais penetrante quanto mais o intérprete estiver teoricamente apetrechado para interrogar os dados; com efeito os dados pouco ou nada dizem se o investigador não os souber interrogar. O procedimento pode, ainda, ser *misto* quando o investigador combina sistemas de categorias prévias com categorias que ele próprio cria indutivamente a partir dos dados, numa mistura dos dois procedimentos anteriores.

As consequências desta opção são várias. Segundo Ghiglione e Matalon (1992:190), "se face a um problema específico, o investigador não pode fazer apelo a categorias tipo de análise, inerentes ao campo no qual se situa o problema, e se, por consequência, ele constrói as suas próprias categorias, é grande o risco de não se poder comparar os resultados obtidos por A sobre um problema *a*, com os resultados obtidos por B sobre um problema *b*, próximo de *a*". Estes autores (*ibid.*, 199) apontam e descrevem cinco modalidades de categorias a utilizar em procedimentos fechados (psicológicas, psicolinguísticas, psicossociológicas, linguísticas e documentais) e remetemos os interessados para essas páginas.

No entanto, se se partir apenas de um quadro de referências teórico, sem categorias prévias, num procedimento aberto, o analista, através de sucessivos ensaios tem possibilidade de chegar a "estabelecer um plano de categorias que releva simultaneamente da sua problemática teórica e das características concretas dos materiais em análise. Neste caso, as referências teóricas do investigador orientam a primeira exploração do material, mas este, por sua vez, pode contribuir para a reformulação ou alargamento das hipóteses e das problemáticas a estudar" (Vala, 1986:112).

b) Determinação das unidades de contexto, registo e contagem. Há, também, que tomar algumas decisões em torno da determinação do que deve considerar-se unidade de contexto, unidade de registo e unidade de contagem ou enumeração. Vejamos em que consiste determinar estas unidades:

Determinar a unidade de contexto – Trata-se de decidir qual é a extensão dos documentos dentro da qual se vai apreender o significado exato da unidade de registo, sem que se deixem de revelar as opiniões, atitudes e preocupações dos seus autores. Numa entrevista, ou num questionário aberto, a unidade de contexto pode ser a questão colocada, e nesse caso, a análise será feita em função dessa questão – o que é mais fácil no caso das entrevistas diretivas ou tendencialmente nesse sentido. No caso das entrevistas semidiretivas, o critério da pergunta como definidora do contexto não será tão facilmente aplicável, embora seja possível depois de uma fase de arrumação das respostas, que podem estar dispersas ao longo da transcrição com várias páginas, em função das perguntas. Num corpo documental constituído por pequenos documentos homogéneos, do género 'composições' subordinadas a uma temática comum (por exemplo, 'se eu fosse professor...'), incidentes críticos registados com o mesmo critério e finalidades (por exemplo, registos detalhados de incidentes disciplinares), etc., o contexto será cada um desses mesmos documentos. Segundo Ghiglione e Matalon (1992), a unidade de contexto "será o mais estreito segmento de conteúdo ao qual nos devemos referir para compreender a unidade de registo (parágrafo, por exemplo)" (p. 193).

Determinar as unidades de registo ou de significação – Ghiglione e Matalon (1992) designam a *unidade de registo* como "o segmento de conteúdo mínimo que é tomado em atenção pela análise (frase, por exemplo)" (*ibid.*). Vala (1986) considera-a como "o segmento determinado de conteúdo que se caracteriza colocando-o numa dada categoria" (p. 114).

A pergunta básica para esta determinação da unidade de registo é: *'que tipo de categorias pretendo elaborar?'*. Os objetivos da investigação dão-nos as primeiras orientações para a análise: vamos à procura de representações, da expressão de valores (bem/mal; justo/injusto; feliz/infeliz) e de atitudes (políticas, religiosas), de comportamentos (estratégias de ensino, estratégias de disciplinação), de tipos de comunicação (retórica, propaganda)? Estamos interessados em apreciações e valorizações da fonte relativamente a certos conteúdos: aprovação/reprovação; otimismo/pessimismo; afirmação/negação? (Marconi, 1988). A partir daí decide-se procurar e recortar a mais pequena parcela da comunicação com um sentido próprio, em função dos objetivos do trabalho e, por consequência, também do material a analisar.

As unidades de registo têm sido objeto de várias classificações, sempre arbitrárias. Ghiglione e Matalon (1992:193) falam de unidades 'semânticas, linguísticas e psicológicas'. Independentemente dessas classificações, consideraremos que a unidade pode ser, pelo menos, uma *palavra*, uma *proposição* (leitura literal), um *tema* (leitura interpretativa), ou um *acontecimento* (incidente crítico).

Quanto à *palavra*, podem ser todas as palavras de um texto, certas palavras-chave, ou certas categorias como verbos, substantivos, adjetivos, etc. Entre os objetivos para uma análise das *palavras* podemos destacar: estabelecer a relação entre objetivos e adjetivos numa determinada mensagem; identificar as palavras mais frequentes num dado corpo documental (por exemplo, um corpo documental produzido por uma população com determinadas características, como esquizofrénicos, alcoólicos em várias fases da sua recuperação, etc.; a frequência de determinadas palavras emitidas pela mesma fonte em discursos de épocas diferentes.

Os pacotes de *software* supracitados na secção IV 1.2. já permitem efetuar a pesquisa de palavras mais frequentes e a pesquisa de texto de todo o *corpus* de dados ou apenas parte dele. Enquanto a pesquisa das palavras mais frequentes procura todas as palavras mais repetidas no texto, a pesquisa de texto pode ser feita por palavras, conjunto de palavras ou expressões. Assim, para além dos tratamentos estatísticos, é possível, a partir do seu resultado, criar novas categorias. Alguns pacotes de *software* também permitem a pesquisa de texto usando para isso operadores booleanos "e", "ou" e "não". Desta forma, o investigador tem possibilidade de filtrar os documentos que não se enquadram em determinados critérios.

Por *proposição* (ou ideia), de acordo com D'Unrug (1974, cit. por Estrela, 1974:467) "uma afirmação, uma declaração, um juízo (ou uma interrogação ou negação), em suma, uma frase ou um elemento de frase que, tal como a proposição lógica, estabelece uma relação entre dois ou mais termos".

Os *temas* são unidades de dimensões imprecisas, uma vez que consistem em realidades de ordem semântica (há uma operação de conferição de sentido) e não linguística (Ghiglione e Matalon, 1992; Erickson, 1989), o que cria algumas dificuldades no seu recorte e delimitação. Como dizem Ghiglione e Matalon (1992:212), "a sua prática consiste em isolar os temas presentes num texto com o objetivo de, por um lado, o reduzir a proporções utilizáveis e, por outro lado, permitir a sua comparação com outros textos tratados da mesma maneira". No recorte do tema cabem, geralmente, várias proposições de natureza desigual – principais, umas, e secundárias, outras, sendo estas últimas especificações daquelas. Teremos, assim, em torno do mesmo tema, referências a práticas, atitudes e valores, comportamentos, perspetivas, fatores ou causas, consequências, etc. No caso de cada tema ser muito amplo, quer na quantidade de material quer na diversidade de referências, ele deverá constituir-se numa área temática, entre outras áreas temáticas do conjunto, e que virá a ser depois subdividida em categorias e subcategorias.

Os incidentes críticos são os registos feitos a partir da observação (nas situações, nos registos vídeo) ou de entrevista (registo retrospetivo), de atividades humanas observáveis, factos pontuais mas de tal forma completos e 'marcantes' que através deles "se possam fazer induções ou previsões sobre o indivíduo que realiza a ação" (Flanagan, 1954, cit. por Estrela e Estrela, 1978:13). No discurso sobre a prática docente na aula, por exemplo, estes incidentes podem reportar-se ao modo como o professor cumprimenta os alunos, ao modo como corrige os seus erros ao expressarem uma resposta, como admoesta e censura comportamentos, etc., etc. (cf. cap. III-2.2.).

A partir da determinação do que hão de ser as unidades de registo (UR) fica-se apto a avançar nos procedimentos de codificação, captando o sentido de cada unidade. Na realidade, o ato de codificar constitui uma operação sobre o sentido efetuado pelo codificador" (Ghiglione e Matalon, 1992:189).

Determinar a unidade de enumeração ou contagem – Consiste em definir os critérios que determinam *o que* contar, (como, por exemplo, a presença e a frequência com que se registam certas unidades de registo, sendo significativa, também, a sua ausência), e *o como* contar (todas as vezes que a mesma unidade aparece no mesmo contexto/ texto, ou uma só, ainda que apareça com frequência?).

É evidente que, tal como nas fases anteriores, todo este processo depende de decisões que têm a ver com o plano e objetivos da investigação. Voltaremos a este tema a propósito da análise estatística.

IV – 1.4.2. Os procedimentos de recorte, codificação e reagrupamento

Se existir um *sistema de categorias* prévio, as leituras iniciais (incluindo a audição e transcrição das entrevistas) oferecem uma primeira ideia da distribuição dos conteúdos (e suas unidades de registo) pelas diversas categorias. Se o processo, porém, for completamente indutivo e se o corpo documental for constituído por entrevistas (realizadas pelo ou sob orientação do analista), torna-se possível fazer o esboço preliminar de um mapa conceptual das áreas temáticas e do *sistema de categorias*, a partir do guião da entrevista e seus blocos temáticos e, ainda, das leituras prévias (por exemplo, na própria transcrição das entrevistas).

Com efeito, a partir destas duas fontes, antes de começar a análise, o analista deverá reflectir sobre o tipo de informação que procurava ao fazer as entrevistas, e listar os temas e subtemas que lhe ocorrem, emprestando-lhes uma hierarquia possível. Trata-se de uma primeira orientação para a leitura e para o recorte do material, mantendo-se, porém, numa postura aberta aos necessários acrescentos e refinamentos que as novas e subsequentes leituras impuserem.

Feito este exercício, poderá, então, partir-se para uma análise directa sobre o corpo documental. Quando a quantidade de documentos é grande aconselha-se a que se prossiga o trabalho apenas sobre uma amostra representativa dos documentos, até se chegar a um *sistema de categorias* que pareça satisfatório. Na posse deste sistema de categorias prévio, será mais fácil analisar todo o corpo documental (reinsere-se a amostra) sem, contudo, deixar de parte os constantes aperfeiçoamentos e acrescentos.

Bardin (1979) resume o processo de categorização como "uma operação de classificação de elementos constitutivos de um conjunto, por diferenciação e, seguidamente, por reagrupamento segundo o género (analogia) *com os critérios previamente definidos*" (p. 117). Destes critérios fazem parte as decisões que explicitámos como próprias da fase preliminar (decisão sobre as unidades e a redefinição de cada categoria, se elas já existirem previamente). Temos, portanto, dois processos fundamentais:

- o *recorte e diferenciação vertical*, documento a documento;
- o *reagrupamento e comparação horizontal* dos recortes feitos na fase anterior, isto é, aproximação e confrontação dos recortes de sentido semelhante provenientes de todos os documentos que constituem o corpo (ou, provisoriamente, de uma amostra).

- *Recorte e diferenciação vertical*

A retoma do trabalho, depois das leituras exploratórias, consiste num processo de *recorte e diferenciação vertical,* a executar sobre todos os documentos, ou, inicialmente, sobre uma amostra dos mesmos, como ficou dito acima. Trata-se do esquartejamento do texto de que falámos na introdução a esta alínea. Como diz Pais (1993:86) "se é verdade que toda a lógica de discurso, todo o contínuo da fala detém uma espécie de força de segurança que deriva do seu próprio encadeamento discursivo, também é certo que a análise de conteúdo é o estilhaçar dessa unidade encadeada; é um desvendar de sentido mas ao mesmo tempo um despedaçar desse mesmo sentido; é uma sequência de fragmentos cortados, o esquartejamento de uma unidade de sentido que dá lugar, sub-repticiamente, a outros sentidos (interpretativos)".

Esta operação não pretende, pois, ficar aqui; o seu objetivo é o de, no processo seguinte, através de um novo agrupamento das unidades agora separadas, se descortinarem outros sentidos não visíveis até ao momento.

Usando, por exemplo, o processador de texto *Word* (não confundir com o uso de *software* específico), esta tarefa pode consistir em fragmentar em sucessivos recortes, (parágrafos, quando a análise é proposicional ou temática), os documentos (o que designamos por *fase 1 da análise).* Cada parágrafo, depois de considerarmos o processo terminado, consistirá numa UR (se optarmos por não sair desta fase sem uma análise muito fina e detalhada), ou num tema mais ou menos abrangente (se adiarmos a análise mais detalhada para uma fase posterior).

Neste caso, ainda, convém que no início ou final de cada recorte (UR ou tema prévio) fique registado um código (numérico ou outro) que identifique o documento em causa. Tratando-se de um pequeno número de entrevistas, pode dar-se uma cor diferenciada a cada uma delas, de modo a que na matriz final possamos reconhecer e diferenciar os autores de cada UR (– no exemplo que damos no quadro nº 7 o código desta entrevista, num conjunto de 6 é a letra A que colocamos no fim de todos os recortes). Por outro lado, no início de cada recorte deve colocar-se ou o código da categoria em que inserimos este fragmento (para o caso das categorias *a priori* e previamente codificadas com letras ou números), ou, se o processo ainda é de criação das categorias por indução, há que colocar uma palavra ou uma expressão que traduza o sentido geral de cada recorte. Claro que este sentido começa a ser ditado pelos interesses e pelo património e referencial teórico do investigador, capaz de ver o que 'aparentemente' não está lá (por exemplo, regras para determinados procedimentos ou práticas, motivações e valorizações, conflitos de poder, preconceitos, etc.).

Até ao final da análise da amostra (caso se tenha optado por esse processo), à medida que se vai avançando, estas expressões-chave vão-se aperfeiçoando e aplicando uniformemente a todo o material recortado com o mesmo sentido, o que implica muita atenção e sucessivas revisões do processo, voltando às entrevistas já trabalhadas para reformular as designações ou para fazer novos recortes. Nesse processo afinam-se também os critérios de recorte. Note-se que as análises verticais podem constituir uma espécie de objetivo final, quando se está interessado em estudar cada sujeito separadamente (por exemplo, nas entrevistas biográficas).

A construção e a análise de um *corpus* de dados constituem-se como um processo complexo e dinâmico, sendo necessária uma ferramenta que flexibilize estes processos. Por exemplo, introduzir novos dados e categorias ao longo das várias fases do processo de análise sem a utilização de um *software* específico, é demasiado árduo, tornando-se, pouco viável na maioria das investigações. O uso de um *software* específico possibilita a memorização, transferência e introdução de novos dados de forma construtiva em relação ao trabalho já realizado.

Interessa realçar na utilização de *software* específico que o investigador não necessita de atribuir um código (numérico ou outro) para identificar os documentos. Sempre que o investigador codifica um recorte em determinada categoria é possível a qualquer momento editar, visualizar, interligar e organizar documentos. Além disso, o processo de criar categorias, codificar, controlar, filtrar, fazer pesquisas e 'questionar' os dados, com o objetivo de responder às suas questões de investigação, são exemplos de funcionalidades existentes na maioria dos pacotes de *software* de apoio à análise qualitativa.

Do ponto de vista tecnológico, podemos contar com gravadores áudio e câmaras digitais que facilitam o trabalho de recolha de dados. Temos também computadores com os mais diversos pacotes de *software* que nos ajudam a organizar, transcrever, ordenar e categorizar os dados, visando uma análise mais profunda e diversificada. No entanto, apesar da evolução técnica, o uso de um *software* específico não dispensa um investigador criterioso, crítico e questionador para encontrar respostas para os diversos problemas e questões de investigação (Neri de Souza, Costa e Moreira, 2011a, 2011b).

No seguinte exemplo (quadro nº. 7), que consiste num excerto de entrevista a uma professora, ilustramos o que entendemos por recorte vertical, da fase 1 da análise, com a interpretação que fazemos de cada recorte explicitada em maiúsculas.

Quadro nº. 7 - Exemplo de recorte vertical de uma entrevista

ATRIBUIÇÃO CAUSAL DO INSUCESSSO /DIFICULDADES DOS ALUNOS: Entrevistador: É uma turma com bons resultados? Homogénea? Resposta: Não! É uma turma bastante fraquinha a nível de resultados, os resultados não são o seu ponto forte (*fica pensativa*) <u>... talvez porque o ano passado tiveram um ano bastante atribulado</u>... (A)

MOTIVAÇÃO PARA A DOCÊNCIA: gosto muito de dar aulas, principalmente aos 3º e 4º ano, ... (A)

CARACTERÍSTICAS DA TURMA – CLIMA DISCIPLINAR: por isso sempre que posso tento escolher um destes anos, mas este ano eu nem queria acreditar no que me estava a acontecer (*sorri*). <u>Quando peguei nesta turma eles estavam como se dum 1º ano se tratasse, sem regras, sem bons comportamentos, completamente a viverem cada um por si</u> e eu vou tentando a pouco e pouco mudar um pouco isso (*sorri novamente enquanto calmamente tenta acalmar o aluno autista que não para de berrar*). (A)

CARACTERÍSTICAS DA TURMA – APROVEITAMENTO ESCOLAR: <u>Tirando quatro alunos que são bons alunos, que têm bons resultados, o restante é muito fraquinho.</u> ... (A)

GESTÃO DA AULA - FACE AOS PROBLEMAS DE INSUCESSO E INDISCIPLINA DA TURMA: Quando peguei nesta turma eles estavam como se dum 1º ano se tratasse, sem regras, sem bons comportamentos, completamente a viverem cada um por si e eu <u>e eu vou tentando a pouco e pouco mudar um pouco isso</u> (*sorri novamente enquanto calmamente tenta acalmar o aluno autista que não para de berrar*). Tirando quatro alunos que são bons alunos, que têm bons resultados, o restante é muito fraquinho. ... (A)

CARACTERÍSTICAS DA TURMA - RELAÇÕES SOCIAIS NA TURMA: Entrevistador: Que tipo de relações sociais se encontram na turma? É uma turma cooperativa só dentro da sala de aula ou também fora desta? Resposta: Nem tudo pode ser mau, não é!? (*sorri bastante*). Nesse aspeto tive sorte com a turma que tenho. <u>Eles são muito amigos quer dentro das salas, quer fora. Mesmo com este aluno autista que só veio em outubro eles foram impecáveis.</u> Aceitaram logo desde sempre muito bem, ajudam-nos quando é preciso, e neste momento já se conseguem abstrair de todo este barulho que muitas das vezes ele faz. ... (A)

CARACTERÍSTICAS DA TURMA - RELAÇÕES SOCIAIS NA TURMA: Entrevistador: Existe algum tipo de isolamento por parte de algum aluno no recreio? Porquê? Resposta: Que eu tenha notado, não. Pode por vezes existir algum isolamento de um ou outro, mas porque parte deles mesmos e não dos colegas. ... (A)

GESTÃO DA AULA – PLANIFICAÇÃO EM COLABORAÇÃO COM COLEGA: Entrevistador: De que forma prepara as suas aulas? Resposta: Planifico as minhas aulas com o colega do 3º B, fazemos um trabalho conjunto em termos de fichas, avaliações, etc. ... (A)

GESTÃO DA AULA – RECURSO AO COMPUTADO: Entrevistador: Quais as metodologias, atividades e materiais que mais recorre na sala de aula? Resposta: Utilizo bastante o computador, sempre que posso. ... (A)

Entenda-se que os títulos atribuídos a cada recorte são ditados pela interpretação do conteúdo, mas, ao mesmo tempo, eles decorrem dos objetivos e dos temas dos diferentes blocos presentes no guião da entrevista. Uma vez que ao recortar estamos a interpretar, Crusoé (2009), numa tentativa de combinar os procedimentos da análise de conteúdo aqui expostos com os da *entrevista compreensiva* (proposta por Kaufman, 1996), sugere que se vão acrescentando, de forma diferenciada do texto em análise – por exemplo, sublinhando a cores, ou dando outro tipo de letra – notas e autores que poderão vir a ser úteis numa fase mais interpretativa da investigação.

- *Reagrupamento e comparação horizontal*

Uma vez realizadas as leituras verticais, documento a documento, pode passar-se às leituras horizontais que permitem a 'comparação constante' das unidades de significação (palavra, proposição, tema ou incidente) com sentido igual ou próximo entre os diversos documentos (o seu *reagrupamento*). Na prática, e se se trabalhar em computador (note-se, sem *software* específico), consiste em copiar todos os documentos da fase anterior (fase 1) num documento único e, depois da colagem, colocar tudo sob a função de 'ordenar parágrafos'. Antes, porém, de avançar nesta ordenação há que eliminar todos os parágrafos do texto que não correspondam a um dos recortes feitos na fase anterior (repare-se que isso já foi feito no exemplo do quadro nº. 7); caso contrário, a ordem que se pretende obter virá alterada automaticamente. Na tabela da página seguinte verificamos que os recortes de duas entrevistas (a A e a B, mas poderiam ser os recortes das seis entrevistas do estudo) já se encontram lado a lado, 'codificados' de forma semelhante e apresentados em ordem alfabética.

Podemos, pois, dizer que esta *fase 2 da análise* (cf. quadro nº 8), se os procedimentos anteriores estiverem corretos, permite:

- ordenar todos os parágrafos por ordem numérica ou alfabética, dependendo do tipo de código usado na fase 1. Antes de dar por terminada a tarefa há que verificar se todos os parágrafos se iniciam por expressões ou palavras-chave colocadas na fase anterior, ou pelos códigos da categoria pretendida. Há que verificar, ainda, se todos os parágrafos possuem o código (ou a cor) que identifique a sua origem (com um *software* específico este procedimento não é necessário).

- comparar as unidades de registo (palavra, proposição, tema, incidente), com sentido igual ou próximo e proveniente dos diversos documentos sujeitos à análise (e sempre devidamente identificados no final de cada recorte). Quando as UR são temas (caso do registo), podemos dizer com Ghiglione e Matalon (1992), que "a análise horizontal trata cada um dos temas, salientando as diferentes formas sob as quais ele aparece nas pessoas inquiridas" (p. 225).

Quadro nº.8 - Reagrupamento e comparação horizontal de unidades de registo

---

ATRIBUIÇÃO CAUSAL DO INSUCESSSO /DIFICULDADES DOS ALUNOS: Entrevistador: É uma turma com bons resultados? Homogénea? Resposta: Não! É uma turma bastante fraquinha a nível de resultados, os resultados não são o seu ponto forte (*fica pensativa*) ... talvez porque o ano passado tiveram um ano bastante atribulado... (A).

ATRIBUIÇÃO CAUSAL DO SUCESSO DOS ALUNOS Também já estou com eles desde o 1º ano, este é o 3º ano e por isso tenho vindo a desenvolver um trabalho com eles bastante gratificante, quer para eles quer para mim (B)

CARACTERÍSTICAS DA TURMA - RELAÇÕES SOCIAIS NA TURMA: Entrevistador: Existe algum tipo de isolamento por parte de algum aluno no recreio? Porquê? Resposta: Que eu tenha notado, não. Pode por vezes existir algum isolamento de um ou outro, mas porque parte deles mesmos e não dos colegas. ... (A)

CARACTERÍSTICAS DA TURMA - RELAÇÕES SOCIAIS NA TURMA: Entrevistador: Que tipo de relações sociais se encontram na turma? È uma turma cooperativa só dentro da sala de aula ou também fora desta? Resposta: Nem tudo pode ser mau, não é!? (*sorri bastante*). Nesse aspeto tive sorte com a turma que tenho. Eles são muito amigos quer dentro das salas, quer fora. Mesmo com este aluno autista que só veio em outubro eles foram impecáveis. Aceitaram logo desde sempre muito bem, ajudam-nos quando é preciso, e neste momento já se conseguem abstrair de todo este barulho que muitas das vezes ele faz. ... (A)

CARACTERÍSTICAS DA TURMA - RELAÇÕES SOCIAIS NA TURMA: Entrevistador: Que tipo de relações sociais se encontram na turma? É uma turma cooperativa só dentro da sala de aula ou também fora desta? Resposta: É uma turma muito amiga do seu amigo dentro da turma, fora dela também se relacionam bem, mas é mais um grupinho que já veio do infantário. Esse grupo dá-se muito bem e andam sempre todos muito juntinhos no recreio. Entrevistador: Existe algum tipo de isolamento por parte de algum aluno no recreio? Porquê? Resposta: Não, nenhum deles. Pelo menos até agora (*sorri*) (B)

CARACTERÍSTICAS DA TURMA – APROVEITAMENTO ESCOLAR: Entrevistador: Quantos alunos tem a turma a que leciona? Resposta: Tem 22 alunos, é uma turma grande. Entrevistador: É uma turma com bons resultados? Homogénea? Resposta: Sim... (*pensa*) ... tirando um ou outro que se mostra com mais dificuldades a matemática, <u>é uma turma bastante boa a nível de resultados</u> (B).

CARACTERÍSTICAS DA TURMA – CLIMA DISCIPLINAR: por isso sempre que posso tento escolher um destes anos, mas este ano eu nem queria acreditar no que me estava a acontecer (*sorri*). <u>Quando peguei nesta turma eles estavam como se dum 1º ano se tratasse, sem regras, sem bons comportamentos, completamente a viverem cada um por si</u> e eu vou tentando a pouco e pouco mudar um pouco isso (sorri novamente enquanto calmamente tenta acalmar o aluno autista que não para de berrar). (A)

CARACTERÍSTICAS DA TURMA – APROVEITAMENTO ESCOLAR: <u>Tirando quatro alunos que são bons alunos, que têm bons resultados, o restante é muito fraquinho.</u> ... (A)

MOTIVAÇÃO PARA A DOCÊNCIA: gosto muito de dar aulas, principalmente aos 3º e 4º ano, ... (A).

GESTÃO DA AULA - FACE AOS PROBLEMAS DE INSUCESSO E INDISCIPLINA DA TURMA: Quando peguei nesta turma eles estavam como se dum 1º ano se tratasse, sem regras, sem bons comportamentos, completamente a viverem cada um por si e eu <u>e eu vou tentando a pouco e pouco mudar um pouco isso</u> (sorri novamente enquanto calmamente tenta acalmar o aluno autista que não para de berrar). Tirando quatro alunos que são bons alunos, que têm bons resultados, o restante é muito fraquinho. ... (A)

GESTÃO DA AULA – PLANIFICAÇÃO EM COLABORAÇÃO COM COLEGAS: Entrevistador: De que forma prepara as suas aulas? Resposta: Planifico as minhas aulas com o colega do 3º B, fazemos um trabalho conjunto em termos de fichas, avaliações, etc. ... (A)

GESTÃO DA AULA – PLANIFICAÇÃO EM COLABORAÇÃO COM COLEGAS: Entrevistador: De que forma prepara as suas aulas? Resposta: <u>Faço as planificações e preparo os materiais</u> todos os dias à noite, não é?! Não há só o trabalho da escola, mas todo o trabalho que depois se faz em casa também. <u>Converso com os meus colegas do 3º ano, reunimos todas as semanas para podermos andar todos mais ou menos na mesma</u> sintonia.(B)

GESTÃO DA AULA – RECURSO A MÉTODOS TRADICIONAIS: Entrevistador: Quais as metodologias, atividades e materiais que mais recorre na sala de aula? Resposta: Olhe, <u>eu gosto muito de lhes dar a aula ainda um pouco à moda antiga.</u> (B).

- *Reelaboração do mapa conceptual e esboço da matriz*

Supondo que se trabalhou até aqui sobre uma pequena amostra dos documentos a analisar, é a altura de rever, reformular e aperfeiçoar o mapa conceptual que esteve subjacente ao trabalho das fases anteriores. Não convém avançar sem que se definam e hierarquizem os temas (desde logo centrais a partir do guião da entrevista), as possíveis categorias e as subcategorias ditadas pelos conteúdos e em que os referidos temas se subdividem. Assim, como mero exemplo, poderíamos organizar as expressões identificadoras dos registos do quadro nº 8 no formato proposto no quadro nº 9.

Quadro n°.9 - Exemplo de um mapa concetual

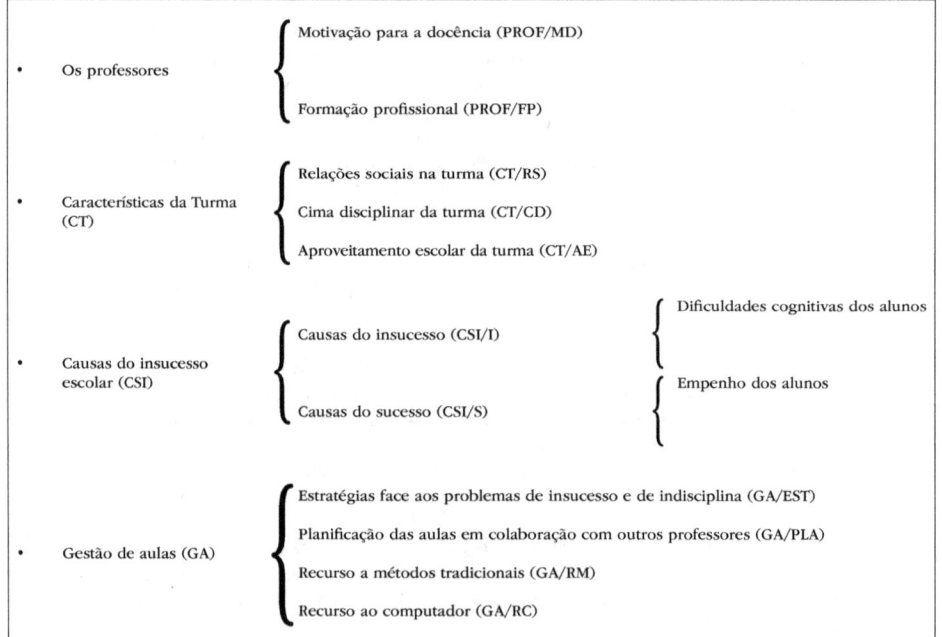

O mapa de conceitos proposto no quadro n° 9:

– não é uma mera lista dos "rótulos" atribuídos aos recortes obtidos nas fases anteriores; antes, servirá de guia para renomear (se

necessário e com mais sentido) e para organizar hierarquicamente (em árvore) os recortes da fase 1 e 2;
- será o primeiro esboço do *sistema de categorias* e subcategorias que se pretende construir;
- servirá de guia para desenhar e construir a matriz, por tentativas. Na realidade, o mapa conceptual acabará por se confundir com os conceitos que formam as colunas base da matriz: categorias e subcategorias (e eventualmente alguns indicadores). A estas colunas acrescentam-se outras duas colunas em aberto, respetivamente para os indicadores e para as unidades de registo[79]; é a altura, então, de se transporem as unidades de registo para a coluna correspondente (a do lado direito). Retomando o exemplo anterior, a matriz teria uma configuração semelhante à que se pode ver no quadro n° 10.
- servirá de base para avançar no recorte dos restantes documentos. Neste caso, as designações poderão ser substituídas por um código (as letras entre parêntesis), de modo a tornar mais fácil o processamento dos dados;

Tudos estes pontos estão exemplificados no quadro n° 10:

---

[79] Seguimos o modelo proposto por Albano Estrela (Estrela, 1984: 467-469). Poderíamos acrescentar ainda diversas colunas para contagem da frequência dos indicadores, ou das unidades de registo com base na decisão prévia acerca das unidades de contagem. Por exemplo, pode ser importante saber quantos registos foram obtidos por categoria e, ainda, em função de variáveis eventualmente a ter em conta, como quantos foram emitidos por entrevistados do sexo feminino ou do sexo masculino. Mas, a decisão de incluir, ou não, mais colunas na matriz (sobretudo as que remetem para a quantificação de frequências) depende dos objetivos do investigador e da riqueza que essa informação mais quantitativa possa trazer ao estudo em questão.

Quadro nº.10 - Exemplo de matriz

Categorias	Sub-categorias	Indicadores	Unidades de registo	Quant.
Os professores	Motivação para a docência	O professor gosta de dar aulas	Gosto muito de dar aulas, principalmente aos 3º e 4º ano, ... (A)	
	Formação			
Características da turma	Relações sociais na turma	Em geral não há alunos isolados (A e B)	Que eu tenha notado, não. Pode por vezes existir algum isolamento de um ou outro, mas porque parte deles mesmos e não dos colegas._ ... (A) Não, nenhum deles. Pelo menos até agora. (sorri) .(B)	
		São amigos (A e B) e integraram um autista (turma A)	- Nem tudo pode ser mau, não é!? (sorri bastante). Nesse aspeto tive sorte com a turma que tenho. Eles são muito amigos quer dentro das salas, quer fora. Mesmo com este aluno autista que só veio em outubro eles foram impecáveis. Aceitaram logo desde sempre muito bem, ajudam-nos quando é preciso, e neste momento já se conseguem abstrair de todo este barulho que muitas das vezes ele faz._... (A)	
	Clima disciplinar	No início do ano estavam sem regras e a viverem por si (A)	(...) por isso sempre que posso tento escolher um destes anos, mas este ano eu nem queria acreditar no que me estava a acontecer (sorri). Quando peguei nesta turma eles estavam como se dum 1º ano se tratasse, sem regras, sem bons comportamentos, completamente a viverem cada um por si e eu vou tentando a pouco e pouco mudar um pouco isso (sorri novamente enquanto calmamente tenta acalmar o aluno autista que não para de berrar). (A)	
	Aproveitamento escolar	Turma com bons resultados (B) Turma fraquinha (A)	Sim... (pensa) ... tirando um ou outro que se mostra com mais dificuldades a matemática, é uma turma bastante boa a nível de resultados. (B) Tirando quatro alunos que são bons alunos, que têm bons resultados, o restante é muito fraquinho. ... (A)	

Categorias	Sub-categorias	Indicadores	Unidades de registo	Quant.
Causas do sucesso e do insucesso dos alunos	Atribuição causal do insucesso dos alunos	Ano anterior ser"atribulado"	Não! É uma turma bastante fraquinha a nível de resultados, os resultados não são o seu ponto forte. (fica pensativa) ... **talvez porque o ano passado tiveram um ano bastante atribulado...** (A)	
	Atribuição causal do sucesso dos alunos	Dois anos de trabalho gratificante	Também já estou com eles desde o 1º ano, este é o 3º ano e por isso tenho vindo a desenvolver um trabalho com eles bastante gratificante, quer para eles quer para mim.(B)	
Gestão da aula	Estratégias face aos problemas de insucesso e indisciplina da turma	O professor tenta mudar aos poucos o comportamento dos alunos	Quando peguei nesta turma eles estavam como se dum 1º ano se tratasse, sem regras, sem bons comportamentos, completamente a viverem cada um por si e **eu e eu vou tentando a pouco e pouco mudar um pouco isso** (sorri novamente enquanto calmamente tenta acalmar o aluno autista que não para de berrar). Tirando quatro alunos que são bons alunos, que têm bons resultados, o restante é muito fraquinho. ... (A)	
	Planificação em colaboração com colegas	Os professores (A e B) planificam individual e coletivamente	Planifico as minhas aulas com o colega do 3º B, fazemos um trabalho conjunto em termos de fichas, avaliações, etc. ... (A) Faço as planificações e preparo os materiais todos os dias à noite, não é?! Não há só o trabalho da escola, mas todo o trabalho que depois se faz em casa também. Converso com os meus colegas do 3º ano, reunimos todas as semanas para podermos andar todos mais ou menos na mesma sintonia. .(B)	
	Recurso a métodos tradicionais	Professor B dá aulas " à moda antiga"	Olhe, eu gosto muito de lhes dar a aula ainda um pouco à moda antiga. .(B)	
	Recurso ao computador	Professor A usa computador "sempre-que pode"	Utilizo bastante o computador, sempre que posso. ... (A)	

Note-se, porém, que esta matriz, apesar do seu aspeto 'acabado', não deixou de ser resultado de um aturado e longo processo de releituras atentas e intensivas das unidades de registo e de um esforço de classificação dos dados através da construção, pelo analista, de tudo quanto se coloca nas três colunas iniciais: as categorias, as subcategorias e os indicadores. Nestas releituras sucessivas da matriz há que fazer uma reflexão sobre se as categorias formuladas são adequadas aos objetivos da análise; se as subcategorias fazem sentido e se as estamos a designar de modo a desdobrar o sentido das categorias (tendo sempre em conta o que é dito nas unidades de registo); se os indicadores apontam também para o desdobramento das subcategorias e contribuem para lhes ampliar o sentido; se não estamos a repetir-nos ou a separar conceitos que deveriam estar próximos ou interdependentes (por exemplo, criando uma categoria que, de preferência, deveria ser uma subcategoria de uma outra categoria já formulada); se determinadas unidades de registo, afinal, deveriam ser classificadas noutra categoria ou subcategoria. Esta reflexão tem de ser feita até adquirirmos segurança no que estamos a fazer... e aqui a opinião de juízes externos, em muitos casos o orientador da tese, parece fundamental. Passaremos a descrever todo esse processo na alínea seguinte.

Com a utilização de um *software* específico, uma matriz é uma funcionalidade versátil que facilita a resposta a diversas perguntas. Este procedimento procura, dentro do sistema de categorias (já codificadas), padrões e relações entre os dados. Se com base no exemplo apresentado na tabela anterior, procedermos à codificação das partes (unidades de registo) das entrevistas usando duas 'Categorias' (por exemplo, 'Os professores' e 'Características da turma'), podemos usar uma matriz (ou várias) para responder a uma pergunta do tipo: 'A opinião sobre as características da turma varia consoante o sexo dos professores?' (cf. figura 1). O *software* fornecerá como resposta a interseção do que foi codificado no 'Sexo' e nas diversas subcategorias das 'Características da turma', tal como representado no exemplo da matriz.

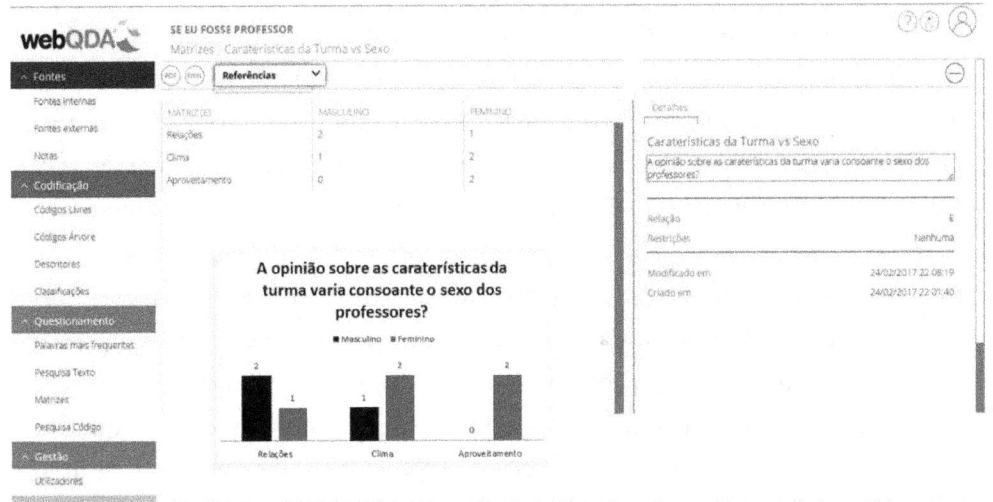

Figura 1: Exemplo de matriz gerada no *software* webQDA

Cada célula desta matriz apresentará o número de unidades de registo ou de entrevistados às quais poderemos aceder diretamente ao clicar nas células que contêm os números. Podemos verificar quantos deram opinião, e o que disseram em cada subcategoria de análise. Neste nosso exemplo hipotético verifica-se que dois professores e uma professora disseram algo sobre as 'Relações sociais na turma'; um professor e duas professoras referiram-se ao 'Clima disciplinar' e apenas duas professoras falaram do 'Aproveitamento escolar'. Contudo, o que é que disseram especificamente? Que inferência se pode construir da conjugação da matriz como um todo em relação ao texto associado a cada célula? Para responder a estas perguntas tem-se normalmente nas matrizes, o número de entrevistas (fontes), o número de unidades de registo (codificações) e o número de palavras bem como, o acesso automático ao texto destas mesmas codificações.

IV -1.4.3. A classificação e construção do sistema de categorias

À operação de interpretação dos textos com vista à delimitação das unidades de registo (recorte e diferenciação vertical de que falámos acima

– *fase um da análise*) e ao seu reagrupamento e comparação horizontal (da *fase dois da análise*), sempre esteve associada a imprescindível interpretação do sentido do texto. Será esse exercício de interpretação que estará na base da construção das categorias e subcategorias que se podem inferir do corpo documental e apresentar-se como as suas características (ou qualidades) fundamentais. Como processo intermediário entre as categorias (e subcategorias) e as unidades de registo (portanto, fragmentos dos textos) está a construção dos *indicadores*. Estes são, portanto, expressões construídas pelo analista, que resumem ou expressam o traço geral de uma ou, preferentemente, de várias unidades de registo. Como se pode ver na matriz do exemplo atrás apresentado (cf. quadro nº. 10), da natureza destes indicadores depende a maior riqueza da análise, pelo que eles emprestam de sentido à comunicação. Na construção destes indicadores, por parte do investigador, poderá estar uma atitude mais descritiva do conteúdo do que foi agrupado nas categorias e subcategorias que os antecedem (na matriz entretanto construída), ou uma opção mais interpretativa assente na intencionalidade de dar sentido às unidades de registo que os ilustram.

Captado e assente o sentido a dar às unidades de registo é o momento de passar à fase da categorização definitiva. A categorização é a fase mais problemática desta técnica, mas a mais criativa. Hogenraad (1984) considera a *categoria* constituída por "um termo-chave que indica a significação central do conceito que se quer apreender, e de outros indicadores que descrevem o campo semântico do conceito" (cit. por Vala, 1986:111). Por sua vez, Robert e Bouillaguet (1997) consideram as categorias como "conceitos superordenados que resultam de um nível de abstração generalizante no qual o investigador decide situar a sua apreensão do *corpus* para o tornar pertinente em relação aos seus objetivos. Para o efeito, e em função das escolhas efetuadas, podem verificar-se como necessários diversos níveis de categorias intermediárias (categorias genéricas, sub--categorias, itens" (p. 28).

Já dissemos que as categorias podem ser emprestadas por uma ou mais pesquisas prévias em torno do tema – trata-se das categorias *a priori*. Mas também podem ser construídas indutivamente num processo que exige vários ensaios sucessivamente corrigidos, por tentativa e erro, e que só termina quando o analista confiar no sistema que acabou de construir, o que deverá acontecer depois de o ter submetido ao critério de outros juízes (às vezes esta é uma das funções dos 'orientadores' de teses).

A palavra-chave ou a expressão mais ampla que traduz a categoria deve ser escolhida de modo a refletir, com exaustividade e precisão, o sentido das unidades de registo e dos indicadores em que tais unidades se traduzem. A elaboração de um subconjunto de categorias (*subcategorias*) pode ser um recurso para explicitar melhor todo o sentido da categoria. A categoria terá, assim, um sentido mais amplo do que o das subcategorias, obrigando a que estas fiquem subordinadas àquela e que a informação que estas contêm seja fundamental para um melhor entendimento da categoria.

Há, portanto, nesta fase, que decidir, após o confronto comparativo e a construção dos indicadores:

- em que categoria, no caso de elas pré-existirem à análise, se colocará determinado indicador e respetivas unidades de registo, por ele traduzidas; de acordo com Vala (1986:111), "a inclusão de um segmento de texto numa categoria pressupõe a deteção dos indicadores relativos a essa categoria".
- qual a *palavra-chave* ou expressão curta e abrangente com que se designará a *categoria*, caso elas tenham de ser construídas indutivamente;
- e, ainda, caso seja necessário, quais as subcategorias em que se poderão desdobrar as categorias.

Note-se, por outro lado, que o conjunto de subcategorias e dos indicadores que traduzem uma categoria constitui uma espécie de definição operatória[80] e 'compreensiva' dessa mesma categoria, válida em função dos critérios da análise.

---

[80]- "A definição operacional de um comportamento, de um fator, etc. é o enunciado dos processos que permitem medi-lo, produzi-lo, ou simplesmente reconhecê-lo entre outros" (Birzea, 1986: 20).

Do conjunto das fases anteriores resulta um *sistema de categorias* exaustivo, espelho do núcleo central ou da diversidade de núcleos de significações presentes no corpo documental analisado, em que se condensam (classificam, catalogam, codificam, distribuem, correlacionam) e apresentam os dados, agora com um sentido cuja validade importará controlar.

Trata-se de uma 'estrutura ideal' em que todas as categorias estão reunidas e não só nos dá uma visão global e uma unidade genérica das características do corpo documental, como nos permite descortinar consensos, oposições, contradições e clivagens no interior das condições de produção dos documentos em análise. Estamos diante, pois, da operacionalização de uma teoria, "valendo tanto quanto esta vale" (Berelson, 1954); ou, mais precisamente, encontramo-nos frente à linha de partida empírica para uma teorização a desenvolver, de ora em diante, pelo analista.

Repetindo-nos, devemos reafirmar que são todos estes procedimentos e cuidados que estão na base da construção de uma matriz que, por sua vez, confere visibilidade e confirma todo o processo. Pedimos ao leitor que volte a observar o exemplo, propositadamente simplificado, da matriz anterior, apresentada no quadro nº10. Ao que já dissemos podemos acrescentar que:

- supondo que há mais entrevistas semelhantes a analisar, aquela matriz está aberta a novas categorias e subcategorias que obedecerão a uma disposição semelhante;
- caso houvesse interesse (por exemplo, num estudo comparativo de casos, de sujeitos, etc.) poder-se-iam ter aberto colunas na matriz para o averbamento separado das unidades de registo de cada uma das entrevistas, em vez de as termos colocado todas na mesma coluna e apenas diferenciadas pelo respetivo código. Com o uso de um *software* específico é possível criarmos uma matriz com estes cruzamentos tal como explicado anteriormente;
- sendo entrevistados dois grupos de pessoas distintos (por exemplo estagiários e professores efetivos, ou professores em diferentes escalões de experiencia profissional, etc.) será útil, para facilitar a análise comparativa, que as unidades de registo respetivas sejam dispostas em colunas diferentes;

- os indicadores, para além de tentarem expressar sinteticamente o sentido das unidade de registo, são construídos com recurso, quando possível, a palavras-chave ou expressões (que colocámos entre aspas ou em itálico) encontradas naquelas mesmas unidades – o mesmo pode acontecer com a formulação das categorias e subcategorias;
- os indicadores, na versão final da matriz devem ser colocados numa ordem lógica e coerente. Pensamos importante que uma leitura das categorias, subcategorias e indicadores, só por si, deva emprestar um primeiro sentido ao que se retira da análise; neste caso, diríamos que a coluna dos indicadores surge como um primeiro esboço do texto de apresentação dos dados;
- para manter uma certa contextualização, recorre-se, por vezes à repetição de um recorte mais amplo do texto, mas só se toma em consideração uma parte desse recorte, a parte sublinhada – e essa parte não volta a ser tida em conta na interpretação;
- atendendo ao que na matriz é verdadeiramente construído pelo analista, ou seja, as três colunas da esquerda, a análise de conteúdo consiste, verdadeiramente, numa 'técnica de compressão dos dados' (Hogenraad, 1984).

IV – 1.4.4. Regras da categorização e validação interna do sistema

A formulação das categorias deve obedecer a seis regras fundamentais a ter em conta pelo investigador nas diferentes fases da codificação e nas múltiplas revisões dos resultados a que vai chegando, a fim de conferir e de confirmar a validade interna do *sistema de categorias* e da análise efetuada. A saber:

- *Exaustividade* – O sistema de categorias resultante deve abranger todos os *itens* relevantes para o estudo presentes no corpo documental. Além disso, cada categoria deve abranger por completo o conjunto das unidades de sentido que se coloca sob o seu teto.

Esta regra exige a escolha de uma palavra-chave adequada e a reformulação da definição de cada categoria.
- *Exclusividade* – uma unidade de registo não deve pertencer a mais do que uma categoria, sendo de boa prática, como aconselha Holsti (1969), explicitar os indicadores das unidades a incluir em cada categoria a fim de 'tornar certos os resultados discutíveis'.
- *Homogeneidade* – um sistema de categorias deve referir-se a um único tipo de análise, não tendo cabimento, portanto, misturar diversos critérios de classificação.[81]
- *Pertinência* – um sistema de categorias deve ser adaptado ao *corpus* em análise, à problemática e aos objetivos da investigação.
- *Objetividade* – há que evitar a subjetividade e a ambiguidade na sua formulação tornando-a utilizável, de igual modo, por vários investigadores, o que implica uma definição precisa, operatória, (diferente da definição lógica) e que se traduz na explicitação metódica dos critérios que nos levam a identificar determinada parcela da mensagem com determinada categoria (cf. exemplo em Vala, 1986:113, nota 10).
- *Produtividade* – deve oferecer a possibilidade de análises férteis em novas hipóteses e permitir avançar para um nível de teorização que não fique apenas pela descrição e pela interpretação imediata dos documentos, mas permita a elaboração de novos constructos coerentes com os dados (Giglione e Matalon, 1992).

Já acima nos referimos, várias vezes, à necessidade de demonstrar a *validade* ou *fidelidade* da análise e das conclusões, e a *fiabilidade* do processo; para além disso, dissemos que um dos objetivos da análise de conteúdo é fazer inferências a partir dos dados, e que estes, uma vez organizados segundo os critérios, exigências e modalidades previstas devem constituir uma linha de partida empírica para a teorização. É desses passos e dessas exigências que passamos a falar neste quarto subcapítulo.

---

[81] A homogeneidade deve ser interna e externa (cf. Patton, 1990).

A *validade* ou *fidelidade* poderia ser definida como a "adequação entre os objetivos e os fins sem distorção dos factos" (Ghiglione e Matalon, 1992:198). É importante que a análise seja válida, isto é, fiel aos conteúdos a serem analisados; aponta-se, pois, para a necessidade de se ficar com a certeza (e de a demonstrar) de que as categorias elaboradas pelo analista traduzem o verdadeiro sentido dos dados e, portanto, não são ambíguas – *fidelidade das categorias*. Como veremos em capítulo próprio, numa perspetiva 'interpretativa' prefere-se o conceito de *credibilidade* ao de validade; "esta noção, em lugar de nos mover em busca de um 'isomorfismo entre as descobertas e a realidade objetiva', tem por base a preocupação pelo 'isomorfismo' do jogo entre 'as realidades construídas dos observados' e as realidades tal como são representadas e interpretadas pelos observadores o que exige comprovação junto daqueles" (Boavida e Amado, 2008:104).

No que respeita à *fiabilidade* do processo procura-se ter a certeza de que as categorias foram definidas de um modo tão 'operacional'[82] que outro analista, ou o mesmo analista mas em momentos diferentes, utilizando essas mesmas definições, faria uma categorização/análise muito semelhante à primeira (reprodutividade e estabilidade do processo).

A literatura recomenda vários métodos para a análise da *fiabilidade* do processo (cf. Lima, 2013) sendo o mais comum aquele que implica a colaboração de juízes externos. Solicita-se a uma ou duas pessoas que, partindo de um bom conhecimento do nosso *sistema de categorias* e respetivas definições (isto é, dos nossos critérios de análise), proceda à categorização de uma amostra aleatória do *corpus* documental. Comparam-se, então, as codificações destes colaboradores com a realizada pelo investigador. Feita essa análise procede-se a um cálculo, tendo em conta os acordos e os desacordos, utilizando-se uma entre várias fórmulas possíveis; a mais simples talvez seja a seguinte (Daval, 1963; Vala, 1986):

$$F = \frac{2(Cl.2)}{Cl+C2} \times 100$$

---

[82] A definição operacional das categorias é ditada pelos conteúdos que o analista decide abranger por essa mesma categoria; não se trata, portanto, de uma definição lógica, abstrata.

Quer dizer: o dobro do número de acordos entre os codificadores (C1.2) é dividido pelo total de categorizações efetuadas por cada um (C1+ C2). Se o resultado rondar os 0,80 já se pode considerar satisfatório.

Uma outra fórmula igualmente simples (Esteves, 2006:124): divide-se o total de casos de acordo (Ta) pelo somatório dos casos de acordo e desacordo (Td), conforme a fórmula:

$$F = \frac{Ta}{Ta+Td} \times 100$$

É evidente que a validade e a fiabilidade de um sistema de categorias dependem em grande parte da experiência e dos conhecimentos dos codificadores e de uma correta formulação e definição das categorias. A tentativa de definição das categorias em conjunto bem como a discussão coletiva da análise ou parte dela (trabalho que se pode realizar em seminário) permite, igualmente, conferir um grau maior a ambos os aspetos.

Para além dos argumentos que defendem que a análise de conteúdo deve visar apenas uma análise qualitativa, ou que, pelo contrário, se deve limitar a uma análise quantitativa (Mostyn, 1985), a nossa posição é a de que, precisamente, a análise quantitativa é pertinente quando a natureza dos dados e dos objetivos da investigação forem coerentes com ela. Com efeito, é possível manter a análise de conteúdo, como se infere do que já vimos afirmando (por exemplo, a propósito das unidades de contagem) na charneira entre o quantitativo (cálculo de frequências, percentagens, correlações, análise fatorial, etc., em função das distribuições da amostra, das hipóteses levantadas, da natureza de unidades de registo), e o qualitativo (descrição das características independentemente da sua frequência relativa no texto), podendo assegurar-se um equilíbrio entre as duas tendências ou caindo para um ou outro dos lados, consoante as exigências e os objetivos da investigação.

A tendência para o equilíbrio entre as duas orientações justifica-se pelo facto de a contagem da frequência dos indicadores – (quando em função dos objetivos e do corpo documental) – conferir à análise uma riqueza complementar de grande significado, podendo apresentar-se, na fase da interpretação, como medida da importância, atenção ou ênfase, concedida a um determinado objeto da comunicação (Krippendorff, 1986).

Mas há que pensar, como afirmam Ghiglione e Matalon (1992), que "o simples facto de se realizar uma operação quantitativa significa já que atribuímos um estatuto ao instrumento de quantificação. Assim, destacar a frequência com que aparece uma palavra pode significar que nós consideramos que quanto mais vezes essa palavra aparece no discurso de um emissor, mais o que ela significa tem importância para o emissor. Esta afirmação é dificilmente sustentável, em certos casos, pelo que se torna necessário introduzir outras medidas, como, por exemplo, a intensidade. Por consequência, a escolha de um qualquer sistema de numeração deve dar lugar à explicitação dos pressupostos que ele desencadeia" (p. 195).

Conforme os objetivos do investigador e o desenho da investigação, poderão, portanto, ser feitas análises quantitativas das 'ocorrências', 'avaliativas' ou 'estruturais'.

Na 'análise de ocorrências', a hipótese implícita é a de que "quanto maior for o interesse do emissor por um dado objeto maior será a frequência de ocorrência, no discurso, dos indicadores relativos a esse objeto" (Vala, 1986:118). A ausência de determinados indicadores em geral também é significativa, como esclarece Richardson (1989) de modo muito claro: suponhamos que a partir de um determinado corpo documental (ou de uma teoria pré-existente), se estabelece uma relação de referência que inclui os seguintes elementos: 'a', 'b', 'c', 'd', 'e', 'f'. Com base nesta relação analisa-se um documento particular, verificando que estão presentes os elementos: 'a', 'c', 'd' e 'f'. A dita presença pode ter um significado importante para o estudo das características de uma mensagem; da mesma forma, a ausência dos elementos 'b' e 'e' pode ter implicações fundamentais. De facto, estas ausências, em entrevistas 'clínicas', por exemplo, podem refletir um bloqueio mental e a ocultação consciente ou inconsciente de determinados temas, por parte do entrevistado.

Daqui resulta, também, a necessidade e o interesse de se organizarem os dados de modo a proporcionarem um cálculo de frequências ponderadas e percentagens (não excluindo cálculos mais complexos como a análise fatorial e de contingências).

Na 'análise avaliativa', que serve essencialmente para o "estudo das atitudes da fonte relativamente a determinado objeto" (Vala, 1986:119), parte-se da hipótese de que a linguagem representa efetivamente e reflete diretamente aquele que a utiliza, o que permite que nos contentemos "com os indicadores manifestos, explicitamente contidos na comunicação para fazer inferências a respeito da fonte da emissão" (Bardin, 1979:155).

Nas 'análises estruturais', o que se visa é "permitir inferências sobre a organização do sistema de pensamento da fonte implicado no discurso que se pretende estudar" (Vala, 1986:120), a partir do estudo estatístico das associações ou dissociações das categorias (no estudo de um diário, por exemplo, e em função de determinadas unidades de contexto – o dia, a semana...).

IV – 1.5. Apresentação e interpretação dos dados da análise

A apresentação final não obedece a figurinos. Na sequência da proposta de um equilíbrio entre a análise quantitativa e a qualitativa, a apresentação poderá ser feita combinando texto descritivo-interpretativo com tabelas, quadros sinópticos e matrizes que revelem o *sistema de categorias* e suas particularidades. Sugerimos, deste modo, que a estrutura do texto de apresentação dos dados siga muito aproximadamente a estrutura da matriz; isto é, os temas, as categorias e as subcategorias poderão vir a constituir capítulos, subcapítulos, alíneas do texto. Por outro lado, se os indicadores constituíram, como já sugerimos, um primeiro esboço do texto, a atenção a eles e à ordem da sua disposição facilitará a escrita. Esta atenção é ainda um fator de aprofundamento da análise, na medida em que na passagem à escrita haverá sempre aspetos e lógicas do discurso que no momento da construção da matriz podem não ter sido objeto de ponderação[83].

---

[83] Neste caso, deve retocar-se a matriz? A resposta é afirmativa, sobretudo quando se trata de uma investigação académica que vai implicar a análise por um júri de provas. A presença da matriz nos anexos é fundamental para que o júri confirme a fidelidade da análise e nesse aspeto torna-se indispensável o paralelismo e coerência entre o texto de apresentação e a matriz. Autores há (Bauer e Gaskell, 2002: 203, cit. por Queiroz, 2010) que consideram, como critérios de avaliação de uma análise de conteúdo, a *validade* e a *transparência* do processo. Ora, a colocação da matriz no anexo do texto final constitui-se, precisamente, como um sinal dessa transparência.

Mas, acrescente-se que este esforço pode exigir que alteremos a sequência da matriz, porque na construção do texto, por vezes, descobre--se outra lógica do discurso que antes não se tinha descoberto. O que queremos dizer é que texto e matriz devem apresentar, no final, estrutura semelhante.

Para outros desenvolvimentos relativos à construção, interpretação e discussão dos dados, remetemos o leitor para o capítulo atinente a essa matéria (cf. cap. V-2).

As citações das unidades de registo, a par de eventuais dados quantitativos, permitirão, de facto, elaborar as inferências pertinentes e que tornam significativos (numa 'segunda significação', como diria Bardin) os dados e os seus contextos.

A fase interpretativa deve apoiar-se em todo o trabalho precedente, o que lhe permitirá ter em conta, quantitativa e qualitativamente, todo o tipo de relações que estabelecem os diferentes temas: causas, alternativas, justaposições, oposições, avaliações, etc. Esta fase é o momento da passagem do 'paradigma da autoridade do texto' para o 'paradigma da autoridade do leitor' (Rodrigues, 2002), e constitui-se como "o momento mais importante e, ao mesmo tempo, mais crucial para o pesquisador-analista. (…) Infelizmente, mesmo com o recurso de técnicas sofisticadas de análise, muitas vezes os resultados evidenciam mais *as posições pessoais do analista* do que as dos entrevistados" (Pires, 2008:123).

A propósito desta passagem da análise individualizada e da matriz que a expressa a um texto único e coerente, muitas questões se podem, pois colocar. Estas são algumas das dúvidas e questões colocadas por alguém que começou a fazer o exercício de transformação da matriz em texto:

- *Não sei se esta será a melhor forma de apresentar o texto, é uma proposta…*
- *Devo identificar a professora que emitiu a unidade de registo?*
- *Devo fazer alguns comentários fundamentados? No fim de cada área temática? Só no fim?*

– *Devo aqui fazer comentários sobre as contradições ou infirmações das professoras?*

Estamos perante questões nem sempre fáceis de responder porque, em grande parte, também dependem mais da criatividade, competência e recursos do investigador do que de uma "metodologia comunicável" como dizem Ghiglione e Matalon (1992:225). Estamos ainda de acordo com estes autores, quando afirmam que "é preciso explicitar o que poderia ser um discurso satisfatório baseado num conjunto de textos, no nosso caso, um conjunto de entrevistas. Em nossa opinião, deveria ser um discurso que tomasse em consideração tanto os *traços comuns* às diferentes entrevistas como as suas *diferenças*, organizando-os na medida do possível" (*ibid.*).

Uma das vias possíveis é a de seguir, como já dissemos, a estrutura da matriz, e, neste caso, os temas, as categorias e as subcategorias poderão vir a constituir capítulos, subcapítulos, alíneas do texto. Se assim fizermos convém, no início de cada capítulo ou sub-capítulo, redefinir operatoriamente o conceito ou conceitos donde partimos e explicar do que se andou à procura. Retomando a matriz do exemplo anterior (quadro n.10), começaríamos por um capítulo em que se desenvolveriam os tópicos referentes ao professor, como a motivação para a docência e outros mais que surgissem ao longo da análise das entrevistas, como o tipo de formação, dificuldades sentidas no exercício da profissão, etc. Trata-se, portanto, de elaborar um descritivo seguindo os tópicos oferecidos pela matriz, fazendo algumas ilustrações com as unidades de registo, evitando, no entanto, dar um carácter muito esquemático e muito árido ao texto – essa aridez e esquematismo remete-se para quadros ou tabelas que retomem e simplifiquem a matriz.

Apresenta-se no quadro n°. 11 um muito breve exemplo de como a aridez de um texto, inicialmente muito preso à estrutura da matriz, se pode ir atenuando, numa escrita que não é compatível com pressas e ligeireza.

Quadro n°.11 - Comparação de dois textos com base nos mesmos dados

Primeira formulação	*Reformulação*
Na subcategoria 1A2 - Motivação para a escola; os indicadores são vários. As quatro professoras referem, algumas repetidas vezes, que os alunos <u>gostam da escola</u>: "Gostam muito de estar aqui. Eles adoram, eles adoram estar na escola..." (A), outra ainda diz-nos que "... no último dia de aulas choraram com saudades dos colegas e da escola ... as lágrimas deles querem dizer que se sentiam bem." (B). Todas as professoras dizem que os alunos de nascimento e/ou origem não lusa gostam de estar na escola. Uma afirma que "(gostam da escola. Há diferença nos das minorias) Eu acho que não! ... por ser de outra etnia não tem nada a ver ..." (A), há uma outra professora que refere que "(sente-se diferença nos das minorias) Isso ainda não sinto nesta altura ... mas não sei como é que vamos progredir ..." (C).	A *Motivação para a escola* nestes alunos, é caracterizada pelas quatro professoras, de modo muito positivo. São unânimes ao referirem que os alunos *gostam da escola* e se sentem bem: *"Gostam muito de estar aqui. Eles adoram, eles adoram estar na escola..." (A).* *"... no último dia de aulas choraram com saudades dos colegas e da escola ... as lágrimas deles querem dizer que se sentiam bem" (B).* Isso mesmo é muito bem sublinhado a propósito dos alunos de nascimento e/ou origem não lusa. Tendo-lhes perguntado se esses alunos se sentiam menos motivados, obtivemos respostas como: *Eu acho que não! ... por ser de outra etnia não tem nada a ver ..."* , (A) *Isso ainda não sinto nesta altura ... mas não sei como é que vamos progredir ...". (C)*

No quadro n°.12 damos um excerto de uma descrição de metodologia, extraído de uma tese de mestrado (Carvalho, 2007); o excerto está escrito sem entrar em grandes pormenores mas evidenciando uma clara compreensão da metodologia.

Quadro n°.12 - Exemplo da descrição de uma metodologia de trabalho

Procedimentos de tratamento de dados do questionário aberto

"Considerando o objeto, os objetivos e os pressupostos teóricos que fundamentam o estudo, a *Análise de Conteúdo Proposicional* das respostas dos alunos recolhidas com o Q1 foi o meio mais útil para a análise dos dados.

Os fatores apontados pelos alunos, mais do que causas isoladas, simples e lineares, são traços dominantes de situações complexas que se criam na aula. Para esse efeito servir-nos-emos de um sistema de categorias, elaborado e reelaborado na análise dos dados, distribuído em duas grandes áreas temáticas:

- O bom ensino no ponto de vista dos alunos;
- O mau ensino no ponto de vista dos alunos.

Definidos, à partida, os dois temas do estudo: "o bom ensino" e o "mau ensino", a análise de conteúdo das respostas escritas adotou os princípios e procedimentos indicados na literatura especializada (Estrela, 1994; Vala, 1986; Bardin, 1979; Amado, 2000). Assim, num primeiro momento fizemos uma leitura flutuante das respostas a que se seguiu uma leitura "atenta e ativa" (Amado, 2000), no sentido de esboçarmos as categorias. A partir desse esboço elaborámos a respetiva grelha de análise de conteúdo (cf. Anexo G). Como resultado dessas leituras prévias, enveredámos por um processo de "codificação" (*ibid*.), isto é, o desdobramento do texto em unidades de sentido, ou unidades de registo, recortadas nas respostas a cada pergunta, de modo a poderem ser reagrupadas em indicadores, subcategorias e categorias de conteúdo semelhante.

As categorias que emergiram na nossa investigação englobam dimensões alargadas da problemática em estudo e regem-se pelas regras da exaustividade, exclusividade, homogeneidade, pertinência, objetividade e produtividade (Amado, 2000).

Ao longo do processo de análise de conteúdo, confrontámos sistematicamente os dados dos dois temas, com vista a melhorar a categorização feita, até chegarmos a um sistema de categorias satisfatório.

Todo o processo de análise de conteúdo assentou num movimento de vaivém, que se elevou do empírico para o teórico e vice-versa, caracterizando o verdadeiro movimento dialético na procura do significado e da especificidade dos dados, e que se manteve até ao final; foi também um ato solitário e criativo, exigindo, da nossa parte, um enorme esforço e perseverança, num processo que, "embora rigoroso, não deixa de ser de tentativa e erro" (Amado, 2001b:212). Depois de vários ensaios, chegámos ao apuramento final das categorias. No final do processo de categorização recorremos a um juiz especialista, na pessoa do nosso orientador, que procedeu à validação das categorias apuradas.

A partir daqui construímos seis matrizes da análise de conteúdo (cf. Anexo H), para cada ano de escolaridade, compostas pelas categorias criadas, seguindo um sistema hierárquico, a partir do qual se ramificam outras componentes menos abrangentes, designadas por subcategorias, indicadores e respetivas unidades de registo, apresentadas no referido anexo. No final do processo de análise procurámos, ainda, comparar as perspetivas dos alunos, no 5°, 7° e 9° anos de escolaridade. Nessa comparação fomos sensíveis a semelhanças e contradições, na representação do bom e do mau ensino" (Carvalho, 2007).

O exemplo do quadro nº. 13 revela a metodologia descrita por Ferreira (2007) em que se procura combinar um conjunto de categorias pré-existentes e elaboradas em trabalho anterior (além disso partilhadas por uma equipa que assim desenvolvia paralelamente um conjunto de estudos de caso – Projeto GERLINDES[84]), e a necessidade de ter em conta a construção de outras categorias induzidas a partir do corpo documental específico da investigação da autora.

Quadro nº 13: Exemplo da descrição de uma metodologia de trabalho que combina categorias *a priori* e *a posteriori*

"Como já referi, o processo de análise é interativo, não havendo fronteiras definidas linearmente, no entanto, e num esforço de sistematizar este processo, passarei agora a especificar os procedimentos da construção da matriz de análise de conteúdo. Tendo em conta que este trabalho se enquadra num projeto mais amplo de investigação – Projeto *GERLINDES*, a primeira etapa da construção, situou-se na adaptação da matriz elaborada por Freire (2001), no âmbito da mesma problemática. Desta matriz inicial, mantiveram-se as seguintes áreas temáticas: relações interpessoais, ambiente disciplinar e relação/ligação escola – família. Em trabalho cooperativo e, no âmbito dos seminários do curso de mestrado surgiram, após reflexão conjunta, duas novas áreas temáticas: relação escola – comunidade e representação do clima geral da escola. Estas áreas temáticas *emergiram* do material recolhido, através das entrevistas, por todos os intervenientes no referido projeto. No entanto, importa salientar que os guiões das entrevistas construídos, também em seminário, apontavam já para estes novos temas, nomeadamente, o bloco D – Ligação da escola à comunidade, cujo objetivo específico era, precisamente, *perceber o modo como a escola se relaciona com a comunidade*. Na etapa seguinte, procedeu-se à aferição das categorias da matriz inicial para cada área temática e à criação de novas categorias, quer para os novos temas, quer para os outros. Deste modo, as categorias foram definidas *a priori* e *a posteriori*, portanto, a partir da combinação destes dois processos. As categorias definidas *a priori* resultaram, como já foi referido da adaptação da matriz de Freire (2001), da interação entre o quadro teórico e os problemas concretos que se pretendiam estudar (Vala, 1986:111). As categorias definidas *a posteriori* resultaram da reflexão conjunta e do "esforço pessoal de trabalho interpretativo mas, também, com a influência mais ou menos evidente do quadro teórico de referência" (Amado, 2000:56). Foi, portanto, nesta etapa de construção da matriz que, no meu caso particular, *emergiu* a categoria relação escola – Etnia cigana, integrada no tema relação escola – comunidade. A construção/reconstrução do sistema de categorias não foi um processo fácil, daí o recurso a um conjunto de subcategorias que serviu "para explicitar melhor todo o sentido da categoria" (Amado, 2000:57). A próxima etapa centrou-se no próprio discurso dos entrevistados e é a partir daqui que a matriz passou a ser "original", pois cada caso é um caso, se bem que ainda se fez um esforço coletivo no sentido de uniformizar indicadores. Contudo, não foi possível fazer uma uniformização deste tipo, na medida, em que os indicadores traduzem a unidade de registo para a linguagem técnica e científica do investigador, permitindo desta forma operacionalizar e identificar a categoria (Rodrigues, 2002).
Após ter a matriz final passei, à interpretação dos dados "encaixados" na mesma. Partindo do pressuposto que "interpretar requer, primeiramente, captar não só o sentido semântico percebido mas também a sua intencionalidade latente" (Pais, 2003:106). A inferência permite alcançar, de alguma forma, a "intencionalidade latente" e, deste modo, descortinar e alcançar as representações do inquirido. "A interpretação tem como objetivo a procura do sentido mais amplo das respostas, o que é feito mediante a ligação a outros conhecimentos" (Gil, 1999:168). Nesta "procura", busca-se "o sentido das falas (...) é, pois uma busca dos seus significados mais profundos, feita através da transfiguração das palavras" (Pais, 1993, 103)". (Ferreira, 2007).

---

[84] Projeto *Gerlindes:Gerir, Lidar com a Indisciplina nas Escolas*, coordenado pelos Professores João Amado e Isabel Freire, respetivamente da Universidade de Coimbra e da Universidade de Lisboa e que se desenrolou entre 2008 e 2010.

Finalmente, oferecemos o exemplo (quadro n°. 14) de como construir um texto de apresentação dos dados relativos a uma categoria de análise, no âmbito de um projeto assente em entrevistas a quinze diretores de turma de uma escola do 2° e 3° ciclo (Amado et al., 2003). A categoria designa-se por 'dimensão organizacional dos apoios ao aluno'. Como se pode observar, optou-se por apresentar um quadro que supostamente repete resumidamente a matriz neste particular. Na primeira coluna designam-se as subcategorias. Na segunda, o código dos professores entrevistados e a quem se devem unidades de registo, o que também permite fazer uma contagem intuitiva. Na última coluna aparecem os indicadores. O texto que se desenvolve, aqui apresentado parcialmente, segue a estrutura da matriz original, prévia à apresentação dos dados.

Quadro n°.14 - Exemplo de texto de apresentação de dados

A dimensão organizacional dos apoios ao aluno

No quadro seguinte dá-se conta de um conjunto de virtualidades que a escola possui e de apoios que ela oferece, de elevado interesse para os alunos:

Sub-categoria	*Ent.*	*Indicadores*
A ação dos Diretores de Turma	D,F,I,M,O	Terceira hora do D.T.
Aulas de apoio	D,O	Não frequentadas pelos alunos institucionalizados devido a um problema com transportes
Ação concertada dos professores	A,F,HI,L	Os professores comunicam entre si acerca dos problemas
Recurso ao psicólogo da escola	A,G	Psicólogo ajuda a compreender problemas e orienta em termos vocacionais
Projetos e subsídios específicos	G,H,I,J L,E	Na escola existe um projeto que oferece um lanche diário aos mais necessitados; existe, também, um subsídio para material escolar
Controlo apertado das presenças	A, J, L	Vêm para a escola e vão para a instituição na carrinha, o que possibilita controlo O dia é todo preenchido Há grades e entrada controlada
Continuidade dos professores e passagem de testemunhos	L	A continuidade dos professores é um benefício

A - A ação dos Diretores de Turma

A criação da terceira hora surge com o objetivo de permitir *«atender os miúdos fora do horário de direção de turma» (F)*. É comum, contudo, marcá-la à hora do almoço, permitindo ao professor, por um lado, controlar esta atividade (D) e, por outro, estar junto dos alunos num contexto bastante diferente do habitual e que permite um melhor conhecimento mútuo: *«... vou-os conhecendo, eles também me conhecem um pouco a mim»* (I). O seguinte testemunho traduz todos estes aspetos:

> *«Gosto de almoçar com os miúdos/ até porque há sempre qualquer coisa de exemplo que se dá, ou maneiras de como é que se fazem as coisas e, quer dizer, desportivamente e brincando vamos ensinando de uma maneira (...) Sem a farda de professor estamos ali na cantina, tanto quanto possível, mais...(...) e ao mesmo tempo vou vendo o que é que eles fazem, se comem, se não comem, porque é que comem, porque é que não comem, se gostam, se não gostam... e isso também é um bocado complexo, por vezes.. (M).*

B - Aulas de apoio
– Realizadas depois das cinco, os alunos da instituição não podem frequentá-las devido ao facto de terem de apanhar o transporte escolar (D,O).

C - Ação concertada dos professores
- Segundo vários dos testemunhos, existe nesta escola uma *cultura de comunicação* entre os professores (e, até, entre estes e os funcionários), facilitada por se tratar de uma escola pequena, e concretizada, pelo menos, na troca de informações acerca dos alunos, dos materiais e de experiências de aulas.

> *«não é só o D. T. que sabe do problema, o professor Y deteta isto, a professora X deteta aquilo, roda num instante que chegamos aqui e vai-se logo de encontro tentar solucionar os problemas, os funcionários por seu lado também estão alerta, dinheiro a mais, comportamentos indevidos, alterações de situações, hábitos, é muito fácil de detetar essas situações, nós não somos 4 mil não é, portanto isto fez com que muitas situações fossem resolvidas logo na hora e apressadamente»* (L)

Prestemos atenção a este outro registo: *« o que nos dá mais coragem é nós conversarmos com os outros colegas, "vamos fazer isto, vamos fazer aquilo..." e empurramo-nos...» (P)*. Ele é extremamente significativo na medida em que dá conta das principais vantagens da ação concertada entre os professores: ela é estimulante e encorajador e, nesse sentido, tal como a própria literatura o diz (Amado, 2000:2001b; Barroso, 1995; Rosenholtz, 1989), ela pode ser um meio de combater o tradicional isolamento dos professores e de minimizar o *stress* e a frustração dos seus objetivos.
A sala de professores é o lugar mais imediato desta troca de informações: *«Na sala de professores, normalmente, quando há alguma coisa a destacar nós transmitimos a quem estiver por perto: "Olha, vê lá o que é que se passou com não sei quem..." Não se faz uma reunião propositada, pronto, diariamente essas coisas estão sempre a aparecer» (G)*. Mas, caso seja necessário convocam-se reuniões no sentido de «ajudar o diretor de turma» (G), esclarecer problemas, concertar estratégias: *« Eu penso que há uma ação concertada entre todos os professores, na medida em que se fazem muitas reuniões (A).*
Contudo, esta cultura de comunicação não é, ainda, uma realidade completamente conseguida, em especial quando se exige maior uniformidade e coerência nos planos normativos e das estratégias que estimulem a mudança de comportamentos em casos difíceis; isso mesmo se deduz de vários registos (I, J), como este:
«...não há unidade naquilo que é pedido aos alunos ... ou seja ...eu não admito determinadas coisas ... os outros admitem... e os alunos não conseguem perceber ... se eu em português posso fazer aquilo ... chego a EVT não posso... ou se esquecem ou então não conseguem entender ... tem que haver ali qualquer coisa naquelas cabeças que não funciona ... é natural (H).

....

Enfim, com todos estes exemplos, extraídos de trabalhos de investigação procurámos dar respostas a eventuais dúvidas e hesitações que se colocam a todos quantos se iniciam na análise de conteúdo; temos consciência de que não há respostas únicas nem exemplos que se tornem modelos perfeitos. Em todo este processo há que saber aliar o rigor na análise e na exposição dos dados com a criatividade, a sensibilidade e o sentido estético (cf. Morgado, 2012:113-118).

Síntese

A análise de conteúdo é um processo empírico utilizado no dia a dia por qualquer pessoa, enquanto *leitura* e *interpretação*. Mas, para se tornar numa metodologia de investigação científica, tem de seguir um conjunto de passos que lhe dão o rigor e a validade. Além disso, consiste numa técnica muito dependente do treino, persistência e experiência do investigador. É consensual a aceitação de que estamos diante de um processo adequado à análise de dados qualitativos, em que o investigador quer apreender e aprender algo a partir do que os sujeitos da investigação lhe confiam, nas suas próprias palavras, ou que o próprio investigador regista no seu caderno de campo durante uma observação participante, ou, ainda, a partir de documentos escritos para serem analisados ou retirados de qualquer arquivo.

Trata-se, portanto, e como já dissemos, de uma técnica que aposta claramente na possibilidade de fazer inferências interpretativas a partir dos conteúdos expressos, uma vez desmembrados em 'categorias', tendo em conta as 'condições de produção' (circunstâncias sociais, conjunturais e pessoais) desses mesmos conteúdos, com vista à explicação e compreensão dos mesmos.

No entanto há dois aspetos que importa sublinhar; o primeiro é a necessidade de uma constante atenção ao processo, com uma clara explicitação dos passos, critérios e decisões que se vão tomando (Poirier et al., 1999). Isto é tanto mais fundamental, para evitar equívocos, quanto qualquer comunicação pode ser analisada e classificada segundo diferentes perspetivas, pontos de vista e sistemas de categorias (Rodrigues, 2002).

O segundo aspeto diz respeito ao equilíbrio entre a vertente 'tecnológica', quantitativa e/ou qualitativa, e fenomenológica. Na medida em que a categorização permite a descrição precisa, sistemática e não vaga ou anedótica do material em causa, ela não deve levar a uma construção que, obcecada com o cálculo, ou enredada em abstrações, leve a perder de vista a natureza (por vezes viva e dramática) dos documentos tratados, as representações e fenómenos interativos que eles possam traduzir. Há, portanto, que evitar o peso excessivo da dimensão quantificadora em detrimento da análise qualitativa e interpretativa. E se esta não se pode reduzir a uma simples ilustração das categorias, subcategorias e indicadores (como, também, frequentemente acontece), não pode, por outro lado, limitar-se a simples e longas transcrições que, além do mais, não facilitariam, só por si, o entendimento dos conteúdos latentes, do 'interacionismo dos fenómenos' e das condições de produção da mensagem.

Bibliografia da IVª parte

Amado, J. (2000). A técnica da análise de conteúdo. *Referência. Revista de Educação e Formação em Enfermagem*, 5, 53-63.

Amado, J. (2001b). *Interação pedagógica e indisciplina na aula*. Porto: ASA Editores.

Amado, J., Limão, I., Ribeiro, P., & Pacheco, V. (2003). *A escola e os alunos institucionalizados*. Lisboa: Ministério da Educação.

Bardin, L. (1979). *Análise de Conteúdo*. Lisboa: Edições 70.

Birzea, C. (1986). *Operacionalizar os objetivos pedagógicos*. Coimbra: Coimbra Editora.

Boavida, J., & Amado, J. (2008). *Ciências da educação: Epistemologia, identidade e perspetivas*. Coimbra: Imprensa da Universidade de Coimbra.

Bogdan, R., & Biklen, S. (1994). *Investigação qualitativa em educação*. Porto: Porto Editora.

Bolívar, A., Domingo, J., & Fernández, M. (2001). *La investigación biográfico-narrativa en educación*. Madrid: Ed. La Muralla.

Carvalho, E. (2007). *Aprendizagem e satisfação: Perspetivas de alunos do 2º e 3º ciclo do ensino básico*. Dissertação de Mestrado não publicada. F.P.C.E. - Universidade de Lisboa

Charmaz, K. (2008). Reconstructing grounded theory. In P. Alasuutari et al. (Ed.). *The Sage handbook of social research methods* (pp. 461-477). London: Sage Publications.

Daval, R. (1963). *Traité de psychologie sociale* (Tomo 1). Paris: P.U.F.

Esteves, M (2006). Análise de Conteúdo. In J.A. Lima & J.A.Pacheco (Orgs). *Fazer Investigação* (pp. 105-126). Porto: Porto Editora

Estrela, M. T., & Estrela, A. (1978). *A técnica dos incidentes críticos no ensino*. Lisboa: Editorial Estampa.

Ferreira, E. (2007). *Contextos, pretextos e protagonismos da (In)disciplina na Escola: Um estudo de caso numa escola de 2º e 3º Ciclos*. Dissertação de Mestrado não publicada. Lisboa: Universidade, Faculdade de Psicologia e de Ciências da Educação.

Ghiglione, R., & Matalon, B. (1992). *O inquérito: Teoria e prática*. Oeiras: Celta Editora.

Glaser, B., & Strauss, A. (1967). *Discovery of grounded theory: Strategies for qualitative research*. Chicago: Aldine Publishing Co.

Goetz, J. P., & LeCompte, M. D. (1988). *Etnografía y diseño qualitativo en investigación educativa*. Madrid: Morata.

Hogenraad, R. (1984). *Notes de recherche I: Contenus mentaux et analyse de contenu*. Louvain-la-Neuve: Faculté de Psychologie et de Sciences de l'Éducation.

Holsti, O. R. (1969). *Content analysis for the social sciences and humanities*. Boston: Addison Wesley.

Kaufman, J-C (1996). *L' éntretien compréhensif*. Paris: Nathan.

Krippendorff, K. (1990). *Metodologia de análisis de contenido: Teoria e práctica*. Barcelona: Paidós.

Lassarre, D. (1978). L'analyse de contenu. *Psychologie Française*, 23(3), 167-186.

Lima, J. Á. (2013). Por uma análise de conteúdo mais fiável. *Revista Portuguesa de Pedagogia* 47-1, 7-29.

Marconi, M. A. (1988). *Técnicas da pesquisa*. S. Paulo: Atlas.

Morgado, J. C. (2012). *O estudo de caso na investigação em educação*. Santo Tirso: De Facto Editores.

Mostyn, B. (1985).The content analysis of qualitative research data: A dynamic approach. In M. Brenner, J. Brown & D. Canter (Eds.), *The research interview* (pp.115-146). London: Academic Press.

Neri de Souza, F., Costa, A. P., & Moreira, A. (2011a). Análise de dados qualitativos suportada pelo software WebQDA. In *Atas da VII Conferência Internacional de TIC na Educação: Perspetivas de Inovação* (CHALLANGES 2011) (pp. 49-56). Braga.

Neri de Souza, F., Costa, A. P., & Moreira, A. (2011b). Questionamento no processo de análise de dados qualitativos com apoio do software WebQDA. *EduSer - Revista de educação, 3*(1), 19-30.

Patton, M. G. (1990). *Qualitative evaluation methods*. California: Sage publications.

Pires, J. (2008). *Teoria e prática da análise proposicional do discurso*. João Pessoa: Idéia.

Poirier, J., Clapier-Valadon, S., & Raybault, P. (1999). *Histórias de vida*. Lisboa: Celta.

Queiroz, D. M. (2010). *A avaliação como acompanhamento sistémico da aprendizagem: Uma experiência de investigação-ação colaborativa no ensino fundamental*. Dissertação de Doutoramento não publicada. Lisboa: Universidade, Faculdade de Psicologia e de Ciências da Educação.

Richardson, R. J. (1989). *Pesquisa social*. São Paulo: Ed. Atlas.

Robert, A. D., & Bouillaguet, A. (1999). *L'analyse de contenu*. Paris: PUF.

Rodrigues, P. (2002). *Avaliação da formação pelos participantes em entrevista de investigação*. Lisboa: Fundação Calouste Gulbenkian & FCT-MCES.

Strauss, A., & Corbin, J. (1990). *Basics of qualitative research: Grounded theory procedures and techniques*. London: Sage Publications.

Vala, J. (1986). A análise de conteúdo. In A. S. Silva & M. Pinto (Orgs.). *Metodologia das ciências sociais* (pp.102-128). Porto: Ed. Afrontamento.

V PARTE
PROBLEMÁTICAS DA VALIDAÇÃO, APRESENTAÇÃO DOS DADOS E TEORIZAÇÃO

> O trabalho do investigador qualitativo tem legitimidade própria e não é simplesmente um saco misterioso onde cabem todas as coisas que não são quantitativas
>
> (Kirk e Miller, 1986).

A investigação qualitativa, uma vez que se traduz num conjunto de paradigmas opostos a uma visão positivista da ciência, compromete-se a seguir uma tendência constantemente sujeita a olhares críticos e avaliadores, prontos a negar-lhe a sua credibilidade a qualquer deslize, dado o peso que a tradição e a cultura atual conferem ao paradigma hipotético-dedutivo. Com efeito, esta preocupação com a cientificidade do conhecimento produzido leva-nos a concordar que não basta apenas saber "contar histórias convincentes" (Silverman, 1993: ix) e é preciso ter cuidado com aquilo a que Rist (1980, cit. por Howe e Eisenhart, 1993) chamou de "etnografia relâmpago" (p. 173). Porém, outras motivações há para tais cuidados acrescidos com a credibilidade das estratégias qualitativas de investigação. Como defende Follari (2008), o tribunal da razão científica é composto apenas por jurados com posições bem próximas do positivismo, pelo que elas são apresentadas, então, "como juízos universais, e esse curioso 'efeito de leitura' é uma das principais causas das dúvidas sustentadas nos métodos qualitativos de aproximação às ciências sociais" (p. 76). Também é do conhecimento geral que os motivos desta preferência tradicional pelo paradigma hipotético-dedutivo não são meramente científicos, mas prendem-se ainda, às vezes de uma forma eventualmente perversa, com a mentalidade utilitarista e tecnocrata dos consumidores e financiadores da investigação (Ferrarotti, 2007).

Nesta parte do manual faremos uma breve introdução à questão geral da validação do conhecimento científico, para depois avançarmos com algumas notas sobre a problemática específica da validação ecológica, própria do paradigma fenomenológico-interpretativo, com especial destaque para as questões da credibilidade, da transferibilidade, da confiança e da confirmabilidade. Acrescentaremos ainda algumas notas sobre os critérios de validação nos paradigmas sócio-crítico e pós-modernos, para afirmarmos, finalmente, a extrema complexidade do que está em jogo ao procurarmos validar os resultados de uma investigação qualitativa.

Subjacente à preparação dos textos esteve a convicção, por parte dos seus autores, de que fazer ciência implica uma postura de verdadeira 'vigilância epistemológica'. De facto, ao grande repertório de estratégias e de técnicas de investigação qualitativa em educação (cf. Major e Savin-Baden, 2011), torna-se indispensável acrescentar uma permanente atitude reflexiva, mormente sobre as condições em que a mesma é e deve ser feita para ser válida e aceite como 'ciência' pela comunidade científica (Bridges, 2006).

Concordamos com Janesick (1994), quando esta autora defendeu que o caráter excessivamente psicométrico da investigação em educação conduziu, durante muito tempo, a uma espécie de despersonalização das pessoas estudadas, retirando-as do seu contexto de significações. Além disso, "considerando a complexidade das interações humanas e dos contextos de vida, dificilmente se aceitará que os mesmos possam ser explicados, de forma exaustiva, pelo estabelecimento de relações de causalidade ou pela formulação de teorias assentes em postulados estatísticos" (Vieira, 2004:61). No entanto, entendemos ser prudente uma atitude de permanente subjetividade disciplinada por parte de quem faz investigação qualitativa, para não dar razão aos que a acusam de constituir um conjunto de estratégias *light* de pesquisa ou um tipo de "pesquisa *soft*, indicada para os estudos menos rigorosos" (LeCompte, 1997:247).

Juntamente com um capítulo sobre a problemática da validação e dos critérios propostos pelos diversos paradigmas de base qualitativa, avançaremos um outro sobre os processos de *apresentação e discussão dos dados*, que acompanham igual variedade de modalidades de exposição e de escrita final dos resultados da investigação. Também aqui não deixaremos de abordar a polémica em torno da escrita suscitada pelos paradigmas pós-modernos para quem o próprio ato de escrever é já em si mesmo um processo de investigação e de descoberta, um processo de criação de sentidos e de realidades. Nesta perspetiva, a diversidade de géneros de escrita permite a construção de múltiplas realidades, o que nos coloca longe da ideia de que a escrita é um processo de transmissão de uma realidade exterior à criatividade do sujeito (até porque essa realidade não existe). Perguntaremos, ainda: em que consiste interpretar e teorizar? E como chegar a esse ponto não perdendo a coerência em relação aos dados, nem distorcendo o sentido que lhes foi dado pelos sujeitos investigados e participantes? A reflexão que estas perguntas suscitam e exigem terá o seu desenvolvimento na parte final deste capítulo.

Terminaremos com uma breve consideração acerca dos princípios éticos exigidos por qualquer tipo de investigação, acentuando, no entanto, alguns aspetos próprios das estratégias qualitativas de investigação, com particular destaque para a investigação em educação – em especial, a necessidade de não trair a confiança depositada no investigador pelas pessoas participantes no trabalho desenvolvido no terreno de pesquisa.

João Amado & Cristina C. Vieira
Universidade de Coimbra

V – 1. A VALIDAÇÃO DA INVESTIGAÇÃO QUALITATIVA

As questões relativas à aplicabilidade e credibilidade científica da investigação qualitativa colocam-se, de um modo muito intenso, se nos posicionarmos no confronto entre paradigmas, se tivermos em conta a dominância do paradigma positivista e, ainda, a reconhecida dificuldade em conceber a complementaridade paradigmática.

No entanto, seja qual for o paradigma em que nos situemos, haverá sempre necessidade de demonstrar a credibilidade das conclusões a que se chega, a adequabilidade das respostas dadas às questões de partida da investigação, e a legitimidade dos processos metodológicos utilizados para o fazer (cf. Vieira, 1995a,b; 1999). E isto deverá fazer-se, ainda que no interior de cada paradigma se entenda diferentemente o problema e não haja univocidade no conjunto de conceitos em jogo.

Segundo Guba (1989:236; cf. Boavida e Amado, 2008:101; Marshall e Rossman, 1995:143), a problemática da validade da investigação sintetiza--se nas seguintes questões:

- 'Como estabelecer confiança na verdade das descobertas de uma investigação particular, para os participantes e contexto em que se levou a cabo a dita investigação?'. Procura-se responder acerca do *valor de verdade*.
- 'Como determinar o grau em que podem aplicar-se as descobertas de uma investigação particular, a outros contextos ou com outros participantes?'. Aqui é de *aplicabilida de* que se trata.
- 'Como determinar se as descobertas de uma investigação se repetiriam de um modo consistente se se replicasse a investigação com os

mesmos participantes (ou semelhantes), no mesmo (ou semelhante) contexto?'. Procura-se pois saber a *consistência* do método.

- 'Como estabelecer o grau em que as descobertas resultam apenas em função dos participantes investigados e condições da investigação e não se devem às inclinações, motivações, interesses, perspetivas, etc. do investigador?'. O problema aqui é o da *neutralidade*.

Se cruzarmos estas questões no interior dos paradigmas hipotético-dedutivo e fenomenológico-interpretativo, veremos que cada um deles aponta para soluções diferentes, como se expressa no quadro n°.15.

Quadro n°. 15- Critérios de credibilidade do conhecimento científico segundo diferentes paradigmas

Critérios de comparação	*Paradigma hipotético-dedutivo*	*Paradigma fenomenológico-interpretativo*
Valor da verdade	Validade interna	Credibilidade
Aplicabilidade	Validade externa / Generabilidade	Transferibilidade
Consistência	Fiabilidade	Confiança
Neutralidade	Objetividade	Confirmabilidade

Para além das diferenças entre os paradigmas referidos no que respeita ao problema da validade da investigação, e que abordaremos de forma muito simplificada na secção seguinte, acrescentaremos ainda, em momento posterior, outras visões e soluções do problema, geradas no interior de outros paradigmas emergentes no decurso da história da investigação qualitativa (paradigma sócio-crítico e paradigmas pós-modernos).

V - 1.1. Paradigma fenomenológico-interpretativo e validação ecológica ou naturalista

Apesar da controvérsia, há que reconhecer, na sequência de muitos investigadores (e.g., Goetz e LeCompte, 1988; Guba, 1989; Lincoln e Guba, 1985), que no interior do paradigma fenomenológico-interpretativo se deve garantir, pelo menos, que os dados correspondam à realidade, que existe 'coerência interna' entre eles, e que as conclusões obtidas através dos processos de codificação – utilizados na análise de conteúdo dos dados – e de seleção da informação trabalhada, e disponibilizada publicamente, são plausíveis e se integram no corpo teórico de conhecimentos já existente sobre o tema (Follari, 2008; Huberman, 1981; Hébert *et al.*, 1994). Estamos de acordo com Follari (2008), quando este autor afirma que o discurso "deverá obedecer a certas condições de validade, de entre elas, à de um mínimo de validade intersubjetiva, especificação de teorias, métodos e técnicas, ou à congruência interna da explicação oferecida" (p. 78). Por tudo isso, um bom plano de investigação deve prever as estratégias necessárias e a sua correta aplicação, para pôr de parte as 'hipóteses rivais' (Maxwell, 1996:88) plausíveis, garantindo que as nossas conclusões decorrem de uma investigação rigorosa, ainda que aberta à crítica e à revisibilidade (Popper, 1998, 2003).

Esta foi, aliás, a posição dos autores que se enquadram no *período modernista ou idade de ouro* (1950-1970), segundo a periodização de Denzin e Lincoln (2003), referida na primeira parte [85] deste manual. Estes autores e toda a sua escola revelam, com efeito, uma preocupação por 'capturar a realidade', procurando, igualmente, submeter-se aos critérios tradicionais de validação – preocupação pela validade interna e externa (neste caso: *credibilidade* e *transferibilidade*), procedimentos estandardizados de recolha e de análise dos dados (*confiança* e *confirmabilidade*, obtidos através de quantificações, emprego de programas computorizados para a análise da informação, retorno das interpretações aos participantes estudados, etc.). Não se trata, portanto, de negar a necessidade de um esforço de validação, nem de o 'ultrapassar', mas de "'passar por ele' fazendo-o *numa outra direção*" (Esteves, 1986:252). Uma direção que dá um peso determinante aos processos de recolha e de análise de dados, ao papel central e 'vivo' (Punch, 1994) da pessoa do investigador, ao retorno ao contexto, tantas vezes quantas as necessárias, até se obter a chamada saturação dos dados, e a uma análise constante das interpretações efetuadas, sempre que possível com recurso a uma triangulação

---

[85] Em parte, esta era também uma preocupação dos autores que se enquadram no *período da indiferenciação de géneros* (*blurred genres*), entre 1970 e 1986 (cf. cap. I-122).

de avaliadores (nos quais se incluem, necessariamente, os participantes). Por tudo isto, torna-se indispensável que, numa investigação de natureza qualitativa, se explicitem claramente as fases do processo e as respetivas metodologias de recolha e de análise de dados, quer para possibilitar o ajuizamento público sobre a credibilidade do conhecimento produzido, quer para permitir a outros investigadores a repetição da pesquisa, ou a condução de um trabalho análogo no mesmo contexto ou em outros terrenos férteis semelhantes.

Seguidamente veremos como, sobretudo no âmbito do *período modernista ou idade de ouro,* se procurou dar resposta às quatro questões fundamentais acima destacadas, tendo como referenciais o quadro anterior e o contraste/oposição entre paradigmas.

V – 1.1.1. O valor de verdade – validade interna *versus* credibilidade

Retomando o esquema anterior (quadro nº 15) podemos dizer que a resposta à questão de 'como estabelecer confiança na verdade das descobertas de uma investigação particular, para os participantes e contexto em que se levou a cabo a dita investigação?', vai depender essencialmente da correção e exatidão da descrição dos dados (procedente do uso adequado de estratégias para os obter), da precisão das interpretações e do rigor das conclusões.

Numa investigação realizada no quadro do paradigma hipotético--dedutivo fala-se, então, de *validade interna,* procurando com isso saber se "a conclusão é sustentada por aquilo que foi feito na investigação e pelos resultados obtidos; isto inclui a operacionalização das variáveis, o plano ou *design* da investigação, o controlo das variáveis parasitas, a precisão e validade dos instrumentos, a utilização correta das técnicas de análise dos dados, etc." (Boavida e Amado, 2008:102).

No caso da investigação produzida com base no paradigma fenomenológico--interpretativo, mantém-se a necessidade de garantir a correção e exatidão dos dados (isto é, que o assunto foi cuidadosamente identificado e descrito), e a correção das interpretações. Contudo, neste caso, o que se procura garantir é a *credibilidade* do processo e das conclusões, dada a natureza dos instrumentos, a forte dependência de todo o processo relativamente à essência da interação estabelecida entre observador e observado e, ainda, dada a natureza dos objetivos deste tipo de investigação. Para que haja 'credibilidade' é necessário que todo o processo se tenha desenrolado de forma 'credível', 'documentada' e 'lógica'[86]. E, neste ponto, há que distinguir vários níveis de credibilidade: *descritiva, interpretativa* e *teórica*[87]. Passamos a tentar dar-lhes uma possível definição operacional, para que os seus pressupostos teóricos se consigam traduzir em aspetos práticos no decurso da investigação.

- *A credibilidade descritiva*

Obtém-se durante a própria recolha de dados, sendo necessário garantir, acima de tudo, a fidelidade da descrição do que se viu e ouviu (o que pode ser facilitado através do uso de registos magnéticos, como o gravador e o vídeo). Como diz Wolcott (1990:27, cit. por Maxwell, 1992:286), a "descrição é o alicerce sobre o qual se constrói a investigação qualitativa".

Este grau de credibilidade assenta em procedimentos de recolha de dados corretamente aplicados, bem como:

- na presença prolongada em trabalho de campo (no caso da observação participante – o que já não acontece num estudo meramente assente em entrevistas, onde a reatividade é muito maior);
- nas múltiplas observações de acontecimentos típicos e atípicos, o que permite as comparações constantes de dados e a triangulação da informação.

---

[86] A descrição de todos os passos dados no terreno e durante a análise dos dados constitui um elemento importante para ajuizar da credibilidade; igualmente importante é a apresentação em anexo a uma investigação, sempre que possível (como no caso de uma dissertação ou tese académica), do corpo documental ou parte dele [registos, transcrição das entrevistas (ainda que não apareçam na íntegra, para evitar a quebra de anonimato dos participantes, por exemplo), notas de campo], e da matriz da análise de conteúdo.

[87] Cruzamos aqui a proposta de Maxwell (1992; 1996: 89; cf. Boavida e Amado, 2008:104) que considera a existência de três tipos de validade: descritiva, interpretativa, teórica.

- *A credibilidade interpretativa*

Consiste no facto de os registos captarem fielmente o 'ponto de vista' ou a 'perspetiva' dos atores – incluindo-se aqui, as suas intenções, crenças, afetos e avaliações. O tempo prolongado de presença no terreno é, também, um meio para se alcançar esta validação pois, ao longo dos meses e dos anos, vai-se formando uma noção real do que é verdadeiro ou falso, do que é relevante ou não, neste encontro entre seres humanos – o investigador e os investigados (cf. Measor, 1985:74; Wolcott, 1993:148). É necessário, pois, ouvir e distinguir as nossas conceções, enquanto investigadores, das que são expressas pelas pessoas a quem reconhecemos o papel de informantes-chave, dando-lhes oportunidade de dizer o que pensam (questões abertas e comprovação com os participantes). Não é uma exigência fácil, já o dissemos. A este propósito, Pires (2008) chama a atenção para o facto de que, "apesar de o pesquisador dever associar os resultados da análise com os eixos teóricos da sua pesquisa, é preciso que estes não provoquem uma manipulação dos resultados, nem funcionem como uma espécie de 'dissonância cognitiva', servindo de filtro ou espelho deformantes da interpretação das informações discursivas, postas a serviço de teorias" (p. 124). Na alínea V – 2.2. (Interpretação e Teorização) voltaremos a este tema.

- A *credibilidade teórica*

Refere-se à interpretação dos dados e à construção teórica que, atravessando a credibilidade descritiva e interpretativa, vai tendo lugar durante o estudo e é, também, o seu fecho. É preciso verificar o isomorfismo e a coerência entre os dados recolhidos junto das pessoas observadas e a construção interpretativa e teórica realizada pelo observador. Entram aqui em jogo aspetos como os da *aplicabilidade* ou *generalização* das conclusões, bem como a necessidade de ter em conta o rigor de todos os procedimentos da investigação (recolha, análise e controlo).

Para a verificação deste isomorfismo, o investigador tem à mão vários procedimentos possíveis, sempre inspirados nas propostas de Denzin

(1978; cf. Vieira, 1998:765-766), Guba (1981; cf. Vieira, 1999:102-103) e de Lincoln e Guba (1985; cf. Boavida e Amado, 2008:105), os quais foram sendo afinados por outros autores posteriores, em domínios diversos:

- Procedimentos de análise de dados – *a triangulação*. Estes procedimentos podem traduzir-se:

    - no cruzamento dos dados registados com base em vários métodos e técnicas e a partir de várias fontes (Maxwell, 1996:93);
    - no cruzamento das perspetivas de diversos informantes (Vasquez e Martinez, 1996:43), depois de se ter procedido à sua codificação;
    - no cruzamento dos dados e interpretações obtidas através de análises quantitativas (caso existam) e qualitativas (Cook e Reichardt, 1986, cit. por Guerrero López, 1991:18);
    - no cruzamento de conclusões de diversos investigadores [isto pode traduzir-se, ainda, numa "constelação de dados complementares, referentes a diferentes aspetos de um lugar ou diferentes lugares" (Hammersley e Atkinson, 1994:217)].

A triangulação "reflete uma tentativa de assegurar uma compreensão em profundidade do fenómeno em questão" (Denzin e Lincoln, 2003:8), mas enquanto não se operarem estes cruzamentos, o investigador deve manter-se "numa posição de dúvida" (Iturra, 1986:153).

- Procedimentos de controlo, nas seguintes modalidades:

    - *Corroboração pelos participantes* – Neste caso solicita-se aos participantes que façam leituras dos dados recolhidos (por exemplo, depois da transcrição de uma entrevista) e comentários sobre as interpretações e conclusões. A comprovação deve ser feita de modo a não ferir suscetibilidades nem violar o direito à privacidade (Measor, 1985). Contudo, não se deve tomar como necessariamente válido o pronunciamento dos participantes (Maxwell, 1996:94). Peter Woods (1999:55) designa

o processo como 'validade respondente', e considera que ele nem sempre é desejável ou apropriado.
- *Procedimentos quase-estatísticos* – Como em muitas investigações qualitativas existe uma dimensão quantitativa implícita, que decorre naturalmente da leitura dos próprios dados (por exemplo, quantidade de fontes, discrepâncias, etc.), torna-se necessário explicitar esses dados nas conclusões, segundo nos adverte Becker (1970, cit. por Maxwell, 1996:95), o que as torna mais objetivas.
- *Comparação com grupos de controlo* – Um procedimento que pode encontrar-se em estudos qualitativos, sobretudo quando realizados em múltiplos locais. Mas, num estudo de caso, podem fazer-se comparações com o que informa a literatura relevante, ou, como num estudo de Martha Regan-Smith (1992, cit. por Maxwell, 1996) em que "os estudantes que ela entrevistou contrastavam explicitamente aqueles professores com outros cujas aulas eles sentiam não lhe oferecer tanto apoio" (p. 96), informações estas que eram corroboradas pela observação participante da investigadora.

Pode dizer-se que a 'verdade' afirmada vale tanto quanto o garantem os processos e os instrumentos utilizados na investigação; por isso torna-se fundamental que esta assente em processos controláveis e coerentes entre si. Mesmo assim, ficar-se-á sempre longe da 'verdade absoluta' (Phillips e Burbules, 2000)[88].

V – 1.1.2. A aplicabilidade – generalização *versus* transferibilidade

O problema da aplicabilidade consiste em saber *como determinar o grau em que podem aplicar-se as descobertas de uma investigação particular,*

---

[88] Phillips e Burbules (2000:4) recordam as palavras de Dewey, para quem uma "convicção autorizada" deve apoiar-se em "investigações competentes".

a outros contextos ou com outros participantes. No caso do paradigma hipotético-dedutivo, procura-se saber se se podem fazer *generalizações* estatisticamente confirmáveis. Na investigação qualitativa, por seu turno, questiona-se até que ponto as conclusões podem ser *transferidas* para outros contextos relativamente próximos e homogéneos.

Como diz Erickson (1989:223 e 268), o grande objetivo da investigação qualitativa é 'particularizar', ao contrário de generalizar[89], uma vez que as conclusões devem referir-se sempre a determinado contexto, sublinhando a especificidade do que é singular e excecional. Existe, porém, a possibilidade de uma *generalização interna* (Maxwell, 1992) ao próprio caso estudado, dependendo dela, segundo o mesmo autor, a validade descritiva, interpretativa e teórica do estudo.

Acresce, ainda, que a impossibilidade de fazer uma generalização externa na investigação qualitativa não impede que se possa realizar (de forma moderada[90], tendo em conta as especificidades de cada situação), alguma transferência entre contextos, como consequência de certas semelhanças entre eles (Guba, 1989:153; Wollcot, 1993:138). Neste caso, como diz Rodrigues (1992), a transferibilidade procede pelo "reconhecimento da *semelhança* entre objetos e questões dentro e fora do contexto, permanecendo sensível à variação natural dos fenómenos e reconhecendo que a verdade se encontra tanto no geral e no típico, como no particular e no atípico. Nesta perspetiva, a generalização procede antes caso a caso, correspondendo a uma transferência para um caso semelhante e não para uma população, raramente assumindo a forma de *previsões*, mas frequentemente ou geralmente conduzindo a *expectativas*" (p. 39).

---

[89] Note-se que a transferibilidade é também designada de diversos outros modos, como: *generalização naturalista* (Guba, 1981; cf. Maxwell, 1992; Johnson, 1997:197), *generalização externa, generalização intermédia* e '*irmanação*', na medida em que uma tal generalização "permite estender os resultados descobertos a grupos próximos e homogéneos" (Zabalza, 1994: 84).

[90] Diz Morse (1997) que "os investigadores qualitativos são teoricamente tímidos" (p. 176), mantendo-se no interior dos seus dados e evitando generalizações; a moderação de que falamos não resulta da 'timidez', mas do reconhecimento da especificidade epistemológica dos paradigmas de investigação qualitativa e do reconhecimento da complexidade das realidades sociais estudadas.

Recordamos ainda as palavras de Zabalza (1994), a este propósito e já atrás citadas invocando a *generalização intermédia* (cf. cap. II-2.6.1.); diz ele que apesar de não estar preocupado com a generalização: "de todas as formas, qualquer investigação, pelo menos implicitamente, tem um compromisso com a generalidade e com o desenvolvimento da teoria de que parte, e, neste sentido, as disjuntivas intensivo-extensivo, nomotético-idiográfico, estão sempre presentes no planeamento e no desenvolvimento das investigações" (p. 86). Ou, ainda, estas outras palavras de Pais (2001:109): "um caso não pode representar o mundo, embora possa representar um mundo no qual muitos casos semelhantes acabam por se refletir".

V – 1.1.3. A consistência – fiabilidade *versus* confiança

O problema que aqui se coloca é, repetimos, *como determinar se as descobertas de uma investigação se repetiriam de um modo consistente se se replicasse a investigação com os mesmos participantes (ou semelhantes), no mesmo (ou semelhante) contexto.*

A *consistência* no paradigma hipotético-dedutivo traduz-se na fiabilidade dos instrumentos, permitindo que diferentes investigadores, utilizando os mesmos meios, possam tirar conclusões estatisticamente comparáveis, repetíveis e replicáveis (Rodrigues, 1992:39). Está aqui especialmente em jogo a *consistência de um método*. Neste caso, "a tónica é colocada primordialmente no tipo de técnica de recolha de dados" (Vieira, 1999:93), que o investigador escolhe antes de iniciar a pesquisa. De facto, "quando diferentes observações de um mesmo fenómeno conduzem à obtenção de resultados semelhantes, diz-se que o instrumento é fidedigno" (Vogt, 1993:195).

Na investigação fenomenológico-interpretativa não é de fiabilidade (no sentido positivista) que se trata, mas de *confiança nas intenções e nos processos metodológicos do investigador.* Esta preocupação tem a ver "não com os instrumentos *per se*, mas sim com a consistência do estilo interativo do investigador, do tipo de registo de análise dos dados e da interpretação que este faz dos significados individuais captados durante o trabalho de campo com os participantes" (McMillan e Schumacher, 1989:188). Pode ser-se 'fiável' mas não válido, não se pode é ser 'válido' sem se ser fiável. A este respeito, Bartelett e colaboradores (2001:53) dão--nos como exemplo um inspetor que passa um teste a uma turma e que pede para os estudantes assinarem o teste (é fiável); as respostas virão a ser condicionadas por este facto e podem não refletir verdadeiramente o pensamento dos inquiridos (não é válido).

Na realidade, um dos grandes problemas que se coloca à fiabilidade dos estudos qualitativos é o facto de eles não assentarem numa definição apriorística dos conceitos, uma vez que eles vão sendo construídos e refinados à medida que cada investigação vai decorrendo (Vieira, 2011) nos contextos que lhes dão sentido. Por isso mesmo, também se torna difícil compreendê-los fora do contexto particular onde foram gerados, o que levanta problemas à replicação das conclusões por outras pessoas interessadas em repetir a pesquisa.

Para se obter uma boa 'consistência' e 'confiança' nos resultados – na base de um olhar crítico sobre o trajeto percorrido, mais do que na suposta possibilidade de o percorrer de novo – são necessários pelo menos dois grandes requisitos. O primeiro consiste na necessidade de que o trabalho realizado pelo investigador (do ponto de vista do estilo de interação e da sistematicidade dos métodos usados na recolha e na análise dos dados) seja cuidadoso, exaustivo, de modo a possibilitar a 'triangulação' das conclusões, em função de alguma diversidade de técnicas de recolha de dados. O segundo requisito consiste numa descrição rigorosa dos processos de investigação utilizados – descrição que traduza técnicas e estilos de interação ou modos de criar confiança nos investigados – e dos contextos em que a pesquisa se produziu.

V – 1.1.4. A neutralidade – objetividade *versus* confirmabilidade

Neste ponto particular impera a seguinte questão: *Como estabelecer o grau em que as descobertas resultam apenas em função dos participantes investigados e condições da investigação e não se devem às inclinações, motivações, interesses, perspetivas, etc., do investigador?* No paradigma hipotético-dedutivo, o que aqui está em jogo é a questão da objetividade, presumivelmente alcançável através do uso correto de metodologias fiáveis e da 'suposta' neutralidade do investigador[91]. Como diz Rodrigues (1992, referindo Lincoln e Guba, 1985), a neutralidade "corresponde ao grau em que os resultados são apenas função do objeto e das condições de investigação e não dos vieses, motivos, interesses e perspetivas do investigador" (p. 40).

Segundo o mesmo autor, no paradigma fenomenológico-interpretativo apela-se mais para as noções de *intersubjetividade* e de *confirmabilidade* do que de objetividade. Contudo, a neutralidade aqui pode ter o sentido de "*imparcialidade*, ou seja, de representação equilibrada e equitativa das diferentes (e, porventura, conflituantes) perspetivas dos implicados ou participantes" (Rodrigues, 1992:40).

Por outro lado, há neutralidade se procurarmos que as conclusões assentem tanto quanto possível nas interpretações das pessoas estudadas (por elas confirmáveis) e não nos pré-juízos e pré-conceitos do investigador. É também esta corroboração das conclusões pelos participantes que permite dar o legítimo relevo à sua 'voz' (tanto ou mais importante quanto ela habitualmente não é ouvida, como o destacam os paradigmas sócio-críticos e pós-modernos). Esta estratégia poderá aproximar-se de uma *objetivação participante,* de que fala Bourdieu (1993).

Maxwell (1996:90) considera que os dois grandes inimigos da validade são as teorias prévias e preconceitos do investigador (*research bias*) e a reatividade das pessoas investigadas (*reactivity*). Para combater os primeiros há que estar atento, num constante esforço de reflexibilidade e subjetividade disciplinada, aos seus possíveis efeitos. Quanto à *reatividade* (pense-se na importância deste fenómeno, por exemplo, nas entrevistas biográficas), o autor mencionado defende que o objetivo não

---

[91] Guba (1989:154) chama a atenção para a existência de muitos preconceitos – nomeadamente étnicos – na investigação social (por exemplo, o problema da quociente de inteligência), o que revela como é difícil a objetividade mesmo usando testes padronizados.

será eliminar a probabilidade da sua ocorrência, mas tentar compreendê-la e usá-la, se possível, de modo produtivo para fins de pesquisa.

Pode dizer-se, então, que no paradigma fenomenológico-interpretativo, a neutralidade é difícil, na medida em que investigador e participantes poderão estar muito próximos em termos emocionais, sociais e culturais. Pode ainda acontecer que quem faz investigação não esteja pronto para enfrentar o perigo de 'tornar-se nativo' (*going native*), sendo incapaz de fazer análises 'isentas' das situações estudadas (Vieira, 1998). No entanto, não é impossível, sendo para isso necessário que o investigador saiba executar "o exercício dialético de proximidade e afastamento, para o qual deve ter sido preparado quando se formou como investigador" (Estrela, 2007a:27).

V - 1.2. A validação nos paradigmas sócio-crítico e pós-modernos

As orientações expostas no ponto anterior deste capítulo são rejeitadas por tradições mais recentes, na linha de sensibilidades pós-estruturais, pós-modernas e críticas ('não-fundacionalistas'[92]). Para estas sensibilidades, "a realidade social é uma construção mediada e filtrada sempre pelas lentes da linguagem, do género, da classe social, da raça e da etnicidade" (Denzin e Lincoln, 2003:31). Não se trata de observações objetivas, mas apenas de observações socialmente situadas nos mundos *do* – e *entre o* – observador e do observado. Não se podem colocar, pois, nesta perspetiva, as tradicionais questões da objetividade e da separação entre sujeito e objeto.

Na perspetiva pós-moderna, já o dissemos (cf. cap. I-1.3.), logo à partida se nega a ideia de que a verdade implique uma 'correspondência' com realidades externas aos participantes e 'representadas' pelos conceitos. Nega-se a neutralidade do investigador, quando mais não seja, porque foi ele quem selecionou os dados, quem criou os instrumentos de recolha dos

---

[92] As teorias 'fundacionalistas' são as que, em torno de certas conceções do mundo, assentam num modelo de verdade revelada e, como tal, de algum modo sagrada. Por outras palavras, o conhecimento funda-se em dados certos "a partir dos quais se derivam conclusões lógicas que podem ser rigorosamente testadas" (Hammersley, 2008: 42).

mesmos e quem dialogou com teorias pré-existentes para os interpretar. Considera-se que a submissão a determinados critérios de validação, como os referidos na secção anterior e dentro do 'tradicional' paradigma fenomenológico-interpretativo, é apenas uma certa maneira de fazer ciência, que silencia muitas outras vozes e outros critérios (Denzin e Lincoln, 2003). Com efeito, os autores pós-modernos conferem "legitimidade a todas as vozes e a todas as narrativas", ao mesmo tempo que operam um derrube de fonteiras e de limites entre diversas formas de conhecimento (Estrela, 2007a, 2007b).

Sendo a experiência humana o verdadeiro objeto da investigação, reconhece-se que ela não se capta pela aplicação de um simples método, mas deve ser objeto de um largo espectro de métodos interpretativos, sempre no sentido de se "procurar o melhor caminho para tornar mais inteligível o mundo da experiência" (Denzin e Lincoln, 2003:31). A hermenêutica tornou-se, deste modo, a metodologia geral de compreensão e de interpretação para estas novas correntes.

No quadro da hermenêutica, não faz sentido considerar de um lado o investigador e do outro lado o investigado; pelo contrário, ambos entram numa relação de diálogo, de interlocutores que cruzam entre si diversos pontos de vista, que aprendem mutuamente e constroem conhecimento em conjunto. Pode dizer-se, então, que a relação entre investigador e o objeto de estudo é ativa e criadora de sentido, sendo de importância fundamental para a compreensão das significações intersubjetivas (Unger, 2005), significações essas, por sua vez, dependentes dos contextos históricos e sociais. A neutralidade é, pois, um mito, já que todo o conhecimento, especialmente em ciências sociais, é cultural e historicamente enraizado, possuindo valores morais e políticos ocultos que poderão estar ao serviço de interesses e propósitos determinados (Howe, 2001).

No dizer de Smith e Deemer (2003:438), e tendo em conta tudo o que vimos dizendo, chegou a altura de uma mudança 'de conversa' e de fazer a transição entre a perspetiva dos que descobrem (*discovers/finders*), para a perspetiva dos que constroem (*constructors/makers*). As orientações de caráter construtivista (o paradigma sócio-crítico e os pós-modernos) consideram que a realidade se constrói a partir da relação sujeito investigador/sujeito investigado. Sendo assim, não há, portanto, preocupação por uma verdade objetiva, exterior, como não há preocupação pela verificação dessa mesma verdade (inspiradora de hipóteses prévias, numa investigação hipotético-dedutiva).

A aceitação da 'metáfora da descoberta' *versus* 'metáfora da construção' tem enormes consequências que não se ficam por uma forma diferente de relatar a investigação, mas que se estendem à noção de quem somos, do que fazemos, que mundo construímos (Denzin e Lincoln, 2003). Os referidos autores (*ibid.*, 441) colocam-nos perante este exemplo: falar de crianças com dificuldades de aprendizagem é permanecer no contexto da descoberta; encontrar razões sociais e históricas para caracterizar, desse modo, as crianças, é entrar na esfera da construção. Ora, do ponto de vista da construção, o problema é saber porque é que construímos um mundo assim – portanto, a questão volta a ser mais de ordem ética e política do que epistemológica. Ou, como diz Lather (2001:245), "a epistemologia torna-se num problema ético e a preocupação pelo objetivismo é substituída pela ligação da investigação à ação social". A investigação passa a exigir, por isso, novas práticas na recolha de dados (investigação-ação) e na escrita (como veremos no ponto V – 2.1.2.).

Os não-fundacionalistas consideram, antes de tudo, que a investigação é um processo social "no qual construímos a realidade, à medida que avançamos, e como um processo social no qual nós, num e mesmo tempo, construímos os nossos critérios para julgar as investigações enquanto avançamos" (Smith e Deemer, 2003:442). Neste caso, os critérios de validação "não poderão ser pensados de modo abstrato, mas como uma lista de características que julgamos, ou com que concordamos mais ou menos em determinado tempo e espaço, servirem para definir a boa ou má investigação" (*ibid.*, 454).

Segundo os autores citados, é também altura de aceitar que o relativismo faz parte da nossa inevitável condição enquanto seres humanos finitos, condição com a qual temos de aprender a viver (uma aceitação até certo ponto negada pelas outras orientações epistemológicas). Isto não quer dizer que todos os julgamentos sejam válidos e que 'tudo serve' (*anything goes*)[93]; até porque essa mesma consideração requereria "para a sua validade um conceito viável de absoluto" (Smith e Deemer, 2003:440). Tal como não se pode falar de 'absoluto' sem embaraço, não se pode dizer que 'tudo serve' sem igual embaraço, porque há que obedecer a um conjunto de critérios, ainda que bastante distintos dos anteriores. De facto, parece ganhar agora novo folgo a posição de Kirk e Miller (1986, cit. por Silverman, 1993), já com quase três décadas, que defende ter legitimidade própria aquilo que é produzido pelas estratégias qualitativas de investigação, não representando elas, simplesmente, um saco misterioso onde cabem todas as coisas que não são quantitativas.

Seguindo Richardson (2003), entre outros autores (Hammersley, 2008; Smith e Deemer, 2003; Roberts, 2002), podemos avançar um conjunto de critérios, não epistémicos, utilizados pelas perspetivas pós-modernas na avaliação da 'cientificidade' de certos trabalhos, algo distantes de tudo o que dissemos sobre a validade descritiva, interpretativa e teórica preconizada pela investigação tradicional. Passamos a apresentá-los de forma resumida.

– *Contribuição substantiva*. Neste critério particular colocam-se as seguintes perguntas: *O estudo contribui de modo substantivo para a compreensão da vida social? O autor revela uma perspetiva social científica profundamente enraizada? Até que ponto a sua perspetiva deu forma à construção do texto?*. Consiste, portanto, num conjunto de preocupações que decorrem do facto de este tipo de investigação se propor construir uma teoria que nunca perca a referência a dados contextuais, empíricos, e sirva, efetivamente, para a sua compreensão.

– *Ética*. Trata-se, agora, da salvaguarda das questões éticas na investigação. Isso mesmo deve incluir uma preocupação pelo 'cuidado', uma

---

[93] Célebre expressão de Feyerabend (1981) que deve ser entendida "como reação a certas conceções metodológicas demasiado rígidas e intransigentes" (cf. Boavida e Amado, 2008).

partilha de decisões com os investigados (por exemplo, acerca do *que* e do *como* investigar, o que põe em causa o poder do investigador), uma aproximação aos membros da comunidade, uma vontade de construir um mundo diferente, etc.

– *Mérito estético*. Aqui imperam dúvidas do tipo: O texto tem uma forma esteticamente aceitável? O texto faz uso de práticas criativas analíticas e convida a respostas interpretativas? O texto está construído de forma estética, satisfatoriamente complexa e não aborrecida? A este propósito, Peter Woods (1999) dá conta de como diversos autores apostam numa linguagem estética, recorrendo mesmo à poesia, "como forma valiosa de apresentação da investigação qualitativa" (pp. 99-112). Segundo Rose (1990:56, cit. por Woods, 1999:99), "o futuro da etnografia reside numa relação mais sofisticada e autoconsciente com a novela, isto é, com as possibilidades que a novela (ela própria experimental) nos abriu". No entanto, parece não haver uma 'receita' para este tipo de escrita (Noy, 2003), havendo, por isso, alguma margem de liberdade deixada aos investigadores, quanto à forma de apresentarem por escrito os seus trabalhos de pesquisa.

– *Reflexividade*. Neste critério convém dar resposta a questões como: O autor conhece a epistemologia pós-modernista? Como é que o autor escreveu o texto? Como é que recolheu os dados? Como é que a subjetividade do autor se tornou ao mesmo tempo um agente produtor e produto do texto?

– *Impacto*. Quanto ao critério do impacto, e numa tentativa de subjetividade disciplinada e de capacidade de autoanálise por parte da pessoa do investigador, há que responder às seguintes perguntas: O texto afeta-me? Emocionalmente? Intelectualmente? Gera novas questões? Leva-me a escrever? Move-me a tentar novas investigações? Move-me para a ação?

– *Expressão da realidade*. Finalmente, e tendo em vista eliminar qualquer dúvida na comunidade científica, quanto à credibilidade do trabalho desenvolvido e relatado, urge dar resposta a uma questão fundamental: O texto afigura-se verdadeiro, isto é, consiste numa exposição credível do sentido do 'real' cultural?

Para além destes critérios, há ainda todo um conjunto de outros possíveis, que podem e devem ser criados durante o próprio esforço de investigação e com o contributo das pessoas participantes. Trata-se, neste caso, de uma validação situada, imanente. Para Lather (2001:244), todo o esforço de resolução do problema da validade do conhecimento será sempre 'parcial, situado e temporário', o que implica a necessidade de construir um discurso 'constitutivo' *versus* um discurso 'regulatório'. O discurso constitutivo está atento às práticas contextualizadas no interior da pesquisa e ao contexto cultural e social em que a mesma se realiza, aproximando entre si a dimensão ética e a dimensão epistemológica. Neste caso, a legitimidade do conhecimento produzido fica dependente desse discurso constitutivo, realizado durante a investigação e com todos os envolvidos, deixando de obedecer a um discurso regulatório, completamente sujeito a um poder exterior ao grupo, que define o que é e o que não é ciência.

Richardson (2003), ainda, tendo por base os critérios acima expostos, considera que procedimentos como o da triangulação, referidos e explicados no capítulo anterior, devem ser substituídos por um outro que ela descreve com recurso *à metáfora do cristal*. Com efeito, para esta autora, a imagem central de uma investigação qualitativa não deve ser o triângulo mas um cristal, na medida em que "os cristais são prismas que refletem algo de exterior e refratam no interior deles mesmos, criando diferentes cores, padrões e adornos, lançando-os em diferentes direções" (p. 516). Além disso, os cristais crescem, mudam, alteram-se. Do mesmo modo, um texto de investigação qualitativa deve combinar "simetria e substância com uma infinita variedade de figuras, substâncias, transmutações, multidimensionalidades e ângulos de aproximação" (p. 517).

Trata-se de produzir um relato – por exemplo, de um conflito racial – não só sob diferentes pontos de vista (do polícia, do membro do *gang*, dos espectadores anónimos), mas, e sobretudo, através de diversos géneros de textos (notas de campo, narrativas diversas, ficção, poesia, imagem, etc.). Segundo a autora, "a escrita tradicional baseia-se ainda na exigência de triangulação dos dados; isso pressupõe um 'ponto fixo' ou objeto que pode ser triangulado" (*ibid.*). Mas o pós-modernismo reconhece "que há muito mais do que três lados através dos quais podemos aproximar-nos do mundo" (*ibid.*), pois o que vemos depende do nosso ângulo de visão e não há uma forma correta única mas múltipla de o descrever ou narrar. Deste modo, o conceito de cristalização destrói a ideia fundamental da 'validade', proporcionando-nos, ainda no entender da pesquisadora referida, um intenso, complexo e meticulosamente parcial entendimento do tópico.

Claro que os critérios propostos pela investigação pós-moderna, e que apontam para uma ideia de que só é verdade o que se circunscreve a crenças publicamente partilhadas numa dada situação temporal e social, são vistos pelos autores mais tradicionalistas, como 'pragmatismos indigestos' e como ataques à razão universal, que não passam de formas de contemplar o próprio umbigo [*such work is navel gazing* (Denzin e Lincoln, 2003:17)]. Para Estrela (2007a), por exemplo, nesta perspetiva "desaparecem os critérios que garantiam a validade do conhecimento científico, passando-se a utilizar outros, alheios à lógica interna do labor científico, como os critérios políticos de democraticidade" (p. 25). E a autora acrescenta que, mormente nas Ciências da Educação, "há todo o perigo de se cair no subjetivismo e relativismo total que reduz a ciência a um discurso retórico, cuja validade depende da argúcia argumentativa de cada um" (*ibid.*).

Pode dizer-se, por isso, que os *relativistas* pós-modernos e os *realistas* responderão, certamente, pelo antagonismo. Perguntam os realistas: se consideramos que os objetivos até podem ser os de fazer ciência e ao mesmo tempo promover alguma transformação nos contextos sociais, não se poderá dizer que cada coisa tem o seu lugar e tempo próprio? Quando se tratar de fazer um trabalho académico (uma tese), "como ter como interlocutores simultaneamente a academia e os pesquisados com e pelos quais foi produzida uma pesquisa participante ou uma pesquisa ação ou uma pesquisa de natureza etnográfica?" (Soares e Fazenda, 1992:125).

O problema parece estar em definir e encontrar acordo sobre o que deve caracterizar a ciência. O que transparece nos critérios realistas é que a ciência deve permanecer sempre aberta à crítica pertinente e informada, ao controlo sistemático das suas 'verdades', ao discernimento e neutralização do erro, controlo esse a realizar pela comunidade científica (Hamel, 1997:34). Só os dogmas não se podem sujeitar a esta regra porque se baseiam no texto sagrado, mas eles também não são convocados para o terreno da ciência, pois ambos constituem campos distintos do conhecimento.

Para os pós-modernos, na esteira do desconstrucionismo de Derrida (1994b), Lyotard (2008) e outros, o que há a fazer é retirar a sacralidade dos textos que pretendam representar de forma universal a realidade, as metanarrativas, em favor de uma atitude de ceticismo crítico relativamente a todas as formas de conhecimento, sempre circunscritas a um tempo, a uma linguagem e a uma cultura. Fazer ciência é apenas mais uma prática social entre outras, que deve ser compreendida nos contextos próprios, que não se pode considerar hegemónica em relação a outras práticas sociais, nem está isolada das formas de vida, das opções ideológicas, dos posicionamentos sociais, geracionais e de género, dos afetos e das vivências de quem investiga. Essa nova atitude considera a verdade, não como um objeto exterior de que nos apropriamos e que podemos transmitir aos outros, mas como 'horizonte' e 'pano de fundo' no qual nos movemos discretamente (Vattimo, 1996).

A preocupação fundamental com os critérios de validade do conhecimento produzido por via das estratégias qualitativas de investigação estende-se necessariamente à redação do texto que relata a pesquisa. Disso damos conhecimento no capítulo seguinte.

João Amado & Cristina C. Vieira
Universidade de Coimbra

V – 2. APRESENTAÇÃO DOS DADOS: INTERPRETAÇÃO E TEORIZAÇÃO

A apresentação final dos dados na investigação qualitativa concretiza-se em diversos figurinos, como já o dissemos a propósito da análise de conteúdo. Alguns desses figurinos são defendidos por visões mais clássicas e conservadoras, outros são propostos por perspetivas pós-modernistas. Serão as linhas gerais desses dois rumos que iremos expor no primeiro tópico desta secção do capítulo.

No segundo tópico, tendo ainda em conta a oposição entre as duas visões, falaremos do que deve entender-se por construir uma teorização a partir da descrição dos dados e da possível complementaridade entre a construção clássica, assente na análise e na categorização, e as construções mais impressionistas que se exprimirão, também elas, em textos de valor reconhecidamente 'menos' científico.

Finalmente, no terceiro tópico preocupar-nos-á a salvaguarda das questões éticas na investigação e no relatório científico que vier a ser produzido.

V – 2.1. O 'artesanato intelectual'- A apresentação dos dados

Escrever um texto é, em si mesmo, um artifício suscetível de transmitir com alguma fidelidade os processos e as descobertas, mas também pode resultar na adulteração, alteração (até porque descontextualiza, em grande medida) e manipulação da informação com os mais variados objetivos. Por isso, como já o dissemos, torna-se importante, pelo menos no quadro de uma iniciação à investigação qualitativa, fazer uma reflexão acerca dos modos de escrever (com correção, clareza e um mínimo de elegância, sabendo combinar rigor com criatividade)[94]. Mesmo assim, as formas tradicionais de apresentação não são consensuais, pelo que nos dois tópicos seguintes procuramos oferecer ao leitor algumas orientações que deverá assumir em função da sua sensibilidade e dos seus critérios pessoais.

V - 2.1.1. - A escrita tradicional na apresentação dos dados

Os resultados de uma pesquisa devem, num primeiro momento, apoiar-se numa atividade descritiva, com um nível de inferência baixo, sendo necessário depois um esforço para ultrapassar esse mesmo nível descritivo, a fim de chegar à formulação de princípios teóricos pela via de um raciocínio indutivo.

Trata-se, portanto, de 'dar à luz' os resultados de uma pesquisa em que se combinou informação prévia, explicitação e domínio de conceitos, trabalho sistemático, rigor metodológico e criatividade. É, sobretudo, no processo da escrita, que começa na análise dos dados e se prolonga na sua apresentação (sem excluir o desenho da investigação e a recolha/construção dos dados), que a figura do investigador como 'artesão intelectual', proposta na célebre e já referida (cf. cap. II-3.1.) obra de Mills (1997:200) faz sentido. Torna-se imperioso que o resultado do seu trabalho seja o de uma obra 'artesanal' (e, portanto, não um mero produto da técnica), combinando a qualidade científica, a qualidade estética e a experiência que o analista vai adquirindo no seu percurso de investigador. E, nas palavras de Denzin e Lincoln (2003), o investigador qualitativo terá de ser um *"bricoleur* e confeccionador de colchas" (p. 5). Enquanto *bricoleur* interpretativo, ele produz uma *bricolage* – ou seja, um conjunto de representações que traduzem as especificidades de uma situação complexa. No seu papel de confecionador de colchas, ele "costura, edita e reúne pedaços da realidade.

---

[94] Este processo de escrita pressupõe algumas revisões aturadas com a preocupação de apurar estilisticamente o texto, não se tratando, portanto, de uma tarefa fácil ou despicienda.

Este processo gera e confere unidade psicológica e emocional a uma experiência interpretativa" (*ibid.*, 7).

É esta dimensão 'artesanal' que faz jus ao facto de o principal instrumento da investigação qualitativa ser a própria pessoa do investigador (com os seus limites, com as suas interpretações, etc.). Como diz Herzog (2008), "a preferência por um modelo de arte ou artesanato é também o resultado de um modelo epistemológico que reflete o seu próprio processo de obtenção de conhecimento" (s/p). Isto, porém, não significa facilidade, até porque não há uma receita e, em geral, o resultado final, para ser satisfatório, não poupa o investigador a alguns sofrimentos e angústias (de modo semelhante ao que acontece no artista). Como afirma Woods (1989:184): "o sofrimento é uma companhia indispensável do processo (...). Se não experimentamos sofrimento neste ponto é quase seguro que algo não está bem (...). Os investigadores têm que ser masoquistas. Devemos enfrentar a barreira do sofrimento até que doa".

Bianchetti (2008:239) e Machado (2008:267)[95] fizeram um levantamento de alguns dos fatores inibidores e 'dolorosos' do processo de escrita que, nesta altura, parece pertinente ter em conta. Passamos a fazer uma síntese (nossa) desses mesmos aspetos:

- a distinção entre a linguagem falada e a escrita, na medida em que aquela, sempre pode ser explicada e completada e esta tem de passar a viver e a sobreviver por si mesma. Bianchetti (2008), a este propósito, cita palavras bastante significativas de Umberto Eco (1985), segundo o qual, "o autor deveria morrer depois de escrever. Para não perturbar o caminho do texto" (p. 243).
- o medo de a pessoa do investigador se expor, pois como nos disse Machado (2008), ao passo que "escrever é talvez uma das formas mais 'discretas' de exibição" (p. 282), na nossa cultura, e ainda seguindo

---

[95] O primeiro dos autores fez este inventário invocando a sua experiência enquanto professor orientador de teses; a segunda autora fê-lo a partir de experiência idêntica, mas invocando referências psicanalíticas.

as palavras do autor, não cai bem – na comunidade científica e no público em geral – qualquer tipo de exibicionismo;
- a escrita 'como exercício ético'. Esta ideia vai no sentido daquilo que já escreveu Machado (2008), segundo o qual para cada palavra a ser escrita numa folha ou tela para continuar a frase, é preciso tomar posição, é preciso optar, é preciso tomar uma decisão sobre se é melhor uma ou outra;
- 'a mistificação do autor', fazendo pensar que os mestres escrevem por pura inspiração e sem esforço;
- a avaliação poderá ser entendida como um 'negócio', em que o discente fica amarrado a um procedimento de 'retorno' da informação sobre o que foi capaz de fazer, bastante padronizado e pouco criativo e pessoal. A este propósito diz Machado (2008) que "as dificuldades que a instituição escolar encontra para promover a escrita em seus alunos de qualquer nível estão muito mais associadas ao cerceamento da liberdade e ao controlo de mentes e corpos, que a escola assume como sua função disciplinadora, do que às metodologias inadequadas ou à formação insuficiente nessa área" (p. 276).

Na investigação tradicional, a escrita é algo de distinto dos métodos de recolha de dados. Sabendo, no entanto, que a investigação qualitativa tem um cunho essencialmente descritivo, é natural que a descrição assente em tais métodos reflita o desenho da investigação previsto e posteriormente implementado, e se baseie nos dados recolhidos.

Supõe-se que a escrita reflita a realidade estudada. Será com base na descrição que o investigador poderá chegar a algum grau indispensável de teorização. Como diz Hamel (1992, 1997), da descrição depende o destino a dar aos pontos de vista dos atores sociais. Por sua vez Erickson (1989:273), num texto cujo conhecimento se nos afigura indispensável a quem pretenda levar a cabo uma investigação interpretativa, considera a existência de dois níveis de descrição:

- *analítica* – coloca o leitor de um relatório diante das cenas, do que foi ouvido e observado, ainda que de modo sintético e esquemático;

- *sinóptica* – com base em tabelas, mostra a tipicidade dos casos estudados (e em que medida se afastam ou aproximam as suas características de outros casos do género), como passos necessários antes de se chegar à interpretação.

Nesta linha diga-se que uma correta descrição, pelo menos na perspetiva tradicional, se concretiza numa apresentação sistemática das "categorias de análise retiradas dos pontos de vista dos diferentes atores sociais. Estas categorias de análise, construídas por um processo indutivo, permitem a recolha mais rigorosa dos dados e a apresentação de descrições precisas e sistemáticas e não vagas ou anedóticas" (Chapoulie, 1985:21).

Repetimos, pois, que, na sequência da análise de conteúdo de um determinado *corpus* documental (entrevistas, incidentes, narrativas, notas de campo, etc.), o texto de apresentação deva seguir muito aproximadamente a estrutura da matriz, de modo a que os temas, as categorias e as subcategorias possam constituir-se, respetivamente, como capítulos, subcapítulos e alíneas do texto. É claro que para chegar aqui e proceder a todo este trabalho descritivo houve já um grande esforço investido na preparação e na concretização da análise dos dados. Na verdade, se a investigação qualitativa é por definição descritiva, essa descrição não pode deixar de ser teoricamente informada (Woods, 2006).

Na construção do texto de apresentação e de interpretação julgamos fundamental, para que se não perca o imprescindível caráter descritivo, recorrer a múltiplas citações da documentação em análise (trata-se das unidades de registo ou de contexto de que falámos a propósito da análise de conteúdo). Hargreaves e colaboradores (1975), a este propósito, lembram que "quando os fenomenólogos fazem extensas citações dos testemunhos são frequentemente acusados pelos positivistas de serem meros jornalistas ou de serem meramente descritivos. Isto é habitualmente injustificado na medida em que a pretensão do fenomenólogo é analisar os dados mais do que oferecê-los, e esforça-se ao máximo por comunicar ao leitor a fonte do seu trabalho analítico e interpretativo. Por outro lado, o leitor tem um certo modo de testar em que extensão o investigador distorceu o caráter do senso comum. Há, claro, uma severa restrição à independência do leitor, uma vez que foi o cientista quem fez sempre a seleção dos dados" (p. 28).

Combinando diversas classificações (Amado, 2001b:219, Bolívar *et al.*, 2001:197; Dubar e Demaziére, 1997) podemos considerar que os 'recortes' citados possuem os seguintes usos:

– *Função ilustrativa ou retórica*: faz-se uso das palavras do material analisado para ilustrar, exemplificar e emprestar maior ênfase aos comentários.

– *Função analítica e de reconstrução do sentido*: procura produzir sentido, de forma metódica, a partir da exploração do material de investigação. Para isso, assenta numa análise que se propõe gerar, indutivamente, um conjunto de categorias que serão a base para a formulação de uma teoria enraizada nos dados. Segundo Bolívar e colaboradores (2001:202) este será o melhor caminho a prosseguir e é, segundo o nosso ponto de vista, o que resulta de uma análise de conteúdo nos moldes explicitados em capítulo anterior.

– *Função probatória*: as citações pretendem tornar 'verosímeis' as afirmações e conclusões que se retirem de um conjunto de dados. Esta função exige, em geral, que não se fique apenas por um exemplo. Assim, "tendo em conta hipóteses e supostos prévios, extraem-se *ad hoc* (quer dizer, descontextualizados) troços ou parágrafos que permitam exemplificar, concretizar ou ilustrar o que já, previamente, se pretende demonstrar" (Bolívar et al., 2002:197). Numa primeira variante, dizem ainda os autores referidos, comentam-se extratos das entrevistas, parafraseando-as, segundo um processo de *bricolage* que cada investigador vai construindo. A citação serve, segundo os autores, como 'vão fundamento' empírico e de veracidade e, por isso, o que se recorta das entrevistas é o que melhor prove, ilustre ou convença o leitor externo acerca das interpretações que estão a ser relatadas por quem fez e redige as conclusões da investigação.

Numa segunda variante, a citação procura confirmar uma hipótese prévia, o que se quer ver provado. A terceira variante traduz as entrevistas num sistema de categorias (explícitas ou implícitas); neste caso faz-se um uso instrumental da entrevista, desaparecendo parte da riqueza do próprio material, em função do que se determinou previamente. Assim, a "linguagem dos entrevistados subordina-se *ao poder do investigador* que a pode manipular como deseja para seus próprios fins" (*ibid.*,198).

– *Função 'restitutiva' ou hiperempirista:* esta postura, ao contrário da anterior, para não trair as palavras dos documentos em análise, reduz os comentários ao mínimo. O que há a fazer é pouco mais do que recolher, num texto, a narrativa de forma extensiva; nesse 'pouco mais' cabe fazer uma contextualização e dar algumas pistas interpretativas. De resto, "o sentido é diretamente acessível, pois basta ler para compreender" (*ibid.*,199). No fundo, compete aqui ao leitor fazer o trabalho de análise. Esta é a proposta de Bourdieu na célebre e já referida obra, *La misère du monde* (1993). Mas os autores que temos vindo a citar neste elenco das funções dos 'recortes' lembram que, em qualquer dos casos, ao colocar títulos e subtítulos, ordenar, transcrever e selecionar, já se está a proceder a uma análise. E, também seguindo o seu raciocínio, é sabido que as entrevistas não falam por si mesmas, uma vez que para serem compreendidas é necessário que o investigador as retraduza e analise.

Não obstante esta diversidade de funções dos excertos que se podem utilizar no relato de uma investigação qualitativa, o uso das citações a partir dos dados recolhidos não deve substituir o esforço de interpretação por parte do investigador, bem como não pode deixar de ter em conta algumas normas que tornem o texto legível (clareza, correção da linguagem, pontuação, elegância na expressão, consistência na forma). Daí que tomar partido por apenas uma das funções referidas ou alternativas não seja satisfatório, só por si. Torna-se necessário, com efeito, conseguir um equilíbrio entre "uma interpretação que se não limite aos discursos dos entrevistados, nem tão só uma interpretação que prescinda das matizes e modulações do discurso narrado" (Bolívar et al., 2002:201).

Na sequência da nossa preocupação por exemplificar, acrescentamos que nos parece ter sido neste *ponto de equilíbrio* que Vieira (1999), num estudo já várias vezes invocado se colocou. Com efeito, diz o autor: "na análise do corpus da dissertação procurei pôr em evidência as constantes das histórias de vida, as regularidades comuns nas respostas dos sujeitos inquiridos. Procurei dar sentido aos factos e circunstâncias em que foram produzidos sem reduzir as suas significações. Tratou-se, portanto, de fazer interpretação mas *à la* Óscar Lewis, quando escreveu *Os Filhos de Sanchez*, deixei também muita narrativa na primeira pessoa, para que seja a voz do próprio sujeito a transmitir ao leitor a sensibilidade e a racionalidade com que viveu, apreciou e arrumou os referidos eventos" (p. 52).

Podemos dizer, pois, que numa perspetiva tradicional de análise, há todo um conjunto de convenções determinantes da escrita e a que se deve obedecer para obter o máximo de rigor possível e garantir a credibilidade das conclusões. Entre o conjunto habitual das convenções espera-se:

- a expressão e a garantia de autoridade por parte do investigador;
- o registo e confronto das diversas perspetivas dos participantes na pesquisa;
- um estilo documental quer na descrição, quer na interpretação dos dados;
- a última palavra interpretativa é da responsabilidade do investigador.

Estamos diante de um conjunto de competências do investigador, e de um mão cheia de exigências que, numa investigação, começam a ganhar sentido e expressão muito antes da redação final de um relatório (tese, artigo...). De facto, a sua concretização (rigorosa, válida e estética), principia a desenhar-se nas próprias exigências de um plano ou projeto de investigação (suscetível de combinar flexibilidade com sistematicidade, rigor, pertinência e exequibilidade); exercita-se e aprofunda-se na construção de um 'estado da arte' relativamente ao tema em causa, que, ao mesmo tempo, realce a originalidade da problemática que se pretende desenvolver.

Note-se, ainda, que a facilidade e a qualidade do resultado final vão depender muito das notas de leitura que se forem tomando ao longo de todo o processo. Enfim, embora devamos distinguir diversas fases no que respeita às leituras e à escrita, há aspetos que se interligam e preocupações que devem ser comuns a todas essas fases. Em investigação interpretativa, a leitura e a releitura do que há escrito sobre o tema é uma preocupação permanente. Se no início ela ajuda na definição do problema, no seu esclarecimento e refinamento, nas decisões a tomar quanto às especificidades a estudar e quanto aos métodos a empregar, na fase da recolha de dados, a leitura pode ajudar a fazer interpretações, a levantar hipóteses progressivas; e na fase final, a leitura (e releitura) permitirá verificar a coerência ou incoerência dos nossos dados com o que o que a literatura nos mostra, os aspetos dos mesmos dados a explorar com mais profundidade, o levantamento de novas questões, a utilidade prática das conclusões, etc.

Na preparação do relato escrito de trabalhos científicos, como é o caso das teses, se mantivermos a distinção entre o enquadramento teórico e a pesquisa empírica, há que evitar duas situações extremas em que é fácil caírem investigadores mais inexperientes: a primeira é a de organizar o texto como se uma das partes nada tivesse a ver com a outra; a segunda é a de misturar tudo, ficando o leitor sem saber se está diante de um relato feito a partir dos dados (registo de uma entrevista, por exemplo) ou se de um autor consultado. Para evitar quer uma situação quer outra, o trabalho deve ser escrito com a preocupação de levar o seu leitor a perceber o raciocínio lógico que esteve subjacente à conceção do trabalho empírico e às escolhas teóricas do autor ou da autora (ao nível dos assuntos tratados num possível enquadramento teórico), devendo haver o cuidado de redigir cada parte fazendo 'pontes' com sentido entre elas. Deve ainda fazer-se a destrinça clara entre o que é o contributo inovador (ou não) de um estudo particular e todos os alicerces teóricos em que ele assenta, que se foram buscar à revisão da literatura, sendo obrigatória sempre a citação direta ou indireta dos autores consultados.

Para se aprofundarem mais algumas das regras da escrita científica, haveria que recordar tudo o que é necessário saber sobre pesquisa nas mais diversas fontes e, muito especialmente, na *internet* e nas bases de dados: palavras-chave, datas, resumos, como citar, etc. (cf. Bianchetti, 2008:250, Lodico *et al.*, 2006:34). A este propósito, Piacentini (2008:317), Delamont (1993:20) e Woods (2006:65) lembram os perigos de, na redação, se cair em alguns erros muito frequentes:

– *Deixar coisas importantes de fora*: para evitar que isto aconteça, há que solicitar ajuda a peritos no tema que se pretende estudar, de forma a fazer-se uma pesquisa bibliográfica profícua.

– *Demonstrar desatualização*: é importante que quem faz investigação se mantenha sempre atento e faça leituras atualizadas durante a própria pesquisa, como se disse atrás, até porque isso pode ser um recurso precioso para a tomada de decisão ao longo do próprio processo investigativo.

– *Cair em diferentes formas de discriminação* (sexismo, por exemplo): de modo a não cair nestas possíveis armadilhas, devem ler-se textos de autores de ambos os sexos e das mais diversas perspetivas teóricas. Além disso, torna-se fundamental o uso de uma linguagem inclusiva (Abranches, 2009; Nunes, 2009), que respeite o sujeito do texto: por exemplo, se se está a reportar um estudo cujas participantes foram apenas professoras, por que razão se faz referência a elas como 'o professor', usando aquilo a que se chama o 'masculino neutro'[96]?

---

[96] O Comité de Ministros do Conselho da Europa adotou a 21 de fevereiro de 1990 a Recomendação n. R (90) 4 sobre eliminação do sexismo na linguagem. De entre as medidas propostas aos Estados-membros, aconselha-se a que harmonizem a terminologia usada nos textos jurídicos, na administração pública e na educação com o princípio da igualdade entre os sexos. O texto integral deste documento encontra-se disponível em (consultado em 10 de fevereiro de 2013):
http://195.23.38.178/siicportal/files/siic-REC_Eliminacao_Sexismo_na_Linguagem.pdf

– *Ser aborrecido*: o pior perigo da escrita é ser-se aborrecido. Para evitar que tal aconteça na elaboração de um relato científico há que organizar a revisão bibliográfica por temas que enquadrem o trabalho empírico, evitando apresentar uma longa lista/sequência de autores e de 'colagem' de parágrafos e citações diretas ou indiretas. Nesta arte de composição do texto, cada investigador deverá sublinhar as conclusões teóricas – de outras pessoas autoras – que são relevantes para a tese, artigo ou livro que está agora a ser redigido. É ainda especialmente importante que o autor de um trabalho científico seja crítico relativamente à literatura que consulta e não se limite simplesmente a mimetizá-la. Evite-se um relatório apenas descritivo e pobre do ponto de vista reflexivo. Geralmente, a descrição mais interessante resulta da integração de aspetos já salientados em diversos estudos, mais do que do simples sumário de textos. O melhor exemplo de um processo monótono (*dull way*) e acrítico de organizar a revisão da literatura é oferecido por Haywood e Wragg (1982) ao caractizarem-no como uma espécie de catálogo de vendas, onde toda a gente merece um parágrafo.

– *Redação 'pomposa'*: A respeito daquilo a que se pode chamar uma escrita 'rebuscada', Quivy e Campenhoudt (1998) alertam também para a forma 'pomposa e ininteligível' (p. 20) com que se exprimem alguns investigadores, especialmente quando se encontram no início da carreira. O uso de palavras *caras*, numa espécie de novo-riquismo da palavra não ajuda em nada a compreensão dos textos, nem a necessária clareza que exige um trabalho científico. Ideias pouco claras são habitualmente ideias pouco trabalhadas, importadas e ou mesmo não entendidas. E, neste aspeto, já Popper (1998) afirmava que uma das tarefas dos cientistas consistia em "ajudar os outros a entender o seu campo e o seu trabalho, o que não é fácil. (…) Deveríamos era ter orgulho em ensinar a nós próprios a falar o mais simples (…) e a fugir como da peste da sugestão de que possuímos um conhecimento demasiado profundo para ser expresso com simplicidade e clareza" (p. 139). Se não se pode confundir a 'norma culta' do escrever e do falar com uma verborreia ininteligível, também não se deve cair num extremo oposto que é o de confundir o estilo de escrita (uma tese, um artigo científico...) com um estilo coloquial, de conversação.

Mas à lista que acabámos de apresentar, outros aspetos haveria a acrescentar e (ou) a precisar, para auxiliar o 'relator' de um trabalho científico a não cair em erros comuns. Entre eles salientamos:

- Os anacronismos nas citações – isso acontece quando se invoca um texto escrito em determinada data para comprovar o que aconteceu posteriormente, ou algo que se refere a outras situações[97].
- Ao fazerem-se citações, para além da necessária fidelidade ao texto, não se podem descontextualizar as afirmações dos seus autores, só porque parecem dar agora um certo 'jeito' ao texto que está a ser elaborado.
- Evitar a confusão, na leitura e na escrita, entre citações (que devem estar entre aspas), paráfrases (redizer por palavras próprias o que outros disseram) e meras referências bibliográficas (que, entre outras funções, apontam para autores que, a propósito do tema em causa, poderiam ser citados).
- A necessidade de uma correta localização das fontes de consulta; pior que fazer uma citação mal feita é plagiar fazendo nossas as palavras de outras pessoas autoras, sem as referirmos. Aliás, esta atuação configura um crime que pode ser punido legalmente.

Sem querer esgotar neste texto as possíveis regras de organização da escrita de um trabalho científico, deixamos aqui, em jeito de síntese e de reforço do que ficou exposto, alguns conselhos para investigadores mais principiantes ou menos 'treinados' nesta tarefa complexa de passar para a linguagem escrita o relato de uma pesquisa científica (cf. Vieira, 2011:62-63):

---

[97] Há que ter em conta a data da edição original, das edições posteriores e das traduções.

- Organizar/dividir o artigo/relatório científico em partes funcionais, de forma a facilitar a leitura e a compreensão de todo o processo de investigação.
- A fundamentação teórica do trabalho desenvolvido, das opções metodológicas efetuadas, da escolha dos participantes, etc., assume uma importância crucial para a credibilidade do produto. Por esse facto, a revisão da literatura científica no domínio, traduzida pela citação de autores e de trabalhos anteriores, mostra que houve, da parte de quem fez a investigação, a preocupação de alicerçar o seu texto no edifício científico em permanente construção.
- Todos os autores consultados e citados (directa ou indirectamente) devem fazer parte da bibliografia final do relatório (tese, capítulo ou artigo), incluíndo as fontes electrónicas; nestas deverá indicar-se o endereço de acesso completo e, ainda, a data da consulta efetuada.
- Há que descrever os dados tendo em mente a necessidade de se transmitir ao leitor, como já o dissemos, o raciocínio lógico que conduziu à elaboração das propostas teóricas iniciais, à sua possível reformulação posterior e, por fim, à consolidação dos conceitos que vierem a ser apresentados para dar sentido aos fenómenos estudados.
- Os excertos das entrevistas com os participantes na investigação devem ser incluídos para fundamentar as interpretações do investigador, respeitando o chamado 'princípio do literalismo' (Spradley, 1980), e tendo em conta as funções acima referidas para tais citações;
- A apresentação de fotografias, figuras e outro tipo de material iconográfico exige a devida justificação, a apresentação das fontes e um esclarecimento acerca do modo como foram acauteladas as questões de natureza ética (e.g.: pedidos de autorização para a utilização das imagens).
- Não existe uma maneira única de apresentar a 'verdade' na investigação qualitativa. A tarefa do investigador é a de convencer a comunidade científica da coerência das suas interpretações, através das quais os leitores do trabalho conseguirão 'aproximar-se' das pessoas e dos acontecimentos estudados.

- A versão final de um artigo/relatório científico deve ser cuidadosamente analisada, inclusive por colegas no domínio, de forma a detetarem-se palavras ou frases com significado pouco preciso para um possível leitor, substituindo-as por outras de maior riqueza semântica, a respeito daquilo que se pretende transmitir.
- Há que apresentar a informação tendo em vista a possibilidade de avaliação crítica externa por parte de especialistas no domínio e, ainda, a possível repetição do estudo, quer no seio do contexto estudado, quer de outros idênticos.

Subjacente a todos estes conselhos e advertências está a preocupação por construir um edifício em que sobressaia a coerência e harmonia, a correção das operações da análise, a fidelidade aos dados, a clareza da redação e a concisão na exposição, sempre com o intuito de demonstrar a riqueza da informação que se obteve. E, por isso mesmo, não é demais lembrar, como o faz Piacentini (2008:318), "que uma redação escorreita não compensa a pobreza de ideias, a superficialidade de conteúdo ou a falta de coerência temática. A aplicação de regras gramaticais e metodológicas só tem eficácia quando a tese, monografia ou dissertação traz boa substância. Jogar todas as fichas na pesquisa, nas leituras, na base teórica, parece mais relevante do que se preocupar com a redação em si – e disso ninguém duvida. Mas é com palavras que se transmitem ideias! Embora a forma tenha peso menor, não se pode absolutamente subestimá-la". É caso para pensar, ainda, no que disse Almada Negreiros: "A perfeição contém e corrige a exatidão"![98] Ou, ainda, no que disse Paulo Freire: «Eu só escrevo feio quando não posso, quando não sou competente» (Freire, 2001:102)

V – 2.1.2. – A escrita pós-moderna

A orientação tradicional da escrita científica de que demos conta no ponto anterior é, como já o fizemos ver noutros capítulos deste manual,

---

[98] Almada Negreiros em entrevista ao Diário de Notícias (16.06.1960).

posta em questão pelas perspetivas pós-modernistas, para as quais escrever é já um método de investigação. Mais ainda, tornar a escrita um método de investigação é conferir vitalidade e utilidade ao próprio texto: "escrevo porque quero encontrar alguma coisa. Escrevo em ordem a aprender alguma coisa sobre a qual nada sei antes de escrever", afirma Richardson (2003:501), ao contrário do que acontece na investigação tradicional, em que se escreve depois de se ter descoberto o que se quer dizer. Ainda no entender daquela pesquisadora, o modo tradicional ignora o papel da escrita como um processo dinâmico e criativo e "exige o silêncio da própria voz do escritor e que ele se veja a si mesmo como contaminante" (*ibid.*), submetendo-o, portanto, a uma socialização profissional homogeneizante.

Nesta mesma linha, escrever é produzir algo, e como tal, trata-se de um processo sujeito a normas, valores, preferências, opções. Com efeito, a autora atrás citada entende que os estilos de escrita não são neutros, mas refletem a dominância de determinadas escolas ou paradigmas. Por essa razão, a escrita da investigação social, tal como outras formas de escrita, consiste numa construção, sendo, por isso, sujeita a mutações (*ibid.*, 502). O pós-estruturalismo, como uma das formas de pós-modernismo, considera a linguagem como a peça central da sua reflexão, na medida em que não reflete a realidade social, mas produz sentidos e cria realidades. E assim, "ao invés de entenderem o material escrito – textos, manuscritos, artigos e livros – pelo seu valor facial, os investigadores qualitativos pós-modernos tornam problemático o entendimento de determinado trabalho como 'científico' refletindo sobre quais as convenções e atitudes que fazem determinada forma de entender um trabalho, o discurso da ciência, científico" (Bogdan e Biklen, 1994:46).

Ainda, segundo Richardson (2003:499), "escrevendo de diferentes modos, descobrimos novos aspetos sobre o nosso tópico e a nossa relação com ele; forma e conteúdo são inseparáveis", o que torna complexa e digna de grande atenção a relação possível entre a literatura e a ciência. Com efeito, durante muitos séculos (XII, XVII e XIX), a relação entre a escrita ficcional e a ciência era de oposição; aquela traduzia a subjetividade, esta, sendo precisa, não ambígua, não contextual, não metafórica, refletia a objetividade do pensamento. Mas já no século XIX, com os movimentos realistas (Balzac) e naturalistas na literatura (Zola), esta oposição entre realidade e subjetividade é posta em causa, apagando-se as fronteiras entre ficção e realidade e tornando muito mais complexas as relações entre a literatura e a ciência (*ibid.*, 503). Ainda no século XIX, o jornalismo adota métodos etnográficos e a etnografia, em especial a que incide sobre minorias, passa a escrever-se como se de narrativas ficcionadas se tratasse.

Uma das consequências desta nova visão é o reconhecimento de uma multiplicidade de abordagens do conhecimento, não existindo, portanto, um único e exclusivo uso *científico* da razão. No entender de Richardson (2003), o "aspeto central do pós-modernismo é a dúvida de que qualquer método ou teoria, tradição ou novidade possa reivindicar uma correta ou privilegiada forma de conhecimento baseada na autoridade" (p. 507). Não quer dizer que com isto se neguem os métodos tradicionais de investigação, mas eles são relativizados. Por um lado, o conhecimento é sempre situacionalmente limitado a um *eu* enquadrado num determinado contexto histórico-social e, por outro lado, não se trata de refletir a realidade social, mas de produzir sentidos e criar realidades. Não só se procura exprimir o pensamento, mas as emoções de quem escreve o texto científico. O uso do texto literário, ficção e poesia, e das narrativas pessoais, vai nesse sentido, tornando as experiências e as emoções do autor na principal fonte de dados (Woods, 2006).

Vimos, em capítulos anteriores deste manual, o papel da triangulação dos dados na validação do conhecimento científico produzido. Isso pressupõe um 'ponto fixo' ou objeto que pode ser triangulado. Mas, o pós-modernismo não triangula, como vimos. Em vez disso, utiliza a metáfora do cristal e da cristalização. Esta ideia da cristalização implica que a escrita se faça misturando vários géneros de expressão (*mixed genres production*), como a descrição, narrativas de caráter diverso, drama etnográfico, autoetnografia, poesia, imagem, etc. (Eisenhart, 2001; Richardson, 2003), bem como permite e promove a produção de textos pelo investigador (que expressará o seu ponto de vista, condicionado por diversas circunstâncias e convenções, mas não a 'realidade') e pelos investigados (que desse modo expressarão a sua própria 'realidade'). Não há, portanto, uma realidade *única* a ser traduzida pelas palavras do investigador, mas uma realidade *complexa*, descritível a múltiplas vozes, cores e sons.

Tal como já vimos a propósito dos critérios de validação nos paradigmas pós-modernos, o modo de escrita por eles defendida suscita múltiplos posicionamentos críticos, considerando-a subjetiva, poética, emocional, narcísica, diletante, enviesada (até por quem recolhe e edita o texto final), etc. Diz-se que os critérios de análise da qualidade científica destes textos tornam-se fluídos e imprecisos, e que há, tal como para os critérios de validação, o perigo de fazer passar a mensagem de que 'vale tudo'.

Todavia, há quem defenda que as duas abordagens, escrita tradicional, realística, e escrita pós-moderna, vivenciada, não são mutuamente exclusivas. Advoga esta posição, por exemplo, Peter Woods (2006). Segundo este autor, a investigação deve dar conta de diferentes aspetos e níveis da vida social, alguns quantificáveis, outros descritíveis, mas outros, ainda, de caráter muito mais subjetivo e impressionista, "tal como na descrição que alguém faz do clima de uma dada situação ou do 'estado de espírito' de um grupo de pessoas. Certamente algumas destas áreas não marcaram ainda fortemente a investigação qualitativa, mas não há razões epistemológicas para que o não possam vir a fazer. Deste modo é possível contar uma história impressionista dentro de um contexto realista. Torna-se por isso necessário agarrar o momento pos-modernista para alargar a nossa investigação e desenvolver e refinar os nossos métodos" (*ibid.*, 6). Nesta perspetiva, de modo algum se podem pôr de parte os métodos tradicionais de escrita (e de validação). Mas os métodos pós-modernos não devem ser excluídos, em nome das novas e alternativas possibilidades que eles oferecem; nem em nome de uma realidade que sempre se reconhece como complexa, e que para ser conhecida e relatada, não pode ser simplificada, o que exige não só os contributos interdisciplinares, mas também a multiplicidade de géneros narrativos, de que não se exclui a ficção e as artes plásticas. Talvez por isso se possa retornar a Almada Negreiros para quem "a arte precede a ciência"[99].

---

[99] Afirmação de Almada Negreiros, citada no *Catálogo da Primeira Retrospetiva da Pintura Não-Figurativa Portuguesa*, da Associação de Estudantes da FCUL, em 1958 (citado em Gonçalves, 2005).

V - 2.2. Interpretação e Teorização

As definições de teoria variam consoante o paradigma científico em que nos situemos e, portanto, em função das nossas conceções de conhecimento em geral, de conhecimento científico, em particular, e dos modos de obter e validar quer um quer outro[100].

Numa perspetiva positivista, "as teorias científicas resumem numerosos factos individuais nalgumas fórmulas cómodas, as *leis*. Devem também explicar, isto é, analisar, os factos complexos em factos considerados mais simples, embora permaneçam inexplicáveis" (Delattre, 1992:273). Note-se nesta definição o peso de dois conceitos que exigiriam grandes desenvolvimentos – o de *lei* e o de *explicação*[101]. As *leis* traduzem a relação constante entre um determinado fenómeno e um conjunto de condições, na medida em que as podemos conceber como asserções universais condicionais (Amsterdamski, 1996). Por seu turno, as *teorias* elaboram-se com base "na infraestrutura de um conjunto de leis respeitantes ao mesmo setor da natureza" (Lyotard, 2008:90). Nesta perspetiva empirista e positivista, *explicar* "acaba por ser dar conta dos fenómenos a partir de alguma coisa de diferente deles próprios, à qual se associam segundo as relações consideradas como necessárias, ou, pelo menos, como altamente verosímeis" (Delattre, 1992:274).

Numa perspetiva antipositivista e enquadrável numa visão compreensiva da realidade, há que ter em conta que a investigação qualitativa, enquanto metodologia característica das ciências sociais e humanas, lida com realidades dependentes de múltiplos fatores inter-relacionados, constituindo sempre um todo – visão holística dos fenómenos – que não se entende se for desmembrado para dar lugar ao estudo do efeito de variáveis isoladas – visão parcelar dos fenómenos. Por tudo isso, a investigação qualitativa possui uma enorme especificidade quer

---

[100] Para a história do conceito de *teoria* veja-se Delattre (1992).

[101] A ideia de *lei* como uniformidade empírica está também presente nesta definição de teoria que se deve a Merton (1967): "Conjunto de proposições logicamente interconectadas a partir das quais se podem derivar múltiplas uniformidades empíricas"(cit. por Morse, 1997: 165).

quanto ao objeto, quer quanto ao método, quer, ainda, quanto ao grau ou graus de abstração teórica que alcança. O papel da teoria é heurístico, ou seja, tenta sobretudo construir *interpretações* racionais dos fenómenos.

Digamos, então, seguindo uma proposta de Morse (1997:164), que a *teoria* deve conceber-se de diversos modos, tendo em conta a sua estrutura, sofisticação e os processos de derivação. Além disso, teoria pode significar:

- um conjunto de ideias para testar (o que acontece na investigação quantitativa, cujos objetivos são os de encontrar a regularidade dos fenómenos e de fazer previsões);
- o produto final de um processo de investigação (em investigação qualitativa a teoria é usualmente o resultado deste processo, realizado com o objetivo de interpretar e obter maior compreensão dos fenómenos);
- o quadro conceptual (paradigma) na base de investigações a realizar.

Tendo em conta que em investigação qualitativa a teoria está mais dirigida para a *interpretação* do que para a *explicação* (recordemos o que dissemos no capítulo I.1 sobre os paradigmas na investigação em educação), torna-se importante colocar em foco o próprio fenómeno da interpretação. Assim, podemos questionar (Amado, 2008):

- *O que é interpretar?*
- *Qual o lugar da teoria prévia no ato de interpretar?*
- *Qual o lugar da descrição na formulação da interpretação?*
- *A que níveis de interpretação deve chegar a análise?*
- *Que métodos permitem chegar à interpretação?*
- *Qual a relação entre o discurso analisado e o discurso do analista?*

Passamos a concentrar a nossa atenção sobre possíveis respostas a estas questões, sobretudo num esforço reflexivo de as enquadrar nos pressupostos da investigação qualitativa.

- *O que é interpretar?*

Há quem considere a interpretação como um processo de justificação racional das relações entre fenómenos complexos. Diz Eisner (1998) que "em ciências sociais, as teorias desenvolvem-se para justificar as relações" (p. 116). E o mesmo autor recorda o que diz Cronbach (1977), a propósito da observação de uma aula: "existem tantas contingências e relações interativas entre as variáveis de uma aula, que é mais razoável considerar as teorias como guias para a perceção, do que como mecanismos que conduzem ao controlo severo ou à predição exata dos factos" (Eisner, 1998:116). Pode dizer-se, então, que: "interpretar é situar num contexto, expor, desvelar, explicar. É, como alguém poderia dizer, uma atividade hermenêutica de 'descodificação' de mensagens dentro do sistema" (*ibid.*, 119; cf. Amado, 2008). No entanto, se por um lado se aceita que o conhecimento resulta do facto de se conferir um sentido (uma interpretação) aos diversos indicadores obtidos durante a pesquisa, por outro lado, tal como vimos na alínea V – 1.1.1. (O valor de verdade – validade interna *versus* credibilidade), não podemos escapar à exigência da *credibilidade interpretativa*, que obriga a sermos capazes de registar fielmente o 'ponto de vista' ou 'perspetiva' dos atores. A validade descritiva e a validade interpretativa são duas faces de uma mesma moeda e, por isso, cabe também dizer que "[...] a análise e a interpretação estão contidas no mesmo movimento: o de olhar atentamente para os dados da pesquisa" (Queiroz, 2010:69). Isto exige, como condição, uma forte proximidade entre investigador e investigado. De facto, "as relações entre pesquisador e pesquisado são uma condição para o desenvolvimento das pesquisas nas ciências humanas. Essa dimensão interativa constitui o elemento essencial ao processo de produção do conhecimento, posto que a interação é constitutiva do próprio processo de estudo dos fenómenos humanos" (Nunes e Ribeiro, 2008:253).

- *Qual o lugar da teoria prévia no ato de interpretar?*

Por outras palavras, como *conciliar a informação teórica com os dados empíricos*? Como os fenómenos estudados pelas ciências sociais (especificamente, pelas ciências da educação) são tão complexos, raras vezes uma teoria poderá satisfazer todas as dimensões sobre as quais se desejaria falar ou escrever. Por conseguinte, o que acaba por acontecer é "um certo ecletismo na aplicação da teoria. Poderão utilizar-se várias teorias para justificar diferentes (ou, até, 'o mesmo') conjuntos de qualidades" (Eisner, 1998:116). Trata-se de um processo a que se aplica a metáfora da *bricolage*, como referem Denzin e Lincoln (2003:9), e a que já aludimos a propósito da escrita tradicional (cf. cap. V-2.1.1.).

Dando conta da sua experiência pessoal ao estudar o fenómeno da indisciplina na escola e na aula, o primeiro autor desta quinta parte do presente manual sentiu necessidade de recorrer a diversas teorias, com perfeita consciência desse ecletismo (Amado, 2001b:191-192; Amado, 2008). Goodson e Walker (1991) reafirmaram esta tendência, considerando que ao fazer-se a interpretação dessas realidades complexas somos levados à elaboração de uma nova teoria 'eclética e difusa', e explicam: "aproximamo-nos por vezes em várias passagens, da sociolinguística, do interacionismo simbólico, da história, da psicologia social e da filosofia da linguagem. Sempre procurámos dar a primazia à autoridade da evidência, especialmente num contexto metodológico onde as questões de seleção e de ênfase permanecem parcialmente ocultas" (*ibid.*, 201).

- *Qual o lugar da descrição na formulação da interpretação?*

Como já dissemos, a descrição é fundamental para a interpretação e para a teorização. A investigação não atinge o seu objetivo final enquanto não passar da descrição à interpretação, já que o que se procura é captar o sentido e a importância dos factos e das situações para as pessoas. Por isso mesmo, concordamos com Eisner (1998), quando este autor afirmou: "se a descrição versa sobre o que é, a interpretação foca o porquê e o como" (p. 119).

Contudo, é muito difícil separar os processos, na medida em que ao descrevermos raramente deixamos de estar a interpretar. Com efeito, descrição e interpretação constituem dois procedimentos metodológicos que se interpenetram. Goodson e Walker (1991) entendem que não se pode aceitar facilmente que a teoria e a descrição fiquem separadas, pois essa 'união' confere especificidade ao processo de teorização em investigação qualitativa: a nossa "pretensão é a de que este modo de teorizar possui um caráter distintivo. Por um lado, é inerentemente conservador, devido ao elevado valor que confere à descrição. Também é conservador devido ao facto de ser localizado no terreno presente e, além disso, está mais relacionado com o que é do que com o modo como devia ser" (*ibid.*,199).

Diga-se mesmo que a descrição, assente em categorias de análise, constitui o primeiro nível da teoria – *teoria descritiva* ou *teoria em ato*, e representa o prelúdio da teoria explicativa. Nesta sequência, "as teorias descritivas fornecem um quadro para a descrição dos factos, o que é um passo considerável. O contributo teórico da antropologia e da sociologia reduz-se muitas vezes a isso. Propor princípios provisórios de classificação dos factos e dos objetos é já impor um certo método de abstração, eventualmente de hierarquização e de medida, preliminar a toda a teorização mais conseguida" (Granger, 1979, cit. por Hamel, 1998:121).

Mas, ainda segundo investigadores já atrás citados, este é, pelo menos, um caminho que permite a integração da teoria, da política e da prática: "a necessidade de novas formas de teoria não é simplesmente a necessidade de uma teoria *per se*, mas a necessidade de repensar os propósitos e a função da teoria, e isso exige, julgamo-lo, um repensar das fronteiras entre a teoria, a política e a prática" (Goodson e Walker, 1991:202).

- *A que níveis de interpretação deve chegar a análise?*

Já falámos do lugar da descrição na formulação de uma teoria interpretativa e de como uma descrição assente na categorização dos dados oferece um primeiro nível de teoria – a teoria descritiva; veremos que os métodos que permitem ir da descrição à interpretação devem ser flexíveis e adaptados aos contextos; perguntamos, agora, até onde pode chegar a abstração (e a imaginação) sem que se perca a coerência com os dados recolhidos no trabalho empírico.

A literatura, neste ponto, admite (como é, aliás, implícito no que já dissemos a propósito das diferentes estratégias de investigação. Cf. parte II) a existência de vários graus de abstração gradativamente diferenciados. Na perspetiva de Hammersley e Atkinson (1994:46; 48), o nível mais básico traduz-se numa 'descrição narrativa de uma sequência de factos'; o segundo nível diz respeito a um 'relato generalizado das perspetivas e práticas de um grupo particular de atores'; por seu turno, o nível mais elevado transporta o leitor para formulações teóricas mais abstratas, as quais são construídas num confronto entre 'o tópico e o genérico', entre o 'substantivo e o formal', fazendo uso da própria terminologia usada pelos autores citados. É, no entanto, só neste último grau que estamos perante uma verdadeira teoria, enquanto conjunto de conceitos encadeados e interdependentes e sem que se perca a fecundação da teoria pelo empírico (Almeida e Pinto, 1986).

Dando conta de um outro entendimento sobre esta questão da construção da teoria em investigação qualitativa, segundo Morse (1997) podemos falar em quatro níveis de teorização que se diferenciam, essencialmente, pela abstração que fazem dos dados empíricos (diferenciando-se, igualmente, nos objetivos, nos métodos e na generalização). Temos, assim:

- *O nível descritivo* – Procura fazer-se uma descrição. Embora a descrição seja o ponto de partida, traduzindo-se no primeiro passo de toda a investigação qualitativa, ela pode ficar por aí, documentando o *status quo*, sem fazer inferências nem abstrações (isto é, sem atingir um nível de teorização), sobretudo se se tratar de uma descrição rica de pormenores e contrastes. Estes pormenores pedem, no entanto, o esforço suplementar que levaria ao nível seguinte.
- *O nível interpretativo* – A propósito deste nível, podemos fazer uso das palavras de Morse (1997), segundo a qual, com este tipo de atitude, o investigador qualitativo tenta tornar "explícito o implícito" (p. 176), levando o possível leitor do trabalho a dar-se conta dos fenómenos e ultrapassando, por isso, os limites dos contextos estudados. Existe aqui também um importante elemento descritivo, mas este é fortemente teorizado, numa teorização que emerge dos dados mas com recurso à literatura sobre o assunto.
- *O nível de descoberta* – Tenta revelar a intrincada complexidade das fases e dos estádios de um determinado processo, através da construção da 'teoria enraizada' (a *grounded theory*) ou 'teoria alicerçada nos dados'. Esta permite chegar ao estabelecimento de relações de antecedente e consequente e, deste modo, conduzir ao

estabelecimento de alguns indicadores de causalidade. Neste processo recursivo de construção da teoria, o investigador pode, por um lado, voltar a recolher dados para corroborar ou rejeitar as hipóteses que progressivamente vai construindo. Por outro lado, a construção pode ser sempre desenvolvida e completada com o estabelecimento de novas relações e com a formulação de interpretações, no quadro de uma ou mais teorias amplas (Strauss e Corbin, 1990).

- *O nível explanatório* – Neste nível de escrita identificam-se e descrevem-se conceitos e suas ligações. Estes estudos procuram combinar descrições e interpretações provindas de estudos alicerçados num grau mais baixo de abstração e, desse modo, formular uma teoria mais abrangente. Perante estas possibilidades de escrita, faz sentido então perguntar: a que nível de interpretações deve chegar a análise? Onde deve parar? Podemos responder que, para o investigador, a análise nunca está acabada, suficientemente completa. Com efeito, as "zonas de sombra inquietam-no tanto quanto o sentido escondido e o mais fundamentado das suas deduções; mas a marcha da análise é limitada pelas possibilidades práticas" (Clapier-Valladon, 1980:149), pelo quadro teórico subjacente e pelos objetivos de que partiu.

- *Que métodos permitem chegar à interpretação?*

Se definirmos a investigação qualitativa como investigação de realidades sociais, centrada no modo como elas são produzidas, experienciadas e interpretadas pelos próprios atores, com o objetivo de passar *da descrição* (registo e análise) à *interpretação*, temos de admitir que os métodos usados na recolha e na interpretação dos dados devem ser flexíveis, adaptáveis aos contextos sociais (Patton, 1990:165). Desse modo eles permitem alcançar, para além da riqueza de "pormenores descritivos relativamente a pessoas, locais e conversas" (Bogdan e Biklen, 1994:16), uma visão do contexto e da complexidade dos fenómenos.

A característica mais geral destes métodos *é o da indução analítica*. Esta indução consiste, essencialmente, na reformulação e reintegração constante de noções teóricas, à medida que se vai avançando na recolha e análise de novo material. Há uma primeira definição da área ou do problema a estudar e depois vão-se construindo progressivamente as explicações numa íntima relação entre a observação e a teorização (Roberts, 2002:8; Bogdan e Biklen, 1994:98). Consiste, pois, em fazer 'emergir uma construção', a partir dos dados num processo que muda consoante os instrumentos e métodos empregues – e cada analista usa os da sua própria especialidade ou aqueles que melhor domina.

Situa-se dentro deste processo a já referida *grounded theory*, de Glaser e Strauss (1967, cf. Strauss e Corbin, 1990; 1998; Strauss, 1992), como método de análise qualitativa dos dados e cujo "objetivo é produzir ideias teóricas efetivas e desenvolver teorias de largo escopo e de alta densidade e integração" (Hammesley, 1989:173). Portanto, trata-se aqui de uma produção teórica *a posteriori,* por indução. Os seus autores propõem, como técnica fundamental desta análise, um processo semelhante ao da análise de conteúdo a que acrescem todas as outras preocupações já descritas sobre a validação dos resultados do estudo sem que se perca uma estreita ligação aos dados recolhidos no trabalho de campo.

- *Qual a relação entre o discurso analisado e o discurso do analista?*

O esquema da figura 2, da autoria de Krippendorff na sua obra sobre análise de conteúdo (1990) sugere a estrutura das relações entre os diversos conceitos base daquela técnica, e mostra como a análise resulta numa verdadeira construção realizada pelo analista:

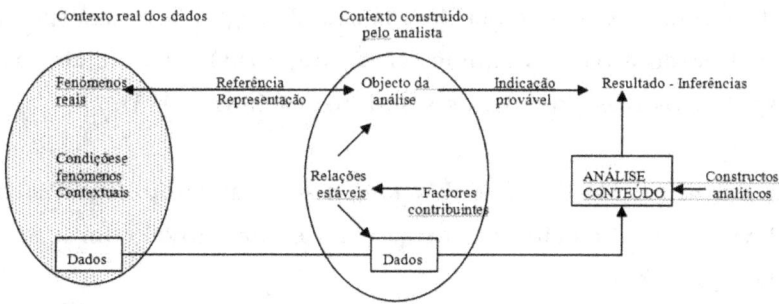

Figura n°. 2 - Padrão de referência para a análise de conteúdo (adaptada de Krippendorff, 1990:40)

Como se pode depreender, e utilizando o comentário do autor, "os dados encontram-se dissociados da sua fonte ou das suas condições contextuais e são comunicados de modo unidirecional ao analista. Este situa os dados num contexto que ele constrói baseado no seu conhecimento das condições circunstanciais dos dados, incluindo o que ele deseja conhecer acerca do objetivo da análise. Os seus conhecimentos sobre as relações estáveis dentro do sistema de interesse são formulados como construções analíticas que lhe permitem fazer inferências de acordo com o contexto dos dados. Os resultados da análise de conteúdo devem representar alguma característica da realidade, e a natureza dessa representação deve ser, em princípio, verificável" (Krippendorff, 1990:39).

Este período inferencial, interpretativo, será tanto mais rico quanto o analista-investigador fizer intervir outros elementos significativos para a contextualização da palavra, para conhecimento das suas condições de produção – elementos que podem decorrer de minuciosas notas de campo de uma observação participante. Como diz Pais (1993:86), "frente aos cadáveres das palavras escritas é possível descobrir, nomeadamente através da observação participante, a riqueza inesgotável da palavra sonora, o seu uso conflituoso em *contextos situacionais e referenciais* próprios".

Coloca-se aqui a questão da relação entre o discurso (interpretação) de quem analisa e interpreta e o discurso analisado. Seguindo as propostas da fenomenologia de Schütz (1993), que abordámos neste manual (cf. cap. I-2.2), há um saber de primeira ordem, ou seja, o saber daqueles que concedem a informação básica e o material de trabalho em análise (perspetiva émica), e há o saber do analista, de segunda ordem (perspetiva ética), elaborado a partir daquele (cf. Vieira, 2011). Nessa elaboração há que respeitar os três postulados seguintes (Schütz, 1993):

- *O postulado da consistência lógica* – o saber de segunda ordem deve ser estabelecido de forma clara e compatível com o princípio da lógica formal.
- *O postulado da interpretação subjetiva* – os constructos de segundo grau devem sempre ter em conta a interpretação dos comportamentos feita pelos seus autores.

- *O postulado da adequação* – deve haver consistência entre os constructos da primeira e da segunda ordem.

Não é um processo fácil, a elaboração de constructos teóricos, (categorias, subcategorias) que sejam fiéis ao pensamento dos 'informadores' (e ou às vivências observadas), e que, sem serem uma mera descrição ou tradução resultem num 'escrutínio sistematizante' que ofereça reais contributos para o saber que queremos ajudar a construir.

Não é um processo fácil, ainda, na medida em que é necessário saber pôr de parte muita coisa (em especial o encadeamento discursivo de quem presta testemunhos, ou o enredo fascinante de uma página de diário ou caderno de notas). Uma perda, provavelmente inevitável, em troca da descoberta de sentidos ocultos e interpretativos que a recomposição dos fragmentos, em *puzzles* temáticos, proporciona como resposta às questões teóricas que, simultaneamente, vamos colocando. Contudo, talvez a maior das dificuldades deste processo seja, como já se disse, a necessária aprendizagem e consequente prática de técnicas, conceções e atitudes que põem em causa toda uma conceção tradicional e positivista da Ciência (Amado, 2001b).

É ao nível explanatório que se fica apto a estabelecer relações entre o substantivo e o formal, entre tópico e o genérico, de que falam Hammersley e Atkinson (1994), como se disse acima, relações essas que apontam para a *necessidade de uma abordagem complexa e holística do real*. A investigação qualitativa admite que a complexidade faz parte da própria realidade e nenhuma análise pode ser feita sem a ter em conta (Vasquez e Martinez, 1996:53).

Essa complexidade implica o reconhecimento, como vimos no primeiro capítulo deste manual, da *incerteza* como um dos seus traços fundamentais, da *causalidade circular*, como racionalidade não-determinística dos sistemas, e da *incompletude* do conhecimento e da explicação. Por tudo isso, a investigação qualitativa, nos mais diversos desenvolvimentos epistemológicos que possa ter tido e nas mais diversas estratégias em que se concretize, exige, não a 'timidez teórica' – que resultaria de um desconhecimento da sua própria especificidade – mas uma forte marca de humildade e de prudência nas conclusões que retira de todo o seu processo.

V - 2. 3. Salvaguarda das questões éticas na investigação e no relatório científico

Na abordagem das questões éticas que são pertinentes levar em consideração no âmbito de uma investigação qualitativa, convém fazer a destrinça, na sequência de Mack e outros autores (2005), entre a ética relativa ao próprio processo de investigação e a ética relativa ao investigador enquanto profissional. O primeiro tipo de questões tem a ver com o contacto direto entre a pessoa do investigador e as pessoas que são estudadas; o segundo tipo envolve as relações entre investigadores, a propriedade intelectual, a problemática da 'fabricação dos dados', os perigos de se cometer plágio, entre outros aspetos (cf. Vieira, 2011:63-64).

Mas, por que razão a ética relativa ao processo de investigação é tão importante na pesquisa qualitativa, considerando que a mesma valoriza e vai ao encontro da especificidade das pessoas e dos contextos? A resposta a esta questão encontra-se em autores como Denzin e Lincoln (1994), Miles e Huberman (1994), Orb, Eisenhauser e Wynaden (2001), Murphy e Dingwall (2001), Fraenkel e Wallen (2003). De entre as razões apontadas, podemos destacar as seguintes:

- Porque a investigação realizada pode fazer mal às pessoas envolvidas.
- Porque a prioridade deve ser colocada no bem-estar de quem é estudado.
- Porque no decurso de uma investigação os participantes nunca hão de correr riscos superiores àqueles que correriam no seu dia a dia.
- Porque a importância da questão de investigação deve ser relativizada.
- Porque não devem ser usadas estratégias de investigação camufladas.
- Porque há que esclarecer os participantes envolvidos das intenções do investigador e dos propósitos da investigação.
- Porque se exige a anuência dos participantes através de um consentimento informado.
- Porque se algo tiver de ser 'sacrificado', então que se sacrifique a investigação e nunca as pessoas.

- Porque o investigador costuma ser um 'instrumento vivo' de recolha de dados, e em algumas pesquisas participa na vida das pessoas que estuda.
- Porque a investigação deverá ser conduzida tendo em mente que os seus resultados hão de contribuir de alguma forma para a melhoria da vida das pessoas envolvidas.

De facto, há uma '*praxis ética*' comum a todas as estratégias de investigação qualitativa. Nessa *praxis* salientamos em, primeiro lugar, a necessidade de construir uma relação baseada na sinceridade, na verdade e na confiança – nada no processo pode justificar a ocultação de objetivos e de procedimentos e muitos menos, a mentira[102].

Depois, há que assegurar, em todo o processo, mormente na escrita final, a confidencialidade e a privacidade dos participantes na investigação e de preservar os seus dados pessoais. Pierre Bourdieu, em nota ao leitor de *La misère du monde* (1993), chama a atenção para "o sentimento de inquietude no momento de tornar *públicas* declarações *privadas*, confidências reunidas numa relação de confiança que não se podem estabelecer senão nas relações entre duas pessoas" (p. 7). De facto, na medida em que todas as estratégias assentam na qualidade da interação entre investigador e investigado, torna-se fundamental a construção (do princípio ao fim do processo) de uma relação assente no respeito mútuo, bem como a capacidade de, centrando-se nesse valor do respeito, construir uma relação adaptada ao tipo de população com que se trabalha (crianças, adolescentes, adultos, idosos, pessoas com deficiências, jovens delinquentes, crianças de rua, etc.).

Além da necessária autorização para efetuar a pesquisa (com uma clara apresentação e informação dos seus objetivos, processos, resultados esperados e modos de divulgação), torna-se fundamental o cumprimento integral de tudo o que for contratado na abordagem e negociação para obter a anuência e colaboração das pessoas e das instituições. A informação

---

[102] Por exemplo, fotografar ou gravar quando ficou estabelecido que não se recorreria a esses processos; dizer a alguém que o abordamos para ser entrevistado porque sobre ele incidiu uma escolha aleatória quando o fazemos por conveniência ou indicação...

contínua sobre o que se vai desenvolvendo e processando é, para alguns autores, um requisito absoluto. Segundo Graue e Walsh (2003:13) "informar os outros deve ser algo que acontece logo no início do processo de descoberta e não deve parar nunca".

A prática do anonimato na redação final, ou, preferencialmente, o uso do pseudónimo para os participantes e de nomes fictícios para as instituições resolve em parte a questão[103]. Outros problemas se colocam, como o uso correto e não distorcido dos testemunhos obtidos (o que também passa, como já dissemos, por adequadas transcrições dos discursos dos informantes, em que a pontuação tem um lugar importante).

Em todo o tipo de investigação, o teste fundamental à ética do investigador reside na proteção e na utilização que vai fazer dos dados recolhidos. Note-se, no entanto, que testemunhar determinados factos (por exemplo, abusos e maus tratos a crianças, idosos, etc.) pode dar origem a dilemas difíceis de gerir (Sanchez Blanco, 1997).

Da lista de princípios éticos a respeitar no decurso de uma investigação científica de natureza qualitativa[104], e embora haja algumas especificidades em função das áreas disciplinares em que se inserem os pesquisadores, destacamos as seguintes, na continuidade de publicações pioneiras no domínio como a de Beauchamp e colegas (1982, cit. por Vieira, 2011:64 e ss):

- Princípio nº 1 – *Não-maleficência* – Para a observação deste princípio os investigadores deverão garantir que o processo de investigação não cause mal aos participantes. Há que proteger as pessoas de qualquer tipo de exploração para fins de investigação; tem de ser respeitada a sua dignidade e não podem ser usadas

---

[103] Em Portugal o n.º 2 do art.º 26 e n.º 3 do art.º 35 da Constituição da República Portuguesa, bem como a Lei de Proteção de Dados Pessoais, ou Lei 67/98 de 26 de outubro, enquadram legalmente estes direitos.

[104] Estes princípios aplicam-se, de uma maneira geral, a todo o tipo de investigação realizada com seres humanos e foram inicialmente estabelecidos pelo *Belmont Report*, em 1978, que foi publicado pela *National Comission for the Protection of Human Subjects of Biomedical and Behavioral Research*, dos Estados Unidos, tendo surgido organizados em três grandes categorias: Beneficência, Respeito e Justiça (cf. Sieber, 2004).

simplesmente como objetos de pesquisa, isto é, como os meios para atingir os fins da investigação.

- Princípio nº 2 – *Beneficência* – Este princípio remete-nos para a ideia de que a investigação desenvolvida deve produzir de alguma forma resultados positivos e identificáveis na vida dos participantes e que não sejam simplesmente usados para responder a algum tipo de curiosidade científica de quem faz investigação. Dito de outro modo, é importante que o investigador se preocupe sempre com a minimização dos riscos para os participantes, incluindo os psicológicos e sociais, e com a maximização dos benefícios que a pesquisa possa trazer para quem nela participa.

- Princípio nº 3 – *Justiça* – De acordo com este princípio, as pessoas que participam numa investigação devem ser igualmente tratadas quando elas próprias são iguais do ponto de vista dos seus contributos para a pesquisa. Além disso, há que distribuir igualmente os riscos e os benefícios resultantes da investigação e aqueles que abrem as suas portas para serem participantes num dado estudo devem ser os primeiros a beneficiar com os resultados.

- Princípio nº 4 – *Respeito pela autonomia/autodeterminação das pessoas* – Este princípio assenta no pressuposto de que as pessoas são capazes de dirigir a sua vida de maneira autónoma e de tomar as suas próprias decisões, incluindo a de querer participar, ou não, numa investigação científica. Neste sentido, elas têm vários direitos, como o de ser informadas acerca do estudo para o qual lhes é pedida colaboração, o de se sentirem livres para decidir quanto à sua participação no mesmo e o de saberem que poderão abandonar a qualquer momento o processo, sem que isso lhes traga penalizações. Na investigação qualitativa este princípio deverá conduzir ao estabelecimento de um consentimento informado, que consiste numa espécie de negociação estabelecida entre o investigador e os participantes sobre o que é esperado de ambas as partes durante o processo.

- Princípio nº 5 – *Respeito pelas comunidades* – Segundo este princípio devem ser criteriosamente respeitados os valores e os interesses das comunidades que participam numa investigação, ao mesmo tempo que se protegem dos eventuais danos que o próprio processo de pesquisa lhe possa causar.

Refira-se que a ordem por que aparecem estes princípios nas diferentes publicações nem sempre é a mesma, o que nos leva a crer que todos eles são igualmente fundamentais para quem faz investigação qualitativa.

Para além dos princípios gerais atrás referidos, e tendo em conta a natureza dialética do trabalho do investigador ao longo de todas as etapas, é importante que sejam acautelados outros aspetos como: o respeito genuíno pelas emoções dos participantes; a tomada de consciência do rumo que tomam as relações entre as partes ao longo do tempo; a distinção entre as obrigações e responsabilidades da pessoa do investigador e as expectativas que podem vir a ser criadas a partir das relações estabelecidas; as oportunidades que devem ser dadas aos participantes para reverem as 'representações' que sobre eles foram sendo efetuadas; e a preparação cuidadosa da saída do terreno, para que as pessoas não se sintam 'abandonadas'.

Para além dos aspetos comuns às diversas estratégias e métodos de investigação qualitativa, subsiste um conjunto de aspetos específicos inerentes a cada uma delas. Vejamos algumas dessas especificidades.

Na investigação etnográfica, por exemplo, torna-se importante que o investigador evite certas influências da cultura que estuda e que o podem levar, por exemplo, a interatuar sob a influência de etiquetagens e de rótulos que são atribuídos aos elementos do grupo social ou da instituição. Por exemplo, a abordagem de alunos ditos 'indisciplinados' tem de ser feita, por um lado, de modo a não 'reforçar' essa mesma caracterização construída pelos professores. Por outro lado, tem de ser feita com a atitude de quem quer compreender o comportamento desse aluno (às vezes, algo misterioso) e não de quem está ali para criticar, condenar ou disciplinar.

Na investigação colaborativa, em que os sujeitos são muito mais do que objetos da investigação, torna-se necessário oferecer iguais oportunidades a todos os colaboradores (adultos, jovens ou crianças), para expressarem os seus sentimentos, perceções, análises e decisões.

Na investigação (auto)biográfica a partilha da história de vida confere ao investigador uma enorme responsabilidade na proteção dos dados, no modo como usá-los, etc.

Vale a pena ainda chamar a atenção para a problemática ética da investigação com crianças, uma vez que a pesquisa em educação as toma natural e frequentemente como participantes, depois da devida autorização dos seus pais ou tutores. Segundo Delgado e Müller (2005b), neste campo "a ética é um aspeto fundamental, pois é inegável que existe uma força adulta baseada no tamanho físico, nas relações de poder e nas decisões arbitrárias. A dimensão ética garante à criança o direito de consentir ou não em participar da pesquisa. O uso de fotografias ou filmagem, as entrevistas com crianças e as análises dos dados, segundo um ponto de vista adulto, é algo autoritário. Devemos negociar com as crianças todos os aspetos e etapas das investigações: a entrada no campo e nossos objetivos, quais as crianças que querem realmente participar da pesquisa e contribuir com a coleta de dados. Alderson (2000) convida-nos a entender que as crianças também são produtoras de dados, e podemos negociar com elas a divulgação das informações que obtemos nas pesquisas" (p. 355). Podemos ainda discutir com elas qual a melhor estratégia para divulgar os dados e como lhes ofereceremos um retorno a partir dos resultados das pesquisas que as envolvem. A este propósito, torna-se indispensável conhecer todo um roteiro ético da investigação com crianças, desenvolvido por diversos autores e exaustivamente apresentado por Soares (2006), e de que sublinhamos a primazia do respeito do investigador por elas (*simetria ética*), a necessidade de ter em conta os aspetos estruturais que influenciam as suas condições de vida, o reconhecimento do direito de expressarem as suas razões, opiniões e decisões... de terem uma 'voz'.

Numa tentativa de sintetizar os cuidados éticos a ter na preparação de uma investigação qualitativa, independentemente da área disciplinar onde se insira, do tipo de participantes e do *design* escolhido para a desenvolver, Fraenkel e Wallen (2003:443) apresentam uma lista de questões que deverão orientar as decisões de quem faz a pesquisa, onde se incluem as seguintes:

- Será que vale a pena fazer este estudo?
- Será que os investigadores envolvidos possuem os conhecimentos necessários para dirigir um estudo de boa qualidade?
- Será que os participantes neste estudo já foram suficientemente informados acerca daquilo que ele envolve?
- Será que as pessoas deram o seu consentimento para participar de livre vontade?
- Quem ganhará com esta investigação?
- Existe um equilíbrio em termos de custos e benefícios, tanto para o investigador como para os participantes?
- Estará assegurada a confidencialidade dos dados?
- Quem será o 'dono' dos dados que vão ser recolhidos e analisados neste estudo?
- Como é que os resultados vão ser usados? Haverá alguma possibilidade de os utilizar de forma errada?

Terminamos chamando a atenção, ainda, para dois tipos de iniciativas interligadas e destinadas à defesa dos princípios éticos da investigação. O primeiro diz respeito aos códigos de ética, como o que se encontra no site da AERA[105] Trata-se de um código de ética que "incorpora um conjunto de princípios especificamente destinados o orientar o trabalho dos investigadores em educação. O ato educativo, pela sua própria natureza, está destinado a provocar melhorias na vida individual e coletiva. Acresce a isso que a investigação em educação está muitas vezes direcionada para crianças e outras populações vulneráveis. Um dos principais objetives deste código é o de recordar que nos devemos esforçar por proteger estas populações e manter a integridade da nossa investigação, da nossa comunidade de pesquisa e de todos aqueles com quem mantemos relações profissionais. (...) Os princípios recordam-nos que estamos empenhados não apenas na investigação mas também na educação. Torna-se, pois, essencial que, de uma forma continuada, reflitamos sobre a nossa investigação para

---

[105] *American Educational Research Association*: http://www.aera.net/.

assegurar que ela não só seja cientificamente rigorosa como contribua positivamente para a tarefa educativa" (s/p.).

O segundo tipo de iniciativas tem a ver com a constituição de Comités de Ética nas Unidades de Investigação e Universidades. Neste caso, estamos diante de órgãos competentes e disponíveis para a emissão de pareceres fundamentados sobre o modo como são ou se prevê que sejam cumpridas as normas e exigências éticas da investigação na pesquisa que se faz ou se projeta fazer. Acreditamos que a criação desta instância não só constituirá um instrumento para a proteção dos participantes e contextos a investigar, como garantirá, a quem investiga e aos Centros de Investigação, o cumprimento da sua ação dentro dos padrões éticos exigidos, salvaguardando-os de eventuais conflitos na esfera dos direitos humanos.

Bibliografia da V^a parte

Abranches, G. (2009). *Guia para uma linguagem promotora da igualdade entre mulheres e homens na administração pública*. Lisboa: CIG.

Almeida, J. F., & Pinto, J. M. (1986). Da teoria à investigação empírica: Problemas metodológicos gerais. In A. S. Silva & J. M. Pinto. (Orgs.), *Metodologia das Ciências Sociais* (pp. 55-78). Porto: Edições Afrontamento.

Amado, J. (2001b). *Interação pedagógica e indisciplina na aula*. Porto: ASA Editores.

Amado, J. (2008). Science et sens commun... (A propos d'une étude ethnographique de l'indiscipline en classe). *Recherche en éducation, 1*, 60-73.

Almeida, J. F., & Pinto, J. M. (1986). Da teoria à investigação empírica: Problemas metodológicos gerais. In A. S. Silva & J. M. Pinto (Orgs.), *Metodologia das ciências sociais* (pp. 55-78). Porto: Edições Afrontamento.

Amsterdamski, S. (1996). Lei. In R. Romano (Dir.), *Enciclopédia Einaudi*: Explicação (Vol. 33, pp. 377-418). Lisboa: Imprensa Nacional/Casa da Moeda.

Ball, D. L., & Forzani, F. M. (2007). What makes education research "Educational"? *Educational Researcher, 36*(9), 529–540.

Bardin, L. (1979). *Análise de conteúdo*. Lisboa: Edições 70.

Bartelett, S., Burton, D., & Peim, N. (2001). *Introduction to education studies*. London: Paul Chapman Publishing.

Bianchetti, L. (2008). O processo de escrita: Elementos inibidores e facilitadores. In L. Bianchetti & P. Meksenas (Orgs.), *A Trama do conhecimento – teoria, método e escrita em ciência e pesquisa* (pp. 239-265). S. Paulo: Papirus Editora.

Boavida, J., & Amado, J. (2008). *Ciências da educação: Epistemologia, identidade e perspetivas*. Coimbra: Imprensa da Universidade de Coimbra.

Bogdan, R. & Biklen, S. (1994). *Investigação qualitativa em educação*. Porto: Porto Editora.

Bolívar, A., Domingo, J., & Fernández, M. (2001). *La investigación biográfico-narrativa en educación*. Madrid: Ed. La Muralla.

Bourdieu, P. (1993). *La misère du monde*. Paris: Éditions du Seuil.

Bridges, D. (2006). The disciplines and discipline of educational research. *Journal of Philosophy of Education, 40*(2), 259 272.

Chapoulie, J-M. (1985). Préface. In Becker, H. S. *Outsiders: Études de Sociologie de la Déviance* (pp. 9-.22). Paris: Ed. A.-M. Métailié.

Clapier-Valladon, S. (1980). Enquête psycho-social et son analyse de contenu. *Psychologie Française, 25*(2), 149-160.

Cronbach, L. J. (1977). *Educational psychology*. Michigan: Harcourt Brace Jovanovich.

Delamont, S. (1993). *Fieldwork in educational settings*. London: The Falmer Press.

Delattre, P. (1992). Teoria/Modelo. In R. Romano (Dir.), *Enciclopédia Einaudi*: Método/Teoria/Modelo (Vol. 21, pp. 223-287): Lisboa: Imprensa Nacional/Casa da Moeda.

Delgado, A. C., & Müller, F. (2005a). Tempos e espaços da infância. *Currículo Sem Fronteiras, 6*(1), 5-14.

Delgado, A. C., & Müller, F. (2005b). Sociologia da infância: Pesquisa com crianças. *Educação e Sociedade, 26*(91), 351-360.

Denzin, N. K. (1978). *Sociological methods*. New York: McGraw-Hill.

Denzin, N. K., & Lincoln, Y. S. (Eds.). (1994). *Handbook of Qualitative Research*. Thousand Oaks: Sage Publications.

Denzin, N. K., & Lincoln, Y. S. (Orgs). (2003). *Collecting and interpreting qualitative materials*. Thousand Oaks: Sage Publications.

Denzin, N. K., & Lincoln, Y. S. (2003). Discipline and practice of qualitative research. In N. K. Denzin & Y. S. Lincoln (Orgs.), *Collecting and interpreting qualitative materials* (pp.1-45). Thousand Oaks: Sage Publications.

Derrida, J. (1994b). *A voz e o fenómeno*. Rio de Janeiro: Jorge Zahar.

Dubar, C., & Demazière, D. (1997). *Analyser les entretiens biographiques: L'exemple des récits d'insertion*. Paris: Nathan.

Eisenhart, M. (2001). Changing conceptions of culture and ethnographic methodology: Recent thematic shifts and their implications for research on teaching. In V. Richardson (Ed.), *Handbook of research on teaching* (pp. 209-225). Washington, DC: American Educational Research Association.

Eisner, E. (1998). *El ojo ilustrado*. Barcelona: Paidós.

Erickson, F. (1989). Metodos cualitativos de investigacion sobre la enseñanza. In M. Wittrock (Ed.), *La investigación de la enseñanza* (II vol., pp. 195-301). Barcelona: Paidós-MEC.

Esteves, A. J. (1986). A investigação-ação. In A. S. Silva & J. Madureira Pinto (Orgs.), *Metodologia das ciências sociais* (pp. 251-278). Porto: Ed. Afrontamento.

Estrela, M. T. (2007a). As ciências da educação, hoje. In J. M. Sousa (Org.), *Atas do IX Congresso da SPCE. Educação para o Sucesso: Políticas e Atores* (pp.15-35). Funchal: Sociedade Portuguesa de Ciências da Educação.

Estrela, M. T. (2007b). Notas sobre as possibilidades de construção de uma teoria da educação. In J. Boavida & A. García del Duj (Orgs.), *Teoria da educação: Contributos ibéricos* (pp. 21-44). Coimbra: Imprensa da Universidade de Coimbra.

Ferrarotti, F. (2007). Las historias de vida como método. *Convergência, 14*(44), 15-40.

Follari, R. (2008). Problemas em torno da pesquisa qualitativa. In L. Bianchetti & P. Meksenas (Orgs.), *A trama do conhecimento – Teoria, método e escrita em ciência e pesquisa* (pp.73-93). S. Paulo: Papirus Editora.

Fraenkel, J. & Wallen, N. (2003). *How to design and evaluate research in education* (5ª ed.). Boston: McGraw-Hill.

Freire, I. (2001). *Percursos disciplinares e contextos escolares: Dois estudos de caso*. Tese de doutoramento não publicada. Lisboa: Universidade, FPCE.

Glaser, B., & Strauss, A. (1967). *Discovery of grounded theory: Strategies for qualitative research*. Chicago: Aldine Publishing Co.

Goetz, J. P., & LeCompte, M. D. (1988), *Etnografía y diseño qualitativo en investigación educativa*. Madrid: Morata.

Goodson, I., & Walker, R. (1991). *Biography, identity & Schooling*. London: The Falmer Press.

Gonçalves, R-M. (2005). *Almada Negreiros*. Lisboa: Editorial Caminho

Graue, E., & Walsh, D. (2003). *Investigação etnográfica com crianças: Teorias, métodos e ética*. Lisboa: Fundação Calouste Gulbenkian.

Guba, E. (1981). *The paradigm revolution in inquiry: Implications for vocational research and development*. Comunicação apresentada no Vocational Education Skills Development Seminar. Ohio: Columbus.

Guba, E. (1989). Criterios de credibilidad en la investigación naturalista. In Gimeno Sacristan & Perez Gomez (Eds.), *La enseñanza: Su teoria y su pratica* (pp.148-165). Madrid: Akal.

Guerrero López, J. F. (1991). *Introducción a la Investigación etnográfica en educación especial*. Salamanca: Edicones Amarú.

Hamel, J. (1997). *Précis d'épistémologie de la sociologie*. Paris: L'Harmatan.

Hamel, J. (1992). La méthode de cas en sociologie et en anthropologie. *Revue de L'Institut de Sociologie, 1-4,* 215-240.

Hamel, J. (1998). Défense et illustration de la méthode des études de cas en sociologie et en anthropologie: Quelques notes et rappels. *Cahiers Internationaux de Sociologie, CIV,* 121-138.

Hammersley, M. (1989).*The dilemma of qualitative method: Herbert Blumer and the Chicago tradition*. London: Routledge.

Hammersley, M. (2008). Assessing validity in social research. In P. Alasuutari et al. (Eds.), *The Sage handbook of social research methods* (pp. 42-53). London: Sage Publications.

Hammersley, M., & Akinson, P. (1994). *Etnografía: Métodos de investigación*. Barcelona: Paidós.

Hargreaves, D. H., Hester, S., & Mellor, F. (1975). *Deviance in classrooms*. London: Routledge.

Haywood, P., & Wragg, E. C. (1982). *Evaluating the literature*. Nottingham: University School of Education.

Hébert, M. L., Goyette, G., & Boutin, G. (1994). *Investigação qualitativa: Fundamentos e práticas*. Lisboa: Instituto Piaget.

Herzog, B. (2008). Aprendizage y enseñanza de métodos qualitativos de investigación en ciências sociales. Forum: Qualitative Sozialforschung / Forum. Qualitative Social Research, 9(3), art.22, (s/p) http://nbbn-resolving.de/um:nbn:de:0114-fqs0803220

Howe, K., (2001). Qualitative educational research: The philosophical issues. In V. Richardson (Ed.), *Handbook of research on teaching* (4ª ed.) (pp. 201-208). Washington: American Educational Research Association.

Howe, K., & Eisenhart, M. (1993). Criterios de investigación cualitativa (y cuantitativa): Prolegómenos. *Revista de Educación, 300,* 173-189.

Huberman, M. (1981). Splendeurs, misères et promesses de la recherche qualitative. *Education et Recherche, 3,* 233-243.

Iturra, R. (1986). Trabalho de campo e observação participante em antropologia. In A. S. Silva & J. M. Pinto (Orgs.), *Metodologia das ciências sociais* (pp. 148-163). Porto: Edições Afrontamento.

Janesick, V. J. (1994). The dance of qualitative research design: Metaphor, methodolatry, and meaning. In N. K. Denzin & Y. S. Lincoln (Eds.), *Handbook of qualitative research* (pp. 209-219). Thousand Oaks: Sage Publications.

Krippendorff, K. (1990). *Metodologia de análisis de contenido: Teoria e práctica*. Barcelona: Paidós.

Lather, P. (2001). Validity as an incitement to discourse: Qualitative research and the crisis of legitimation. In V. Richardson (Ed.), *Handbook of research on teaching* (pp. 241-250). Washington, DC: AERA.

LeCompte, M. D. (1997). Trends in qualitative research methods. In L. J. Saha (Ed.), *International encyclopedia of the sociology of education* (pp. 246-263). Exeter: Pergamon Press.

Lincoln, Y., & Guba, E. (1985). *Naturalistic inquiry*. Newbury Park, CA: Sage.

Lodico, M., Spaulding, D., & Voeggtle, K. (2006). *Methods in educational research: From theory to practice*. San Francisco: Jossey-Bass.

Lyotard, J. F. (2008). *A fenomenologia*. Lisboa: Edições 70.

Machado, A. M. (2008). Pânico da folha em branco: Para entender e superar o medo de escrever. In L. Bianchetti & P. Meksenas (Orgs.), *A trama do conhecimento: Teoria, método e escrita em ciência e pesquisa* (pp. 267-286). S. Paulo: Papirus Editora.

Mack, N., Woodsong, C., MacQueen, K., Guest, G., & Namey, E. (2005). *Qualitative research methods: A data collector´s field guide*. North Carolina: Family Health International.

Major, C. H., & Savin-Baden, M. (2011). Integration of qualitative evidence: Towards construction of academic knowledge in social science and professional fields. *Qualitative Research, 11*(6), 645-663.

Marshall, C., & Rossman, G. (1995). *Designing qualitative research*. Newbury Park: Sage.

Maxwell, J. (1992). Understanding and validity in qualitative research. *Harvard Educational Review, 62,* 3, 279-299.

Maxwell, J. (1996). *Qualitative research design: An interactive approach*. London: Sage.

McMillan, J. H., & Schumacher, S. (1989). *Research in education: A conceptual introduction*. Glenview: Scott, Foresman and Company.

Measor, L. (1985). Interviewing: A Strategy in qualitative research. In R. G. Burgess (Ed.), *Strategies of educational research: Qualitative methods* (pp. 55-78). London: The Falmer Press.

Miles, M. B., & Huberman, A. M. (1994). *Qualitative data analysis: An expanded sourcebook* (2ª ed.). Thousand Oaks: Sage Publications.

Mills, C. W. (1997). *L'imagination sociologique*. Paris: La Découverte.

Morse, J. M. (1997). *Completing a qualitative project*. London: Sage Publications.

Murphy, E., & Dingwall, R. (2001). The ethics of ethnography. In P. Atkinson, A. Coffey, S. Delamont, J. Lofland & L. Lofland (Eds.), *Handbook of Ethnography* (pp. 339-351). London: Sage Publications.

Noy, C. (2003). La escritura de transición: Reflexiones en torno a la composición de una disertación doctoral en metodología narrativa. *Forum: Qualitative Social Research, 4*(2), Art. 39 (s/p) Acessível em: http://www.qualitative-research.net/fqs-texte/2-03/2-03noy-s.htm

Nunes, M. T. A. (2009). *O feminino e o masculino nos materiais pedagógicos: (In)visibilidades e (des)equilíbrios*. Lisboa: CIG.

Nunes, C. P., & Ribeiro, M. G. (2008). A epistemologia qualitativa e a produção de sentidos na formação docente. In C. P. Nunes, J. J. S. R. Santos & N. C. Crusoé (Orgs.), *Itinerários de pesquisa* (pp. 243-261). Passo Fundo: Editora da Universidade de Passo Fundo.

Orb, A., Eisenhauer, L., & Wynaden, D. (2001). Ethics in qualitative research. *Journal of Nursing Scholarship, 33*(1), 93-96.

Pais, J. M. (2001). *Ganchos, tachos e biscates: Jovens, trabalho e futuro*. Porto: Ambar.

Pais, J. M. (1993). *Culturas juvenis*. Lisboa: Imprensa Nacional-Casa da Moeda.

Patton, M. G. (1990). *Qualitative evaluation methods*. California: Sage publications.

Philips, D. C., & Burbules, N. C. (2000). *Postpositivism and educational research*. Boston: Rowman & Littlefield Publishers.

Piacentini, M. T. (2008). A forma em evidência: Estilo e correção em trabalhos académicos. In L. Bianchetti & P. Meksenas (Orgs.). *A trama do conhecimento: Teoria, método e escrita em ciência e pesquisa* (pp. 317-334). S. Paulo: Papirus Editora.

Pires, J. (2008). *Teoria e prática da análise proposicional do discurso*. João Pessoa: Idéia.

Popper, K. (1998). *Los problemas fundamentales de la epistemología*. Madrid: Ed. Tecnhos.

Punch, M. (1994). Politics and ethics in qualitative research. In N. K. Denzin & Y. S. Lincoln (Eds.), *Handbook of qualitative research* (pp. 83-97). Thousand Oaks: Sage Publications.

Queiroz, D. M. (2010). *A avaliação como acompanhamento sistémico da aprendizagem: Uma experiencia de investigação-ação colaborativa no ensino fundamental*. Coimbra: Universidade de Coimbra.

Quivy, R., & Campenhoudt, L. (1998). *Manual de investigação em ciências sociais*. Lisboa: Gradiva.

Richardson, L., (2003). Writing: A methodology of inquiry. In N. K. Denzin & Y. S. Lincoln (Eds.), *Collecting and interpreting qualitative materials* (pp. 499-541). Thousand Oaks: London: Sage Publications.

Roberts, B. (2002). *Biographical research*. Buckingham: Open University.

Rodrigues, P. (1992). Avaliação curricular. In A. Estrela & A. Nóvoa (Orgs.), *Avaliações em educação: Novas perspetivas* (pp. 15-72). Lisboa: Educa.

Sanchez Blanco, C. (1997). Dilemas éticos da investigação educativa. *Revista de Educación, 312,* 271-280.

Schütz, A. (1993). *La construcción significativa del mundo social*. Barcelona: Paidós.

Silverman, D. (1997). *Interpreting qualitative data*: London: Sage Publications.

Smith, J., & Deemer, D. (2003). The problem of criteria in the age of relativism. In N. K. Denzin & Y. S. Lincoln (Eds.), *Collecting and interpreting qualitative materials* (pp. 427-457). Thousand Oaks: Sage Publications.

Soares, M., & Fazenda, I. (1992). Metodologias não-convencionais em teses académicas. In I. Fazenda (Org.), *Novos enfoques da pesquisa educacional* (pp.119-135). S. Paulo: Cortez Editora.

Soares, N. F. (2006). A investigação participativa no grupo social da infância. *Currículo Sem Fronteiras, 6*(1),25-40. Disponível em http://www.curriculosemfronteiras.org/vol6iss1articles/intro.pdf. Consultado em 3/9/2008.

Spradley, J. P. (1980). *Participant observation*: Forth worth: Holt, Rinehart and Winston, Inc.

Strauss, A., & Corbin, J. (1990). *Basics of qualitative research: Grounded theory procedures and techniques*. London: Sage Publications.

Unger, M. P. (2005). Intersubjectivity, hermeneutics, and the production of knowledge in qualitative mennonite scholarship. *International Journal of Qualitative Methods, 4*(3), Article 4. (s/p), Acedido em agosto 13, 2008, de http://www.ualberta.ca/~iiqm/backissues/4_3/html/unger.htm.

Vasquez, A., & Martine Z. I. (1996). *La socialización en la escuela: Una perspetiva etnográfica*. Barcelona: Paidós.

Vattimo, G. (1996). *O fim da modernidade: Niilismos e hermenêutica na cultura pós-moderna*. S. Paulo: Martins Fontes.

Vieira, C. C. (1995a). *Investigação quantitativa e investigação qualitativa: Uma abordagem comparativa*. Provas de Aptidão Pedagógica e Capacidade Científica. Coimbra: Universidade, FPCE.

Vieira, C. C. (1995b). *A investigação participativa. Uma investigação com (pelas) pessoas e não sobre (com) as pessoas*. Provas de Aptidão Pedagógica e Capacidade Científica. Coimbra: Universidade, FPCE.

Vieira, C. C. (1998). A observação participante: aspetos gerais desta técnica qualitativa de recolha de dados. In *Ensaios em Homenagem a Joaquim Ferreira Gomes* (pp. 761-767). Coimbra: Universidade, FPCE, NAIE.

Vieira, C. C. (1999). A credibilidade da investigação científica de natureza qualitativa: Questões relativas à sua fidelidade e validade. *Revista Portuguesa de Pedagogia, XXXIII*(2), 89-116.

Vieira, C. C. (2004). A investigação participativa: Algumas considerações em torno desta metodologia qualitativa. In L. Oliveira, A. Pereira & R. Santiago (Orgs.), *Investigação em educação: Abordagens conceptuais e práticas* (pp. 59-76). Porto: Porto Editora.

Vieira, C. C. (2011). *Relatório da unidade curricular de Metodologia da Investigação em Educação II, do 1º ciclo de estudos em Ciências da Educação*, elaborado para efeitos de concurso a Professora Associada. Coimbra: Universidade, FPCE.

Vieira, R. (1999). *Histórias de vida e identidades: Professores e interculturalidade*. Porto. Edições Afrontamento.

Vogt, W. P. (1993). *Dictionary of statistics and methodology: A non technical guide for the social sciences*. London: Sage Publications.

Walker, R. (1983). La realización de estudios de casos en educación: Etica, teoria y procedimientos. In W. Dockell & D. Hamilton (Eds.), *Nuevas reflexiones sobre la investigación educativa* (pp. 42-82). Madrid: Narcea.

Wolcott, H. (1993). Sobre la intención etnográfica. In C. Maillo & Díaz de Rada (Eds.), *Lecturas de antropología para educadores* (pp. 127-144). Madrid: Ed. Trotta.

Woods, P. (1989). *La escuela por dentro*. Barcelona: Paidós.

Woods, P. (1999). *Investigar a arte de ensinar*. Porto: Porto Editora.

Woods, P. (2006). *Successful writing for qualitative researchers*. London: Routledge.

Zabalza, M. (1994). *Diários de aula: Contributos para o estudo dos dilemas práticos dos professores*. Porto: Porto Editora.

PALAVRAS FINAIS

O nosso ponto de partida, neste *Manual de Investigação Qualitativa em Educação*, procurou acentuar a ideia de que o objeto de investigação que temos em mira é o fenómeno educativo. Por isso o nosso objetivo, logo aí, foi o de esclarecer o que entendíamos por educação e de como ela tem vindo a ser objeto de pesquisa com base nos mais diversos paradigmas investigativos.

Não vamos refazer aqui a síntese de todo o longo percurso que obstinadamente fomos percorrendo, nas diversas coautorias, para construir os textos que disponibilizamos nesta publicação. Apenas pretendemos exprimir, agora de forma mais explícita do que até ao momento, uma questão que sempre esteve subjacente em todo o processo: *o que é que faz com que a investigação em educação se torne, verdadeiramente, uma investigação educacional?*

Talvez haja várias respostas possíveis, mas julgamos que de entre todas elas deveria sobressair a nota de que, uma tal investigação, para ser educacional, não deve ser feita com o objetivo prioritário de servir a valorização curricular de quem quer que a faça; ela deve, antes de mais, visar ter, a curto ou a médio prazo, um efetivo impacto nos mais diversos domínios em que o fenómeno educativo esteja formal ou informalmente presente.

A verdadeira razão de ser desta investigação têm de ser os desafios e os problemas que se colocam a todo o melhoramento e transformação da educação. Ao se alcançar esse objetivo, a investigação em educação é a mais rentável de todas as tarefas, já que "a sustentabilidade económica e a qualidade da vida estão dependentes da educação. Cada vez mais – e das formas mais diversas – as pessoas precisam de aprender como nunca o precisaram antes. A educação do cidadão e da cidadã é fundamental para que se resolvam os problemas que afligem a sociedade, como os relacionados com a saúde, a fome, a distribuição de recursos, a pobreza e a sustentabilidade ambiental. Além disso, com a expectativa de vida a aumentar e com a globalização e a revolução digital a alterar noções básicas de acesso e de interação, o tipo de educação exigido irá mudar, e terá de se estender por toda a vida" (Ball e Forzani, 2007:529)[106].

Noutros termos, a humanidade está progressivamente mais dependente dos processos educativos, sejam quais forem as esferas da vida e da atividade. Por isso mesmo, se mantém e vai continuar a manter, no campo educativo, o manancial de problemas a resolver e, na sequência disso, manter-se-ão também os desafios ao conhecimento, à criatividade, à sensibilidade, à ética da responsabilidade, que a todos e a cada um de nós se dirigem. Não é por falta de temas e de problemas a investigar (numa perspetiva mais abrangente ou numa postura mais clínica e de caso) que se poderá vir a verificar a falência da investigação em educação. O que ela tem é de ser consagrada à resolução dos problemas reais das pessoas envolvidas, ao mesmo tempo que deve assentar em princípios que inspirem confiança e credibilidade nos processos, esperança e otimismo nos objetivos.

O manual que se se desenvolveu ao longo de todos os capítulos precedentes, sendo uma espécie de ponto da situação de muitas das nossas leituras e de muitos diálogos com colegas (e não só os que participaram na reescrita do trabalho original) e com muitos estudantes nas mais diversas fases do seu trabalho de pesquisa, pretende ser apenas um modesto contributo no sentido de ajudar a entender o plano epistemológico em que se situa ou em que se quer vir a situar quem nele procurar orientação.

Este manual tem, ainda, como intenção ser, através da multiplicidade de exemplos que demos, um contributo para abrir pistas, sobretudo as que, pelas suas problemáticas e objetivos, mais instiguem processos de pesquisa qualitativa. E não foram só os exemplos de investigações que para aqui convocámos e fizemos convergir, com os objetivos de ilustrar

---

[106] Ball, D. L. & Forzani, F. M. (2007). What Makes Education Research 'Educational'? *Educational Researcher*, Vol. 36, n°. 9, 529–540.

e de inspirar novas iniciativas... foram, sobretudo, as ideias de uma infinita e universal rede de investigadores e divulgadores, que invocámos, através da multiplicidade de referências bibliográficas e de citações, e que fomos identificando e apontando como tijolos fundamentais de um edifício que, embora em constante renovação, alberga todos aqueles que consideram que as ciências sociais e humanas, e muito especialmente as ciências da educação, sem perderem o rigor que as caracterize como 'ciência', não devem deixar de ter em conta o pensamento, a interpretação, o sentimento e a emoção dos sujeitos investigados, seja qual for a sua idade, sexo e condição social.

Recordemos que, em grande parte, a investigação qualitativa assenta nesta ideia central: a de dar 'voz' às pessoas que se disponibilizam para colaborar (de diferentes modos e diferentes graus) com o(s) investigador(es), o que se traduz, afinal, numa 'outra' perspetiva de 'ciência', assente em exigências éticas específicas (de que sobressai o respeito pela vida e expressão do 'outro'), e numa relação interpessoal que convoca o individual e o coletivo, o local e o universal, o pessoal e o político. Mais uma vez, isto alerta-nos para o facto de que o grande instrumento neste tipo de investigação é o próprio investigador! E as suas qualidades e sentimentos (bem-estar pessoal, surpresa, ansiedade, empatia, conhecimento, rigor, honestidade, etc.) tanto podem condicionar a recolha e a natureza dos dados como podem ser fonte de informação. Compreender isso é importante, para que a atitude fundamental de quem faz investigação no terreno se caracterize por uma enorme prudência (que leve a fazer as escolhas fundamentadas de estratégias e procedimentos), por uma atitude de permanente autocrítica e por muito bom-senso (que não se confunde com senso comum)... Em tudo isso, ganham expressão os 'pontos fortes' e as 'fragilidades' da investigação qualitativa. Esperamos que este manual ofereça um bom contributo na orientação de quem o vai ler para lidar com tais 'grandezas' e com tais 'fraquezas'.

Por fim, só mais uma palavra relativa aos autores referidos e citados. Convocá-los a todos para aqui foi, também, uma forma de os homenagear e de lhes agradecer tudo quanto deles pudemos aprender. Referi-los e citá-los foi, ainda, um modesto contributo para a criação de uma enorme rede de ideias e de cumplicidades, rede esta que o leitor, assim o esperamos, saberá enriquecer e ampliar. Esta esperança leva-nos a terminar com mais uma citação, desta vez de Margarite Yourcenar, em *Memórias de Adriano* (2007:24):

> "*A palavra escrita ensinou-me a escutar a voz humana, assim como as grandes atitudes imóveis das estátuas me ensinaram a apreciar os gestos. Em contrapartida, e posteriormente, a vida fez-me compreender os livros*".

João Amado
fevereiro de 2013

NOTAS BIOGRÁFICAS DO AUTORES

Albertina Lima de Oliveira é Professora Auxiliar da Faculdade de Psicologia e de Ciências da Educação da Universidade de Coimbra (FPCE-UC), desde 2005. Licenciada em Psicologia e doutorada em Ciências da Educação, na especialidade e Educação Permanente e Formação de Adultos, pela mesma Faculdade, leciona unidades curriculares no âmbito da Metodologia da Investigação Educacional, e da Educação e Desenvolvimento de Adultos e Idosos, quer a nível de estudos de licenciatura, quer de mestrado e doutoramento. Atualmente é membro do Centro de Estudos Interdisciplinares do Século XX (CEIS20) da Universidade de Coimbra, e no período de 1993 a 2008 integrou o Centro de Psicopedagogia, investigando o bem-estar na idade adulta e na velhice. De 2009 a 2011 participou como investigadora no projeto europeu PALADIN (*Promoting Ative Learning and Aging of Disadvantage Seniors*), coordenando a equipa da FPCE-UC, no âmbito do qual foram desenvolvidos diversos recursos para a promoção da capacidade de autodireção da aprendizagem de pessoas seniores e para o envolvimento em processos de envelhecimento ativo. Tem mais de duas dezenas de artigos e capítulos de livros publicados sobre a potenciação do bem-estar e da qualidade de vida de adultos e idosos, bem como sobre o ensino superior. E.mail: aolima@fpce.uc.pt

Ana Margarida Veiga-Simão - Professora Associada com Agregação da Faculdade de Psicologia da Universidade de Lisboa e investigadora do Centro de Investigação em Psicologia da FPUL, desempenhando atividades de docência e investigação na área da Psicologia da Educação. Leciona unidades curriculares na área da Psicologia da Educação, Métodos de Investigação em Psicologia e Formação de Professores. As suas principais publicações e projetos de investigação situam-se no domínio da Autorregulação da Aprendizagem, Pedagogia no Ensino Superior, Bullying e Cyberbullying em Contextos Educativos e Desenvolvimento Profissional de Professores. Atualmente coordena a secção de Psicologia da Educação e da Orientação e cocoordena o Programa de Estudos da Aprendizagem Autorregulada da Faculdade de Psicologia e o Programa de Doutoramento Inter-Universitário (Coimbra-Lisboa) em Psicologia, especialidade de Psicologia da Educação. E-mail: amsimao@fp.ul.pt

Ana Paula Pereira de Oliveira Cardoso nasceu a 21 de fevereiro de 1962, em Nampula, Moçambique. É agregada, doutora e mestre em Ciências da Educação, na área de especialização em Psicologia da Educação, pela Faculdade de Psicologia e de Ciências da Educação da Universidade de Coimbra e licenciada em Geografia pela Faculdade de Letras da mesma Universidade. É Professora-Coordenadora, desde maio de 2003, na Escola Superior de Educação do Instituto Politécnico de Viseu, onde leciona disciplinas de metodologia de investigação, aos cursos de formação inicial, complementos de formação e mestrados. Tem coordenado e/ou participado em vários projetos de investigação, a nível nacional e internacional, e também orientado trabalhos de investigação científica, no âmbito das suas áreas de interesse. E.mail: a.p.cardoso@esev.pt

António Pedro Costa é o responsável intelectual e pedagógico da empresa Ludomedia – Conteúdos Didácticos e Lúdicos em que é co-autor de recursos educativos e de ferramentas de autoria. Paralelamente, é Professor Auxiliar do ISLA (Instituto Politécnico de Gestão e Tecnologia), lecionando Unidades Curriculares dos cursos de Sistemas Multimédia e Comunicação e Tecnologia Digital. É um dos investigadores/autor do *software* de apoio à análise qualitativa webQDA, área em que tem publicado, em coautoria, diversos artigos em congressos nacionais e internacionais, artigos em revistas e capítulos de livros. É o Coordenador do Congresso Ibero-Americano em Investigação Qualitativa. Fez o doutoramento em Multimédia em Educação na Universidade de Aveiro com o tema "Metodologia Híbrida de

Desenvolvimento Centrado no Utilizador" e onde atualmente é Membro integrado do Centro de Investigação em Didática e Tecnologia na Formação de Formadores (CIDTFF). É colaborador do Laboratório de Inteligência Artificial e Ciência de Computadores (LIACC), da Faculdade de Engenharia da Universidade do Porto. As suas áreas de investigação contemplam a Análise Qualitativa, o Empreendedorismo na Educação, o Ensino a Distância e o Desenvolvimento de Recursos Educativos. Licenciou-se em Engenharia da Comunicação, vertente Comunicação e Design.

Cristina Maria Coimbra Vieira é licenciada em Psicologia (1991) pela Faculdade de Psicologia e de Ciências da Educação da Universidade de Coimbra (FPCEUC) e doutorada em Ciências da Educação, na especialidade de Psicologia da Educação (2003), pela mesma instituição. Nela exerce funções docentes desde 1992, sendo Professora Associada. Leciona há mais de duas décadas unidades curriculares ligadas às metodologias quantitativas e qualitativas de investigação em educação, ao nível de cursos de licenciatura e de pós-graduação e tem uma vasta experiência na orientação científica de teses de Mestrado e de Doutoramento. Coordenou entre 2007 e 2012 o Mestrado em Educação e Formação de Adultos e Intervenção Comunitária da FPCEUC. Os seus principais interesses de investigação têm-se centrado em torno das questões de género e cidadania, no âmbito da educação e formação ao longo da vida, com particular relevância para os contextos da família e da escola e para as relações entre os diversos agentes educativos neles envolvidos. Dentro destas temáticas tem estado envolvida em projetos nacionais e internacionais financiados. Atualmente é membro do Centro de Estudos Interdisciplinares do Século xx (CEIS20) da Universidade de Coimbra E.mail: vieira@fpce.uc.pt

Isabel Freire é Professora Associada no Instituto de Educação da Universidade de Lisboa e doutorada em Ciências da Educação. Tem coordenado Cursos de Formação Avançada do doutoramento em Educação na especialidade de Formação de Professores e cursos de mestrado em Ciências da Educação. Como docente tem sido responsável por diversas unidades curriculares dos três ciclos de estudos superiores universitários, designadamente na área de Investigação em Educação. É membro efetivo da Unidade de Investigação e Desenvolvimento em Educação e Formação do Instituto de Educação da Universidade de Lisboa. Tem participado em diversos projetos de investigação, nacionais e internacionais, sobre os temas da indisciplina e violência nas escolas, mediação socioeducativa, dimensão emocional da docência, formação de professores e desenvolvimento comunitário. Tem publicado artigos científicos, livros e capítulos de livros sobre estas temáticas, em Portugal e noutros países. E.mail: isafrei@ie.ul.pt

João Amado é Doutor e Mestre em Ciências da Educação, Licenciado em Filosofia. Atualmente aposentado, foi professor Associado com Agregação, da Universidade de Coimbra (Faculdade de Psicologia e de Ciências da Educação – 2006-2012), Professor da Universidade de Lisboa (1988-2006) e Professor Efetivo do Ensino Secundário (1976-1988). Coordenador científico do Curso *Violência e Gestão de Conflitos na Escola,* uma oferta de ensino a distância da Universidade de Coimbra (ED.UC). Tem coordenado e participado em vários projetos de investigação nacionais e internacionais e é autor e coautor de livros, capítulos de livros, artigos e comunicações sobre temáticas como a indisciplina e violência na escola, *bullying* e *cyberbullying*, epistemologia das ciências da educação, metodologia de investigação qualitativa, pedagogia do ensino superior, etnografia e história da infância. É investigador integrado do Centro de Estudos Interdisciplinares do Século xx (CEIS20 - GRUPOED) da Universidade de Coimbra. E.mail: joaoamado@fpce.uc.pt, joao.amado@sapo.pt,

Luciano Campos da Silva é graduado em Pedagogia e Doutor em Educação pela Universidade Federal de Minas Gerais. Professor Adjunto do Departamento de Educação do Instituto de Ciências Sociais e Humanas da Universidade Federal de Ouro Preto (UFOP), ocupa atualmente o cargo de pró-reitor adjunto de graduação e coordena o "Núcleo de Pesquisa Sociedade, Família e Escola" (NESFE). Realiza estudos sobre os fenómenos da indisciplina e da violência no ambiente escolar, com destaque para seu estudo etnográfico intitulado "Disciplina e indisciplina na aula: uma perspetiva sociológica" que constitui a sua tese de doutoramento. Possui experiência docente nos ensinos fundamental, médio e superior. E.mail: lucianocampos@ichs.ufop.br

Nilma Crusoé - Graduada em Pedagogia pela Universidade Federal de Sergipe - UFS (1999) e mestre em Educação pela Universidade Federal de Pernambuco - UFPE (2003). Doutorado em Educação pela Universidade Federal do Rio Grande do Norte-UFRN (2010) com Estágio Doutoral na Universidade de Coimbra, Portugal. É pesquisadora e professora Adjunta da Universidade Estadual do Sudoeste da Bahia- UESB. Desenvolve pesquisa, ensino e extensão na área de Prática Pedagógica em espaços educacionaisl. É autora do livro "Interdisciplinaridade: representações sociais de professores de matemática". Professora de Prática de Ensino, no Curso de Pedagogia; membro do Grupo de Estudo e Pesquisa em Pratica Pedagógica em Espaços Educacionais (GEPPE) e do grupo de Pesquisa em Políticas Públicas, Gestão e Práxis Educacionais (Gepráxis), membro do Comitê Editorial da Revista Práxis Educacional, da UESB. Coordenadora do Programa de Mestrado em Educação (PPGEd/Uesb). Atua, principalmente, nos seguintes temas: Representação Social, Currículo, prática pedagógica e interdisciplinaridade. – E.mail: nilcrusoe@uol.com.br

Piedade Vaz-Rebelo - Professora Auxiliar da Faculdade de Ciências e Tecnologia da Universidade de Coimbra. Licenciada em Psicologia pela Faculdade de Psicologia e de Ciências da Educação da Universidade de Coimbra e doutora em Psicologia Educacional pela mesma Faculdade. Tem desenvolvido funções docentes no âmbito da formação de professores e colaborado em cursos de mestrado e doutoramento, tanto a nível nacional com internacional. Tem participado em investigações no âmbito do ensino das ciências, das estratégias reflexivas de formação, da relação família/escola e do ensino superior e publicado artigos em revistas nacionais e internacionais. É membro do Grupo de História e Ensino das Ciências do Centro de Física Computacional da Universidade de Coimbra. E.mail: pvaz@mat.uc.pt

Sónia Mairos Ferreira – Doutorada em Ciências da Educação e Professora Auxilidar da Faculdade de Psicologia e de Ciências da Educação da Universidade de Coimbra. Colaborou, ainda, com a Universidade de Trás-os-Montes, Universidade Católica Portuguesa – Pólo das Beiras e a Escola Superior de Enfermagem Dr. José Timóteo Montalvão Machado. Centra os seus interesses de investigação nas áreas de Educação e Formação de Adultos e Exclusão Social e, em específico, no estudo e compreensão da situação de sem-abrigo, sendo (co)autora de várias publicações e tendo dinamizado, a convite de Organismos (inter)nacionais, diversas iniciativas de Educação e Formação. E-mail: smairosferreira@fpce.uc.pt

www.ingramcontent.com/pod-product-compliance
Lightning Source LLC
Chambersburg PA
CBHW071435300426
44114CB00013B/1446